CB065870

Copyright © Andrei Venturini Martins
Copyright desta edição © 2017 Editora Filocalia

Editor | Edson Manoel de Oliveira Filho
Produção editorial | Editora Filocalia
Capa | Angelo Allevato Bottino
Projeto gráfico e diagramação | Nine Design Gráfico/Mauricio Nisi Gonçalves
Revisão | Geisa Oliveira

Reservados todos os direitos desta obra. Proibida toda e qualquer reprodução desta edição por qualquer meio ou forma, seja ela eletrônica ou mecânica, fotocópia, gravação ou qualquer outro meio de reprodução, sem permissão expressa do editor.

CIP-Brasil. Catalogação na Publicação
Sindicato Nacional dos Editores de Livros, RJ

M341d

Martins, Andrei Venturini, 1979-
 Do reino nefasto do amor-próprio : a origem do mal em Blaise Pascal / Andrei Venturini Martins. - 1. ed. - São Paulo : Filocalia, 2017.
 352 p. : il. ; 23 cm.

Inclui bibliografia
ISBN 978-85-69677-18-5

1. Pascal, Blaise, 1623-1662. 2. Filosofia francesa. I. Título.

17-46175
CDD: 194
CDU: 1(44)

21/11/2017   23/11/2017

Editora Filocalia Ltda.
Rua França Pinto, 509 • São Paulo • SP • 04016-032 • Telefax: (5511) 5572 5363
atendimento@editorafilocalia.com.br • www.editorafilocalia.com.br

Este livro foi impresso pela Paym Gráfica e Editora em fevereiro de 2018.
Os tipos são da família Bembo e DTL Elzevir. O papel do miolo é o Avena 80 g e o da capa, cartão Ningbo C2 250 g.

ANDREI VENTURINI MARTINS

DO REINO NEFASTO DO AMOR-PRÓPRIO

A origem do mal em Blaise Pascal

FILOCALIA

Sumário

Nota de agradecimento 9
Introdução 15

PARTE I:
A teoria do pecado original e suas consequências

Capítulo 1: O contexto das cartas espirituais do século XVII 25

1.1 – Jansenius: um detector de vaidades 26
1.2 – As cartas espirituais e Saint-Cyran: "cada alma é um mundo" 35
1.3 – Introdução histórica: Pascal diretor espiritual? 39
1.3.1 – "Um cego conduzido por outro cego": Carta de 26 de janeiro de 1648 41
1.3.2 – A leitura do intérprete Gouhier: por que Pascal hesita em escrever? 46
1.3.2.1 – A vaidade nas ciências em Saint-Cyran 49
1.3.3 – As acusações de M. de Rebours e as acusações de Pascal a si mesmo 52
1.4 – Análise das *Lettres Chrestiennes et Spirituelles* VII e XIV de Saint-Cyran 58
1.5 – Estudo comparativo entre *Lettre* e as Cartas VII e XIV de Saint-Cyran 63
1.5.1 – Compaixão do diretor com o dirigido 63
1.5.2 – Fundamento da consolação na imagem do sacrifício de Cristo 68
1.5.3 – Ação da Providência: transposição de significado 72
1.6 – A abrangência temática da *Lettre* 80

Capítulo 2: Gênese da teoria do pecado original: o advento do amor-próprio e do vazio infinito 83

2.1 – O pecado original em Santo Agostinho 84
2.1.1 – O desejo de dominação e o orgulho dos sábios: "dominada pela paixão de dominar" 88
2.2 – O pecado original em Jansenius: amor, pecado e orgulho 91
2.3 – Síntese do amor de si em Santo Agostinho e Jansenius 98
2.4 – A teoria do pecado original em Pascal....................99
2.4.1 – Antes da queda: o amor por si mesmo e a ordem estabelecida por Deus 101
2.4.2 – Depois da queda: a origem do amor-próprio sem Deus e o vazio infinito 107
2.4.3 – Desejo de dominação e amor-próprio................ 113
2.4.4 – Preguiça e amor-próprio 118
2.5 – O amor-próprio: os intérpretes de Pascal 126
2.6 – Há um liame entre a *Lettre* e os *Escritos sobre a Graça*? 154

Capítulo 3: As consequências da queda...................... 157

3.1 – A ignorância e a crítica do conceito de natureza 158
3.1.1 – O orgulho do filósofo estoico e o discurso parcial da filosofia: *Colóquio com o Sr. de Sacy* por Vincent Carraud 174
3.1.2 – O olhar pascaliano do estoicismo sob o crivo do pecado original 181
3.1.3 – O consolo na natureza como falso princípio estoico na *Lettre*.. 183
3.2 – A concupiscência 192
3.3 – A morte em Santo Agostinho e em Jansenius........... 196

3.4 – A culpa e a morte como consequências da queda em Pascal: análise da *Lettre* e dos *Escritos sobre a Graça* 201
3.5 – Quadro das consequências do pecado original: a colagem subjetiva 207

PARTE II:
O vazio infinito no homem sem Deus

Capítulo 4: Vazio infinito e *divertissement* 211

4.1 – O vazio infinito e o *divertissement* 213
4.2 – As formas de *divertissement* 223
4.3 – Traços do primeiro estado de natureza nos *Pensamentos* 248
4.4 – Traços do primeiro estado de natureza na *Lettre*: horror à morte e amor à vida 255
4.5 – Os intérpretes do *divertissement* 267
4.6 – O vazio infinito e o fracasso de si 277

Capítulo 5: O vazio infinito e o Cristo Mediador 279

5.1 – Vazio infinito e Cristo Mediador 280
5.2 – O Deus colérico e irritado de Pascal 286
5.3 – O Cristo Mediador nos *Pensamentos*: Miséria e Redenção 295
5.4 – Mediador como princípio: os dois critérios de prova e a relação fé e razão 302
5.5 – *Le moi caché*: o vazio de si 321

Conclusão 331
Bibliografia 341

Nota de agradecimento

Este trabalho resulta de uma tese de doutorado, defendida em 2011, no departamento de Filosofia da PUC-SP, sob a orientação do professor Luiz Felipe Pondé (PUC-SP), o qual foi meu mestre desde os primeiros passos na graduação em Filosofia até o fechamento do doutorado, avivando meu pensamento e me auxiliando a ampliar, para enfim difundir, o estudo de Blaise Pascal no Brasil. Porém, antes do findar desta pesquisa, já no ano de 2010, fui contemplado com uma bolsa CAPES, permitindo que parte de minha investigação fosse realizada na Université de Caen Baisse-Normandie, sob a orientação do professor Vincent Carraud, o qual, antes de tudo, possibilitou que, mesmo tão distante do Brasil, eu pudesse me sentir em casa. Proporcionou ainda a ocasião de inúmeras conversas sobre Pascal e sobre os mais variados temas da História da Filosofia, e, além disso, apresentou-me a alguns docentes que se tornaram verdadeiros amigos, como a professora Laura Verhaeghe, criteriosa estudiosa de J-J. Rousseau, o professor Alberto Frigo, minucioso intérprete de Montaigne e Pascal, e o professor Gilles Olivo, meticuloso analista de Descartes. Eu não poderia deixar de agradecer a professora Rachel Gazolla (PUC-SP), a voz da Grécia nos meus ouvidos, "tintura de púrpura, esta pequena quantidade de matéria brilhante que dá ao resto seu brilho e sua beleza"[1], aos professores Ênio José da Costa Brito e Domingos Zamagna, os quais, na medida do possível, sempre estiveram por perto em todos estes anos. Agradeço ainda a amizade e a confiança do editor chefe da Editora Filocalia, Edson Manoel de Oliveira Filho, cujas publicações vêm colaborando para o advento de uma nova paideia no Brasil.

Por fim, agradeço carinhosamente a minha família: meu querido pai, Dorival Rodrigues Martins, do qual a saudade é infinitamente infinita, minha mãe, Maria Geni Venturini, quem mais de perto me acompanhou na solidão sentida ao escrever este trabalho, minha irmã, Andressa Isaura Venturini Martins, pela torcida incansável e fiel confiança, e, por fim, a minha esposa, Fernanda Martins Joseph, a quem dedico o meu silêncio poético, pois, "se um poeta não falar nada e disser somente *tralalá*, não importa: todos os poemas são de amor..."[2].

---

[1] EPCTETO. *ENTRETIENS*, I, II, 18.
[2] MARIO QUINTANA, *PORTA GIRATÓRIA*. RIO DE JANEIRO, NOVA AGUILAR, 2006, P. 835.

"Como o coração humano é oco e cheio de lixo."[1]
— Blaise Pascal

---

[1] BLAISE PASCAL, PENSÉES. LAF. 139, BRU. 143. PARA OS PENSÉES [PENSAMENTOS], ADOTAREMOS AS SEGUINTES REFERÊNCIAS: "LAF." PARA INDICAR A EDIÇÃO DE LOUIS LAFUMA; "BRU." PARA A EDIÇÃO DE BRUNSCHVICG; E, EM ALGUMAS OCASIÕES, "TOUR." PARA A EDIÇÃO CRÍTICA DE TOURNEUR.

Com amor, aos meus pais.

Introdução

Blaise Pascal, filósofo do século XVII, foi um exímio pensador da existência humana, o que o impeliu a refletir sobre a origem do mal, os tormentos do vazio de sentido e o medo aterrorizador do arremate final expresso pela morte. Tal reflexão é realizada a partir de um marco bíblico, a queda de Adão no Paraíso, expressão do pecado, que marca o advento de um estado de natureza precário e pleno de misérias, angustiado, insatisfeito, inconstante, inquieto, ignorante, frágil diante da natureza, aturdido pelas doenças e comicamente incapaz perante a morte. Eis o que chamaremos de condição nefasta do homem pascaliano, a qual buscaremos refletir neste livro a partir de duas perguntas: Qual é a origem do mal? Quais são as consequências desta origem na condição nefasta em que o homem se encontra?

O texto-base desta reflexão será uma carta que Pascal escreveu em 17 de outubro de 1651, na ocasião da morte de seu pai, Étienne Pascal, a qual chamaremos simplesmente de *Lettre*.[1] Dois termos

---

[1] Todas as vezes que a *Lettre* for citada, o número entre colchetes que precede a citação corresponde ao parágrafo da Edição du Seuil, organizada por Louis Lafuma. Salientamos ainda que todas as traduções dos textos em língua estrangeira são de inteira responsabilidade do autor deste trabalho.

presentes neste texto serão centrais nesta pesquisa, o amor-próprio e o vazio infinito. Para investigá-los minuciosamente, nosso itinerário será dividido em duas partes. Na primeira, analisaremos a teoria do pecado original e suas consequências na condição do homem, além de esclarecermos os aspectos contextuais da direção espiritual jansenista no século XVII, o que permitirá uma compreensão mais abrangente da *Lettre* e dos conceitos de amor-próprio e vazio infinito, pois, como afirmou Pascal, o amor-próprio desligado de Deus é a raiz de todos os males e de todos os vícios, assim como a causa originária do vazio infinito presente no homem sem Deus. Também avaliaremos as consequências do amor-próprio nos *Escritos sobre a Graça*, dentre as quais a ignorância, a concupiscência, a culpa e a morte eterna, tendo assim um esboço completo da queda provocada pelo amor-próprio e seus resultados nefastos para o homem. Afirmamos que há uma relação de continuidade dos males a partir do primeiro pecado, e pretenderemos demonstrar tal relação realizando uma ligação subjetiva entre a *Lettre* e os *Escritos sobre a Graça*. A segunda parte deste trabalho é marcada por uma descrição da condição humana permeada pelo vazio infinito provocado pela queda. Buscaremos aproximar o conceito teológico de vazio infinito do homem sem Deus com dois temas dos *Pensamentos*,[2] o *divertissement*, e, por fim, o tema do Cristo Mediador, cuja presença está manifesta tanto na *Lettre* como nos *Pensamentos*. A *Lettre*, mesmo sendo um texto de desenvolvimento temático curto e denso, mostrar-se-á capaz de oferecer os recursos hermenêuticos necessários para a compreensão de textos mais matizados, como os *Escritos sobre a Graça* e alguns fragmentos dos *Pensamentos*, e desta forma serve de base para o entendimento das futuras reflexões do filósofo francês, especialmente acerca do mal. Portanto, a *Lettre*, que pareceria marginal à obra pascaliana, mostrar-se-á fundamental para a compreensão das

---

[2] Para os *Pensées* [Pensamentos], adotaremos as seguintes referências: "Laf." para indicar a edição de Louis Lafuma; "Bru." para a edição de Brunschvicg; e, em algumas ocasiões, "Tour." para a edição crítica de Tourneur.

raízes do pensamento do autor naquilo que diz respeito à condição humana depois do pecado do primeiro homem.

Com o pecado adâmico, Deus, objeto digno de amor infinito, abandona o homem que, como criatura finita, faz de si objeto precário de sua capacidade de amor infinito, direcionando para si o amor que deveria ser dirigido a Deus. Este amor infinito e exclusivo, quando voltado a si e às coisas criadas, ou seja, àquilo que é finito, é o que caracteriza o amor-próprio. É por meio deste amor-próprio sem Deus que o homem vive o drama de amar infinitamente um objeto precário que não corresponde à sua capacidade de amor, restando nele um vazio infinito. É por esta razão que afirmamos que o homem tenta desviar-se e preencher este vazio infinito através do *divertissement*; porém, para Pascal, só o Cristo Mediador pode ocupar o vazio infinito deixado por Deus.

Dado o quadro em questão, acreditamos que o primeiro passo para adentrar neste estudo seja buscar entender o "gênero literário" na qual a *Lettre* está inserida no século XVII, analisando as fontes de Pascal, como Jansenius e Saint-Cyran, pois será através destes dois autores que encontraremos o modelo usado para a escrita do texto. É muito comum entre os intérpretes de Pascal a afirmação *en passant* de que a *Lettre* é simplesmente uma carta teológica sobre a consolação; todavia, tentaremos demonstrar que o texto não é uma carta simples, periférica na obra de Pascal e sem nenhuma originalidade, já que, em sua construção, o autor faz um amálgama de ideias de alguns de seus antecessores. Mesmo sem citar os respectivos nomes, Pascal afirma a influência de dois autores no que tange à sua explicação da queda. Mesnard cita a possibilidade de três fontes: Santo Agostinho, com a obra *La Cité de Dieu*; Jansenius, com a obra *Augustinus*; e São Prosper, outro "doutor da graça". Já o intérprete Sellier destaca Santo Agostinho e Jansenius, apontando os mesmos textos de Mesnard.[3] Porém, os dois autores não buscam explicar como o filósofo usa tais citações

---

[3] Cf. Philippe SELLIER, *Pascal et saint Augustin*, p. 141-144.

e qual seria a originalidade do texto. É por este motivo que tomamos como tarefa lançar luz ao modo singular e original que Pascal adota em suas referências, como as interpreta e a maneira pela qual as emprega em seu texto. Só assim poderemos oferecer ao leitor uma justificativa das citações que os intérpretes simplesmente assinalam como existentes. Mostraremos que o modelo da direção espiritual servirá de inspiração para que o filósofo construa um texto original, próprio, ímpar, no qual há inúmeros temas discutidos, como a morte, a compaixão, a providência, a consolação, o sacrifício, o pecado original, o amor-próprio, o vazio infinito, o horror da morte antes e depois da queda, o amor pela vida antes e depois da queda. Diante disso, parece-nos justa a afirmação de que a *Lettre* é um texto que ultrapassa os limites de uma simples carta teológica sobre a consolação.

Organizaremos os temas supracitados, espalhados na *Lettre*, da seguinte maneira: no primeiro capítulo, trabalharemos o contexto histórico das cartas espirituais no século XVII, traçando algumas características do diretor espiritual e sua relação com o dirigido. A carta espiritual caracteriza um gênero literário muito difundido em Port-Royal, abadia que Pascal frequentava. Mostraremos que a perspicácia de detectar vaidades é uma forma útil para que o dirigido compreenda suas ações no cotidiano, desde os acontecimentos mais ordinários da vida até o modo de simbolizar os grandes acontecimentos, como a morte de um ente querido, um dos temas da *Lettre*. Iniciaremos esta análise investigando um texto que pode ser considerado um breviário ou um manual para detectar as vaidades, o *Discurso da Reforma do Homem Interior*, de Jansenius. Tal modo de investigar a alma humana tem sua fonte em Santo Agostinho, a quem o autor desejava seguir passo a passo. Outro pensador que exerceu grande influência nos diretores espirituais da abadia de Port-Royal foi Saint-Cyran, o qual, por um período, estudou com Jansenius as obras de Santo Agostinho. Responsabilidade, humildade, submissão da vontade corrompida como conversão, temor e tremor, retiro, silêncio, solidão e penitência são temas da direção espiritual, que serão abordados no decorrer do capítulo, e estão sob o crivo do olhar dos discípulos de Saint-Cyran, como M. de Rebours, que, através de um de seus encontros com Pascal, descrito por seu secretário, busca mostrar ao famoso físico e matemático sua vaidade nas ciências, convidando-o para uma revisão espiritual: investigaremos o embate da visão de um diretor espiritual consagrado em Port-Royal, que toma Pascal como objeto de seu olhar sempre desconfiado das investidas da vaidade. Destacaremos o estilo do diretor espiritual, seu modo de proceder, sua natureza desconfiada e sempre pronta para perceber as armadilhas do mal funcionando no homem. Pascal será fiel a este modelo, de maneira especial, o de Saint-Cyran, o qual o filósofo leu nas *Lettres Chrestiennes et Spirituelles*: para mostrar tal influência, analisaremos a *Lettre à Sa Sœur Mme Perier*, escrita em 26 de janeiro de 1648, e toda a hesitação de Pascal em escrever para sua irmã, apresentando um receio que o impediria de escrever uma carta espiritual, dada as responsabilidades que isto acarretaria. Portanto, justifica dizer que as acusações de M. de Rebours tiveram seus efeitos, o que fará Pascal reler e meditar suas fontes, de maneira especial, Saint-Cyran. Para atestar a importância de Saint-Cyran para Pascal, analisaremos duas cartas deste exímio diretor espiritual, as cartas VII e XIV, recortando três características que se repetem em cada uma delas, e assim verificaremos se estas estarão presentes na *Lettre*. Por fim, além de uma visão geral de todos os temas que foram abordados, teremos um conjunto de informações contextuais de grande valia para a compreensão do texto central desta investigação.

O centro do capítulo 2 é a gênese da teoria do pecado original, cujo objetivo será encontrar a raiz de todos os vícios e de todos os males, ou seja, a fonte primária dos pecados, sua mola propulsora. Na vante deste estudo, estão Santo Agostinho e Jansenius, e, descobrindo a fonte comum para estes dois autores, passaremos a investigar Pascal, para o qual o pecado de origem diverge de seus mestres, contrariando alguns de seus intérpretes que concebem a *Lettre* como uma simples repetição de suas influências teológicas. O amor-próprio surgirá como o pecado de origem e, por conseguinte, aparecerá um conceito que expressa a condição do homem depois da queda, isto é, o vazio infinito, este que, na cadeia causal de males, antecede o aparecimento do desejo de dominar e da preguiça. Pascal encerrará a listagem de males em um só golpe, despertando uma suspeita no leitor atento: esta lista de males poderia ser completada? Por fim, após um longo diálogo crítico com os intérpretes, passaremos para o próximo capítulo, pois nele buscaremos elucidar a continuação da listagem de males causados pela queda.

No terceiro capítulo, intentamos formular um quadro geral das consequências da queda presente nos *Escritos sobre a Graça*, a saber: a ignorância, a concupiscência e a morte. Este quadro inicia-se pela ignorância de si, da própria natureza humana. Matizaremos o conceito de natureza em Pascal, o qual se reduziria ao costume e ao hábito, pois assim será possível expor a crítica que o autor faz ao estoicismo como filosofia da grandeza humana, isto é, uma filosofia do orgulho. Essa filosofia será julgada a partir da ideia pascaliana de pecado original e criticada como um pensamento que parte de um falso princípio de consolação, ou seja, a Natureza, ponto de partida de uma filosofia que, para Pascal, é a construção filosófica mais nobre que o homem foi capaz de formular. Por este motivo, se aquilo que é mais nobre é digno de crítica, então toda filosofia, condensada no estoicismo, merece ser combatida, o que o autor fará a partir de duas frontes: a) a filosofia é um discurso parcial da verdade e, portanto, não consola; b) o conceito de Natureza não tem sentido, de modo que o estoicismo partiria de um princípio vazio. Em seguida, passaremos para o segundo termo na cadeia causal de males, isto é, a concupiscência, mostrando as luzes que os intérpretes lançaram para esclarecer o termo. Findando a lista de males, analisaremos a morte como consequência da queda: primeiro, nas fontes de Pascal, a saber, Santo Agostinho e Jansenius; depois, como consequência da queda tanto na *Lettre* como nos *Escritos sobre a Graça*. Finalizaremos apresentando ao leitor um quadro geral das consequências do pecado original, o que chamaremos de "colagem subjetiva", terminando a primeira parte deste trabalho. O nome "colagem subjetiva" é dado à tentativa de aproximar as consequências da queda expressas na *Lettre*, texto que manifesta a gênese da reflexão de Pascal acerca do pecado original, e os *Escritos sobre a Graça*, os quais ofereceriam outras características da precariedade do homem pós-lapsário que completaria a lista do quadro geral dos males nefastos que invadem a condição humana depois da queda.

No quarto capítulo, relacionarei o conceito de vazio infinito e o *divertissement*, buscando demonstrar como as misérias do *divertissement* podem ser entendidas como subterfúgios utilizados pelo homem para desviar-se do próprio vazio infinito que o aterroriza. Tais misérias possuem suas respectivas formas, como a condição de ser rei, os jogos, o entretenimento com as mulheres, o desejo de vitória nas guerras, o sucesso nas profissões, o desejo de glória dos doutos e as míseras perturbações do cotidiano. Em seguida, ao analisar os traços do primeiro estado de natureza que constam tanto na *Lettre* como nos *Pensamentos*, será possível esclarecer se o *divertissement* expressaria uma espécie de motor que faz o homem buscar nas coisas presentes, ou seja, precárias e finitas, o que ele sente como ausente, aquilo que é eterno e infinito, Deus. Por fim, traremos as diferentes leituras dos intérpretes e assim buscaremos apontar se o *divertissement* pode ser considerado uma figura descritiva do fracasso do homem em sua busca pela satisfação plena.

No quinto e último capítulo, o conceito de vazio infinito será relacionado ao Cristo Mediador. Por causa do pecado, a distância entre Deus e o homem é infinita, e a relação entre estas partes é marcada por um Deus colérico, pronto para descarregar toda a sua fúria nos ombros das criaturas. O Cristo Mediador seria a chave para entender a nova relação que se estabeleceria entre o homem e Deus: o Cristo mostrar-se-á como o princípio que auxilia o homem a reconhecer a existência da própria miséria, e, além disso, a presença amorosa de um Redentor. Pascal estabelece dois critérios de prova destas duas verdades: as Escrituras e o coração. Aprofundaremos estes dois critérios para, em seguida, compreender como a razão atua diante da fé. Por fim, desligaremos o homem de toda referência teológica buscando notar se o vazio, mesmo no horizonte estritamente filosófico, surge como principal qualidade da condição humana.

Portanto, eis o fio condutor deste trabalho: mostrar que Pascal segue na *Lettre* a mesma estrutura de Saint-Cyran (compaixão do diretor com o dirigido; fundamento da consolação na imagem do sacrifício de Cristo; ação da Providência), situando o texto no contexto do século XVII e iniciando a análise do tema que me interessa, ou seja, a queda como figura da origem do mal. A partir da queda, esclareceremos os dois principais conceitos deste trabalho, isto é, amor-próprio e vazio infinito, permitindo desenvolver a teoria do pecado original nos *Escritos sobre a Graça* como forma de mostrar a continuação da descrição das qualidades miseráveis do homem depois da queda, entre elas, o vazio infinito, a qual propiciará outros dois estudos: a aplicação do conceito de vazio infinito aos temas do *divertissement* e do Cristo Mediador.

Parte I

A teoria do pecado original e suas consequências

Parte 1

Capítulo I

O Contexto das Cartas Espirituais do Século XVII

Nós nunca estaremos em repouso nesta vida, de qualquer lado a que nos voltarmos, nosso sono será sempre interrompido tanto de dia como de noite.[1]
Saint-Cyran

A frase acima resume como Saint-Cyran, um dos grandes diretores espirituais da abadia de Port-Royal, localizada na França, em pleno século XVII, concebe o homem: submetido aos tormentos contínuos da vida. Esta visão de um ser humano miserável, sujeito às tempestades das paixões, as quais desviam a criatura de Deus, e vaidoso, já que esconde de si a própria precariedade ao criar uma ideia de si que não corresponderia à sua identidade, será determinante na ação do diretor espiritual, cuja principal função não se limita a auxiliar no combate às vaidades que o próprio direcionado reconhece, mas àquelas que estão escondidas no fundo do coração humano,

---
[1] Abbe de SAINT-CYRAN, *Lettres Chrestiennes et spirituelles*, p. 757.

órgão receptáculo da graça de Deus ou permeado pelas vaidades tão presentes após a queda do primeiro homem. A fim de compreender tanto as influências que persuadiram Pascal como o contexto no qual foi escrita a *Lettre*, investigaremos algumas características relevantes da arte da direção espiritual no século XVII. Partiremos da obra *Discurso da Reforma do Homem Interior*, de Jansenius, texto cujo autor oferece um manual com o objetivo de auxiliar o diretor espiritual a detectar as reviravoltas da concupiscência; em seguida, veremos se a *Lettre* conservaria a mesma estrutura das *Lettres Chrétiennes et Spirituelles*, de Saint-Cyran, um dos ícones da direção espiritual francesa e que certamente inspirou Pascal em seus escritos.

1.1 – Jansenius: um detector de vaidades

Jansenius foi um fiel discípulo da espiritualidade agostiniana. Em seu *Discurso da Reforma do Homem Interior* mostra as armadilhas da vaidade, isto é, tudo aquilo que é vão, efêmero e, por conseguinte, pecaminoso. Na introdução do texto, é citada uma passagem da I Epístola de São João, capítulo 2: "Não há nada no mundo senão concupiscência da carne, concupiscência dos olhos e orgulho da vida"[2]. É esta vaidade que se apresenta como concupiscência – desejo irresistível em direção ao mal – que Jansenius deseja detectar. Assim, além de organizar seu texto a partir destas três etapas do pecado, o bispo de Ypres narra como a concupiscência[3] age na criatura corrompida, estruturando uma lógica do pecado. O homem, sendo um ser de corpo e alma, no corpo, é afetado pelo prazer que se difunde nos cinco sentidos, e, na alma, apresenta uma divisão: o espírito, de onde provém a curiosidade, e vontade,

---

[2] Cornelius JANSENIUS, *Discurso da reforma do homem interior*, p. 63. Usaremos a nossa tradução da edição bilíngue publicada pela Editora Filocalia (2016).

[3] A Vulgata traz (1 Jo 2,16): 1. concupiscentia carnis; 2. concupiscentia oculorum; 3. superbia uitae. Esta última, "orgulho da vida", aparece em outros manuscritos como iactantia diuitiarum, "jactância das riquezas". Em grego tem-se: 1. ἡ ἐπιθυμία τῆς σαρκός, 2. ἡ ἐπιθυμία τῶν ὀφθαλμῶν, 3. ἡ ἀλαζονεία τοῦ βίου, "jactância" ou "orgulho da vida". Vale notar que o termo grego ἐπιθυμία não foi traduzido por *libido*, e sim por *concupiscentia*.

de onde provém o orgulho. Ciente das três partes que compõem o homem (corpo, espírito e vontade), Jansenius propõe uma reforma espiritual da criatura, travando uma luta heroica com o mal constatado, aquele que foi capaz de envenenar a vontade depois da queda de Adão. Esta análise buscará evidenciar como a concupiscência funciona no homem decaído, já que só assim poderá indicar como a arte da direção espiritual mostra ao orientando o estado em que ele se encontra. O objetivo é conhecer como o pecado organiza-se no coração humano e quais são as chamadas três ordens de concupiscências que se apresentam no pensamento de Jansenius, a saber: a concupiscência da carne, a concupiscência dos olhos e, por fim, o orgulho da vida.

★ ★ ★

A primeira concupiscência é a da carne: "A concupiscência da carne é a primeira inimiga com que nos deparamos desde que entramos na via desta reforma espiritual"[4]. O nome dado a esta primeira parte do texto é *Volúpia da Carne*, ou seja, um desejo agudo de prazer pela sensação. Assim como há uma ordem pela qual o pecado se organiza, também há uma ordem de combate ao mal. Esta luta contra o mal é chamada de reforma espiritual. Jansenius inicia a batalha apresentando a primeira inimiga e, imediatamente, o meio de combatê-la: a temperança.[5] Eis as definições de concupiscência da carne e da temperança.

"Ela é chamada de concupiscência, ou o desejo da carne, porque o prazer, em direção ao qual ela eleva-se com violência, sentimos na carne, entrando tanto pelos cinco sentidos como pelos poros".[6] Concupiscência e desejo são dois termos que se equivalem, como vemos na citação anterior. Os sentidos passam a sentir prazer em si mesmos, fazendo de si a causa final do próprio desejo, excluindo a Deus. Antes da queda adâmica, o desejo estava vinculado ao prazer de agradar a Deus, ou seja, realizar ações prazerosas dentro da medida estabelecida por

---

[4] Cornelius JANSENIUS, *Discurso da reforma do homem interior*, p. 65.
[5] Cf. Ibidem, p. 71.
[6] Ibidem, p. 65.

Deus em seu ato criador, como comer, beber, dormir. Podemos dizer que o prazer dos sentidos era direcionado ao Criador quando a ação do homem tinha como fim cumprir as necessidades vitais que permitiam preservar a si mesmo como ser criado por Deus. Mas, depois da queda, a desmedida do desejo avança pelos cinco sentidos e a concupiscência da carne torna-se volúpia enquanto prazer pelos sentidos nas coisas sensíveis. Os prazeres são difundidos nas coisas exteriores e mais baixas:[7] este prazer se diz "baixo" em relação àquele prazer celeste que o "abandonou"[8], isto é, Deus, o objeto supremo de contemplação. É na tentativa de recompensar o prazer sentido na contemplação de Deus, que o homem se engaja na busca de outros prazeres mais baixos.

Sabe-se que tais prazeres estão ligados ao corpo, ou seja, às necessidades vitais que nos obrigam a usar da volúpia para a conservação do corpo e da vida.[9] No entanto, a volúpia – prazer nos sentidos corporais – deveria ser usada para atender às necessidades da natureza e não à desmedida da concupiscência.[10] O problema está em saber os limites entre a necessidade e o prazer, já que a extensão do prazer é muito maior do que a da necessidade.[11] A concupiscência impele o homem a realizar o prazer desmedido, porém revestindo-o com a máscara da necessidade.[12] Eis a armadilha da concupiscência que deveria ser constatada pela temperança. Esta pode ser definida como o ato racional capaz de discernir a paixão pelo prazer daquilo que é necessidade da natureza. O homem temperante só realizaria os desejos da carne enquanto necessidade da natureza, isto é, desde que sejam necessidades para mantê-lo vivo e conservá-lo como criatura de Deus. Contudo, as paixões instigam nuvens no espírito racional, que nos impedem "de reconhecer se é a necessidade ou o prazer que nos faz agir"[13].

---

[7] Cornelius JANSENIUS, *Discurso da reforma do homem interior*, p. 67.
[8] Ibidem, p. 67.
[9] Cf. Ibidem, p. 69.
[10] Cf. Ibidem, p. 69-70.
[11] Cf. Ibidem, p. 71.
[12] Cf. Ibidem, p. 71.
[13] Cf. Ibidem, p. 71.

Jansenius nos oferece um exemplo do cotidiano. Uma religiosa, plena de devoção, ver-se-ia comovida ao escutar um salmo. No entanto, a dificuldade está em saber o que é objeto de seu amor: "se é a piedade que ama o sentido das palavras ou se é a paixão do ouvido que ama somente o som"[14]. Eis um elemento capital que mostra como a concupiscência e a temperança travam um combate. Não é permitido, pela "regra verdadeira da virtude cristã",[15] escutar um salmo pelo simples prazer do som, de modo que a musicalidade do salmo tem como objetivo mover a piedade pelos sentidos das palavras. Se a religiosa fica comovida pelo simples prazer de escutar a musicalidade do salmo, então, é a concupiscência pelo prazer de escutar o som que a comove, mas tal concupiscência apresenta-se disfarçada de comoção piedosa. Eis a armadilha: a concupiscência da carne se disfarça de piedade, fazendo a religiosa acreditar que ela é piedosa. Na verdade, a comoção da religiosa é movida pela concupiscência da carne, que se manifesta no prazer sentido pela porta da audição.

Em suma, quanto à concupiscência da carne, pode-se dizer que: a) é a primeira inimiga a combater; b) é volúpia enquanto prazer pelos sentidos nas coisas sensíveis; c) as necessidades vitais nos obrigam a usar da volúpia para a conservação do corpo e da vida: comer, beber, dormir, comunicar-se, etc.; d) a temperança é o meio pelo qual se combate a concupiscência da carne; e) a temperança é o ato da razão que discerne a concupiscência da carne ou a volúpia como paixão pelo prazer corporal, e as necessidades da natureza, mas, depois da queda, paira sobre o espírito da criatura uma nuvem que impede tal discernimento; f) o homem temperante seria aquele que usa da volúpia só para a conservação do corpo e da vida; g) a extensão do prazer é muito maior do que da necessidade, o que dificulta traçar os limites entre concupiscência e necessidade; h) o homem, depois da queda, transforma a concupiscência da carne em necessidade, ou seja, transforma o prazer, que é de maior extensão, em necessidade, que

---

[14] Cornelius JANSENIUS, *Discurso da reforma do homem interior*, p. 71.
[15] Ibidem, p. 71.

efetivamente tem uma extensão menor; i) Jansenius oferece ao diretor espiritual uma descrição das armadilhas da concupiscência da carne para a aplicação ao dirigido.

Porém, ao vencer esta primeira etapa, o homem precisará desafiar outra concupiscência, que é chamada de "curiosidade"[16] ou concupiscência dos olhos.

★ ★ ★

Ao vencer a volúpia da carne, o cristão é afetado por outra ainda mais enganosa:[17] "É a esta curiosidade sempre inquieta, que foi chamada por este nome devido ao vão desejo que ela tem de saber, que dissimulamos com o nome de *ciência*"[18]. Este desejo de ciência manifesta-se nas pequenas coisas e, por conseguinte, nas grandes, todavia, é um sintoma de uma mesma doença[19], a concupiscência dos olhos, este desejo obsessivo de conhecer. Tal nome lhe é dado porque a visão é o sentido mais destacado para aquele que se propõe a conhecer. A visão é capaz de discernir um número de detalhes substanciais de um objeto; assim, é o sentido que mais se aproxima da razão, do *logos*, do espírito. Podemos dizer que a razão é o olho do espírito. A sede da ciência é o espírito e é nele que "a curiosidade engana por mil formas de ilusões"[20]. Além de produzir o engano no próprio espírito, o faz também nos sentidos, produzindo inúmeras imagens fantasiosas. No entanto, há uma característica fundamental entre concupiscência da carne e dos olhos: a primeira só tem por fim as coisas agradáveis, ao passo que a segunda encaminha-se na direção das coisas que não são agradáveis, "comprazendo-se em procurar, experimentar e conhecer tudo aquilo que ignora"[21]. Dito de outro modo, o prazer de conhecer não está vinculado ao objeto investigado, pois este é

---

[16] Cornelius JANSENIUS, *Discurso da reforma do homem interior*, p. 75.
[17] Cf. Ibidem, p. 75.
[18] Ibidem, p. 75.
[19] Ibidem, p. 77.
[20] Cf. Ibidem, p. 75.
[21] Ibidem, p. 77.

desconhecido e não se sabe se seu conhecimento concederá prazer ou não. O prazer pelo simples prazer de conhecer torna-se a finalidade do espírito. O homem buscaria conhecer para sentir prazer em seu espírito e não pelo desejo verdadeiro de conhecer; por este motivo, Jansenius sustenta que o motor do ato de conhecer é a concupiscência dos olhos. A curiosidade se mostra até nas coisas sagradas, entre aqueles que buscam descobrir os mistérios que se apresentam sob o véu da religião.[22] O pretexto da investigação é a piedade, o encontro com os mistérios divinos, mas é a concupiscência dos olhos o seu motor, assim como o é entre aqueles que desejam saber de tudo o que acontece dentro e fora de seu próprio país, como acontece entre os homens que possuem um cargo público e solicitam informações de tudo o que acontece na terra e além do mar: tal ação é considerada uma curiosidade supérflua pela regra cristã.[23]

Na vida cristã, o saber não deve ser transformado em uma supérflua curiosidade, mas servir ao espírito quanto aquilo que é necessário, impelindo o homem a fugir daquilo que não é preciso saber. Pode-se dizer que há uma temperança do espírito em Jansenius, que poderia auxiliar o homem a não ultrapassar os limites desta paixão inquieta expressa pelo desejo de conhecer, e que permitiria à criatura se elevar para contemplar a beleza da verdade eterna. No entanto, o desejo de conhecer, que "ataca-nos e leva-nos para baixo, parecendo nos dizer: onde vais, estando cobertos de tarefas e tão indignos de vos aproximar de Deus?",[24] distancia o homem de Deus e o faz indigno de se aproximar dele.[25] Enfim, é este atrativo irresistível, ou deleite movido pelo vão desejo de saber, que coloca a ciência humana acima de Deus e, neste movimento, repete-se o pecado de autossuficiência de Adão.

Portanto, acerca da concupiscência dos olhos, pode-se dizer que: a) trata-se de uma curiosidade inquieta e vã pelo desejo de saber aquilo

---

[22] Cornelius JANSENIUS, *Discurso da reforma do homem interior*, p. 79.
[23] Cf. Ibidem, p. 79.
[24] Ibidem, p. 81.
[25] Cf. Ibidem, p. 81-83.

que não é necessário, pelo simples prazer de deleitar-se no próprio espírito; b) é um movimento do espírito concebido por Jansenius como vaidade; c) é uma forma de deleite que, em vez de elevar o homem a Deus, o reenvia em direção ao mundo; c) a criatura, que deveria usar o espírito somente para aquilo que é necessário, usa deste mesmo espírito para conhecer o que é vão; d) a autossuficiência da razão coloca Deus em segundo plano, repetindo o lapso primordial de Adão.

Depois de traçar estes dois primeiros estágios de concupiscência, um último ainda apresenta-se: o "orgulho"[26] ou o orgulho da vida.

* * *

Superando as duas paixões precedentes, o bispo de Ypres, seguindo as exortações do apóstolo São Paulo, atesta que tal vitória faz nascer uma terceira paixão denominada orgulho da vida, "que é mais enganosa e mais temível que todas as outras"[27]. O surgimento deste orgulho dar-se-ia no instante mesmo em que o homem rejubila-se com a vitória frente às duas primeiras concupiscências. Assim, Jansenius concede a palavra ao próprio orgulho que diz ao homem: "Por que triunfas? Eu vivo ainda, e vivo porque tu triunfas"[28]. O homem, ao alegrar-se com sua vitória antes do tempo, engana-se ao pensar ter o triunfo definitivo, já "que não há nada que possa dissipar suas últimas sombras senão a luz do dia da eternidade"[29]. Para Jansenius, somente a graça sobrenatural pode fazer o homem triunfar em Deus. Triunfar em Deus é receber a graça por pura misericórdia e sem mérito, cooperando com ela. Desta maneira, o autor, na esteira de Santo Agostinho, citando os seus *Comentários aos Salmos*, assinala que o vício do orgulho, que foi o primeiro a vencer a alma, continua na alma e, por este motivo, o primeiro vício, o qual ocasionou a queda e o distanciamento entre Deus e o homem, será o último a ser vencido.[30] Em suma,

---

[26] CORNELIUS JANSENIUS, *DISCURSO DA REFORMA DO HOMEM INTERIOR*, P. 81.
[27] IBIDEM, P. 81.
[28] IBIDEM, P. 81.
[29] IBIDEM, P. 81.
[30] CF. IBIDEM, P. 81-83.

o primeiro vício foi a causa de todos os outros vícios, portanto, já que a causa primeira é o orgulho, então ele será o último a ser aniquilado.

O orgulho caracteriza-se por um desejo de independência gravado no fundo da alma e que corrompe a vontade. Esta se compraz de ser para si e de não se submeter a nenhuma outra realidade, nem mesmo a Deus: o orgulho é a particularização de si mesmo como bem desligado de Deus. Esta inclinação para o orgulho é que impede o homem de cumprir os mandamentos. O pecado do homem foi o de não manter o controle sobre si antes da queda, ou seja, Deus especificou qual era a infração que a criatura não deveria cometer, mas foi justamente este crime que fora cometido. Com este delito, o homem prefere a própria vontade no lugar da vontade de Deus, vivendo a partir desta regra.

Deus estabelece uma nova regra, na qual o homem deve destituir-se de sua vontade corrompida e obedecer a lei de Deus, que funciona como guia moral; porém, para cumprir tal feito, a criatura precisa da graça. "Assim, à medida que nossa vontade diminui pelo progresso que fazemos dentro da virtude, antes desejamos depender de outro ser, em vez de sermos mestres de nós mesmos, e desejamos ser antes governados pela verdade e pela vontade de Deus, em vez de o sermos por nosso próprio poder".[31] Trata-se de desarticular a vontade da lógica concupiscente que se estabelece depois da queda, na qual a vontade torna-se senhora de si e rebelde em relação àquela de seu Criador, e assim estabelecer uma nova lógica, um novo ordenamento da vontade, o qual está presente na vida dos santos, pois estes não se rejubilam com a própria potência, aturdida pela mancha do pecado, mas alegram-se com aquela que Deus lhes concede gratuitamente. Todavia, a ferida do pecado não pode ser fechada por completo, a não ser por um "milagre extraordinário"[32]. Salvo o milagre, o homem sempre estará em pecado, justamente para que o orgulho de não pecar o faça cair novamente no orgulho. A permanência no pecado tem sua utilidade medicamentosa, pois "do mesmo modo que os médicos expulsam o veneno por outros

---

[31] Cornelius JANSENIUS, *Discurso da reforma do homem interior*, p. 85.
[32] Ibidem, p. 85.

venenos, o pecado do orgulho não se cura senão por outros pecados"[33]. É o próprio pecado que impede o homem de se gabar de sua santidade e fazer de si independente de Deus. É por este motivo que o Criador pedagogicamente deixa a criatura em pecado para que o pecado não triunfe. Jansenius destaca que o mais elevado dos apóstolos pediu a Deus que lhe retirasse um espinho da carne, porém, este lhe fora deixado como prevenção até o momento de sua morte.[34]

Em suma, quanto ao orgulho da vida, pode-se dizer que: a) vencendo as duas primeiras concupiscências, virá uma terceira ainda mais temível denominada orgulho da vida; b) esta concupiscência é a última a ser vencida porque foi o primeiro vício que proporcionou todos os outros; c) o orgulho é a particularização de si mesmo como bem desligado de Deus; d) o orgulho impede o cumprimento dos mandamentos; e) o ato de cumprir os mandamentos só é possível pela graça; f) Deus deixa o homem em pecado como prevenção ao orgulho, mesmo procedimento usado na medicina, já que os médicos usam de outros venenos para eliminar o veneno do corpo de um paciente.

Portanto, este é o manual das armadilhas da vaidade que Jansenius oferece aos diretores espirituais de Port-Royal, uma espécie de máquina para detectar os males que se apresentam nas três ordens de pecado que vimos. Este texto terá seus ecos nos *Pensamentos* de Pascal: "concupiscência da carne, concupiscência dos olhos, orgulho, etc."[35]. Porém, para o momento, vejamos como esta caça por vaidades está presente em Saint-Cyran, exímio diretor espiritual de Port-Royal.

---

[33] CORNELIUS JANSENIUS, *DISCURSO DA REFORMA DO HOMEM INTERIOR*, P. 95.
[34] CF. IBIDEM, P. 95.
[35] BLAISE PASCAL, *PENSÉES*, LAF. 933, BRU. 460; LAF. 308, BRU. 793; LAF. 545, BRU. 458. NO ENTANTO, EM PASCAL, VALE ASSINALAR QUE TAIS ORDENS NÃO SÃO DE ORDENS DE PECADO, MAS DE *TRÊS ORDENS DE COISAS* (CF. IDEM, LAF. 511, BRU. 2). DESSA MANEIRA, NÃO SE TRATA DA ORDEM DO PENSAMENTO, COMO VEMOS NA TERCEIRA REGRA DO *DISCURSOS DO MÉTODO* DE DESCARTES, NEM TRÊS ORDENS DE PECADO, COMO JANSENIUS, O QUAL SEGUIU OS PASSOS DE SANTO AGOSTINHO, ESTE ÚLTIMO TENDO COMO BASE A I EPÍSTOLA DE SÃO JOÃO. PORTANTO, É PRECISO SABER COMO PASCAL IRÁ REARTICULAR A LEITURA DAS SUAS FONTES E COMPOR OS FRAGMENTOS 308 E 933.

1.2 – As cartas espirituais e Saint-Cyran: "cada alma é um mundo"

Para entendermos a importância de Saint-Cyran na obra de Pascal, é preciso saber como a família de Pascal teve contato com suas obras. A *Lettre* faz parte de um período denominado primeira conversão de Pascal. Tal período começa em janeiro de 1646, na cidade de Rouen: um acidente com o pai de Pascal, Étienne Pascal, que desloca uma perna ao escorregar no gelo.[36] Este acidente leva à morada da família Pascal os irmãos Deschamps, da região da Normandia, com o intuito de cuidar do enfermo. Eles foram convertidos pelas pregações do padre Guillebert,[37] nome este que a família de Pascal não esquecerá jamais, justamente pelas admoestações e firmeza espiritual por ele manifestas na paróquia que a família frequentava.[38] As pregações e orientações deste padre estão permeadas pela "espiritualidade e vida moral de Saint-Cyran"[39]: eis o modo como a família inicia seu contato com esta espiritualidade que será tão cara a Pascal. A família do filósofo passou a viver um vida cristã mais intensa após conhecer as obras de Jansenius, Saint--Cyran e Arnauld,[40] através das pregações do padre Guillebert e dos irmãos Deschamps. Pode-se dizer que Pascal toma conhecimento da espiritualidade de Saint-Cyran por dois motivos: a) as pregações do padre Guillebert; b) o contato das obras de Saint-Cyran através dos irmãos Deschamps.

Ciente do contato que Pascal tivera com a espiritualidade cyraniana, percorrerei o seguinte caminho: trabalharei o ofício do diretor espiritual em Saint-Cyran, conhecendo as características gerais da arte da direção espiritual; em seguida, apresentarei uma pequena introdução histórica da *Lettre à Sa Sœur Mme Perier, ce 26*

---

[36] Cf. Henri GOUHIER, *Blaise Pascal: Commentaires*, p. 99.
[37] Cf. Ibidem, p. 100.
[38] Cf. Idem, *Pascal et les Humanistes Chrétiens: L'affaire Saint-Ange*, p. 13.
[39] Cf. Idem, *Blaise Pascal: Commentaires*, p. 101-102.
[40] Cf. Ibidem, p. 100.

janvier 1648, que será meu objeto no próximo item; depois, colocarei a seguinte questão: o que não permite que Pascal escreva à sua irmã? Mostrarei como o intérprete Gouhier responde a esta questão; diante desta resposta, farei uma pequena digressão sobre a vaidade das ciências em Saint-Cyran: tal digressão será necessária para entendermos as acusações de vaidade nas ciências que o diretor de consciência M. de Rebours faz a Pascal; por fim, buscarei entender qual é o verdadeiro conteúdo da *Lettre à Sa Sœur Mme Perier, ce 26 janvier 1648*, e como Pascal recebe as acusações que lhe foram feitas. Será a partir destas acusações que Pascal irá reler seus mestres, de maneira especial, Saint-Cyran, de modo que isto me levará a investigar duas cartas deste autor que influenciaram Pascal na escrita da *Lettre*.

As cartas espirituais de Saint-Cyran são uma espécie de "gênero literário"[41] usado pelos diretores de consciência da abadia de Port-Royal, no século XVII. O diretor de consciência é responsável pela árdua tarefa de tentar decifrar os sinais de Deus na vida do convertido, como assinala Gouhier:

> Inútil lembrar qual autoridade liga os filhos espirituais de Saint-Cyran à direção de consciência; seus escrúpulos, antes de aceitar um dirigente, sublinham a gravidade de seus problemas: será pecar contra a humildade? Não será tomar uma espantosa responsabilidade diante de Deus?[42]

Deus é a autoridade suprema que rege a relação postulada entre o diretor de consciência e seu respectivo filho espiritual. Eles possuem uma ligação extremamente forte, marcada por um compromisso recíproco entre o dirigente e o dirigido: este último deve seguir as exortações do diretor, como do próprio Deus, e buscar viver de modo que a sua vontade esteja em plena sintonia com aquela do Criador; já o dirigente tem a responsabilidade de discernir a vontade de Deus e orientar aquele que Deus lhe confiou. Entretanto, dois desafios se

---

[41] Henri GOUHIER, *Blaise Pascal: Commentaires*, p. 111.
[42] Ibidem, p. 85.

levantam: a) quem poderá discernir os desígnios de Deus sem pecar contra a humildade? b) a responsabilidade do diretor é ainda maior, pois ele pode, ao realizar um mau trabalho, condenar a alma orientada e a si mesmo. Humildade e responsabilidade são duas realidades, às quais os diretores de consciência devem estar atentos.

Em uma carta, datada no dia 25 de setembro de 1642 e endereçada a Ir. Emmanuel de Chaze, Saint-Cyran aponta tacitamente o papel do diretor espiritual:

> (...) vós vedes por isto que, já que eu aprendi a distinguir a minha palavra para um fim que contempla a Deus, não vos escrevi senão por seu espírito, não empreendi de o fazer em todos os meses ao longo do ano senão para merecer dele, por este pequeno ofício de caridade, as graças as quais vós tendes necessidade para vos firmar mais e mais na vossa profissão de fé.[43]

O diretor espiritual torna-se o transmissor da palavra de Deus na vida cotidiana do dirigido. A palavra do diretor espiritual, humana e limitada, quando direcionada corretamente para a realização dos desígnios de Deus, torna-se a própria palavra de Deus. Mas a dimensão humana daquele que orienta não é absolutamente apagada e, por este motivo, a atenção voltada à humildade e à responsabilidade atravessa o ofício do diretor espiritual. Além do esforço destinado à conquista da humildade e da responsabilidade, há um ganho no ato de orientar: orientar é ter de Deus a graça para realizar esta atividade. Ganho reconhecido, ao menos, pelo fato de ver a si mesmo como canal da graça para o direcionado. Mas, se na espiritualidade agostiniana de Saint-Cyran, ninguém tem a garantia da graça, assim como de sua própria salvação,[44] como seria possível certificar a posse

---

[43] Abbe de SAINT-CYRAN, A Sœur Emmanuel de Chazé: Du 25 septembre [1642]. In: Jean ORCIBAL, *Saint-Cyran et le jansénisme*, p. 137. Salientamos que alguns textos do próprio Saint-Cyran estão anexados na obra citada de Jean Orcibal. Entre eles, é o caso da presente carta espiritual que mencionamos acima.

[44] Cf. Abbe de SAINT-CYRAN, De la Grâce de Jesus-Christ, de la liberté chrétienne et de la justification. In: Jean ORCIBAL, *Saint-Cyran et le jansénisme*, p. 127-128. "(...) ninguém pode saber certamente se é justo ou não" (Jean ORCIBAL, *Saint-Cyran et le jansénisme*, p. 93).

da graça para a realização da direção espiritual? Eis um estilo literário característico da espiritualidade de Saint-Cyran e que, de certa forma, estará presente em Pascal: o paradoxo.

O paradoxo manifesta-se na certeza de não se ter a garantia da graça. Esta é parte de uma reflexão teológica geral que Saint-Cyran, com destreza, traduzirá em termos cotidianos na vida do cristão. Na espiritualidade de Saint-Cyran, não são encontradas exortações teológicas gerais e comunitárias, mas um diálogo fraterno, atento às limitações da alma em seus dramas particulares e íntimos. Neste aspecto, o abade é fiel à espiritualidade de São Francisco de Sales,[45] para o qual, comenta Saint-Cyran, "*Deus é o principal condutor das almas que se dão a ele*, mas ele as *submete* desde sua conversão a um homem que lhes guia"[46]. A submissão é uma das características marcantes da conversão na atmosfera de Port-Royal, pois o convertido precisa colocar a própria vontade sob a égide de outra instância, ou seja, da vontade do diretor, que passa a ser a expressão da vontade de Deus. Se o pecado está marcado pela rebelião da vontade da criatura, que deseja ser mais do que o Criador, então, a conversão é justamente reconduzir a vontade para seu lugar, submetendo-a. A sistematização precedente parece tornar o enfrentamento cotidiano fácil, subjugando a tarefa do diretor e do dirigido, mas Saint-Cyran não hesita em salientar a dificuldade do empreendimento, pois cada "*alma é um mundo*"[47]. O engajamento deve ser recíproco, de modo que os sinais são subjetivos e objetivos: "*desejos invisíveis e insensíveis escondidos nos recônditos da alma*"[48]. Portanto, além da humildade e da responsabilidade, como destacou

---

[45] A INTÉRPRETE DENISE LEDUC-FAYETTE DESTACA QUE OS "MESSIEURS DE PORT-ROYAL" TIVERAM INFLUÊNCIA DA ESPIRITUALIDADE DE SÃO FRANCISCO DE SALES, SALVO O PESSIMISMO DE BÉRULLE, QUE OS SEPARA (CF. DENISE LEDUC-FAYETTE, *PASCAL ET LE MYSTÈRE DU MAL*, P. 66). O BISPO DE GENEBRA, PELO FATO DE SUAS CONTROVÉRSIAS COM OS CALVINISTAS, TEM CERTAS RESERVAS EM RELAÇÃO ÀS TEORIAS TEOLÓGICAS QUE DESTACAM UM ESTADO DE NATUREZA DECAÍDO E MAL.
[46] JEAN ORCIBAL, *SAINT-CYRAN ET LE JANSÉNISME*, P. 77 (GRIFOS DO AUTOR).
[47] IBIDEM, P. 77 (GRIFOS DO AUTOR).
[48] IBIDEM, P. 93 (GRIFOS DO AUTOR). ORCIBAL SUBLINHA QUE A ESPIRITUALIDADE DE SAINT-CYRAN ANUNCIA TEORIAS DO INCONSCIENTE QUE SERÃO DESENVOLVIDAS POSTERIORMENTE.

Gouhier, a direção espiritual, realça Saint-Cyran, deve ser marcada, já que ninguém tem a garantia da graça, pelo temor e tremor: "*é preciso servir a Deus com temor e tremor*"⁴⁹. O temor assinala o respeito, a consideração, a deferência, a admiração, a homenagem que todo cristão deve ao Criador, o que resulta em obediência e submissão total a um Deus; o tremor é o sentimento proveniente da criatura frágil e miserável, dependente de um Deus onipotente, capaz de salvar ou condenar, o que ocasiona angústia diante de uma realidade tão superior. Temor e tremor da vontade também são afirmados por Jansenius, cuja defesa de uma vontade rebelde e corrompida depois da queda é constante em sua obra, de modo que esta mesma vontade deve deixar seu desejo de independência e se submeter à vontade de Deus.

Depois deste quadro, não há dúvida por que será tão cara, anos mais tarde, a seguinte passagem do *Memorial* de Pascal: "submissão total a Jesus Cristo e ao meu diretor"⁵⁰. Mas o tema da direção espiritual estará sob os olhos de Pascal desde o ano 1647, o que passo a investigar.

1.3 – Introdução histórica: Pascal diretor espiritual?

> No meio do ano 1647, Pascal e Jacqueline vão para Paris e se reinstalam em uma casa que seu pai tinha alugado em 1635, na *rue* Brisemiche. O motivo da viagem dos irmãos foi o estado de saúde de Blaise. Neste momento os dois puderam escutar as pregações do diretor espiritual M. Singlin, "cuja reputação havia ultrapassado os amigos de Port-Royal".⁵¹ Eles puderam conhecer a lógica da própria conversão, de modo que o ardor da espiritualidade port-royalista tornou-se ainda mais intenso. Pascal parece, em determinado momento, acreditar na sua vocação de

---

⁴⁹ Jean ORCIBAL, *Saint-Cyran et le Jansénisme*, p.93 (grifos do autor).
⁵⁰ Blaise PASCAL, *Pensées*, Laf. 913, Bru. 92.
⁵¹ Henri GOUHIER, *Blaise Pascal: Commentaires*, p. 85.

diretor espiritual. Assim, coloco a questão: Pascal acreditava ter o potencial característico dos diretores espirituais? Para averiguação deste tema, proponho a análise de uma carta de Pascal, esta que fora escrita junto com sua irmã Jacqueline e endereçada à irmã mais velha, Gilberte Perier: tal carta foi escrita em 26 de janeiro de 1648.[52]

No contexto desta carta, Pascal e Jacqueline estão em Paris. Gilberte, todavia, encontra-se em Rouen, com um filho recém-nascido, e seu pai Étienne. O marido de Gilberte, o senhor Perier, encontra-se em Bourbonnais.[53] A família mantém contato pelas cartas: "nós recebemos as suas cartas"[54]. Pascal salienta ter o desejo de respondê-las, desde a primeira carta recebida de sua irmã mais velha: "eu tinha o desejo de te responder desde a primeira que tu me escreveste há mais de quatro meses"[55]. Mas, quais são os motivos que o impediram de responder as cartas de Gilberte: "mas minha indisposição e alguns outros negócios me impediram de acabá-la"[56]. A "indisposição" de Pascal foi o motivo que levou os dois irmãos para Paris, no caso, Jacqueline seria uma acompanhante do doente. Porém, a interrogação quanto à afirmação "alguns outros negócios" permanece. Em seguida, Pascal afirma: "depois deste tempo, eu não estava em estado de te escrever, seja por causa de meu mal, seja pela falta de lazer ou por alguma outra razão"[57]. Com grande desconfiança, vale a indagação: que "negócios" ou "razão" não permite que o filósofo escreva à sua irmã? A fim de responder esta questão, perpassarei bem de perto o texto de Pascal.

---

[52] Blaise PASCAL, Lettre à sœur Mme Perier, ce 26 janvier 1648. In: _____ Œuvres complètes, p. 271-272.
[53] Cf. Henri GOUHIER, *Blaise Pascal: Commentaires*, p. 110.
[54] Blaise PASCAL, Lettre à sa sœur Mme Perier, ce 26 janvier 1648. In: _____ Œuvres complètes, p. 271.
[55] Ibidem, p. 271.
[56] Ibidem, p. 271.
[57] Ibidem, p. 271.

1.3.1 – "Um cego conduzido por outro cego": Carta de 26 de janeiro de 1648

> Eu não posso começar por outra coisa senão pelo testemunho do prazer que suas cartas me deram; delas recebi alegrias tão sensíveis que não poderia dizê-las pela boca. Peço-te para acreditar que ainda que eu não tenha escrito, não houve nenhum momento que tu não estivesses presente, no qual eu não tenha tido alegria pela continuação do grande desígnio que Deus te inspirou.[58]

A carta é escrita no contexto da conversão de Gilberte. As cartas precedentes tratariam das novas disposições religiosas da convertida, do seu desejo de colocar-se sob a direção de um diretor espiritual e, já que o mundo não pode ser completamente abandonado pelo fato de que ela estava de alguma forma ligada a ele, pois é casada e tem filhos, que ao menos o deleite mundano possa ser abandonado e, com isso, acreditava poder persuadir toda a família para a verdadeira conversão.[59] O intérprete Gouhier salienta que o grande desejo de Gilberte era de se colocar sob a direção espiritual de um sacerdote,[60] o que nos motiva a inferir que, em suas cartas precedentes – não temos estes documentos perdidos no decorrer da história –, a penitente tenha descrito todo seu processo de conversão, algo que Pascal recebe como a certeza da ação de Deus na vida de sua irmã. A partir disso, podemos levantar a hipótese de que, tacitamente, o testemunho do irmão mostra características de um diretor espiritual pelo fato de reconhecer os desígnios de Deus, já que os frutos da conversão da irmã são por ele reconhecidos – "não posso começar por outra coisa senão pelo testemunho"[61] –, prazer – "do prazer que elas me deram; delas recebi alegrias tão

---

[58] BLAISE PASCAL, LETTRE À SA SŒUR MME PERIER, CE 26 JANVIER 1648. IN: _____ ŒUVRES COMPLÈTES, P. 271.
[59] Cf. HENRI GOUHIER, *BLAISE PASCAL: COMMENTAIRES*, P. 110.
[60] Cf. IBIDEM, P. 110.
[61] BLAISE PASCAL, LETTRE À SA SŒUR MME PERIER, CE 26 JANVIER 1648. IN: _____ ŒUVRES COMPLÈTES, P. 271.

sensíveis"[62] –, incapacidade de comunicação deste prazer – "que não poderia dizê-las pela boca"[63]. Ora, trata-se de um testemunho, no caso, sensível ou perceptível, mas incomunicável. Testemunho de que na vida de Gilberte manifestava-se, certamente, "um grande desígnio de Deus"[64]. Na carta de 26 de janeiro, tal desígnio é afirmado. Contudo, será que antes disso já havia este reconhecimento? O irmão não estaria duvidoso, desconfiado, daquilo que poderia ser um simples fogo que logo se apaga? Seria esta a razão pela qual Pascal hesitava em responder as cartas de Gilberte? Se a ação de Deus em sua vida foi o conteúdo das cartas precedentes de Gilberte, que Pascal lia e meditava todos os dias – "não houve hora que tu não me tenhas estado presente"[65] –, o fato de não tê-las respondido não se explica somente pela doença, mas, talvez, por outro motivo, como salienta Gouhier: "Pascal sabe que uma conversão não é o efeito de uma graça do instante",[66] e sim de uma graça que outorga a perseverança. Por este motivo, o reconhecimento dos desígnios de Deus deve ser feito com prudência, isto é, o diretor espiritual deve fazê-lo levando em conta a inconstância do espírito humano, seus solavancos, deslumbramentos e motivações. Tal desconfiança era comum em Port-Royal, abadia fiel à espiritualidade de Saint-Cyran. Este ressalva a necessidade do retiro, empreendimento tão caro para o mosteiro: "Para não *deixar evaporar o espírito de Deus se difundindo fora*, é preciso, portanto, *ser purificado por muito tempo inicialmente... no silêncio e no retiro*"[67]. Pascal demora quatro meses para responder as cartas da irmã. Será um recurso para manter a irmã no deserto?

O intérprete da espiritualidade cyraniana, Jean Orcibal, enfatiza a importância do retiro e do silêncio: "as conversões só duram se elas forem acompanhadas de retiros. O silêncio neles é o complemento

---

[62] BLAISE PASCAL, LETTRE À SA SŒUR MME PERIER, CE 26 JANVIER 1648. IN: _____ ŒUVRES COMPLÈTES, P. 271.
[63] IBIDEM, P. 271.
[64] IBIDEM, P. 271.
[65] IBIDEM, P. 271.
[66] HENRI GOUHIER, BLAISE PASCAL: COMMENTAIRES, P. 111.
[67] JEAN ORCIBAL, SAINT-CYRAN ET LE JANSÉNISME, P. 69 (GRIFOS DO AUTOR).

natural"⁶⁸. Entretanto, os casados, os grandes e, de modo geral, aqueles que não pertencem a um estado clerical, têm mais dificuldades para viverem estes três pilares – retiro, solidão e silêncio – da direção espiritual que acompanham a conversão: "as pessoas casadas e os grandes têm uma necessidade particular de neles [retiro e solidão] buscar *a força para resistir às tentações mais ordinárias*"⁶⁹. Se retiro, solidão e silêncio são admoestações fundamentais para o processo de conversão, a penitência também participaria deste quadro. Saint-Cyran declarava não conhecer "penitência melhor que entrar em uma religião"⁷⁰. Deste modo, entrar para a religião, no caso, cristã, é abraçar a penitência. Portanto, a demora de Pascal para responder as cartas começa a ganhar mais visibilidade, se levarmos em conta a espiritualidade de Saint-Cyran.

Retiro, solidão, silêncio e penitência funcionam como recursos que o diretor espiritual usaria para detectar a perseverança⁷¹ do convertido de modo mais objetivo. Pascal mostra-se cauteloso, pois só envia a carta depois de estar satisfeito com a "continuação do grande desígnio que Deus te inspirou"⁷². Deus inspira e é causa da conversão, assim como é Ele quem concede a perseverança, tema que está presente na espiritualidade cyraniana e na jansenista e que será desenvolvido com mais desenvoltura nos *Escritos sobre a Graça*.⁷³ Mas, se cabe ao diretor detectar os desígnios de Deus, então, como afirma Gouhier, "'a continuação' é o sinal ao qual os diretores experientes reconhecem 'o desígnio' de Deus"⁷⁴. A direção espiritual de Port-Royal tem seu modelo em Saint-Cyran. Pascal se mostraria fiel a este modelo. No entanto, há um fato que explica a alegria ainda maior dos desígnios de Deus na vida da recém-convertida:

---

[68] Jean ORCIBAL, SAINT-CYRAN ET LE JANSÉNISME, P. 70.
[69] IBIDEM, P. 70 (GRIFOS DO AUTOR).
[70] IBIDEM, P. 70.
[71] Cf. Henri GOUHIER, BLAISE PASCAL: COMMENTAIRES, P. 119.
[72] BLAISE PASCAL, LETTRE À SA SŒUR MME PERIER, CE 26 JANVIER 1648. IN: _____ ŒUVRES COMPLÈTES, P. 271.
[73] VER IDEM, ÉCRITS SUR LA GRÂCE. IN: _____ ŒUVRES COMPLETES, P. 322SS.
[74] Henri GOUHIER, BLAISE PASCAL: COMMENTAIRES, P. III.

> Eu senti um novo acesso de alegria com todas as cartas que levavam algum testemunho disto [*continuação do grande desígnio que Deus te inspirou*], e fiquei deslumbrado de ver a continuação disto sem que tivesses nenhuma informação de nossa parte. Isto me fez julgar que tinha um apoio mais que humano, já que não tinha necessidade de meios humanos para se manter.[75]

Pascal reconhece, com enorme satisfação, a conversão da irmã: os irmãos mostram a sintonia ideal entre o diretor espiritual e o dirigido. A alegria de Pascal é motivada pelo testemunho da convertida. O testemunho torna-se, nesta passagem, expressão viva de Deus, ou seja, quem testemunha revela, com coragem, a própria obra de Deus e seus desígnios. O termo "testemunho" vem de "testamento", já que é na sagrada escritura que Deus se revela. Assim, quando sua irmã torna-se testemunha dos desígnios de Deus, a exortação de Pascal não podia ser outra: Gilberte, pelo seu testemunho, é a manifestação da escritura viva, pulsante. Da mesma maneira, quando Pascal destaca o "testemunho do prazer"[76] que as cartas de sua irmã lhe concederam, ele reconhece os desígnios de Deus, tornando-se também uma escritura viva. Deus manifesta-se nos dois: no dirigido, pelos seus desígnios, e no diretor, pelo reconhecimento destes desígnios. Em suma, dois testemunhos de uma mesma herança, de um mesmo testamento, de uma mesma escritura.

O ato de dar testemunho está intimamente ligado à igreja primitiva, cuja espiritualidade de Jean-Ambroise Duvergier, de Hauranne, conhecido como abade de Saint-Cyran, faz eco: "o retorno à espiritualidade agostiniana era, aos seus olhos, o meio de fazer reflorescer no século XVII a igreja primitiva"[77]. Na igreja primitiva, o testemunho era um ato de fé que manifestava categoricamente os desígnios de Deus na vida do convertido: a nova vida implica,

---

[75] BLAISE PASCAL, LETTRE À SA SŒUR MME PERIER, CE 26 JANVIER 1648. IN: _____ ŒUVRES COMPLÈTES, P. 271. (GRIFO NOSSO).
[76] IBIDEM, P. 271.
[77] JEAN ORCIBAL, SAINT-CYRAN ET LE JANSÉNISME, P. 46.

necessariamente, dar testemunho, expressar a boa-nova em cada ação, mesmo nas mais banais do cotidiano. Para Saint-Cyran, a graça é o meio pelo qual Deus mostra seus desígnios, capacitando o homem a exprimir seu testemunho e, por este motivo, Ele é colocado como personagem central de sua espiritualidade. Pascal mostra-se como grande herdeiro desta espiritualidade,[78] cuja graça é a causa primeira do poder, do querer e do fazer humano, de modo que somente a força humana não basta para a efetivação da conversão: "isto me fez julgar que tinha um apoio mais que humano, já que não tinha necessidade de meios humanos para se manter"[79]. Dito de outro modo, apesar de haver colaboração[80] do homem, é Deus que a propicia e mantém a perseverança. Deus, causa, princípio e fonte de toda conversão, não precisa do homem como causa primeira, pois o Criador não precisa da criatura. A graça é sempre um sinal da gratuidade de

---

[78] "Qualquer que seja a teologia de Jansenius, a espiritualidade de Saint-Cyran e de seus discípulos – à primeira fileira dos quais convém colocar Pascal (...)" (Jean ORCIBAL, *Saint-Cyran et le Jansénisme*, p. 163).

[79] Blaise PASCAL, Lettre à sa sœur Mme Perier, ce 26 janvier 1648. In: _____ *Œuvres complètes*, p. 271.

[80] "Deste modo, se considerarmos a vida cristã, que não é outra coisa senão um santo desejo, conforme Santo Agostinho, descobriremos que Deus antecipa o homem e que o homem antecipa Deus, que Deus concede sem que peçamos e Deus concede aquilo que pedimos, que Deus opera sem que o homem coopere e o homem coopera com Deus, que a glória é uma graça e uma recompensa, que Deus abandona o homem primeiro e o homem abandona Deus primeiro, que Deus não pode salvar o homem sem o homem e a salvação não é o homem que quer e que a persegue, mas somente Deus que faz misericórdia" (Idem, Écrits sur la Grâce. In: _____ *Œuvres completes*, p. 323). A colaboração do homem é afirmada por Pascal, já que "Deus opera sem que o homem coopere e o homem coopera com Deus", porém, há outras afirmações de Pascal que parecem, em um primeiro momento, ser contraditórias: "Deus antecipa o homem e que o homem antecipa Deus". Dizer que Deus age antes do homem é compreensível, pois ele é a causa da salvação, mas dizer que o homem antecipa a Deus parece contradizer toda hegemonia da graça. Mas o discurso ambíguo de Pascal não é necessariamente contraditório. A graça antecipa o desejo do justo, a fim de que ele queira, caso contrário, não quereria, além disso, a graça segue ou impulsiona a perseverança, a fim de que o cristão queira até o fim, assim, sua perseverança não será em vão. Por este motivo, Deus antecipa o homem lhe concedendo a graça, mas o homem antecipa a Deus quando deseja permanecer na graça, e Deus lhe concede a perseverança. Desse modo é justo dizer que Deus antecipa o homem e o homem antecipa a Deus sem haver contradição. Sobre a ambiguidade do discurso teológico, ver Vincent CARRAUD, *Pascal et la Philosophie*, p. 156.

Deus para com o homem, da benevolência sobrenatural dispensada à criatura. Contudo, como discernir estes sinais da graça? É aqui que reconhecemos o papel do diretor espiritual, o qual tem a tarefa árdua e controversa de discernir e interpretar estes vestígios divinos, já que ele possui a "faculdade de compreender a originalidade de cada alma e de lhe indicar a via onde Deus a chama"[81]. Além de saber que o diretor espiritual tem um papel capital no cotidiano do direcionado, de modo que Orcibal, em sua análise da espiritualidade de Saint-Cyran, afirma que o diretor espiritual é responsável por "preocupações práticas"[82], mais precisamente, aquelas do cotidiano, Pascal também tem consciência de que a convertida, em profunda sintonia com a espiritualidade cyraniana, busca a direção espiritual de um sacerdote "rouvilliste"[83], mas, até então, mantém a perseverança sem meios humanos. Certamente, o sucesso da irmã não descarta a necessidade de um diretor espiritual. Porém, a) se há evidências de um apoio mais que humano, b) se é certa a continuidade da conversão pela perseverança, c) se há grandeza em seu precioso testemunho e d) se há reconhecimento deste testemunho pelo testemunho do irmão, então, por que Pascal ainda hesita em pegar a pena e escrever a Gilberte? Vejamos a interpretação de Gouhier.

1.3.2 – A leitura do intérprete Gouhier: por que Pascal hesita em escrever?

O intérprete assinala que Pascal é um recém-convertido e, diante da conversão da irmã, "vê-se na função de um diretor de consciência que é como um instrumento de Deus na conversão dos outros"[84]. Escrever seria tomar como exemplo "uma daquelas cartas cristãs e espirituais às quais Saint-Cyran lhe forneceu o modelo"[85]. É estranho

---

[81] Jean ORCIBAL, *Saint-Cyran et le Jansénisme*, p. 52.
[82] Ibidem, p. 46.
[83] Henri GOUHIER, *Blaise Pascal: Commentaires*, p. 110.
[84] Ibidem, p. 111.
[85] Ibidem, p. 111.

que, diante do grande acontecimento da vida da irmã, mesmo com todas as ocupações e doenças, Pascal não tenha tido um único momento para responder as cartas de Gilberte, ao menos algumas palavras de parabéns e felicitação.[86] Na verdade, nesta ocasião, significaria meditar e, em comunhão com sua irmã Jacqueline, redigir uma carta espiritual.[87] Porém, esta carta não foi escrita. Do mesmo modo, a carta presente, apesar dos traços tácitos de direção espiritual, não se configura como uma carta deste gênero. Logo no primeiro parágrafo, Pascal, *en passant*, escreve: "Meu principal desejo é de te fazer entender por esta carta o propósito das visitas que tu sabes, onde eu esperava ter do que te contentar e responder as tuas últimas cartas"[88]. Gouhier destaca que a "fórmula empregada 'onde eu esperava ter' significa que esta esperança estava desenganada"[89]. Mas qual seria o motivo capital que impede Pascal de escrever tal carta espiritual? O filósofo francês escreveu que a "saúde", a "falta de lazer" e "alguma outra razão"[90] impediram-no. Gouhier, crítico às palavras de Pascal, destaca que é em janeiro de 1648 que Pascal encontra-se melhor quanto à sua saúde,[91] e os lazeres não poderiam servir de obstáculo, já que se trata de agir como diretor espiritual, papel importante no qual este é um instrumento de Deus, portanto, a "outra razão" tem nome: M. de Rebours.

Pascal encontrava-se com M. de Rebours,[92] discípulo de Saint-Cyran,[93] para dar a conhecer suas especulações doutrinais, de modo que estas não foram bem recebidas pelo reconhecido diretor espiritual de Port-Royal. Eis o mal-entendido.

---

[86] Henri GOUHIER, *Blaise Pascal: Commentaires*, p. 111.
[87] Cf. Ibidem, p. 111.
[88] Blaise PASCAL, *Lettre à sa sœur Mme Perier, ce 26 janvier 1648*. In: _____ *Œuvres complètes*, p. 271.
[89] Henri GOUHIER, *Blaise Pascal: Commentaires*, p. 111.
[90] Blaise PASCAL, *Lettre à sa sœur Mme Perier, ce 26 janvier 1648*. In: _____ *Œuvres complètes*, p. 271.
[91] Henri GOUHIER, *Blaise Pascal: Commentaires*, p. 111-112.
[92] Sobre os encontros de Pascal e M. de Rebours, cf. Henri GOUHIER, *Blaise Pascal: Commentaires*, p. 112ss.
[93] Jean ORCIBAL, *Saint-Cyran et le jansénisme*, p. 48.

Pascal apresenta-se a M. de Rebours, que o recebe muito bem e aceita outras visitas do jovem. Este declara conhecer os livros e os adversários para lhe fazer entender que partilhavam das mesmas ideias, algo que alegra M. de Rebours.[94] Em seguida, Pascal lhe diz:

> Eu lhe disse, em seguida, que pensava que podíamos, seguindo os mesmos princípios do senso comum, demonstrar muitas coisas que os adversários dizem ser contrários, e que o raciocínio bem guiado conduzia a crer nesses princípios, embora falte crer sem a ajuda dos raciocínios.[95]

Se seguir "os mesmos princípios do senso comum" significasse seguir os princípios de fé concedidos por Deus ao homem comum, dos quais muitos "dizem ser contrários", diríamos que Pascal estaria ao lado de Jansenius, Saint-Cyran e Arnauld, assumindo uma posição contrária aos Jesuítas,[96] mas a continuação da passagem condena o jovem visitante aos olhos de M. de Rebours, pois dizer "que o raciocínio bem guiado conduzia a crer nesses princípios" revelaria a suficiência da razão, o que desperta a atenção do diretor espiritual para outro movimento de suficiência, ou seja, a vaidade enquanto *libido sciendi*.

A atenção à vaidade nas ciências está expressa tanto na teologia de Jansenius, como vimos anteriormente,[97] como na espiritualidade de Saint-Cyran, da qual M. de Rebours é herdeiro. Portanto, vejamos como Saint-Cyran concebe a vaidade das ciências – o que liga o pensamento de Jansenius àquele de Saint-Cyran sobre este tema – para, em seguida, compreendermos as acusações de M. de Rebours a Pascal e as acusações de Pascal a si mesmo.

---

[94] Cf. Blaise PASCAL, Lettre à sa sœur Mme Perier, ce 26 janvier 1648. In: _____ Œuvres complètes, p. 272.
[95] Ibidem, p. 272.
[96] Henri GOUHIER, *Blaise Pascal: Commentaires*, p. 117.
[97] Item 1.1 do capítulo 1.

1.3.2.1 – A vaidade nas ciências em Saint-Cyran

Saint-Cyran, seguindo os passos de Santo Agostinho, assim como o fez Jansenius, diz que "*a paixão de saber, que se liga à ciência por si mesma, escurece tão depressa que ela não serve* nem mesmo *para o conhecimento da pura verdade*, pois *infla o coração*, o qual é rapidamente obscurecido por uma *presunção* e por uma *paixão secreta*"[98]. A atração irresistível em direção à ciência, no lugar de fazer brilhar a verdade, obscureceria-a ainda mais, pois a presunção e a vaidade, que inflam o coração, movimentam uma paixão secreta do amor-próprio, característico da suficiência. É por este motivo que Saint-Cyran critica os escolásticos pelo fato de consagrarem a uma ciência, na maior parte filosófica, "a sabedoria da carne e inimiga de Deus, pois o diabo a conhece melhor do que nós (...). Os livros profanos aos quais eles fazem apelo enfraquecem antes a razão pelo vento secreto do orgulho (...) que eles inspiram"[99]. O ato de se consagrarem a uma ciência os fazem devotos de Aristóteles, colocando "o Filósofo"[100] em um patamar de autoridade que ultrapassa as Escrituras: é por este motivo que assinala seu "horror à filosofia de Aristóteles"[101].

Esta visão da ciência como vaidade terá seus reflexos no pensamento de Pascal, não só a partir do pensamento de Jansenius, mas reforçada pelas cartas espirituais de Saint-Cyran. Na *Lettre* XXXII, podemos ver como o abade considerava a filosofia de Platão e Aristóteles:

> Para mim, não posso dizer que não há nada que me tenha instruído tanto nem inflamado para amar a Deus, do que esta graça que ele me deu de me aplicar a todas as verdades de uma ou de outra Filosofia, tanto daquela que a fé nos ensina quanto aquela que a natureza ensinou ainda

---

[98] Jean ORCIBAL, *Saint-Cyran et le Jansénisme*, p. 102 (grifos do autor).
[99] Ibidem, p. 103.
[100] Aristóteles era denominado por Santo Tomás como "o Filósofo", como podemos ver em inúmeras passagens da obra *O ente e a essência*: "(...) como diz o Filósofo no III livro da *Metafísica* (...)" (Santo Tomás de AQUINO, *O ente e a essência*, II, 23).
[101] Ibidem, p. 103.

mais aos cristãos que aos pagãos, por causa das maravilhas que a luz de Jesus Cristo nos revelou na ordem do mundo, que foram desconhecidas de Aristóteles e Platão.[102]

Nesta passagem, Saint-Cyran afirma que a luz de Jesus Cristo ensina ainda mais aos cristãos sobre as verdades da ordem do mundo que aos pagãos, verdades estas que foram desconhecidas por Aristóteles e Platão; ela mostra a relação crítica que Saint-Cyran tinha com a filosofia. De fato, o que estava em questão é que todo o conhecimento cosmológico, matemático e filosófico não poderia contribuir em nada para a verdadeira virtude e o amor a Deus. A *Lettre* XXXII de Saint--Cyran não poderia deixar de impressionar Pascal, conhecido em seu contexto, de maneira especial, por seus trabalhos de física e matemática, assim como a invenção da máquina de calcular:

> Vaidade das ciências. A ciência das coisas exteriores não me consolará da ignorância da moral no momento de aflição, mas a ciência dos costumes me consolará sempre da ignorância das ciências exteriores.[103]

Pascal opõe as ciências das coisas exteriores à ciência dos costumes ou estudo do homem, este que poderá consolar no momento de aflição pelo conhecimento da moral; em contrapartida, ciência é vaidade. Como Saint-Cyran, Pascal sabe da importância de uma vida virtuosa adquirida pelo cristianismo e não por algum modelo cosmológico, matemático ou filosófico. Além da vaidade das ciências, o intérprete Sellier sublinha a concepção pascaliana de vaidade nas investigações em física, a qual é voltada à matéria bruta: "todo tempo dado à exploração da matéria é removido pela prece e ao serviço de

---

[102] ABBE DE SAINT-CYRAN, *LETTRES CHRESTIENNES ET SPIRITUELLES*, XXXII, P. 254. O INTÉRPRETE KOJI KAWAMATA FAZ NESTE ARTIGO UM ESTUDO COMPARATIVO ENTRE ALGUMAS DAS *LETTRES CHRÉTIENNES ET SPIRITUELLES* DE SAINT-CYRAN E A DÉCIMA SEXTA *PROVINCIALE*, ASSINALANDO QUE ESTA CARTA DE SAINT-CYRAN PODE TER TOCADO PROFUNDAMENTE PASCAL EM RELAÇÃO A SEUS PENSAMENTOS CONCERNENTES À RELAÇÃO ENTRE A CIÊNCIA E A *LIBIDO SCIENDI*. (VER KOJI KAWAMATA, PASCAL ET SAINT-CYRAN. IN: JEAN MESNARD ET AL., *MÉTHODES CHEZ PASCAL. ACTES DU COLLOQUE TENU À CLERMONT-FERRAND*, P. 440SS.)
[103] BLAISE PASCAL, *PENSÉES*, LAF. 23, BRU. 67.

Deus"[104]. Outro intérprete, Mesnard, comentando o fragmento 23 dos *Pensamentos*, há pouco citado, destaca o reconhecimento por Pascal dos limites do poder da ciência: "(...) é o campo do humano que escapa à ciência e que aparece submisso a leis plenamente independentes"[105]. O homem não pode ser submetido às leis da matéria bruta e da quantificação dos comportamentos como forma de inferir um afeto. Podemos ver os primeiros passos da separação moderna entre ciência e moral, a qual aparecerá de forma mais evidente em outros fragmentos dos *Pensamentos*.[106] Vemos uma cisão entre o estudo das chamadas ciências abstratas e o estudo do homem, de modo que o estudo das primeiras afasta ainda mais o conhecimento de si mesmo.[107] O ponto que gostaríamos de destacar é que Pascal, exortado por Saint-Cyran, mudará gradativamente seu objeto de investigação durante a vida, encontrando, desta maneira, a vaidade nas ciências que os diretores de consciência cyranianos não deixariam passar em branco.[108]

Como vimos, Jansenius e Saint-Cyran, herdeiros da tradição agostiniana, aproximam a suficiência da razão como um ato de vaidade. M. de Rebours é o filho desta espiritualidade que detectará em Pascal os vestígios da *libido sciendi*: a desconfiança do diretor espiritual, na ocasião da visita de Pascal, é que os olhos do filósofo – órgão representante da vaidade da ciência – estão plenos de luz pelo estudo da geometria, ao contrário, seu coração está repleto de trevas, orgulho e

---

[104] PHILIPE SELLIER, *PASCAL ET SAINT AUGUSTIN*, P. 180.
[105] JEAN MESNARD, SCIENCE ET FOI SELON PASCAL. IN: _____ *LA CULTURE DU XVIIE SIÈCLE*, P. 351.
[106] "EU HAVIA PASSADO MUITO TEMPO NO ESTUDO DAS CIÊNCIAS ABSTRATAS E A POUCA COMUNICAÇÃO QUE SE CONSEGUE TER ME HAVIA DESGOSTADO DELAS. QUANDO COMECEI O ESTUDO DO HOMEM, VI QUE AQUELAS CIÊNCIAS ABSTRATAS NÃO SÃO PRÓPRIAS AO HOMEM, E QUE EU ME APARTAVA MAIS DA MINHA CONDIÇÃO PENETRANDO NELAS DO QUE OUTROS IGNORANDO-AS" (BLAISE PASCAL, *PENSÉES*, LAF. 687, BRU. 144).
[107] PIERRE MAGNARD COMENTA A RELAÇÃO DE PASCAL COM A CIÊNCIA: "COMO ELE ACHARIA BOM APROFUNDAR A OPINIÃO DE COPÉRNICO QUANDO ESTA CIÊNCIA O DESVIA MAIS DE SUA CONDIÇÃO QUE SUA IGNORÂNCIA?". A CIÊNCIA FUNCIONA COMO UMA ESPÉCIE DE *DIVERTISSEMENT*, UM MODO DE DESVIO DE SI POR MEIO DO DESEJO IRRESISTÍVEL DE CONHECER. PASCAL ACHARIA BOM APROFUNDAR A OPINIÃO DE COPÉRNICO SE TAL INVESTIGAÇÃO LHE CONCEDESSE AS DÁDIVAS ORIUNDAS DO ESTUDO QUE A MORAL LHE PODERIA PROPORCIONAR, OU SEJA, O CONHECIMENTO DE SI, TÃO BENÉFICO NOS MOMENTOS DE AFLIÇÃO.
[108] PIERRE MAGNARD, *NATURE ET HISTOIRE DANS L'APOLOGÉTIQUE DE PASCAL*, P. 102.

vaidade. M. de Rebours conhecia Pascal pelos seus trabalhos de física e matemática; portanto, onde Pascal ressaltava suas ideias e projetos em função da fé renovada que professava, que os intérpretes chamam de primeira conversão, M. de Rebours, como afirma Gouhier, demanda "uma revisão de consciência"[109], detecta a vaidade do filósofo e acusa-o de forma enérgica. Tais acusações é o que passamos a investigar, com o objetivo de mostrar de forma mais precisa como o diretor de consciência é treinado na arte de detectar vaidades.

1.3.3 – As acusações de M. de Rebours e as acusações de Pascal a si mesmo

Estas foram as "acusações" de M. de Rebours, presentes na carta de 26 de janeiro de 1648:

a) "Porém, como sabes que todas as ações podem ter duas fontes, e que este discurso podia proceder de um princípio de vaidade e de confiança de raciocínio".[110]

Podemos destacar os termos vaidade e confiança, característicos da *libido sciendi*. A vaidade mostra-se ligada à presunção de conferir maior valor ao próprio projeto, e assim gabar-se por "demonstrar muitas coisas que os adversários dizem ser contrários"[111]. Pascal tenta explicar à irmã que "todas as ações podem ter duas fontes"[112], ou seja, uma ação pode ser mal interpretada, de modo que aquilo que, para Pascal, era claro e evidente, o que o motivou a desenvolver com convicção seu raciocínio, para seu interlocutor, M. de Rebours, foi entendido como princípio de vaidade. Inicia-se então um diálogo de surdos, e a suspeita do desconfiado diretor de consciência tornar-se-ia ainda maior "pelo conhecimento que ele tinha de meu estudo de

---

[109] Henri GOUHIER, *Blaise Pascal: Commentaires*, p. 113.
[110] Blaise PASCAL, Lettre à sa sœur Mme Perier, ce 26 janvier 1648. In: _____ Œuvres complètes, p. 272.
[111] Ibidem, p. 272.
[112] Ibidem, p. 272.

geometria"[113]. Pascal tenta desfazer a confusão, mas esta tentativa é interpretada com outra acusação:

b) "Entretanto, eu tentei fazê-lo conhecer meu motivo; mas minha justificativa aumentou sua dúvida e ele tomou minhas desculpas como uma obstinação".[114]

O interlocutor concebe um Pascal vaidoso, confiante e, diferente daquele que escuta e medita, obstinado a dar as devidas justificativas que alimenta ainda mais a máscara da vaidade. M. de Rebours conduzia o diálogo de forma tão bela, confessa o filósofo, que "se eu tivesse acreditado estar no estado que ele figurava, teria me retirado"[115]. Mas o jovem resistia, não acreditava estar entre aqueles que partilham da concupiscência dos olhos, esta "doença" que foi tão bem explicitada frente aos seus olhos pelo diretor de consciência, e, assim, ressalta Pascal, "eu me opunha aos remédios que ele me apresentava"[116]. Sua obstinação motivou a perspicaz insistência de M. de Rebours, que o acusava categoricamente de obstinado. Por fim, e fechando o quadro, salientamos a última acusação:

c) "Porém, quanto mais eu parecia fugir, mais ele fortificava o remédio, porque ele tomava a minha recusa como endurecimento".[117]

A obstinação de Pascal é a marca do homem vaidoso, que revela o amor-próprio valorizando de modo irredutível o seu projeto, sendo perseverante ao se explicar e, não meditando sobre a própria condição, consequentemente, endurece o coração. Ao contrário do cristão arrependido, Pascal mostra-se um filósofo endurecido. O quadro que Pascal deseja pintar é destruído, a princípio, por outro: a percepção da vaidade pelo espelho levantado por M. de Rebours frente aos olhos de Pascal. Faltava ao filósofo o pavor frente a contemplação de si. Este mal-entendido entre Pascal e M. de Rebours nunca mais será desfeito: "De modo

---

[113] Blaise PASCAL, Lettre à sa sœur Mme Perier, ce 26 janvier 1648. In: _____ Œuvres complètes, p. 272.
[114] Ibidem, p. 272.
[115] Ibidem, p. 272.
[116] Ibidem, p. 272.
[117] Ibidem, p. 272.

que esta conversa passa-se dentro deste equívoco e dentro de um embaraço que continuou em outros e que não se pôde desembrulhar"[118]. Pascal percebe que algumas das controvérsias serão levadas para o túmulo e o desencontro não poderá ser resolvido. Se as acusações de M. de Rebours são equívocas, como disse Pascal, a equivocidade está nos diferentes campos de olhares: do filósofo, que partilha seus projetos com um homem respeitado de Port-Royal, e do diretor espiritual, preocupado com as armadilhas do mal e fiel à sua responsabilidade com aqueles a quem Deus lhe confiava. Talvez M. de Rebours tenha visto a ocasião para persuadir Pascal do mal que pode atolar o coração do filósofo no lodo da vaidade. As denúncias do diretor de consciência perturbaram as reflexões de Pascal, de modo que, na mesma carta, podemos perceber seus ecos: o filósofo reconhece a vaidade e acusa a si mesmo.

São estas acusações que nos permitirão responder a pergunta que fizemos sobre a hesitação de Pascal em responder as cartas da irmã nos últimos quatro meses. "Entretanto, eu desejaria de nisto [*o processo de conversão da irmã*] contribuir com alguma coisa, mas não tenho nenhuma das partes que são necessárias para este efeito".[119] O diretor espiritual deve entrar em ação quando Deus toca o coração da convertida. O ato de se dar inteiramente a Deus, característico da conversão, implica a submissão a um diretor espiritual que mostraria os desígnios de Deus na vida do convertido, mas Pascal se via inapto para dar qualquer contribuição: "minha fraqueza é tão grande que, se eu a empreendesse, faria antes uma ação de temeridade que de caridade"[120]. A fraqueza é espiritual, portanto seria imprudente qualquer tipo de ação de um suposto diretor espiritual que se vê incapaz de conduzir sua orientada: "eu teria o direito de temer por nós dois a desgraça que ameaça um cego que conduz outro cego"[121]. A passagem bíblica[122] não poderia ser

---
[118] BLAISE PASCAL, LETTRE À SA SŒUR MME PERIER, CE 26 JANVIER 1648. IN: _____ ŒUVRES COMPLÈTES, P. 272.
[119] IBIDEM, P. 271 (GRIFO NOSSO).
[120] IBIDEM, P. 271.
[121] IBIDEM, P. 271.
[122] Lc 6,39.

mais esclarecedora do estado de Pascal depois do encontro impactante com M. de Rebours. A responsabilidade de perder – condenação eterna – a dirigida e a si mesmo toca fundo o coração do pensador. O filósofo sente sua "incapacidade"[123]. Antes de conceder as luzes à perseverança dos outros, ele precisava alcançar a luminosidade de seu próprio caminho, porém, nele só encontrava "confusão"[124] e "engano"[125], de modo que só "Deus pode acalmar". Portanto, para que isso de fato se efetivasse, Pascal não hesita em dizer: "trabalharei com cuidado"[126]. Ele conta com Deus, e com Deus somente, não para a realização de seus projetos como novo convertido, mas, se trata de um trabalho sem "diligência"[127] e sem "inquietude"[128], pois é justamente o zelo excessivo voltado a seus projetos e a inquietude, enquanto preocupação cega voltada para eles, que o distanciava ainda mais de Deus, este deveria estar acima de todas as coisas, como reza o primeiro mandamento.

Já que Pascal, durante inúmeros meses, concebia a si mesmo como: a) inapto para o exercício da direção espiritual, b) incapaz, c) confuso, d) pleno de engano, e) diligente e f) vaidosamente preocupado somente consigo, torna-se apropriada a passagem do Evangelho de São Lucas: "pode um cego guiar outro cego?"[129]. Pascal vê a si mesmo pleno de "confusão"[130] e "engano"[131], porém, não se detém a estas desqualificações quase aniquiladoras, e, assim, com o auxílio de Deus, busca realizar seu projeto: "não me resta senão rogar a Deus que nisto me abençoasse o sucesso"[132]. Apesar de ver a si mesmo como incapaz para assumir o papel de diretor espiritual, o filósofo busca um meio de

---

[123] BLAISE PASCAL, LETTRE À SA SŒUR MME PERIER, CE 26 JANVIER 1648. IN: _____ ŒUVRES COMPLÈTES, P. 271.
[124] IBIDEM, P. 272.
[125] IBIDEM, P. 272.
[126] IBIDEM, P. 272.
[127] IBIDEM, P. 272.
[128] IBIDEM, P. 272.
[129] Lc 6,39.
[130] BLAISE PASCAL, LETTRE À SA SŒUR MME PERIER, CE 26 JANVIER 1648. IN: _____ ŒUVRES COMPLÈTES, P. 272.
[131] IBIDEM, P. 272.
[132] IBIDEM, P. 272.

elaborar um projeto que poderá contribuir para a defesa das principais teses do cristianismo. Para tanto, busca um interlocutor apropriado:

> Eu teria para isso a necessidade de conversar com pessoas doutas e pessoas desinteressadas: os primeiros são aqueles que não o farão; não busco senão os outros, e para isto desejo infinitamente vê-la, pois as cartas são longas, incômodas e quase inúteis nestas ocasiões.[133]

Dois possíveis grupos poderiam auxiliar no diálogo que permitiria a confecção de seu projeto: os doutos e os desinteressados. Os doutos – *savantes* – são os ateus e libertinos de seu tempo, aqueles que são indiferentes à religião, e, por este motivo, desprezariam previamente o projeto apologético de Pascal. Já o grupo dos desinteressados, o qual parece compreender as pessoas mais próximas, verdadeiramente perceberia no filósofo o desejo de elaborar um projeto a serviço de Deus, no entanto, sabe que não poderá contar com M. de Rebours, o qual sempre detecta a vaidade em cada movimento de Pascal. Ora, se uma possível atividade de diretor de consciência, como era desenvolvida por Saint-Cyran, Sr. Singlin e M. de Rebours, lhe parece vetada, mesmo porque Pascal não é nem sacerdote nem professor de teologia, podemos afirmar que, nesta carta, vislumbra-se duas características que determinarão as futuras obras de Pascal: a) indícios da *Apologia da Religião Cristã*:[134] mostra especulações que funcionam como as primeiras faíscas do grande incêndio do seu grande projeto apologético;[135]

---

[133] BLAISE PASCAL, LETTRE À SA SŒUR MME PERIER, CE 26 JANVIER 1648. IN: _____ ŒUVRES COMPLÈTES, P. 272.

[134] GOSTARÍAMOS DE DESTACAR O ARTIGO DE SELLIER DENOMINADO "IMAGINAIRE ET RHÉTORIQUE", CUJO INTÉRPRETE FAZ DUAS QUESTÕES INICIAIS: 1) POR QUE, NA ESCRITURA PASCALIANA, HÁ UM DESEJO DE VENCER? 2) A SEGUNDA QUESTÃO É COLOCADA A PARTIR DAS ESCOLHAS DAS REGRAS DE RETÓRICAS DE PASCAL: EM QUE CONSISTEM ESTAS REGRAS? O ENREDO DO ARTIGO SERÁ PARA ESCLARECER OITO REGRAS DE RETÓRICA QUE SELLIER SUSTENTA CONSTAREM DOS *PENSAMENTOS* (CF. PHILIPPE SELLIER, IMAGINAIRE ET RHÉTORIQUE. IN: LANE M. HELLER & IAN M. RICHMOND (ORGS.), *PASCAL: THÉMATIQUE DES PENSÉES*, P. 115-135).

[135] EIS A AFIRMAÇÃO QUE PASCAL FAZ A M. DE REBOURS: "EU LHE DISSE, EM SEGUIDA, QUE PENSAVA QUE PODÍAMOS, SEGUINDO OS MESMOS PRINCÍPIOS DO SENSO COMUM, DEMONSTRAR MUITAS COISAS QUE OS ADVERSÁRIOS DIZEM SER CONTRÁRIAS, E QUE O RACIOCÍNIO BEM GUIADO CONDUZIA A CRER NESSES PRINCÍPIOS, EMBORA FALTE CRER SEM A AJUDA DOS RACIOCÍNIOS" (BLAISE PASCAL, LETTRE

b) prudência e responsabilidade: duas características fundamentais dos diretores espirituais de Port-Royal, o que explica o motivo de hesitar escrever à sua irmã. Pascal realizará clandestinamente o papel de um diretor espiritual, como veremos na *Lettre* que trata da morte de seu pai, mas tal direção será privada, focada em seus familiares e nas pessoas mais próximas.[136] Para que esta tarefa seja consumada, dirá Gouhier, "ele concederá o tempo para enxergar a clareza em si, para medir as forças de seu espírito, provavelmente para medir o método a praticar, para engrandecer seus conhecimentos, ler e reler as Escrituras, para voltar aos mestres, a Saint-Cyran sobretudo"[137].

Este tempo de análise do alcance do seu espírito, de meditação das "acusações" de M. de Rebours, de dedicação às leituras das Escrituras, do seu grande mestre espiritual, Saint-Cyran, de mestres renomados como Jansenius, Arnauld e, o que não poderia ficar de fora, Santo Agostinho, enriquecerá ainda mais a *Lettre* que desejamos analisar. Portanto, a fim de entendermos como este tempo de leitura fora frutífero, buscaremos encontrar os traços mais relevantes de duas cartas de Saint-Cyran, as quais estão contidas em suas *Lettres Chrétiennes et Spirituelles*, indicadas pelo intérprete Mesnard e que, certamente, inspiraram a composição da *Lettre*.

À SA SŒUR MME PERIER, CE 26 JANVIER 1648. IN: _____ ŒUVRES COMPLÈTES, P. 272). NELA PODEMOS ENCONTRAR DUAS FAÍSCAS QUE DETERMINARÃO OS PENSAMENTOS: A) A RELIGIÃO NÃO É CONTRÁRIA À RAZÃO; B) A RAZÃO PODE PERCEBER OS SEUS LIMITES, COMPREENDENDO QUE HÁ ALGO QUE A ULTRAPASSA.

[136] NO COMENTÁRIO FEITO À CARTA DIRECIONADA A MME PERIER, DO DIA 26 DE JANEIRO DE 1648, O INTÉRPRETE HELLER FAZ UMA COMPARAÇÃO ENTRE A MÁQUINA DE CALCULAR, QUE PASCAL FOI INVENTOR, E A PERFEIÇÃO CRISTÃ. A MÁQUINA FUNCIONARIA DE TAL FORMA QUE NÃO FALTARIA NADA PARA ATINGIR O SEU FIM, DESTA MANEIRA, A PERFEIÇÃO CRISTÃ, TEMA DA CARTA, SERIA EXTRAÍDA DESTA DEFINIÇÃO. HELLER CITA ALGUNS FRAGMENTOS E SALIENTA: "DEPOIS DESTES EXEMPLOS VEMOS QUE A COISA PERFEITA É AQUELA À QUAL NÃO FALTA NADA: TODOS OS ELEMENTOS SÃO REUNIDOS PARA FORMAR UM TODO COMPLETO. HÁ UMA IDEIA DE TOTALIDADE, DE INTEGRIDADE, DE PLENITUDE; A PERFEIÇÃO É UMA REUNIÃO DE TODAS ESTAS QUALIDADES CONCEBÍVEIS LEVADAS AO SEU MAIS ALTO GRAU DE DESENVOLVIMENTO" (LANE HELLER, LA PERFECTION CHRÉTIENNE DANS LA SPITUALITÉ DE PASCAL. IN: LANE M. HELLER & IAN M. RICHMOND (ORGS.), *PASCAL: THÉMATIQUE DES PENSÉES*, P. 95).

[137] HENRI GOUHIER, *BLAISE PASCAL: COMMENTAIRES*, P. 121.

1.4 – Análise das *Lettres Chrestiennes et Spirituelles* VII e XIV de Saint-Cyran

Mesnard destaca, entre as *Lettres Chrétiennes et Spirituelles* de Saint-Cyran, as cartas VII e XIV.[138] Nosso objetivo é encontrar os traços da metodologia de Saint-Cyran para conceder o consolo. Na leitura que fizemos das duas cartas, encontramos a seguinte estrutura: a) compaixão do diretor com o dirigido; b) fundamento da consolação na imagem do sacrifício de Cristo; c) a ação da Providência. É essa estrutura que buscaremos demonstrar.

A carta VII, datada no dia 12 de março de 1641 e escrita a um grande magistrado, tem como tema a morte da filha deste e mostra a aflição que o mestre espiritual partilha com o sofrimento da perda da criança, traz uma exortação à ressurreição e a palavra de alívio que deve ser tomada como uma ordem da Providência. Vejamos as passagens:

a) A aflição que o diretor espiritual partilha com o pai revela a compaixão do diretor com o dirigido: "só Deus sabe da parte que tomei de vossa aflição"[139]. Eis o modo que Saint-Cyran inicia a carta, o que já revela a primeira característica que postulamos. O diretor espiritual sente na pele a aflição do pai que perdeu sua filha, apresentando-se em sintonia com a dor do dirigido. Em seguida, depois de salientar algumas das desgraças que já ocorreram em sua vida, Saint-Cyran declara: "A última que me aconteceu, e que durará tanto quanto agradar a Deus, é aquela que é comum com a vossa (...)"[140]. A morte da filha deste pai é a causa de seu sofrimento: diretor e dirigido partilham de uma mesma e única dor. Assim, podemos analisar a segunda etapa.

b) Fundamento da consolação na imagem do sacrifício de Cristo: "já que o conselho de um aflito é prazerosamente escutado por

---

[138] Cf. Jean Mesnard, Lettre sur la mort de son père,. In: Blaise Pascal, Œuvres complètes, v. II, p. 850.
[139] Abbe de Saint-Cyran, Lettres Chrestiennes et spirituelles, p. 39.
[140] Ibidem, p. 40.

outro aflito, aconselho-vos a fazer de vossa aflição (que uma filha única, de todo modo, torna ainda mais única que a minha) aquilo que Deus me deu a graça de fazer com a minha: conduzi-la como uma imagem da Paixão do Filho de Deus"[141]. Podemos ver, nesta passagem, que, além de partilhar da dor e da aflição do pai que perdeu sua filha única, Saint-Cyran, como diretor espiritual, convida o orientado a fazer da própria aflição uma imagem sacrificial do Cristo. O pai, que sofre frente à morte de sua filha, é a imagem do Cristo que padece por causa do pecado de toda a humanidade. Há uma tentativa de dar sentido à existência a partir da imitação do Cristo sofredor, sendo membro de seu sacrifício, oferecendo o tormento da criatura a Deus.[142] Em seguida, Saint-Cyran exorta o dirigido sobre o sofrimento e à fé na ressurreição:

> É também o primeiro pensamento de Jesus Cristo e a primeira palavra que saiu de sua boca no dia mesmo de sua ressurreição: "Eu vos dou a paz", diz ele, e em seguida: "Eu vos envio para ser afligido, como eu mesmo fui enviado para ser afligido". Estas palavras foram ditas na pessoa dos apóstolos a todos os cristãos que são os filhos de Deus e do número de seus eleitos.[143]

A fé na ressurreição enche a alma de paz, no entanto, os filhos de Deus são enviados ao mundo para, como o Cristo, serem afligidos. Será na ressurreição que todas as aflições desaparecerão, mas, durante a vida neste mundo, elas sempre estarão presentes na condição humana decaída. Cristo, sem o pecado, sofreu as mesmas aflições a fim de que o homem pudesse delas se libertar por meio da ressurreição. Compreende-se então por que a vida de todo homem que está em sintonia com a vida do Cristo é marcada pela aflição mundana. "*Infeliz aquele*, diz a Escritura, *que Deus trata sempre favoravelmente neste*

---

[141] ABBE DE SAINT-CYRAN, LETTRES CHRESTIENNES ET SPIRITUELLES, P. 40.
[142] PASCAL, COMO VEREMOS, USARÁ DO MESMO RECURSO NA LETTRE.
[143] IBIDEM, P. 41.

mundo. É a maior marca de sua cólera e de sua aversão"[144], dirá Saint-Cyran. Trata-se de tornar a própria aflição do pai em esperança na ressurreição por meio do caminho da aflição, pois assim foi a vida de Cristo.[145] Depois de analisarmos a segunda etapa de nossa estrutura, encaminhamo-nos para a terceira e última.

c) A ação da Providência: a palavra de alívio do diretor espiritual que deve ser tomada como uma ordem da Providência.

> Porque para sua consideração, parece-me que ele quer que eu vos diga que ela [sua filha] está com ele. Por aquilo que sois vós, não temo de vos dizer com semelhante fé, bem que com menos segurança, que se vós não interrompeis a ordem de sua Providência, que tira sempre algum bem do mal, ele tirará um bem notável de vossa aflição, em vosso favor (...).[146]

A Providência tirará um bem notável das agruras que este pai sofre. A morte da filha pode ser entendida como ação da Providência, que transforma o mal em bem, de três modos: do desprazer do pai segue-se a paz que é concedida à filha, já que a morte lhe permite isentar-se das aflições deste mundo: a dor daqueles que ficam não é desprovida de uma alegria excepcional, pois há benefício por parte do ente querido que agora partilha da visão beatífica de Deus; o sofrimento do pai o aproxima do Cristo, fazendo-o partícipe do seu sacrifício; apesar da dor oriunda da ausência da filha, o pai entende que diante da dor qualquer consolo só poderia provir da Providência divina agindo na sua vida.

Portanto, encontramos na carta VII a estrutura que postulamos anteriormente. Vejamos se a mesma estrutura se manifesta na carta XIV.

A *Lettre Chrétiennes et Spirituelles* XIV também é sublinhada por Mesnard e associada à *Lettre* de Pascal. Esta última é datada de maio de

---

[144] ABBE DE SAINT-CYRAN, LETTRES CHRESTIENNES ET SPIRITUELLES, P. 46 (GRIFOS DO AUTOR).
[145] VEREMOS NA LETTRE QUE PASCAL INSISTIRÁ NA IDEIA DE QUE O HOMEM DEVE TOMAR A VIDA COMO UM SACRIFÍCIO, DE MODO QUE O CRISTO SEJA O MODELO SACRIFICIAL POR EXCELÊNCIA.
[146] IBIDEM, P. 44.

1642 e direcionada a um doutor da Sorbonne, em função da morte de sua mãe. Nesta carta, mais uma vez, Saint-Cyran mostra sua compaixão com o sofrimento do magistrado, a necessidade de que este último, que é também sacerdote, tome a morte como um sacrifício, e a consolação através do Cristo. Vejamos de que modo aquela mesma estrutura encontrada na carta anterior está contida na carta XIV.

a) A compaixão do diretor espiritual:

> Tudo me faz ter compaixão no mundo, mas ela sempre dobra pelos males que acontecem a meus amigos, pois, sendo mais próximos de mim que o resto dos homens, impressionam ainda mais dentro do meu coração o sentimento dos males comuns naqueles [homens] afligidos por Deus.[147]

Os males dos homens comuns afligem a todos. Este é um aspecto capital na visão da condição humana cyraniana: o homem é sempre um ser em aflição, esta que faz brotar no coração do diretor um sentimento de compaixão por tudo; porém, naqueles que estão mais próximos, a compaixão é muito maior, algo que coloca o diretor espiritual em sintonia com o dirigido. O diretor fala de uma compaixão dobrada em relação à dor do dirigido, isto é, ele vive o luto do dirigido, tomando a dor proveniente da morte de um ente querido como uma penitência e preparando o leitor para a introdução do tema do sacrifício.

b) Fundamento da consolação na imagem do sacrifício de Cristo: "Se tomarmos a morte como um sacrifício, e por um último dever concedido a Deus, não estaremos mais entristecidos por ela senão pelo sacrifício do corpo do Filho de Deus, que lhe oferecemos todos os dias na Igreja"[148]. O cristão não deve se entristecer pelo sacrifício do fim da vida humana, já que, por causa do pecado original, todo homem está condenado a pagar este tributo a Deus. Portanto, o homem de fé sabe que sua tristeza deverá vir do suplício de Cristo, pois este

---

[147] ABBE DE SAINT-CYRAN, LETTRES CHRESTIENNES ET SPIRITUELLES, P. 110 (GRIFO NOSSO).
[148] IBIDEM, P. 110.

ofereceu-se em sacrifício para salvar o homem, mesmo sendo santo diante de Deus. É desta maneira que Saint-Cyran estabelece o sacrifício do Cristo como o fundamento do consolo:

> Creio que ele permitiu que eu tenha fundado sobre o sacrifício minha principal razão de consolar, porque, sendo padre como vós o sois, e recentemente consagrado com o óleo de Deus, deveis ser mais tocado por esta consideração que qualquer outro, já que ela é estimada do sacrifício de nossa vida e de nosso corpo, e que todos nós devemos fazer para Deus, morrendo para imitar o sacrifício de seu Filho.[149]

Assim como o pai que perdeu a única filha na carta VII deve fazer de suas aflições um sacrifício que figura aquele do Cristo, o padre, em sua condição de sacerdote, o faz em toda sua vida, morrendo para imitar o sacrifício de Cristo. Saint-Cyran mostra que o próprio dirigido tem impresso em seu coração o sacramento do sacerdócio, este que exprime de forma ainda mais evidente o sacrifício do Cristo. O consolo está no sacrifício do Cristo porque é neste modelo sacrificial que o dirigido deve se espelhar para conhecer o verdadeiro sentido de sua aflição, sofrendo pelo sacrifício do Cristo, mas na esperança do consolo pela Providência, última etapa da estrutura, e tema pelo qual Saint-Cyran termina esta brevíssima carta:

c) A ação da Providência: "mas creio disto ter dito o suficiente para vos aliviar em vossa dor, esperando que o próprio Deus vos consolará".[150] Não só a esperança da ressurreição é alimento para viver uma vida em que as aflições são uma constante, as quais se sobrepõem umas às outras sem cessar, mas a Providência pode aliviar a dor da morte, embora não aniquile todos os sofrimentos desta vida.

Portanto, diante da estrutura que encontramos nas duas cartas de Saint-Cyran, cabe agora averiguar a afirmação que esta mesma tríade estrutural também se encontra na *Lettre*.

---

[149] Abbe de Saint-Cyran, Lettres Chrestiennes et spirituelles, p. 120.
[150] Ibidem, p. 125.

1.5 – Estudo comparativo entre *Lettre* e as cartas VII e XIV de Saint-Cyran

Nossa análise será balizada pela estrutura citada anteriormente. Veremos como Pascal deixa em seu escrito os traços de compaixão para com aqueles aos quais fora direcionada a *Lettre*, mesmo não se tratando de uma carta de direção espiritual; em seguida, é exposta toda teoria sacrificial presente na atmosfera jansenista pelo padre Charles de Condren, com a qual Saint-Cyran partilhava; por fim, veremos o destaque concedido à ação da Providência, assim como nosso conceito de transposição de significado, pelo qual podemos lançar luz ao papel da Providência na *Lettre*.

1.5.1 – Compaixão do diretor com o dirigido

Logo no primeiro parágrafo, podemos constatar a compaixão do diretor espiritual junto ao dirigido naquilo que diz respeito ao consolo: [1] "a carta que tínhamos iniciado vos deu alguma consolação, pela narrativa das favoráveis particularidades que acompanharam o motivo de nossa aflição, não posso recusar a vós o consolo que me resta no espírito"[151].

A irmã de Pascal, Jacqueline, enviou uma primeira carta, a qual se perdeu no decorrer da história, e, por este motivo, nós não podemos avaliar o conteúdo. Contudo, podemos destacar que ela resultou em um consolo para a família, "pela narrativa das favoráveis particularidades que acompanharam o motivo de nossa aflição", ou seja, a aflição que vivia a família foi transformada em consolo por meio da carta precedente e este consolo é favorável e benéfico a todos aqueles que o receberam. Os frutos da primeira carta são destacados por Pascal, algo que também está presente nas cartas de consolação

---

[151] BLAISE PASCAL, LETTRE À M. ET MME PERIER, À CLERMONT: À L'OCCASION DE LA MORT DE M. PASCAL LE PÈRE. IN: _____ *ŒUVRES COMPLETES*, P. 275.

de Saint-Cyran.[152] Por exemplo, na carta escrita na ocasião da Sexta-feira Santa, do ano 1641, a Sœur Emmanuel de Chazé, Saint-Cyran, na prisão, escrevendo sobre os frutos da caridade, afirma: "eu teria uma alegria particular de escutar (...) que vós vos tornais dia a dia, pelos atos de humildade e obediência contínuos, dignos da profissão"[153]. A alegria do diretor espiritual e a dignidade dos votos da religiosa são os frutos da graça. Da mesma forma, na carta precedente de Pascal, o consolo da família é o fruto da graça, e é a partir deste momento que a prece aparece buscando ligar a consolação à graça: "rogo a Deus para me conceder e me renovar com o *consolo* que recebemos outras vezes de sua *graça*, e que novamente foram dadas por meio de nossos amigos (...)"[154]. Pascal diz que ainda resta consolo em seu espírito, já que Deus o renova mediante a sua graça, e assim, se ainda há consolo, e se este é dádiva divina, cabe ao "diretor espiritual" concedê-lo àqueles a quem Deus lhe confiou. Aqui encontramos o primeiro aspecto da estrutura: o filósofo, compadecido pela dor da irmã, direciona-lhe uma carta a fim de conceder o consolo. Recusar o consolo aos seus é faltar com a responsabilidade, característica tão cara aos diretores espirituais port-royalistas. Será pela prece que o diretor espiritual pedirá a Deus o consolo de dois modos: a) que Deus dê o consolo a Pascal, ou seja, àquele que pede; b) que Deus dê a graça de renovar o consolo. Vemos que há quatro aspectos importantes para entender a dinâmica da relação consolo e prece em Pascal: prece, graça, consolo e renovação do consolo, ou seja, a perseverança. Deus, pela graça, renova o consolo outorgando a perseverança na prece e, por este motivo, Pascal, antes de escrever sobre o consolo, "roga a Deus"[155]. Será no texto *Escritos sobre a Graça*, que ele desenvolverá a relação entre a prece e a perseverança:

---
[152] Cf. Jean ORCIBAL, *Saint-Cyran et le jansénisme*, p. 52.
[153] Abbe de SAINT-CYRAN, A Sœur Emmanuel de Chazé: vendredi Saint de 1641. In: Jean ORCIBAL, *Saint-Cyran et le jansénisme*, p. 136.
[154] Blaise PASCAL, Lettre à M. et Mme Perier, à Clemont: à l'occasion de la mort de M. Pascal le Père. In: _____ *Œuvres complètes*, p. 275 (grifos nossos).
[155] Ibidem, p. 275.

> É assim que Santo Agostinho não é contrário a si mesmo quando, tendo feito dois livros inteiros para mostrar que a perseverança é um dom de Deus, não deixa de dizer, em um lugar de seus livros, que a perseverança pode ser merecida pelas preces, porque não há dúvida que a perseverança na justiça pode ser merecida pela perseverança na prece; porém, a perseverança na prece não pode ser merecida; e é ela, propriamente, que é este dom especial de Deus o qual fala o Concílio; e é assim que a perseverança em comum é um dom especial, e é a perseverança das obras que pode ser merecida, e é isto que aparece pela expressão: *a perseverança pode ser merecida pelas preces*.[156]

Apoiado em Santo Agostinho[157] e no Concílio de Trento, Pascal afirma a perseverança como um dom de Deus e digna de mérito humano, mas tal raciocínio é equívoco e sujeito a desvios de significado. Desta maneira, faz-se necessário explicá-lo.

A perseverança pode ser merecida – mérito enquanto colaboração do homem, pois ele coopera com Deus quando assente, pela graça infalível, à vontade de Deus – pelas preces, mas trata-se da perseverança na justiça, nas obras, e não na prece. Esta última é o verdadeiro dom concedido por Deus, de modo que a prece tem Deus como causa, e é um dom especial de Deus. Logo, se há mérito humano, este é secundário, pois as obras realizadas são frutos da prece que Deus propiciou ao homem fazer para realizar as boas obras de justiça. A passagem de Santo Agostinho citada por Pascal, "*a perseverança pode ser merecida pelas preces*"[158], mostra-nos que a causa das preces é sempre Deus, e se não houvesse prece, não haveria de modo algum perseverança nas obras. Em suma, Pascal afirma: 1) a prece é um dom de Deus; 2) a perseverança na justiça, ou nas obras, pode ser merecida pelas preces; 3) a perseverança na prece não pode ser merecida; 4) Deus tem a primazia para conceder ou não a perseverança na prece. Busca-se resguardar o

---
[156] BLAISE PASCAL, ÉCRITS SUR LA GRÂCE. IN: _____ ŒUVRES COMPLÈTES, P. 324 (GRIFOS DO AUTOR).
[157] CF. PHILIPPE SELLIER, *PASCAL ET SAINT AUGUSTIN*, P. 353, NOTA 71.
[158] BLAISE PASCAL, ÉCRITS SUR LA GRÂCE. IN: _____ ŒUVRES COMPLÈTES, P. 324 (GRIFOS DO AUTOR).

primado de Deus na concessão do dom especial da perseverança na prece, a fim de que Ele seja a causa de toda boa ação.

> É verdadeiro que Deus é obrigado a concedê-los [*os socorros*] para aqueles que os pedem: e isto é porque eles jamais são recusados. E não pensemos em desviar a coisa em um mau sentido, dizendo que pediremos a perseverança na prece, e que assim a obteremos, de modo que pedindo no instante presente a graça de rezar no instante futuro, a obteremos, e, por conseguinte, garantir-se-á a perseverança: isto é jogar com as palavras.[159]

Deus concede os socorros a quem os pede, de modo que uma prece jamais poderia ser recusada, pois se trata de uma promessa bíblica. "Assim, tudo que pedirdes ao Pai, em meu nome, ele vos dará".[160] Entretanto, Pascal censura o homem que deseja instrumentalizar a promessa de Deus a seu favor: já que Deus concede tudo o que o homem pedir, como afirmam as Escrituras, e, se para a realização das boas obras é preciso ter previamente a perseverança na prece, então, maliciosamente, a criatura pedirá a perseverança na prece no momento seguinte, e Deus, obrigatoriamente, terá que concedê-la, de modo que o homem, portador da graça da prece, obterá tudo que desejar. É neste sentido que Pascal declara: "isto é jogar com as palavras"[161]. Há uma distinção entre a perseverança na prece sem mérito e a perseverança na justiça e nas obras com mérito: a primeira é pura dádiva de Deus e sem mérito humano, um benefício atribuído a quem Ele quiser; a segunda, por sua vez, possibilita dizer que há mérito humano, já que o homem coopera com a graça que previamente lhe fora concedida. Deus prometeu a perseverança na justiça e nas obras para aqueles que pedem, mas não prometeu a graça da prece para o instante futuro. Aqueles que jogam com as palavras, e são censurados por Pascal, acreditam obter a graça da perseverança "pedindo no instante presente a

---

[159] BLAISE PASCAL, ÉCRITS SUR LA GRÂCE. IN:_____ ŒUVRES COMPLÈTES, P. 335.
[160] Jo 15,16.
[161] BLAISE PASCAL, ÉCRITS SUR LA GRÂCE. IN: _____ ŒUVRES COMPLÈTES, P. 335.

graça de rezar no instante futuro"[162]. Pedir no instante presente a perseverança na prece do instante futuro é elaborar uma armadilha para Deus, digna daqueles que não entenderam a promessa do Criador. Portanto, o resultado deste raciocínio é o seguinte: a) não há garantia da perseverança na prece, pois esta é dom de Deus; b) não há garantia da perseverança nas obras, pois para sua realização há uma dependência do dom da perseverança na prece, ou seja, quem não reza não realiza boas obras nem obtém os socorros que Deus concede.

Pascal, na *Lettre*, faz uma oração pedindo a graça da renovação do consolo, e não da prece, já que esta é puro dom de Deus. Tendo a graça instantânea da prece, demanda uma graça que possa consolar seu coração, pois só assim ele poderá consolar seus familiares que sofrem a dor da perda de um ente querido. A compaixão de Pascal, em direção àqueles que sofrem com a morte de seu pai, mostra-se através desta prece que solicita o consolo: a graça renova o consolo, já que houve perseverança na prece, esta que é dom de Deus. Mesmo sabendo que a relação prece e perseverança será elaborada com mais cuidado nos *Escritos sobre a Graça*,[163] texto no qual a teoria da queda e suas consequências são matizadas, vemos, na *Lettre*, uma relação entre prece e consolo, o que justifica a invocação que Pascal faz a Deus. O consolo precisará ser constantemente renovado, e só o será pela graça da perseverança na prece. Se falta a graça da perseverança na prece, também falta o consolo e, se a graça da perseverança da prece é um dom de Deus, a perseverança no consolo, como consequência da graça da prece, também é resultado da perseverança na prece. O resultado é que o homem consolado por Deus é aquele que se apresenta em contínua oração.

Portanto, vemos que a compaixão aparece na *Lettre* por uma prece que Pascal realiza, pedindo a Deus a graça para assim consolar a todos que sofrem com a perda de seu pai. Passaremos agora para a segunda parte da tríade cyraniana: o convite para viver o sacrifício do Cristo.

---

[162] BLAISE PASCAL, ÉCRITS SUR LA GRÂCE. IN: _____ŒUVRES COMPLÈTES, P. 335.
[163] IBIDEM, P. 322 ET SEQ.

1.5.2 – Fundamento da consolação na imagem do sacrifício de Cristo

O modelo de direção espiritual cyraniana, que Pascal conhecia, e as "acusações" de M. de Rebours, que o levaram a meditar ainda mais sobre si mesmo e outros textos, mostram na *Lettre* características de uma carta de direção espiritual, sendo a mesma endereçada a seus familiares e pessoas mais próximas, como já assinalamos. A *Lettre* não é somente o resultado das leituras de Pascal, mas, assim com diz Cagnat, "a ocasião, para Blaise Pascal, de experimentar os métodos de escritura os quais ele iria em breve demonstrar com mais eficácia"[164]. Para a intérprete, Pascal usará, no decorrer de sua obra, diversos recursos de estilo, frutos da escritura hebraica, cuja recorrência nos *Pensamentos* apareceria com maior efusão.[165] Mesnard, além de Saint-Cyran,[166] também assinala as influências das ideias, correntes em Port-Royal, de Charles de Condren,[167] grande expoente da teoria sacrificial cristã no século XVII. Diante disso, iremos expor nossa investigação sobre Condren e os fundamentos da teoria sacrificial do século XVII e, assim, poderemos entender sua relação com o tema do sacrifício na *Lettre*.

Nascido em 1588, sagrado padre em 1614 e professor da Sorbonne[168] em 1615, Condren foi sucessor de Bérulle do Oratório em 1629. Autor da segunda parte da obra *L'Idée du Sacerdoce et du Sacrifice*

---

[164] Constance CAGNAT, *La mort classique: Ecrire la mort dans la littérature française en prose de la seconde moitié du XVIIe siècle*, p. 94.

[165] Sobre o estilo literário da *Lettre*, cf. Ibidem, p. 84-93. A intérprete sublinha a enumeração, repetição, ritmo ternário, paralelismos, no entanto, o ponto fundamental é persuadir, isto é, cumprir o objetivo principal da carta que é o consolo em Jesus Cristo, o que Pascal chamará, contrapondo os estoicos, de consolo na verdade.

[166] Cf. Jean MESNARD, Lettre sur la mort de son père. In: Blaise PASCAL, *Œuvres complètes*, v. II, p. 850.

[167] Cf. Ibidem, p. 850.

[168] Afirma Carraud, "se ele ensinou teologia na Sorbonne, não sabemos nada do conteúdo deste ensinamento" (Vicent CARRAUD, De la destruction. Métaphysique et idée du sacrifice selon Condren. In: *Il Sacrificio*. Archivio di filosofia, LXXVI, 2008, 1-2, p. 335, nota 3).

de Jésus-Christ,[169] Pascal não teve um contato direto com sua obra, pois sua publicação só aconteceu em 1677, como destacam os intérpretes Leduc-Fayette e Oliva.[170] Condren vê a religião como sacrifício: "o sacrifício é um dever essencial da religião; do mesmo modo, a religião em direção a Deus é uma obrigação que a criatura espiritual leva gravada no fundo de seu ser"[171]. Oliva destaca que Condren "lançou as bases do sacrifício cristão no século XVII francês"[172] e acrescenta: "esta doutrina, com algumas variações, aparece na carta sobre a morte do pai, de Pascal, onde o autor apresenta suas ideias sobre o sacrifício"[173]. O intérprete aproxima as etapas do sacrifício desenvolvidas por Condren – santificação, oblação, imolação, consumação e comunhão –, mas lembra, na esteira de Mesnard, que "Pascal certamente esteve em contato com os fervorosos discípulos de Condren"[174].

Condren, depois de destacar a importância do sacrifício para a religião e a necessidade dele diante da grandeza de Deus frente à criatura, assinala que o sacrifício deve ser visto como uma forma de honrar a plenitude de Deus, único ser necessário. Tendo em vista os sacrifícios antigos, quer mostrar como o cristão deve encarar o sacrifício com a vinda do Cristo e, para tanto, divide-o em cinco etapas: "a primeira é a *santificação*, ou a consagração da vítima./ 2 – A *oblação* da vítima./ 3 – A ocisão ou *imolação*./ 4 – A inflamação ou *consumação*./ 5 – A *comunhão*"[175]. Carraud, em seu artigo "De la Destruction", em *Il Sacrificio,* também

---

[169] Cf. R.P. DE CONDREN, *L'IDÉE DU SACERDOCE ET DU SACRIFICE DE JESUS-CHRIST*, P. 36-144. ESTA OBRA NÃO DEVE SER ATRIBUÍDA A CONDREN NA ÍNTEGRA, POIS SOMENTE A SEGUNDA PARTE LHE É DEVIDA (CF. TAMBÉM VICENT CARRAUD, DE LA DESTRUCTION. MÉTAPHYSIQUE ET IDÉE DU SACRIFICE SELON CONDREN. IN: *IL SACRIFICIO*. ARCHIVIO DI FILOSOFIA, LXXVI, 2008, 1-2, P. 336).

[170] Cf. DENISE LEDUC-FAYETTE, *PASCAL ET LE MYSTÈRE DU MAL: LA CLEF DE JOB*, P. 244; LUÍS CÉSAR OLIVA, *AS MARCAS DO SACRIFÍCIO:* UM ESTUDO SOBRE A POSSIBILIDADE DE HISTÓRIA DE PASCAL, P. 145-146.

[171] R.P. DE CONDREN, *L'IDÉE DU SACERDOCE ET DU SACRIFICE DE JESUS-CHRIST*, P. 36.

[172] LUÍS CÉSAR OLIVA, *AS MARCAS DO SACRIFÍCIO: UM ESTUDO SOBRE A POSSIBILIDADE DE HISTÓRIA DE PASCAL*, P. 136.

[173] IBIDEM, P. 136-137.

[174] IBIDEM, P. 145.

[175] R.P. DE CONDREN, *L'IDÉE DU SACERDOCE ET DU SACRIFICE DE JESUS-CHRIST*, P. 46. (GRIFO NOSSO); CF. LUÍS CÉSAR OLIVA, *AS MARCAS DO SACRIFÍCIO: UM ESTUDO SOBRE A POSSIBILIDADE DE HISTÓRIA DE PASCAL*, P. 148.

sublinha as cinco etapas do sacrifício em Condren, e propõe uma análise dos pressupostos metafísicos da doutrina condreniana do sacrifício.

Condren intenta sistematizar o sacrifício comparando os sacrifícios antigos e o sacrifício do Cristo. Carraud sustenta a tese de que a doutrina do sacrifício em Condren atinge seu cume na escola da espiritualidade francesa, mas ela admite por pressuposto a doutrina do nada presente em Bérulle. Para este, Deus conhece o nada em si, como não existente, possuindo o poder e o querer sobre o nada. "É neste sentido que o nada tem relação com Deus. O nada não tem relação com nada, salvo Deus. Portanto, se queremos ter uma relação com Deus, não será enquanto ser – que nós não somos – mas ao contrário, enquanto nada"[176]. No desenvolvimento do artigo, o resultado da análise do sacrifício em Bérulle é que Deus tem relação com o nada, e o homem, para se relacionar com Deus, deve se nadificar, isto é, "já que o nada somente é absolutamente *capax Dei*, é preciso se aniquilar".[177] Ora, há um pressuposto metafísico na teoria aniquilacionista de Bérulle, assim como em Condren, quando o mesmo afirma que "o sacrifício é um dever essencial da religião"[178]: Deus é plenitude do ser, realidade que basta para si mesmo, de modo que nenhuma criatura é necessária. Desta maneira, destaca Carraud, "já que Deus se basta para si mesmo, nenhuma criatura lhe é necessária: e, por consequência, honrar a plenitude de Deus é querer ser destruído para manifestar esta inutilidade ôntica do ser criado"[179]. É desta forma que Condren entende independência de Deus e sacrifício metafísico, este enquanto reconhecimento da dependência da criatura em relação a Deus. Para enfatizar a autossuficiência de Deus, o sacrifício é a manifestação do aniquilamento, isto é, da destruição do ser criado. Diante disso, o problema que Carraud detecta está ligado à tentativa de Bérulle e de

---

[176] Vicent CARRAUD, De la destruction. Métaphysique et idée du sacrifice selon Condren. In: *Il Sacrificio*. Archivio di filosofia, LXXVI, 2008, 1-2, p. 341.
[177] Ibidem, p. 341.
[178] R.P. de CONDREN, *L'idée du sacerdoce et du sacrifice de Jesus-Christ*, p. 36.
[179] Vincent CARRAUD, De la destruction. Métaphysique et idée du sacrifice selon Condren. In: *Il Sacrificio*. Archivio di filosofia, LXXVI, 2008, 1-2, p. 343.

Condren de estender a reflexão do sacrifício a uma metafísica sacrificial enquanto sistema: "mas o preço a pagar por tal vontade de sistema é elevado: nada menos que a indeterminação metafísica da noção de nada"[180]. Assim, depois de conhecermos, na esteira de Carraud, os pressupostos metafísicos da doutrina béruliana e da condreniana do sacrifício, vejamos como tal teoria chega a Pascal.

Carraud destaca dois nomes que certamente foram discípulos de Condren e que podem ter influenciado Pascal: Denys Amelote e Jacques-Joseph Duguet.[181] Entretanto, não podemos descartar a possibilidade de que a leitura das *Lettres Chrétiennes et Spirituelles* de Saint-Cyran[182] o tenha impressionado quanto ao tema do sacrifício. A teoria sacrifical de Condren está presente na *Lettre*, como atestam as análises de Oliva, como já citamos,[183] e de Leduc-Fayette: "os cinco aspectos do sacrifício, distinguidos por Condren, estão presentes na carta de 17 de outubro de 1651, na condensação (...) do sacrifício do Cristo, daquele da missa e daquele no qual reside a vida cristã"[184].

---

[180] Vincent CARRAUD, De la destruction. Métaphysique et idée du sacrifice selon Condren. In: Il Sacrificio. Archivio di filosofia, LXXVI, 2008, 1-2, p. 347.

[181] Cf. Ibidem, p. 335, nota 1.

[182] Luís César OLIVA, *As marcas do sacrifício: um estudo sobre a possibilidade de História de Pascal*, p. 145-146.

[183] Cf. Ibidem, p. 131-163. Gostaríamos de destacar a leitura que Sellier realiza sobre o tema do sacrifício na *Lettre*: "toda uma parte desta densa *Consolação* reformula um pequeno 'Traté du sacrifice' embutido na segunda das duas obras do oratoriano Jean-François Senault, cujos títulos sugeriram um dos projetos de plano da Apologia: *L'homme criminel ou la corruption de la nature par le péché selon les sentiments de S. Augustin* (1664) e *L'Homme chrétien ou la réparation de la nature par la grâce* (1648)". (Philippe SELLIER, Pascal sacrifiant. In: _____ Port-Royal et la literature I: Pascal, p. 303, grifos do autor). São estes dois textos acima citados que, no decorrer do artigo, Sellier afirma ser a fonte de inspiração de Pascal. No entanto, na p. 305, nota 5, do mesmo artigo, ele declara que Senault utiliza a terminologia de Condren. Ora, se Senault utiliza a terminologia de Condren, nada impede então de afirmarmos que Pascal utiliza *diretamente* a terminologia de Condren pelos discípulos do mesmo, o que colocaria em cheque a hipótese de Sellier. Porém, e é isso que nos interessa, Sellier constata que Senault tem a sua importância na história do sacrifício na França, algo que Galy, grande estudioso deste tema, simplesmente ignora (Cf. Ibidem, p. 303-307).

[184] Denise LEDUC-FAYETTE, *Pascal et le mystère du mal: la clef de Job*, p. 65. Nas páginas seguintes Leduc-Fayette irá desenvolver as cinco etapas do sacrifício de Condren e a carta da morte do seu pai (Cf. Ibidem, p. 266-268).

Nossa pesquisa não intenta aprofundar esta relação entre os dois autores, mas simplesmente mostrar que o fundamento da consolação, primeira etapa da tríade cyraniana, está no modelo sacrificial conferido pelo Cristo. Eis a passagem da *Lettre* que nos mostra tal modelo: "mas se considerarmos todas as coisas em Jesus Cristo, encontraremos toda consolação, toda satisfação, toda edificação"[185]. Ao considerar todas as coisas tendo como referência o Cristo, o homem encontrará a consolação, além da satisfação e da edificação. O sacrifício do Cristo aparece como aspecto central, pois mediante a ele o homem será consolado. Contudo, como isso acontece? Sabendo que o consolo é uma dádiva de Deus, e tendo o sacrifício como ponto central a ser considerado, encaminhamo-nos para a terceira e última parte, na qual poderemos entender a ação da Providência.

1.5.3 – Ação da Providência: transposição de significado

> [3] – Se seguimos este preceito [*Deus como única e verdadeira causa daquilo que chamamos males*], e se encarássemos este acontecimento [morte], não como um efeito do acaso, não como uma necessidade fatal da natureza, não como um joguete dos elementos e das partes que compõem o homem (porque Deus não abandonou seus eleitos aos caprichos e ao acaso) (...).[186]

A Providência de Deus é a chave para julgar o significado daquilo que chamamos *nossos males*. Na passagem acima, Pascal convida-nos a encarar um acontecimento – "e se encaramos este acontecimento" –, ou seja, a morte. Esta, enquanto fenômeno inevitável, deverá ser necessariamente enfrentada, mas tendo a Providência como referência, pois será a partir dela que transformar-se-á o significado do

---

[185] Blaise PASCAL, Lettre à M. et Mme Perier, à Clermont: à l'occasion de la mort de M. Pascal le Père. In: _____ Œuvres complètes, p. 276.
[186] Ibidem, p. 275 (grifo nosso).

fenômeno. Vejamos como acontece aquilo que chamamos de *transposição de significado*.

Pascal usa o condicional "se" X, seguido da negação do significado que será transposto (Y), então o resultado será Z, ou seja, o significado transposto. Podemos descrever este procedimento pela seguinte fórmula: se considerarmos X, e não Y, então teremos Z. Dito de outro modo, X é a Providência como referência que transpõe o significado; Y é aquilo que será julgado a partir de X; e Z será o resultado desta equação. Verificaremos como a fórmula expressa o raciocínio de Pascal, a partir dos dados que citamos na passagem anterior:

a) Se considerarmos a Providência (X); "e se encararmos este acontecimento [morte], não como um efeito do acaso" (Y)[187], então Z.

b) Se considerarmos a Providência (X); "e se encararmos este acontecimento [morte], não como um efeito do acaso, não como uma necessidade fatal da natureza" (Y)[188], então Z.

c) Se considerarmos a Providência (X); "e se encararmos este acontecimento [morte], não como um efeito do acaso, não como uma necessidade fatal da natureza, não como um joguete dos elementos e das partes que compõem o homem" (Y)[189], então Z.

Nos itens a, b, c, vemos que três ideias são negadas: a) a morte como efeito do acaso; b) a morte como necessidade fatal da natureza; c) o homem mortal como um joguete dos elementos que o compõe. Todavia, Pascal enumera[190] e acumula um número de possibilidades como forma de ampliar ainda mais o valor de sua conclusão. Como vimos, a letra Y do axioma aumenta a cada raciocínio, acumulam-se as possibilidades a serem avaliadas sob o crivo da Providência. O filósofo estabelece um ponto fixo – a Providência – para a elaboração do julgamento como forma de organizar o espaço caótico expresso em Y.

---

[187] BLAISE PASCAL, LETTRE À M. ET MME PERIER, À CLERMONT: À L'OCCASION DE LA MORT DE M. PASCAL LE PÈRE. IN: ŒUVRES COMPLÈTES, P. 275.
[188] IBIDEM, P. 275.
[189] IBIDEM, P. 275.
[190] CF. CONSTANCE CAGNAT, *LA MORT CLASSIQUE: ECRIRE LA MORT DANS LA LITTÉRATURE FRANÇAISE EN PROSE DE LA SECONDE MOITIÉ DU XVIIE SIÈCLE*, P. 87.

A Providência é quem organizará o caos: "pois Deus não abandonou seus eleitos ao capricho e ao acaso"[191]. A revelação organiza o espaço aleatório dos fenômenos, como dirá Leduc-Fayette: "quanto à história, dentro da sua dimensão essencial de história da salvação, o plano divino a subtrai da contingência (por contraste com a história fenomenal, reino aleatório do arbitrário)"[192]. Ora, se a revelação subtrai a contingência, então, fora da revelação reina a contingência, pensando a contingência como o reino do aleatório e do acaso.[193] Deus, diz Pascal, faz de seus eleitos os verdadeiros filhos da Providência e não do acaso. Assim, mantendo as letras X e Y da fórmula que estabelecemos, vejamos como se dá a mudança de significado, ou seja, qual é o resultado (Z) da transposição de significado.

A morte, sob o crivo da Providência, deve ser vista "como uma continuação indispensável, inevitável, justa, santa, útil para o bem da Igreja e à exaltação do nome e da grandeza de Deus"[194]. A morte não é o fim, mas continuação necessária, ou seja, indispensável e inevitável. Todos passarão por ela, pois ela é parte da justiça de Deus, de sua ordem, de modo que será passando pela morte que o homem poderá ascender à santidade plena no seio de Deus. Assim, é só desta maneira que a morte é útil, dito de outro modo, útil à salvação, como afirma Carraud: "para Pascal, útil significa, inicialmente, útil à salvação"[195]. A morte torna-se porta de entrada da salvação dos eleitos – Igreja enquanto corpo místico –, de modo que a morte, antes de ser a expressão da derrota de Deus, torna-se a manifestação de sua grandeza. Portanto, a transposição de significado pelo conceito de Providência torna-se manifesto: a) se a morte era o fim, agora é continuação

---

[191] BLAISE PASCAL, Lettre à M. et Mme Perier, à Clermont: à l'occasion de la mort de M. Pascal le Père. In: ŒUVRES COMPLÈTES, P. 275.
[192] DENISE LEDUC-FAYETTE, PASCAL ET LE MYSTÈRE DU MAL, P. 234.
[193] NÃO SE TRATA DE PENSAR A CONTINGÊNCIA EM SEU SENTIDO ONTOLÓGICO, POIS, FORA DE DEUS, DENTRO DO UNIVERSO CRISTÃO, TUDO É CONTINGÊNCIA, SÓ DEUS É O SER NECESSÁRIO.
[194] BLAISE PASCAL, Lettre à M. et Mme Perier, à Clermont: à l'occasion de la mort de M. Pascal le Père. In: ŒUVRES COMPLÈTES, P. 275.
[195] VINCENT CARRAUD, PASCAL ET LA PHILOSOPHIE, P. 18, NOTA 2.

necessária, indispensável e inevitável; b) se a morte é injusta, torna-se justiça de Deus, ordem necessária para o bem, pois é através dela que o homem se libertará totalmente do pecado; c) se era inútil, torna-se útil; d) se era a derrota do homem, agora é salvação; e) se era expressão da derrota de Deus, agora é manifestação da grandeza do Criador.

O que vemos Pascal realizar é a transposição de significado das afirmações presentes no pensamento pagão: a morte é o fim; injusta; inútil; derrota do homem; derrota de Deus. A transposição de significado que Pascal elabora marca as diferenças entre o pensamento dos cristãos e o dos pagãos ou, como ele dirá, dos "homens indiferentes"[196]. Não podemos dizer que, neste momento, Pascal exerce uma crítica ao pensamento estoico, mesmo porque os indiferentes não levariam em conta o assentimento à natureza como modo de vida. Dada a importância que Pascal concede ao estoicismo, sua crítica a esta filosofia estará presente na *Lettre* e será bem precisa, pois até os nomes dos filósofos serão assinalados. No momento, a crítica é direcionada especialmente aos raciocínios dos homens comuns indiferentes tanto ao cristianismo quanto a toda a filosofia, aqueles que concebem a morte como um simples acaso. Os cristãos e os filósofos – de maneira especial, os estoicos – não concebem a morte como um simples acaso.

A crítica aos indiferentes, estes que vislumbram a morte como um simples acaso, é rebatida pela afirmação enfática da Providência. Esta, porém, como geradora de precisão e ordem que extrapola o tempo.

> [3] – (...) como um decreto de sua Providência concebido desde toda eternidade para ser executado na plenitude de seu tempo, em tal ano, em tal dia, em tal hora, em tal lugar, de tal maneira, e enfim, que tudo aquilo que aconteceu foi desde todos os tempos previsto e preordenado em Deus (...).[197]

---

[196] BLAISE PASCAL, *Pensées*, LAF. 427, BRU. 194.
[197] IDEM, LETTRE À M. ET MME PERIER, À CLERMONT: À L'OCCASION DE LA MORT DE M. PASCAL LE PÈRE. IN: *ŒUVRES COMPLÈTES*, P. 275.

A morte é um decreto de Deus. Pascal enumera[198], até a exaustão, a fim de conceder ainda mais validade à passagem: "tal tempo, tal dia, tal hora, tal lugar, de tal maneira". A precisão, escrita em uma escala ordenada, é necessária, pois mostra o cuidado e o desígnio de Deus em direção ao homem: Deus não abandona o homem no tempo. É neste sentido que Leduc-Fayette comenta esta passagem e afirma que a eternidade de Deus se tornaria simultânea à temporalidade própria da criatura:

> Que não se engane: esta eternidade é simultânea à nossa temporalidade; a contradição é tal qual um olhar míope. Podemos manter, sem absurdo, que o presente instantâneo da graça é absorvido pelo futuro, não o futuro de nossos empreendimentos sempre consagrados às aporias, mas o futuro da vida perfeita.[199]

A Providência é a manifestação do eterno no tempo. O olho míope pode enxergar um mesmo objeto duplicado. A contradição do eterno no tempo é como este olhar míope, portanto, possível. A graça, manifestação da eternidade, absorve o futuro e o passado, e introduz o homem na dinâmica da salvação enquanto busca da vida perfeita. O instante da graça permite este dinamismo como dependência total de Deus: só há o desejo de vida perfeita se Deus concede a graça do instante para o homem. Se houvesse um antes e um depois da graça, a prece do homem determinaria a vontade de Deus, pois Deus concede tudo àquele que pede. A graça do instante permite desfazer a lógica da supremacia da vontade do homem: o instante no qual foi dado a graça é diferente daquele seguinte. A graça identifica-se com o instante, ou seja, com a eternidade, una e sem partes, sem um antes nem um depois, já que é uma expressão da eternidade. Por este motivo, a ação de Deus é, pela graça do instante, a manifestação do eterno no tempo. A interpretação de Leduc-Fayette está de acordo com Mesnard: "concepção, particularmente rigorosa, de uma graça do

---

[198] Cf. Constance CAGNAT, *La mort classique: Ecrire la mort dans la littérature française en prose de la seconde moitié du XVIIe siècle*, p. 87.
[199] Denise LEDUC-FAYETTE, *Pascal et le mystère du mal*, p. 275-276.

instante, cujo efeito se esgota no momento mesmo sem comprometer o futuro e que só é renovado na intervenção contínua de Deus"[200]. O tempo teria o instante como seu contrário.[201] Ora, a contradição, que Leduc-Fayette destaca como olhar míope, é justamente a manifestação do eterno no tempo, o que Mesnard chama, de modo equivalente, de graça do instante no tempo.

A morte, como manifestação da Providência na "plenitude de seu tempo, em tal ano, em tal dia, em tal hora, em tal lugar, de tal maneira"[202], é um evento no tempo que deve ser absorvido pelo instante da eternidade: "e enfim, que tudo aquilo que aconteceu foi desde todos os tempos previsto e preordenado em Deus"[203]. O eterno instante de Deus absorve as determinações temporais. Portanto, o trabalho de transposição de significado é mais uma vez realizado: se considerarmos a morte sob o crivo da Providência, e não como um mero acaso, diríamos "que tudo aquilo que aconteceu foi desde todos os tempos previsto e preordenado em Deus"[204], ou seja, o tempo da morte foi absorvido e preordenado pelo eterno. Onde há Deus, não há acaso, e é nele que devemos considerar a morte. Depois da transposição de significado, dirigida ao indiferente, o caminho está aberto para falar diretamente ao cristão:

> [3] – (...) se, digo, por um transporte da graça [*transport de Grace*], nós considerarmos este acidente, não em si mesmo e fora de Deus, mas fora dele e dentro da intimidade da vontade de Deus, na justiça de seu decreto, na ordem de sua Providência, que é a sua verdadeira causa, sem a qual ele não teria acontecido, por quem ele unicamente aconteceu, e da maneira como aconteceu (...)[205]

---

[200] Jean MESNARD, Essai sur la signification des Écrits. In: Blaise PASCAL, Œuvres complètes, v. III, p. 612.
[201] Ibidem, p. 620.
[202] Blaise PASCAL, Lettre à M. et Mme Perier, à Clermont: à l'occasion de la mort de M. Pascal le Père. In: Œuvres complètes, p. 275.
[203] Ibidem, p. 275.
[204] Ibidem, p. 275.
[205] Ibidem, p. 275-276.

A passagem mostra outra transposição de significado: a morte deve ser concebida como assentimento à vontade de Deus, deve ser considerada com o auxílio da graça. Ora, a graça regenera a vontade e faz o homem querer e assentir à vontade do Criador. Assim, a morte é um acidente inevitável que não deve ser considerado em si mesmo, como fazem os indiferentes, nem fora de Deus, como fazem os ateus, mas fora de tudo aquilo que não é Deus. É desta forma que Pascal irá enumerar como devemos considerar a morte e, por conseguinte, a consolação: na intimidade de Deus, na justiça de seu decreto e na Providência. A morte está dentro da Providência de Deus, que é a causa suprema e que permite a ocorrência da morte para a salvação do homem. Na ocasião da *Lettre*, a fim de consolar seus familiares, o filósofo ressalta que a morte, ao ser entendida como Providência de Deus, deve ter o assentimento do cristão, não a aversão. A citação começa destacando a necessidade da graça, mas termina ressaltando o assentimento da vontade, fazendo da consolação, enquanto assentimento da vontade do homem à vontade de Deus, a manifestação da graça do instante. O início desta citação é comentado por Leduc-Fayette como estado de um coração trespassado pela graça:

> Entretanto, se a graça se faz sentir, quando ela nos "transporta", quando a vontade divina trespassa nosso próprio querer e o faz aceder à efetividade de seu exercício autêntico, (...), então cada instante é "realmente" precioso, saturado de eternidade, pleno da plenitude que faz o coração pleno.[206]

A graça eleva, conduz, levanta e enche de entusiasmo o coração. O coração, órgão sensor de Deus, representado também pela vontade,[207] é trespassado pela vontade divina que injeta a graça e conduz o homem ao exercício autêntico da caridade, libertando-o das máscaras do amor-próprio que o moviam. É neste sentido que cada instante é

---
[206] Denise LEDUC-FAYETTE, *Pascal et le mystère du mal*, p. 275.
[207] Todavia o coração não se reduz à vontade, como veremos no item 5.4 do capítulo 5. A ressalva é feita pelo intérprete Sellier.

precioso, pois nele o eterno revela-se e transforma o coração velho, oco e cheio de lixo,[208] em um coração novo e pleno de amor. A vontade do homem assente à vontade de Deus que, pela graça, trespassa o coração da criatura. Ora, se o homem é dependente da graça do instante que Deus concede a quem ele quer, então, cabe ao homem dizer, como assinala Pascal ao final do parágrafo: "nós adoraremos em uma humildade silenciosa o autor impenetrável de seus segredos, nós veneraremos a santidade de seus decretos, bendiremos a conduta de sua Providência"[209]. Deus concede o consolo a quem ele quer, e o homem não conhece os critérios de Deus para tal dádiva; cabe, então, somente adorá-Lo humilde e silenciosamente, e, assentindo à vontade do Criador como modo de fazer manifesto o consolo, resta somente bendizer a Providência.

A carta sobre a consolação, como vimos, torna-se uma prece: a consolação deve ser pedida e a concessão tem como causa o próprio Deus. Se a graça do instante é retirada, o homem não reza, assim, não pede a consolação e, logo, não a tem. A consolação frente à morte, enquanto prece, é uma forma de mostrar a grandeza de Deus e seu poder no ato de realizar a consolação como Providência. A consolação mostra a união da vontade de Deus à vontade do homem, ou seja, a manifestação da graça: "e unindo a nossa vontade àquela de Deus propriamente, queremos com ele, nele, e para ele, aquilo que ele quis em nós e para nós desde toda eternidade"[210]. Ao final, Pascal exortará a necessidade de união entre a vontade do homem e a vontade de Deus como expressão do consolo, enumerando duas formas de conceber a morte a partir da Providência: a) qualitativamente: "como uma continuação indispensável, inevitável, justa, santa, útil para o bem da Igreja e à exaltação do nome e da grandeza de Deus"[211]; b) quantitativamente:

---

[208] "Como o coração humano é oco e cheio de lixo" (Blaise PASCAL, Pensées, Laf. 139, Bru. 143).
[209] Idem, Lettre à M. et Mme Perier, à Clermont: à l'occasion de la mort de M. Pascal le Père. In: Œuvres complètes, p. 276.
[210] Ibidem, p. 276.
[211] Ibidem, p. 275.

"executada na plenitude de seu tempo, em tal ano, em tal dia, em tal hora, em tal lugar, de tal maneira"[212]. Através de tais enumerações, dirá Cagnat, Pascal avalia a morte como "a justiça da decisão divina pela abundância de qualificativos positivos"[213], e, em um segundo momento, "insiste sobre sua exatidão lhe submetendo todas as circunstâncias da morte"[214]. A conclusão de Cagnat é a seguinte: "é preciso se submeter, inicialmente porque esta morte é querida por Deus, e, em seguida, porque a decisão divina é boa"[215]. Ora, o último golpe da transposição de significado extrapola o significado e ascende à vontade: trata-se de transpor os entraves da vontade, ser trespassado pela graça, conhecer a vontade de Deus e assentir a ela, ou seja, Pascal faz um chamado à conversão pelo assentimento à Providência de Deus.

Nos três itens supracitados, encontramos a mesma estrutura presente nas cartas de Saint-Cyran, confirmando a nossa hipótese. Cabe agora mostrar a abrangência da *Lettre*.

1.6 – A abrangência temática da *Lettre*

O trecho introdutório da *Lettre à M. et Mme Perier, à Clermont: à l'Occasion de la Mort de M. Pascal le Père* retrata a penúria da família Pascal diante da morte do pai, Étienne Pascal.[216] A *Lettre* é endereçada ao Monsieur Florin Perier e a Madame Gilberte Perier, respectivamente, cunhado e irmã de Blaise, com o objetivo de consolá-los do sofrimento pela morte do ente querido. Deste modo, a "infelicidade comum"[217]

---

[212] BLAISE PASCAL, LETTRE À M. ET MME PERIER, À CLERMONT: À L'OCCASION DE LA MORT DE M. PASCAL LE PÈRE. IN: *ŒUVRES COMPLÈTES*, P. 275.
[213] CONSTANCE CAGNAT, *LA MORT CLASSIQUE: ECRIRE LA MORT DANS LA LITTÉRATURE FRANÇAISE EN PROSE DE LA SECONDE MOITIÉ DU XVIIE SIÈCLE*, P. 88.
[214] IBIDEM, P. 88.
[215] IBIDEM, P. 88.
[216] VALE SALIENTAR QUE TAL CARTA SÓ FOI PUBLICADA EM 1670, JUNTO À PRIMEIRA EDIÇÃO DOS *PENSAMENTOS*, COM O TÍTULO *PENSÉES SUR LE SUJET DE LA MORT DE MONSIEUR SON PÈRE* (CF. IBIDEM, P. 72).
[217] BLAISE PASCAL, LETTRE À M. ET MME PERIER, À CLEMONT: À L'OCCASION DE LA MORT DE M. PASCAL LE PÈRE. IN: *ŒUVRES COMPLÈTES*, P. 275.

da família está ligada à morte: é o sofrimento e a dor da perda. Entre o sofrimento e a infelicidade comum da família, Pascal insere o tema da consolação: é este, aparentemente, o teor da carta, ou seja, a consolação cristã diante da dor da família em função da morte do pai. Cagnat diz que a *Lettre* tem como tema a "ideia consoladora que faz da morte um benefício"[218], mas Pascal não restringe a carta a este tema, pois seu desenvolvimento "deu lugar a uma verdadeira discussão teológica"[219].

Na *Lettre*, encontramos o tema da morte que o motiva a escrever, mas associado a este tema está a consolação, a prece, a graça, o sacrifício e a Providência. Aparentemente, entre os parágrafos [16] ao início do [21], Pascal abre um parêntese temático, passando a investigar os temas do pecado original, do amor-próprio e do vazio infinito, os quais parecem destoar do propósito da carta; porém, tal "parêntese", servirá de recurso para explicar o horror da morte, antes e depois da queda, e o amor pela vida, antes e depois da queda. Diante destes inúmeros temas, faremos um recorte: desenvolveremos o tema do pecado original.

---

[218] Constance CAGNAT, *La mort classique: Ecrire la mort dans la littérature française en prose de la seconde moitié du XVIIe siècle*, p. 72.
[219] Ibidem, p. 72.

*C*apítulo 2

Gênese da Teoria do Pecado Original: o advento do amor-próprio e do vazio infinito

(...) sou obrigado a vos dizer em geral qual é a fonte de todos os vícios e de todos os pecados.[1]

Na *Lettre*, encontramos a reflexão de Pascal sobre a fonte dos vícios e dos pecados do homem. O termo "fonte" remonta ao pecado de origem, causa de todos os males da humanidade. A reflexão de Pascal não é completa e, por este motivo, dizemos que se trata de uma gênese. Na *Lettre*, está contida a gênese da teoria do pecado original pascaliana, de modo que o amor-próprio é justamente a raiz de todos os vícios e de todos os males. Mostraremos que o vazio infinito, característica oriunda do lapso adâmico, descreve a condição do homem sem Deus. Nossa investigação partirá do parágrafo [16] e findará no

---

[1] Blaise PASCAL, Lettre à M. et Mme Perier, à Clermont: à l'occasion de la mort de M. Pascal le Père. In: _____ Œuvres complètes, p. 277.

[21] da *Lettre*: analisaremos a teoria da queda em Santo Agostinho e em Jansenius para, então, podermos perceber a originalidade de Pascal quanto à composição da *Lettre*, pois, como veremos, do mesmo modo em que há uma aproximação de seus dois mestres, há também um distanciamento inovador, e assim compreenderemos sua inovação a partir de suas fontes de leitura, o que nos permitirá esclarecer o modo cujo termo "vazio infinito" foi formulado. Em seguida, destacaremos duas consequências do amor-próprio, o desejo de dominação e a preguiça, e, por fim, elaboraremos um diálogo crítico com os intérpretes, o que nos permitirá levantar uma questão a qual nos impulsionará a investigar os ecos da *Lettre* em outro texto de Pascal.

2.1 – O pecado original em Santo Agostinho

Na obra *Les Confessions*, Santo Agostinho refere-se ao homem como um ser que carrega marcas de seu pecado e de sua mortalidade. Pecado e morte são evocados para manifestar a pequenez do homem diante de Deus. "Entretanto, o homem quer vós louvar, ele, parte medíocre da vossa criação, ele que leva consigo a sua mortalidade, que leva consigo o testemunho de seu pecado e de 'vossa resistência aos soberbos'".[2] O que nos interessa nesta passagem é salientar que o pecado é causa da soberba humana, ou vaidade, de modo que o homem, ao vislumbrar a grandeza de Deus e voltar seu olhar para si, reconhece a própria mediocridade – "parte medíocre da vossa criação" – proveniente do pecado. Não há dúvida, portanto, que, para o hiponense, o homem é pecador por excelência. Porém, em que consiste o pecado, qual é a sua natureza?

Em *Le Libre Arbitre*, livro I, há uma passagem na qual o bispo de Hipona dialoga com Evódio sobre a natureza do pecado. O debate gira em torno do amor direcionado às criaturas, buscando saber se isto é um mal ou não. O problema, dirá Evódio, concordando com

---

[2] Saint AUGUSTIN, *Les Confessions*, I, I, 1.

Agostinho, não está propriamente nas coisas, "(...) mas os homens que fazem delas mau uso [*usutur*]"³. E o que seria fazer *mau* uso das coisas e das criaturas? Assim dirá Agostinho: "a esta consideração, há lugar para notar agora e de examinar se o mal agir é outra coisa senão negligenciar as realidades eternas cuja alma goza [*fruitur*] por si mesma, que alcança por si mesma e que não pode perder se as ama"⁴. Os dois termos, *usutur* e *fruitur*, dirá Sellier, não são bíblicos, mas cunhados pelo próprio Santo Agostinho, e estão disseminados em toda sua obra: *frui* (deliciar-se ou gozar) em uma realidade é ligar-se a ela amorosamente; *uti* (usar), por sua vez, é atribuir aquilo que se usa àquilo que se ama, ou seja, desejar obter. O homem deveria usar (*uti*) do mundo o que lhe é necessário, mas sem nele se ater, e ainda não deveria gozar (*frui*) no mundo, mas somente em Deus, isto é, no Pai, no Filho e no Espírito Santo.⁵ O pecador não cumpre tais interditos, usando do mundo para deliciar-se nele. Pascal está atento a esta diferenciação de Agostinho: "É porque aqueles a quem Deus deu a conhecer estas grandes verdades devem *usar* destas imagens para *gozar* Daquele que elas representam (...)"⁶. As realidades corporais, para o bispo de Hipona, são um reflexo do Criador enquanto unidade, mas não são o próprio Criador: o mal está em fazer mau uso das criaturas ao torná-las objeto de amor sem referência ao Criador, negligenciando as realidades eternas "para se ligar, como se elas fossem admiráveis e consideráveis, às realidades temporais"⁷. Tais realidades são sentidas pelo corpo, a parte mais vil do homem, e, pela sua precariedade, "não podem ser garantidas para sempre"⁸. O homem negligencia as realidades eternas para ligar-se àquelas temporais e precárias, configurando assim a definição de pecado, já que "todas as ações más, isto é, os pecados, me parecem

---

³ Saint AUGUSTIN, Le Libre Arbitre, I, 14, 33. (Dialogues Philosophiques III)
⁴ Ibidem, I, 16, 34.
⁵ Cf. Philippe SELLIER, Pascal et saint Augustin, p. 152-153.
⁶ Blaise PASCAL, Lettre de Pascal et de sa sœur Jacqueline à Mme Perier, leur soeur, ce 1º avril 1648. In: _____ Œuvres complètes, p. 273 (grifo do tradutor).
⁷ Saint AUGUSTIN, Le Libre Arbitre, I, 16, 34.
⁸ Ibidem, I, 16, 34.

incluídas neste gênero único".⁹ Em seguida, Evódio, seu interlocutor, completa a reflexão: "todo pecador se desvia das realidades divinas e verdadeiramente duráveis e se volta em direção às realidades mutáveis e incertas"¹⁰. O pecado está em uma disposição de amor deslocado do Criador para a criatura, do eterno para o contingente, do absoluto para o relativo. O homem não só usa (*uti*) das criaturas, tomando-as como objeto de amor, mas delicia-se (*frui*) nelas, desprezando a Deus. É a partir deste desvio de conduta que tornar-se-á possível esclarecer o termo orgulho, tão caro para Santo Agostinho, pois ele é a causa da queda, como veremos mais adiante.

Já na obra *La Trinité*, o orgulho manifesta-se como a fonte de todos os males, e é através dele que o homem deseja elevar-se ao mesmo patamar do Criador. Sellier destaca que Santo Agostinho não cansa de citar o livro de Eclesiástico,¹¹ o qual apresenta uma espécie de fenomenologia do orgulho, e, em seguida, afirma o intérprete, "é o orgulho que ocasiona o primeiro pecado e a desastrosa queda do homem"¹². Diante disso, vejamos como Santo Agostinho define o termo: "a alma, que ama seu próprio poder, passa furtivamente [*glisse*] do universal, que é comum a todos, ao particular que lhe é próprio. O erro disto está no orgulho, esta força de separação, que se chama 'o começo do pecado' (Eclo X,15)"¹³. O orgulho é definido como uma força que rompe com o universal, ou seja, Deus, de modo que tal força de separação desliga o homem do Ser Universal, e de todas as outras criaturas que estão unidas a Ele, particularizando-o como indivíduo autônomo, o que justifica afirmar que o orgulho é esta separação de Deus capaz de perfazer do homem um bem particular. Santo Agostinho não deixa de destacar as consequências do orgulho, a saber: a) o homem

---

⁹ Saint AUGUSTIN, Le Libre Arbitre, I, 16, 34.
¹⁰ Ibidem, I, 16, 34.
¹¹ Cf. Philippe SELLIER, Pascal et saint Augustin, p. 183-184. "Pois o princípio de todo pecado é a soberba: quem a tiver fará ferver a maldição, e ele, no fim, o destruirá" (Eclo 10,15). Soberba e orgulho partilham do mesmo sentido.
¹² Philippe SELLIER, Pascal et saint Augustin, p. 184.
¹³ Saint AUGUSTIN, La Trinité, XII, IX, 14.

deseja governar-se a si mesmo como bem constituído;[14] b) a avareza é a raiz de todos os males, citando I Tm 6,10.[15] Além de lhe conferir uma autonomia perversa, pois distante das leis de Deus, o orgulho é manifestação da avareza, pois, ao se separar de Deus e se particularizar, o homem faz de si um bem, direcionando seu amor a este bem particularizado e desligado do universal. Estaria no âmago do homem ser avarento; o próprio processo de particularização, caracterizado como subtração de um bem para si em detrimento do Criador, é uma primeira forma de avareza.

Portanto, para Agostinho: a) o homem é uma criatura precária, tomada pelo pecado; b) o pecado é uma forma de negligenciar as realidades eternas para ligar-se àquelas temporais e precárias; c) o primeiro pecado do homem é o orgulho, causa da queda; d) o orgulho é o ato pelo qual a criatura desliga-se do Ser Universal, a fim de forjar um bem particularizado para si; e) enfim, o orgulho é uma chave que possibilita compreender como se dá a particularização do homem em Santo Agostinho. Depois de definirmos o que é pecado e orgulho, passemos agora para o texto no qual a definição de pecado estabelece uma nova ordem do mal na cidade terrestre.

Assim diz Santo Agostinho, na obra *La Cité de Dieu:* "portanto, dois amores fizeram duas cidades: o amor de si [*amor sui*] até o desprezo de Deus, a cidade terrestre; o amor de Deus até o desprezo de si, a Cidade celeste"[16]. O texto citado é o quadro do mundo depois da queda, sendo a Cidade celeste a manifestação de Deus no coração corrompido do homem, habitante da cidade terrestre. Depois da queda e com o surgimento do pecado, joio e trigo ainda partilham de um mesmo terreno, aquele no qual acontece a luta entre o bem e o mal, o coração do homem. Sabe-se que, com o pecado, há uma mudança na ordem estabelecida entre o amante e o objeto de amor:

---

[14] Cf. Saint AUGUSTIN, *La Trinité*, XII, IX, 14.
[15] Cf. Ibidem, XII, IX, 14.
[16] Idem, *La Cité de Dieu*. XIV, 28. "Fecerunt itaque civitates duas amores duo, terrenam scilicet *amor sui* usque ad contemptum Dei, caelestem vero amor Dei usque ad contemptum sui."

se antes do pecado o amor pela criatura estava submetido ao amor de Deus, com a queda o amor a Deus encontra-se na periferia dos objetos de desejo do homem, e não só prioriza-se o amor às criaturas, mas o próprio Criador é desprezado. Todavia, mesmo com esta nova disposição de amor, não se trata de dizer que com o pecado a desordem permeia tudo que existe, porque passamos a conhecer uma nova ordem que se estabelece, a precária ordem da cidade terrestre, marcada pelo amor de si – *amor sui* – até o desprezo de Deus. Diferente de Pascal, como veremos a seguir, seu mestre afirma a nova ordem pós-lapsária fundada no *amor sui*, da qual passamos a investigar um dos aspectos: o desejo de dominação.

2.1.1 – O desejo de dominação e o orgulho dos sábios: "dominada pela paixão de dominar"

A cidade dos homens tem sua ordem fundamentada no *amor sui*. A criatura vê a si mesma como causa de toda glória que lhe é outorgada, e, assim, o desejo de glória impera nesta cidade tanto quanto o desejo de dominar, o qual estabelece seus chefes em sua própria nação, ou mesmo subjuga outras, de modo que o homem é tomado pela paixão de dominar: a criatura ama o domínio de mestres como se fosse de sua própria força.[17] Além do desejo de dominação,[18] a cidade terrestre também é marcada pelo orgulho dos sábios, pois "os sábios, vivendo conforme os homens, buscaram os bens do corpo, ou da alma, ou dos dois"[19]. Os sábios colocam o seu bem supremo, fonte de toda felicidade, ou no corpo, ou na alma, ou nos dois, esquecendo-se de glorificar a Deus, de lhe render graças, já que "se desviam em seus vãos raciocínios e seu coração insensato está obscurecido"[20]. A sabedoria do homem na cidade terrestre é uma forma de expressão

---

[17] Cf. Saint AUGUSTIN, *La Cité de Dieu*, XIV, 28.
[18] Cf. item 2.1.1 deste capítulo.
[19] Saint AUGUSTIN, *La Cité de Dieu*, XIV, 38.
[20] Ibidem, XIV, 38.

do próprio orgulho quando despreza a sabedoria de Deus e toma a si mesmo como o único apoio de seus raciocínios. A dinâmica estabelecida por Agostinho na passagem que destaca a divisão das duas cidades dinamiza toda crítica aos sábios: "o *amor sui* até o desprezo de Deus"[21]. O Criador, por meio da ordem primordial, confere a si, por justiça, toda glória; em contrapartida, desviando-se da necessidade de condecorar a Deus com toda glória, os sábios a facultam a si mesmos, "isto é, se exaltam em sua sabedoria sob o império do orgulho"[22]. O orgulho tem como marca essencial a desproporção, pela qual a criatura se veria de tal medida que, a partir dela, tudo e todos deveriam ser subjugados e submetidos ao *amor sui* do orgulhoso: o orgulho incha e faz a criatura ver tudo menor do que a si mesmo, até Deus. É neste sentido que o sábio orgulhoso se dará o direito de ser lisonjeado por todos que o rodeiam: "sendo lisonjeados por serem sábios (...) tornaram-se loucos: substituíram a glória do Deus incorruptível com as imagens representando o homem corruptível, pássaros, quadrúpedes e serpentes"[23]. O homem faz de si mesmo um Deus, e sua loucura vai além, estendendo a todas as criaturas a suprema divindade que só pertenceria a Deus. Foi desta maneira que os mais variados ídolos foram construídos: os sábios se gabam de terem encontrado o caminho da suprema divindade, e, por este motivo, atribuem a si a tarefa de conduzir o povo a este caminho, ou, ao contrário, seguem os povos, desde que estes adorem os seus ídolos.[24] Em suma, "outorgaram o culto e o serviço à criatura antes que ao criador que é bendito dentro dos séculos"[25]. O orgulho dos sábios está no desejo de uma grandeza injusta, já que a grandeza da Sabedoria pertence ao Bem Supremo que é Deus, e perversa, pois atribuir-se a fonte de toda sabedoria requer para si o direito de ser lisonjeado e exaltado por todos.

---

[21] Saint AUGUSTIN, *La Cité de Dieu*, XIV, 38.
[22] Ibidem, XIV, 38.
[23] Ibidem, XIV, 38.
[24] Cf. Ibidem, XIV, 38.
[25] Ibidem, XIV, 38.

Por outro lado, a cidade Celeste se glorifica no Senhor, ou seja, Deus é testemunha de sua consciência e de sua glória, portanto aquele que se glorifica, faz-no no Senhor: "tu és minha glória, tu elevas a minha cabeça"[26]. A cidade é organizada a serviço da caridade, de modo que os chefes dirigem e os súditos obedecem, tudo seguindo a ordem justa de Deus, no qual todos os habitantes encontram a sua força.[27] Em comentário a esta passagem, Sellier mostra o quanto o homem é dependente: "antes da queda, o homem não se amava senão com um amor que ele relacionava a Deus: hoje, ele não pode mais sem a graça divina"[28]. Diferente da cidade terrestre, o cidadão da cidade Celeste tem consciência de sua dependência do Criador, e é isto que permitiu ao filósofo de Hipona realizar uma comparação e expor a nova ordem, aquela da cidade terrestre, comandada pelo *amor sui*.

A cidade terrestre, ao amar a si até o desprezo de Deus, estabelece a ordem da dominação que, de forma universal, deseja se impor, e, assim, o amor de Deus, a partir do qual tudo se ordenava, deixa de ser o *télos* e faz do *amor sui* o alvo para o qual tudo tende, dando ensejo ao desejo de dominação que submete o homem, e a criatura é enfim "dominada pela paixão de dominar"[29]. Seus cidadãos, subjugados pela dominação do *amor sui*, são arrastados pelas forças nefastas de suas paixões desenfreadas.

Em suma, eis as principais ideias de Santo Agostinho, presentes no trecho da obra *La Cité de Dieu*, que propomos analisar: 1) a cidade Celeste é formada pelo amor de Deus até o desprezo de si; 2) a cidade terrestre é formada pelo *amor sui* até o desprezo de Deus; 3) o pecado de Adão é um modo de desdenhar de Deus, destituí-Lo como principal objeto de amor; 4) o pecado foi capaz de estabelecer uma nova ordem, contrária à ordem estabelecida por Deus, e, deste modo, *amor sui* torna-se o princípio e o *télos* do amor no estado de natureza

---

[26] Saint AUGUSTIN, La Cité de Dieu, XIV, 28. Menção ao Sl 3,4.
[27] Cf. Ibidem, XIV, 28.
[28] Philippe SELLIER, Pascal et saint Augustin, p. 142.
[29] Saint AUGUSTIN, La Cité de Dieu, XIV, 28.

corrompido; 5) tal ordem da cidade terrestre pode ser dividida em duas partes: a dominação pela paixão de dominar e o orgulho dos sábios; 6) para Agostinho, o orgulho é a fonte de todos os pecados: "o erro disto está no orgulho, esta força de separação, que se chama 'o começo do pecado' (Eclo X,15)"[30].

Terminada a análise daquela que é a fonte de todo mal em Santo Agostinho, o orgulho, analisaremos como Jansenius descreve o dinamismo do amor antes e depois da queda, em seu *Discurso da Reforma do Homem Interior*, para assim entendermos como o bispo de Ypres concebe a causa primeira que deu origem à queda adâmica.

2.2 – O pecado original em Jansenius: amor, pecado e orgulho

Jansenius, na obra supracitada, faz uma espécie de radiografia da fonte de todos os pecados, de como atuam no homem e, por fim, exorta o cristão a confiar no amor de Deus, e, assim, "dissipando as trevas das coisas criadas", auxilia a alma, que "se eleva para esta luz tão pura e calma da eternidade"[31]. A obra coloca em evidência as armadilhas do mal, o socorro da graça junto ao homem, cujas interioridade e exterioridade foram devastadas pela queda,[32] e busca "explicar detalhadamente de qual maneira o homem caiu na corrupção"[33]. Com o intuito de fazer de seus escritos um canal da graça, por meio do qual o coração humano poderia voltar-se para Deus, destaca a disciplina monástica, a qual não pretende reformar, mas fazer entender que ela "é a via mais curta pela qual ele pode retornar a seu princípio e recuperar a perfeição e a pureza de sua origem"[34].

Nas citações anteriores, encontramos quatro afirmações de Jansenius: 1) a alma humana dissipa-se no amor pelas coisas criadas; 2) o homem, depois da queda, é um ser corrompido; 3) ele foi criado

---

[30] Saint AUGUSTIN, *La Trinité*, XII, IX, 14.
[31] Cornelius JANSENIUS, *Discurso da reforma do homem interior*, p. 111.
[32] Ver item 1.1, capítulo 1.
[33] Cornelius JANSENIUS, *Discurso da reforma do homem interior*, p. 55.
[34] Ibidem, p. 55.

puro e perfeito; 4) é possível um retorno ao princípio de toda perfeição. Todas estas assertivas estão em Santo Agostinho,[35] e Jansenius se empenha em dar continuidade à doutrina da graça do hiponense, e, para bem cumprir este legado, destaca a necessidade de marchar sobre os mesmos passos do mestre,[36] de usar as mesmas palavras dele, e, assim, louva-o como aquele que mais penetrou nos recônditos do coração humano,[37] "nos movimentos mais secretos e nas mais imperceptíveis paixões"[38]. É deste modo que o bispo de Ypres confere toda a autoridade a Santo Agostinho, como padre da Igreja, ou seja, uma testemunha autorizada da fé, pretendendo reunir seus "pensamentos que estão difundidos em diversos lugares de suas obras"[39]. Há razões para afirmarmos que Pascal viu em Jansenius uma espécie de suma do pensamento do bispo de Hipona, portanto, cabe investigar qual é a causa da queda para Jansenius, esclarecendo a relação entre o amor de si, o pecado e o orgulho.

O homem foi criado puro e perfeito, mas não havia imunidade para o mal: "porém, ainda não estava firme neste estado, com aquela última firmeza que lhe tinha feito amar a sabedoria divina até esquecer-se de si mesmo e de sua própria grandeza, comparando-a com aquela grandeza infinita"[40]. Deus concedeu ao homem a firmeza de não pecar, outorgou-lhe todos os recursos necessários para que permanecesse na visão beatífica da Sabedoria eterna que, ao ser contemplada, impelia-o a esquecer de si mesmo, de sua própria grandeza enquanto criatura de Deus, e maravilhava-se com a grandeza infinita do Criador, muito mais plena do que aquela finita da criatura. A grandeza, a sabedoria, a felicidade e a beleza de Deus estavam no homem, porém, dentro dos limites pertinentes à criatura. "De forma

---

[35] Jansenius cita Santo Agostinho e declara abertamente que seu objetivo é seguir os passos do bispo de Hipona.
[36] Cf. Cornelius JANSENIUS, *Discurso da reforma do homem interior*, p. 55.
[37] Cf. Ibidem, p. 55.
[38] Ibidem, p. 55.
[39] Ibidem, p. 55.
[40] Ibidem, p. 57.

que, tendo começado a perceber sua felicidade e a reconhecê-la, fascinou-se e encantou-se por sua beleza".[41] Os predicados de Deus, a felicidade e a beleza, eram objeto de deslumbramento quando refletidos no homem, porém, na ocasião em que a criatura deslocou seu olhar da verdadeira Causa, do Princípio, e atribuiu tais predicados para os efeitos, transportando as marcas do Criador para as criaturas, passou a encantar-se e deslumbrar-se com os efeitos, esquecendo-se da Causa, doravante, "começando a olhar-se com prazer"[42]. O prazer também sofre a ação do desvio, torna-se prazer na criatura, fora daquela ordem estabelecida por Deus, na qual o prazer da criatura não era senão um reflexo do gozo experimentado no Princípio, na Fonte e no Fim de todo prazer. O olhar que se desvia de Deus deslocou os atributos Dele e os associou ao homem: "fascinou-se e encantou-se por sua beleza, começando a olhar-se com prazer, e, por este olhar, tornou-se o objeto de seus próprios olhos e desviou sua visão de Deus para direcioná-la totalmente para si; assim, caiu na desobediência"[43]. Este desvio de olhar que se volta em direção à criatura, esquecendo do Criador e fazendo dos efeitos a fonte de todo prazer, é, para Jansenius, sua definição de pecado. Portanto, a) a grandeza, a sabedoria, a felicidade e a beleza de Deus estavam no homem antes da queda, mas como um reflexo, pois estes mesmos atributos são, por excelência, do Criador; b) o homem percebe que tais atributos também estavam presentes nele; c) e, assim, desvia seu olhar do Criador em direção a si; d) começa a se olhar com prazer e descarta Deus como fonte inesgotável de prazer; e) a criatura volta para si mesmo o olhar, afastando-se de Deus, colocando-O como elemento periférico de sua existência, e por fim, desprezando-O: eis o pecado.

Em vez de reconduzir seu olhar para Aquele que é a fonte e o princípio de seu próprio ser, o homem "desligou-se de seu autor, quis ser só para si, governar-se por sua própria autoridade, em

---

[41] Cornelius Jansenius, *Discurso da reforma do homem interior*, p. 57.
[42] Ibidem, p. 57.
[43] Ibidem, p. 57.

lugar de receber a lei daquele que lhe devia dar"[44]. Esqueceu-se de Deus, passou a viver somente para si, rompeu com a ordem estabelecida por Deus, aquela na qual a criatura é um ser para Deus, abdicou assim da eternidade, e não é mais "digna do céu"[45], pois quer tornar-se senhora da própria existência, autogovernar-se na exclusividade de suas leis, excluindo de seu horizonte os mandamentos de Deus. De forma detalhada, Jansenius tenciona mostrar que o homem, em estado puro, recém-saído das mãos de Deus, contemplava a grandeza de seu Autor ao ponto de esquecer-se daquela que lhe pertencia, mas, com o pecado, isso foi invertido, já que desviou o olhar para si mesmo, atribuiu para si a grandeza, preterindo aquela de Deus. A grandeza de seu Criador concedia a medida para contemplar a grandeza de si, sempre limitada porque relativa àquela de Deus, a qual desaparece do horizonte humano, restando à criatura olhar para sua própria grandeza precária, frágil, débil e deficiente, sempre desproporcional, pois, perdida a medida absoluta, todas as outras se tornam efêmeras. Assim definido o pecado como desvio do olhar que olvida a Deus, vejamos como Jansenius concebe o termo orgulho:

> Perdeu-se desta forma, ao querer elevar-se contra a ordem da natureza e da razão, não tendo nenhuma forma mais extravagante e mais injusta de elevar-se senão abandonando o princípio ao qual devemos continuar inseparavelmente ligados, para tornar-se o princípio de si mesmo, a regra de sua vida, a origem de seus conhecimentos e a fonte de sua felicidade.[46]

Subtraindo Deus de seu cenário, o homem faz de si o *princípio*, a *regra*, a *origem* e a *fonte*, e mediante tal injustiça intenta elevar-se, ultrapassando o trono de Deus, o qual é esquecido, tanto quanto os seus mandamentos, que subscreve o dever de amar a Deus sobre

---

[44] Cornelius JANSENIUS, *Discurso da reforma do homem interior*, p. 57-59.
[45] Ibidem, p. 55.
[46] Ibidem, p. 59.

todas as coisas e assim regular a sua vida, de modo que sua felicidade, antes proveniente da elevação em direção a Deus mediante a contemplação, agora é oriunda da elevação de si. O ato de se autoelevar expressa tanto o desejo da criatura de ir contra a ordem da natureza estabelecida nos primórdios pelo Criador como o impulso de não aceitar ocupar o lugar de criatura que lhe foi concedido, e, por este motivo, profana-se a ordem divina, algo que, para Jansenius, é o mesmo que macular a ordem da razão: a Sabedoria estaria fora do horizonte humano, já que a "sabedoria tão imutável"[47] foi rejeitada. A razão fica abandonada a si mesma e o homem condenado à curiosidade, tão diferente da contemplação da sabedoria imutável de Deus, aquela que lhe conferia a plenitude de todo conhecimento e não o instigava a conhecer para se elevar. Com o pecado, o conhecimento, enquanto curiosidade que se volta a tudo aquilo que existe, desconfigura ainda mais a ordem preestabelecida pelo Criador, pois a curiosidade recebe seu impulso do desejo de conhecer a Deus, a fim de obter a visão da Sabedoria, todavia, quando esta vontade é exercida fora de sua ordem, ou seja, no mundo, ela nunca se atém, já que Ele não se faz mais presente, e, por este motivo, a curiosidade humana é inquieta e sem repouso.[48] Desta maneira, elevando-se contra a natureza e a razão, o homem faz de si princípio, origem e fonte, atributos que somente eram referidos a Deus, mas Jansenius sublinha que o pecado tem como consequência o sequestro dos termos que só convêm a Deus, portanto, o homem se eleva, não somente contra a natureza e a razão, mas acima de Deus, fazendo de si um *deus*. É por este motivo que não hesitamos em reconhecer que o pecado por excelência, em Jansenius, é o orgulho, enquanto ato de elevar-se. Neste sentido, seria o orgulho a fonte de todos os males, de todos os pecados, assim como afirmara Santo Agostinho? Jansenius deseja seguir os passos de seu mestre na descrição da queda, e assim o faz. No *Discurso da Reforma do Homem Interior*, ele se pergunta: "E o que

---

[47] Cornelius JANSENIUS, *Discurso da reforma do homem interior*, p. 59.
[48] Cf. item I.1, do capítulo I.

é o orgulho senão o desejo desta injusta grandeza? E de onde vem este desejo, senão do amor que o homem dirige a si?"[49]. O homem entregue a si mesmo desvia seu olhar do criador, deslumbra-se consigo, esquece de Deus, eleva-se e faz de si mesmo um deus, ou seja, o homem constrói para si uma injusta grandeza: injusta porque só em Deus está a verdadeira grandeza, e tudo deve ser contemplado a partir dela. A criatura caída estabelece a si mesmo como critério de grandeza pela sua elevação até o desprezo de Deus. O orgulho seria uma elevação injusta por meio do amor que se volta a si mesmo, a este amor o homem se entrega, fazendo de seu ser um bem para si, afastando-se de Deus. Assim, ele se particulariza enquanto "injusta grandeza"[50]. Ora, na passagem supracitada, Jansenius se pergunta sobre a origem do orgulho, e, com outra questão, concede a resposta: "E de onde vem este desejo, senão do amor que o homem dirige a si?"[51]. Desta maneira, a definição de orgulho para Jansenius é marcada pela efetivação do desejo humano em tornar-se um bem particular, por isso entregue a si mesmo e amando somente a si. Antes da queda, o homem contemplava prazerosamente a Deus, e tal olhar era justo, pois atendia a ordem divina, e o fazia "amar a sabedoria divina até esquecer-se de si mesmo e de sua própria grandeza, comparando-a com aquela grandeza infinita"[52]. O novo olhar é mediado por um prazer que se volta para si, e não àquele que havia feito "amar aquela sabedoria divina"[53] dentro da ordem natural preestabelecida; trata-se de um olhar que o torna senhor de si. É desta forma que o homem "torna-se princípio de si mesmo"[54]. Por meio de uma pergunta, Jansenius quer saber a causa do orgulho: "E de onde vem este desejo, senão do amor que o homem dirige a si?"[55]. Para melhor esclarecer

---

[49] CORNELIUS JANSENIUS, DISCURSO DA REFORMA DO HOMEM INTERIOR, P. 59.
[50] IBIDEM, P. 59.
[51] IBIDEM, P. 59.
[52] IBIDEM, P. 57.
[53] IBIDEM, P. 57.
[54] IBIDEM, P. 59.
[55] IBIDEM, P. 59.

esta causa, destacamos que há uma diferença em Jansenius entre o *amor* e o *amor que o homem dirige a si*.

O *amor* faz referência ao homem antes da queda, aquele amor que esquecia de sua própria grandeza e o instigava a contemplar a Deus com exclusividade, ou seja, trata-se de um amor regrado pela lei de Deus; o *amor que o homem dirige a si*, diferente do amor de si, é aquele regrado pelo próprio homem. E Jansenius indaga o que é este amor: "E a que este amor vai desaguar senão em abandonar este bem soberano e imutável que devemos amar mais que a nós mesmos?"[56]. Com esta segunda questão, afirma-se a definição de orgulho para Jansenius: o homem se separa de Deus, ou seja, do bem soberano e imutável, e dirige seu amor a si como bem particular. Ao particularizar-se, eleva-se como bem, dito de outro modo, orgulho para Jansenius é a separação do bem soberano e imutável e a constituição de si mesmo como bem particular digno de amor. Logo, o orgulho, fonte de todos os males e constituição de si como um bem particular, separa a criatura do Criador, impelindo-a ao lapso primordial. O desvio do homem, que olha para si e se deslumbra, expressa a separação do Ser Universal e particularização enquanto objeto de prazer da própria visão. Pode-se dizer então que: a) Jansenius usa o termo *amor* antes da queda, ou seja, no estado de inocência, como amor exclusivo que se volta a Deus; b) e *amor que o homem dirige a si* como forma de expressar o caráter precário do novo amor que rompe seu elo com a divindade.

Portanto, em nossa análise do *Discurso da Reforma do Homem Interior*, concluímos que o orgulho é o pecado por excelência, causa de todos os males, cuja separação do bem soberano e imutável faz do homem um bem particular para o qual o amor, outrora exclusivo a Deus, agora se volta. Cabe então comparar o pensamento de Santo Agostinho e o de Jansenius, a partir dos textos que já utilizamos, em três aspectos: a) o uso do termo amor de si; b) o pecado; e c) o orgulho.

---

[56] Cornelius JANSENIUS, *Discurso da reforma do homem interior*, p. 59.

2.3 – Síntese do amor de si em Santo Agostinho e Jansenius

a) Tanto para Santo Agostinho como para Jansenius houve um estado de natureza perfeito, aquele criado por Deus, e o homem amava a Deus, deslumbrado pela grandeza do Criador. Para o bispo de Hipona, o pecado separa o cosmos em duas cidades: a cidade Celeste, cujo fundamento é o amor direcionado a Deus, até o desprezo de si, e a cidade terrestre, estabelecida sob a égide do *amor sui* e, ao contrário da primeira, até o desprezo de Deus. Todavia, há uma diferença entre os dois autores: Santo Agostinho usa *amor sui* para referir-se ao homem depois da queda; já Jansenius, antes da queda, emprega amor para designar o movimento de contemplação destinado à grandeza de Deus, o que causava, por conseguinte, o esquecimento da própria grandeza, e, servindo-se da expressão *amor que o homem dirige a si*, fazia referência à condição lapsária, na qual o amor desagrega a ordem estabelecida por Deus e esquece o Criador.

b) O pecado, para os dois autores, seria o amor a si, seguido do desprezo de Deus: Santo Agostinho destaca tanto o amor pela dominação, que subjuga o homem, quanto o orgulho em conhecer; Jansenius, por sua vez, concebe o pecado como desvio de Deus e amor às criaturas.

c) O orgulho, em Santo Agostinho, é uma força de separação do Universal e constituição do homem como bem particular, de modo que o homem faz de si um deus; Jansenius segue esta mesma linha: é a separação do bem soberano e imutável e o fazer de si bem particular digno de amor. Cabe então afirmar que, para os dois autores, a fonte de todos os males, o pecado que por primeiro irrompeu, foi o orgulho, separando Criador e criatura.

Percebe-se então que para ambos o orgulho é a causa da queda; no entanto, Pascal, na *Lettre*, não seguirá seus mestres, e afirmará que o amor-próprio é a causa da queda, e, a fim de justificar sua posição, passaremos a investigar o que chamamos de gênese da teoria do pecado original.

2.4 – A teoria do pecado original em Pascal

A teoria do pecado original[57] aparece na *Lettre* a partir do parágrafo [16] e o objetivo de Pascal, nesta pequena descrição da gênese do pecado original, é explicar as causas do horror que o homem sente da morte. Porém, antes de abordar este tema, ele menciona que é preciso esclarecer a fonte do pecado e, para isto, faz apelo à tradição.

> [16] – Para domar mais fortemente este horror [*da morte*], é necessário bem compreender sua origem, e para vos tocar em poucas palavras, sou obrigado a vos dizer, em termos gerais, qual é a fonte de todos os vícios e de todos os pecados. Foi isto que aprendi de dois grandíssimos e santíssimos personagens.[58]

Nesta citação, quatro pontos nos parecem capitais: a) a tentativa de domar o horror da morte; b) o discurso será breve e, por este motivo, é denso; c) Pascal quer encontrar a fonte originária de todos os pecados; d) dois personagens seriam de extrema

---

[57] Há uma importância capital na teoria do pecado original em Pascal, pois será a partir dela que versará muitos dos desdobramentos da concepção antropológica do autor. Dessa maneira, vejamos a posição de Bremond comentando o *Memorial* de Pascal: "do resto, esta alegria que ele escolheu mereceria um outro nome que a distinguia da alegria totalmente católica anunciada ao mundo pelos anjos do Natal. Ela guarda alguma coisa de tenso, de severo e de morno. Malgrado a bem-aventurada certeza onde ela se funda, a alegria leva em si fermentos da tristeza que pode a escurecer. Para melhor explicar este ponto, é preciso adentrar mais na religião de Pascal. Veremos que esta religião, em outro lugar tão intensamente cristã, não é contudo, ou, para melhor dizer, tende por vezes a não ser mais que um cristianismo descolorido, diminuído, empobrecido, *reduzido quase a um único dogma – o dogma do pecado original, tornado em Pascal uma forma de obsessão*" (Henri BREMOND, *Historie Littéraire du Sentiment Religieux em France: depuis la fin des guerres de religion jusqu'à nos jours*, v. IV, p. 382, grifo nosso). Há em Pascal a alegria do homem que é impelido a buscar a Deus, algo que é para um jansenista um sinal do Criador, o que justifica a alegria, no entanto, a tristeza aparece como fermento que acompanha a alegria quando esta se obscurece em um mar de dúvidas. Este claro-escuro, que Bremond chama de religião de Pascal, é o que o autor enfatiza, destacando a necessidade de investigarmos, já que neste caminho encontraremos o dogma do pecado original que explica a condição do homem depois da queda, dogma este que, para Bremond, tornou-se uma obsessão na pena de Pascal.

[58] Blaise PASCAL, Lettre à M. et Mme Perier, à Clermont: à l'occasion de la mort de M. Pascal le Père. In: _____ *Œuvres complètes*, p. 277 (grifo nosso).

importância para a compreensão desta fonte originária. Inicialmente, o autor busca domar o horror da morte, tema que será desenvolvido no decorrer da *Lettre*, mas tal empreendimento descreverá necessariamente o cerne da teoria do pecado original, pois, como dirá Pascal, "sou obrigado a vos dizer, em termos gerais, qual é a fonte de todos os vícios e de todos os pecados"[59]. O horror da morte estaria ligado à queda, fonte de todos os vícios e de todos os pecados. Não temos o objetivo, neste capítulo,[60] de fazer uma suma de todos os pecados oriundos da queda, e sim justificar a hipótese de o amor-próprio ser o pecado por excelência, fonte e origem de todos os outros. A fim de demonstrar que o amor-próprio é o marco que impeliu o homem à queda, Pascal não pretende realizar nenhuma inovação, mas somente expressar aquilo que aprendeu "de dois grandíssimos e santíssimos personagens"[61]. Entretanto, quem seriam estas duas figuras?

Mesnard afirma que, talvez, estes dois personagens sejam evidentemente Agostinho, por meio da obra *La Cité de Dieu*, e Jansenius, através do *Augustinus*, livro II, *De statu naturae lapsae*, capítulo 25; além destes, o intérprete acrescenta São Prosper, outro doutor da graça.[62] Já Sellier restringe sua hipótese a Santo Agostinho e Jansenius, fazendo referência aos mesmos textos que Mesnard.[63] No entanto, os intérpretes não aprofundam se estas foram verdadeiramente as fontes de Pascal, assim como não justificam suas afirmações. Eis o estado da questão que pretendemos aprofundar e justificar.

Nosso objetivo será verificar se Pascal segue seus mestres, postulando que o orgulho é a fonte de todos os pecados, como em Santo

---

[59] BLAISE PASCAL, LETTRE À M. ET MME PERIER, À CLERMONT: À L'OCCASION DE LA MORT DE M. PASCAL LE PÈRE. IN: _____ *ŒUVRES COMPLÈTES*, P. 277.
[60] VEREMOS A SEQUÊNCIA DOS PECADOS NO CAPÍTULO 3 ADIANTE.
[61] BLAISE PASCAL, LETTRE À M. ET MME PERIER, À CLERMONT: À L'OCCASION DE LA MORT DE M. PASCAL LE PÈRE. IN: _____ *ŒUVRES COMPLÈTES*, P. 277.
[62] CF. JEAN MESNARD, LETTRE SUR LA MORT DE SON PÈRE. IN: BLAISE PASCAL, *ŒUVRES COMPLÈTES*, V. II, P. 857, NOTA 1. VALE OBSERVAR QUE MESNARD CITA O LIVRO XV, 28 DA OBRA *LA CITÉ DE DIEU*, NO ENTANTO, TAL PASSAGEM CONSTA DE FATO NO LIVRO XIV, 28.
[63] CF. PHILIPPE SELLIER, *PASCAL ET SAINT AUGUSTIN*, P. 141-144.

Agostinho e Jansenius,[64] ou se, contrariando-os, afirma que é o amor-próprio o pecado que deu origem a todos os outros. Veremos como Pascal faz uso dos conceitos de "amor por si mesmo" [*l'amour pour soi-même*][65] e amor-próprio [*amour-propre*],[66] reduzindo o primeiro ao segundo, no entanto, marcando as diferenças de um amor-próprio antes da queda e depois da queda. Assim, poderemos investigar se, na *Lettre*, encontramos a gênese da teoria do pecado original.

2.4.1 – Antes da queda: o amor por si mesmo e a ordem estabelecida por Deus

Inspirado por Santo Agostinho, Pascal desenvolve sua gênese da teoria do pecado original a partir da existência de dois amores:

> [16] – A verdade que abre este mistério é que Deus criou o homem com dois amores, um por Deus e o outro por si mesmo [*soi-même*], mas com esta lei, que o amor por Deus seria infinito, isto é, sem nenhum outro fim senão Deus mesmo, e que o amor por si mesmo seria finito e relacionado a Deus.[67]

O "mistério" é o pecado original. Nos *Pensamentos*, Pascal refere-se ao pecado original como um mistério. "Não concebemos nem o estado glorioso de Adão, *nem a natureza de seu pecado*, nem a transmissão que dele se fez em nós".[68] Porém, desde a *Lettre* o autor concebe o pecado original como mistério, e nela descreve o estado de natureza do homem antes e depois do primeiro lapso. Tanto na *Lettre* como nos *Pensamentos*, o pecado original é concebido como mistério, e o autor preocupa-se em descrever o estado de natureza antes e depois da queda. Todavia, chama-nos a atenção que a natureza deste mesmo

---

[64] Ver item 2.3 deste capítulo.
[65] Blaise PASCAL, Lettre à M. et Mme Perier, à Clermont: à l`occasion de la mort de M. Pascal le Père. In: _____ Œuvres complètes, p. 277.
[66] Ibidem, p. 277.
[67] Ibidem, p. 277.
[68] Idem, Pensées, Laf. 431, Bru. 560, (grifo nosso). Sobre o pecado original visto como um mistério, ver ainda Laf. 131, Bru. 434; Laf. 695, Bru. 445; Laf. 809, Bru. 230.

pecado, cuja explicação permitiria demonstrar os motivos que levaram o homem a tamanho desrespeito da ordem estabelecida por Deus, é expressamente um mistério: conhecer a natureza do pecado original equivaleria descrever com minúcias o estado glorioso de Adão, o motivo que o fez pecar, a natureza do pecado propriamente cometido, e, por fim, como ocorreu sua enigmática transmissão a toda humanidade. Tais especulações não são feitas pelo filósofo francês nem na *Lettre*, nem nos *Pensamentos*, entretanto, o que é realizado, de fato, é um trabalho descritivo que permite conhecer a fonte de "todos os vícios e de todos os pecados"[69]. Tal investigação é uma teorização acerca do pecado original, a tentativa de encontrar o primeiro traço deste mistério que desponta pela descrição da passagem do estado da criação para o estado de corrupção. É este traço que é chamado de fonte de "todos os vícios e de todos os pecados"[70], de modo que, encontrada a fonte do mal, todos os outros males serão desdobramentos desta mesma fonte.

Pascal, nesta investigação, destaca dois amores, "um por Deus, e o outro por si mesmo"[71], mediados por uma lei que expressa a ordem estabelecida pela justiça de Deus: o amor destinado às criaturas seria finito, e aquele destinado ao Criador, infinito. Percebe-se o afinco em destacar com exatidão a medida do amor: para o objeto finito, as criaturas, um amor finito; para o objeto infinito, Deus, um amor infinito. As proporções de grandeza dos dois amores ajustam-se às naturezas dos objetos; contudo, considerando a legislação imutável por Deus, o amor ao objeto infinito seria "sem nenhum outro fim senão Deus mesmo"[72], e aquele destinado ao objeto finito seria sempre "relacionado a Deus"[73]. Vejamos por que a diferença entre estes dois amores é capital.

---

[69] BLAISE PASCAL, LETTRE À M. ET MME PERIER, À CLERMONT: À L`OCCASION DE LA MORT DE M. PASCAL LE PÈRE. IN: _____ *ŒUVRES COMPLÈTES*, P. 277.
[70] IBIDEM, P. 277.
[71] IBIDEM, P. 277..
[72] IBIDEM, P. 277.
[73] IBIDEM, P. 277. NO FRAGMENTO 933 (BRU. 460) PASCAL DIZ: "DEUS DEVE REINAR SOBRE TUDO E TUDO SE *RELACIONANDO* A ELE". CORTAR AS RELAÇÕES COM DEUS É O QUE CARACTERIZA O PECADO, POIS O HOMEM SE TORNA UM BEM PARA SI, DE MODO QUE A JUSTIÇA DE DEUS COMO SER CRIADOR É DESFEITA.

O amor a Deus, isto é, o amor infinito, tem o próprio Criador como fim, assim, este amor direcionado ao ser Soberano tem seu princípio no homem, mas deve ser necessariamente direcionado a Deus, único fim possível do amor infinito. Ora, se a criatura ama o objeto infinito de modo proporcional, significa que ela possui a potência, a qual foi concedida por Deus, de amar infinitamente: "o amor por Deus seria infinito"[74]. Por conseguinte, é justo amar a Deus, pois se trata de seguir a ordem preestabelecida. Por outro lado, amar a si mesmo é peça fundamental da mesma dinâmica: amar a si mesmo é amar o amor que Deus concede ao homem, a fim de amar-se enquanto criatura. Amar a criatura, enquanto ser "relacionado a Deus"[75], é amar o próprio Deus como princípio, fonte e origem de tudo que existe. Este é o amor de si, finito e sempre relacionado a Deus. Portanto, o amor infinito pelo objeto infinito, assim como o amor por si [*l'amour pour soi-même*] são reflexos da lei de Deus, e estando cada objeto em seu lugar, respeitando a medida do amor instituída pela lei de Deus, tal relação de potências de amor e objetos amados mantém-se em perfeito equilíbrio, figurando a justiça cósmica postulada pelo Criador. O homem concede a Deus o amor infinito que Lhe convém, assim como concede a si mesmo o amor finito que lhe convém. É esta relação de justiça que Pascal afirmará no parágrafo seguinte: [17] – "o homem, neste estado, não somente se amava sem pecado, mas não podia, de modo algum, não se amar sem pecado"[76]. A passagem enfatiza o gênero de amor-próprio do homem antes da queda: é um amor que segue a justiça de Deus, pois amar a Deus e desprezar a si equivaleria a negar a segunda forma de amor, ou seja, aquele "finito e relacionado a Deus"[77]. Amar a Deus, em detrimento da criatura, seria desprezar aquele amor finito, porém divino, manifesto nas coisas criadas.

---

[74] Blaise PASCAL, Lettre à M. et Mme Perier, à Clermont: à l'occasion de la mort de M. Pascal le Père. In: _____ *Œuvres complètes*, p. 277.
[75] Ibidem, p. 277.
[76] Ibidem, p. 277.
[77] Ibidem, p. 277.

O amor expresso pela relação legal estabelecida por Deus, enquanto medida, proporção e justiça, deve seguir a ordem de Deus. Pascal salienta que o homem "não podia, de modo algum, não se amar sem pecado"[78] para assegurar que a justiça estabelecida não deve ser desarticulada: o desprezo de si, antes da queda, seria um modo de romper a ordem do Criador. Diante disso, podemos descrever as diferenças entre o amor de si em Pascal e em Santo Agostinho.

Quando o bispo de Hipona escreve sobre a cidade terrestre, definida pelo "amor de si [*amor sui*] até o desprezo de Deus"[79], trata-se de uma inferência da nova ordem estabelecida pelo pecado, ou seja, depois da queda; Pascal, ao contrário, usa do conceito de "amor por si mesmo" [*l'amour pour soi-même*][80] no estado de inocência. Destaca-se então dois movimentos do pensamento de Pascal[81] frente à passagem citada da obra *La Cité de Dieu*:

a) o movimento de aproximação: trata-se de uma aproximação quanto à divisão dos dois amores que fundam, para Santo Agostinho, as duas cidades. O amor de si funda a cidade terrestre, e o amor de Deus, a cidade Celeste.

b) movimento de distanciamento: Pascal injeta na interioridade do homem a relação de amor com seus respectivos. Tal feito o distancia de Santo Agostinho e mostra a originalidade do pensador francês, pois, diferente da passagem de *La Cité de Dieu*, XIV, 28, os dois amores fundam duas cidades que coabitam no mundo depois da queda. Pascal quantifica as potências de amor e determina os objetos correspondentes a tais potências que, diferente do bispo de Hipona, não fundam as duas cidades, mas estão na estrutura do homem ordenada por Deus em seu ato criador. Os dois amores do

---

[78] Blaise PASCAL, Lettre à M. et Mme Perier, à Clermont: à l'occasion de la mort de M. Pascal le Père. In: _____ *Œuvres complètes*, p. 277.
[79] Saint AUGUSTIN, *La Cité de Dieu*, XIV, 28.
[80] Blaise PASCAL, Lettre à M. et Mme Perier, à Clermont: à l'occasion de la mort de M. Pascal le Père. In: _____ *Œuvres complètes*, p. 277.
[81] Mostraremos (ver item 3.3, capítulo 2) que estes dois movimentos de Pascal são, na verdade, sua leitura de Santo Agostinho a partir do *Augustinus* de Jansenius.

Doutor da Graça explicam a estrutura das relações sociais somente depois da queda, todavia, contrariando seu mestre, Pascal concebe os dois amores como potências presentes na interioridade do homem antes e depois da queda.

Apresentados o estado de natureza do homem antes da queda, assim como o uso que Pascal faz do conceito de amor de si como um amor finito voltado a si, criatura finita, e, por fim, destacados os dois movimentos, aproximação e distanciamento, em relação à passagem de Santo Agostinho, passamos a apresentar a afirmação pontual da intérprete Delamarre. Ela afirma que a citação da *Lettre* que estamos analisando, por tratar do homem em seu estado de inocência,[82] leva a afirmar que o amor de si em Pascal é o amor submetido à lei de Deus, diferente do amor-próprio: "o amor-próprio, então, não seria senão a solidão do amor de si, ou ainda, o amor de si desprovido de lei, da lei que o tornava justo e virtuoso, relacionando-o a Deus"[83]. Evidentemente, tal afirmação estabelece uma diferença entre amor de si e amor-próprio, o primeiro identifica-se com o estado de inocência, sempre relacionado à lei de Deus, já o segundo é desprovido da lei, e, por este motivo, caracteriza-se como o amor-próprio do homem corrompido. Contudo, colocamos a seguinte questão: qual é a diferença entre amor por si mesmo [*amour pour soi-même*] e amor-próprio [*amour-propre*] em Pascal?

Se concordássemos com Delamarre então poderíamos dizer que há uma diferença: a autora quer realçar que antes da queda, o amor por si mesmo é aquele que está dentro da ordem estabelecida por Deus, na qual a criatura ama, com um amor finito, a si mesma, isto é, dedica a um objeto finito um amor que lhe é proporcional; porém, com a queda, passa a usar o amor-próprio para mostrar a versão depravada do amor por si mesmo. Pascal teria feito esta

---

[82] Cf. Bernadette Marie DELAMARRE, *Pascal et la cité des hommes*, p. 65, nota 1.
[83] Ibidem, p. 65, nota 1.

distinção para demarcar que antes da queda não havia amor-próprio, este amor depravado, mas somente o amor sempre justo e equilibrado que caracterizaria o amor por si mesmo. Entretanto, contrariando a intérprete, e afastando-nos de sua leitura, encontramos, na *Lettre*, após a descrição da queda, uma passagem que afirma a existência da justiça do amor-próprio antes da queda: "[19] – Eis a origem do amor-próprio, era natural para Adão, e justo em sua inocência, mas torna-se criminoso e imoderado, em consequência de seu pecado"[84]. Ora, se o amor-próprio era natural em Adão, logo, a diferença estabelecida por Delamarre se desmancha, pois vemos textualmente que havia amor-próprio antes da queda, de modo que ele era justo naquele estado da criação. Diante disso, e sabendo da sinuosidade dos nomes, amor por si mesmo e amor-próprio, que Pascal usa na *Lettre*, poderíamos afirmar: a) o amor por si mesmo é usado para caracterizar o amor justo e finito que o homem tem por si mesmo antes da queda; b) no entanto, no parágrafo [19] da *Lettre*, Pascal afirma a existência do amor-próprio antes da queda, porém, não se trata de um amor corrompido, mas dentro da ordem estabelecida por Deus, ou seja, com as mesmas características do justo amor por si mesmo. Doravante, e para afirmarmos com mais veemência nossa objeção à separação elaborada por Delamarre, vemos que, mesmo na narrativa que já descreve o pós-queda, Pascal usa o conceito de *amor por si mesmo*, como subscreve no parágrafo [18] da *Lettre*: "Depois, chegando o pecado, o homem perdeu o primeiro de seus amores, e o amor por si mesmo, tendo ficado sozinho nesta grande alma (...)"[85].

Portanto, com o objetivo de evitar a equivocidade da linguagem, afirmamos que há em Pascal um amor-próprio antes da queda, justo e obediente à ordem estabelecida por Deus, e um amor-próprio depois da queda, mas este será descrito em sua versão corrompida e maculada, como apresentaremos a seguir.

---

[84] Blaise PASCAL, Lettre à M. et Mme Perier, à Clermont: à l'occasion de la mort de M. Pascal le Père. In: _____ Œuvres complètes, p. 277.

[85] Ibidem, p. 277.

2.4.2 – Depois da queda: a origem do amor-próprio sem Deus e o vazio infinito

> [18] – Depois, chegando o pecado, o homem perdeu o primeiro de seus amores, e o amor por si mesmo ficou sozinho nesta grande alma capaz de um amor infinito, e este amor-próprio se estendeu e transbordou [*debordé*] no vazio que o amor de Deus deixou, e assim o homem se ama unicamente, e todas as coisas em relação a si, isto é, infinitamente.[86]

A queda provoca uma desordem das prescrições divinas, e uma nova ordem, desta vez humana, irrompe. O homem perde seu objeto de amor infinito, mas não a potência de amar infinitamente. Esta potência, que Deus lhe conferia dentro da ordem estabelecida por meio de sua justiça, restou-lhe como punição, e a alma, realidade capaz de amar infinitamente, não possui mais aquele objeto proporcional a este amor: a criatura torna-se desproporcional, cindida entre uma potência imensamente desejante, plena de amor infinito, mas privada de Deus, único objeto proporcional a tal potência. O homem perde o vínculo com Deus através do pecado, é abandonado no amor por si mesmo, o qual "ficou sozinho nesta grande alma capaz de um amor infinito". Pascal desassocia a potência de amor infinito do objeto infinito, o que nos permite admitir três afirmações: 1) o homem perde o objeto respectivo a um de seus amores, o objeto para o qual destinava seu amor infinito; 2) o amor por si mesmo permanece, aquele amor finito concedido na criação; 3) resta, "nesta grande alma", a capacidade de "amor infinito", entretanto, sem seu respectivo objeto de amor. A alma, abandonada por Deus, aquele que é seu objeto de amor infinito, ainda é capaz de amar infinitamente, e aquele amor por si mesmo, sempre "relacionado a Deus", rearticula-se na alma pecadora, mas agora voltado para si, ou seja, condenando o homem a viver no reino nefasto do amor-próprio. Pascal, no parágrafo [18], ao salientar que o

---

[86] Blaise PASCAL, Lettre à M. et Mme Perier, à Clermont: à l'occasion de la mort de M. Pascal le Père. In: _____ *Œuvres complètes*, p. 277.

amor por si mesmo ficou sozinho em uma alma capaz de amor infinito, usa imediatamente o conceito de amor-próprio para caracterizar o novo estado de natureza da criatura. Este conceito, em sua versão corrompida, será utilizado com o intuito de descrever um comportamento que será usual depois da queda: o amor-próprio figura o desejo de amor infinito da criatura corrompida sem seu respectivo objeto.

Quando Deus abandona a criatura, que faz do seu próprio ser o *télos* de seu amor, Pascal sustenta que tal movimento de abandono deixa um vazio no homem, um buraco do tamanho de Deus, um abismo vazio, dito de outro modo, um vazio proporcional ao infinito que Lhe corresponde, o vazio infinito. Eis a origem do vazio infinito, um dos termos fundamentais na obra de Pascal.[87] A potência de amor infinito[88] avançou neste espaço deixado por seu respectivo objeto, espalhou-se, esparramou-se pelo abismo que Deus deixou, e formou o abismo infinito do amor-próprio: "este amor-próprio se estendeu e transbordou [*debordé*] no vazio que o amor de Deus deixou". A metáfora da extensão e consequente transbordamento parece sugestiva, pois, o amor infinito, estendendo-se na vastidão infinita que Deus deixou, transborda infinitamente, buscando ocupar o tamanho vazio herdado por Deus. Foi neste vazio infinito que a potência de amor infinito "transbordou" [*debordé*][89], e avançando cada vez mais, revestiu

---

[87] Nossa trama reflexiva até então segue o seguinte raciocínio: a) Deus é o objeto infinito ao qual o homem direciona sua potência de amor infinito antes da queda; b) o homem cai, fruto do amor-próprio, e Deus abandona o homem; c) resta na criatura a capacidade de amar infinitamente, mas sem seu respectivo objeto, dito de outro modo, o homem está condenado a amar infinitamente no horizonte do vazio infinito que Deus deixou. Ligamos a ideia de vazio deixado por Deus e infinito. O vazio infinito será fundamental no capítulo 4, em análise do conceito de *divertissement*, e no capítulo 5, quando trabalharemos a Cristo Mediador.

[88] Interessante notar que Pascal faz menção ao amor infinito e, em seguida, chama-o de amor-próprio: "(...) amor infinito, e este amor-próprio (...)". (Blaise PASCAL, Lettre à M. et Mme Perier, à Clermont: à l'occasion de la mort de M. Pascal le Père. In: _____ Œuvres complètes, p. 277).

[89] Este transbordamento não significa dizer que o amor infinito por si só preenche o lugar de Deus, o que seria absurdo, pois o amor infinito precisa aliar-se a um objeto infinito. Tal transbordar refere-se à ultrapassagem dos limites determinados por Deus, de modo que a criatura estendeu-se ilegalmente para além destes limites.

todo o ser que constitui o homem, um amálgama de finitude e de vazio infinito que Deus deixou, e forjou para a criatura um objeto de amor, ou seja, o próprio homem. Mas por que o homem é um objeto forjado? O homem é finito, mesmo que nele permaneça uma marca do vazio infinito oriundo do abandono de Deus; contudo, este resquício vazio, necessariamente infinito, não define o homem, ao contrário, assinala um princípio de indeterminação que, em vez de demarcar sua natureza, mergulha-o no mistério do vazio infinito, e, por isso, irrepresentável, que a divindade deixou. O amor infinito revestiu este vazio, associando a ele uma realidade vã, precária, inconsistente, contingente e desproporcional à potência de amor infinito, e, por este motivo, forjada, transformando o amor infinito em amor-próprio, amor a si, amor que se volta para o ser do homem. A continuação do parágrafo será capital para entendermos a fusão realizada entre o amor infinito e o próprio homem: "e assim o homem [*il*] se ama unicamente, e todas as coisas em relação a si, isto é, infinitamente". O amor infinito, destituído de objeto, busca um outro para nele se associar, e apoderando-se da vastidão do vazio infinito que invadiu o coração humano, impele a alma finita a se amar infinitamente, de modo que todo amor destinado a qualquer criatura só é viável desde que se torne uma extensão deste amor voltado para si; portanto, o homem forja a si mesmo, faz do ser finito objeto de amor infinito. O criador deixa de ser a finalidade da potência humana de amar infinitamente, e o amor infinito, a partir de agora transfigurado em amor-próprio, faz do homem o novo *télos*.

Ora, se o amor infinito manifesta o desejo permanente da alma que anseia por seu respectivo objeto; se a finitude do homem não pode preencher o vazio infinito deixado por Deus; se esparramando-se na vastidão do vazio infinito, ele forja o homem, colocando a criatura precária e finita no lugar de Deus; se o amor infinito, ao fazer do homem objeto deste amor, coloca, mesmo que precariamente, o homem no lugar vazio de Deus, rompendo com os limites estabelecidos antes da queda e; se, por fim, o amor infinito cria para a alma um objeto estranho à sua capacidade de amar infinitamente, então podemos dizer que o amor-próprio é justamente este amor infinito que se volta para o homem e o engendra como objeto de amor, já que todas as proposições elencadas convergem para este enunciado. Diante da meticulosa e cuidadosa descrição pascaliana da queda, resultado da ascensão do amor infinito que se espalha na vastidão do vazio infinito, surge aquilo que chamaremos *de reino nefasto do amor-próprio*, este porém, compreendido como causa e origem de todos os pecados, e, por conseguinte, concedendo à alma a percepção daquele vazio infinito que nos habita, traço relevante para a compreensão da condição humana pós-lapsária em Pascal.

Os dois conceitos assim estabelecidos, o amor-próprio e o vazio infinito, resultado de uma substituição do objeto de amor infinito por aquele finito, sujeitam a criatura a experimentar tal desproporção consigo mesma como drama. O amor-próprio, ao colocar a alma finita no lugar de Deus, fazendo de si mesma um espectro do objeto infinito, progride e avança sem fronteiras na tentativa de transformar o homem em um objeto proporcional à potência infinita de amar. Todavia, tal movimento jamais cessará, pois é impossível preencher este vazio infinito quando o amor-próprio injustamente subscreve ao homem o título de objeto infinito. O reino nefasto do amor-próprio é o símbolo de um drama infindável vivido pelo homem depois da queda de Adão: "Eis a origem do amor-próprio, era natural em Adão, e justo em sua inocência, mas é transformado, isto é, criminoso e imoderado, em consequência de seu pecado"[90]. Como vimos, o amor-próprio era justo em Adão, mas depois do pecado torna-se criminoso e imoderado, ou seja, fora de medida, e, consequentemente, injusto. É desta forma que podemos estabelecer a definição de pecado em Pascal: amor infinito que se volta à criatura finita, ou seja, o pecado é o amor-próprio desordenado, cujo intuito é substituir o vazio deixado por Deus pelo movimento incessante do desejo infinito de amor a si, fazendo da precariedade de si seu objeto de amor injusto. Este amor-próprio,

---

[90] BLAISE PASCAL, LETTRE À M. ET MME PERIER, À CLERMONT: À L'OCCASION DE LA MORT DE M. PASCAL LE PÈRE. IN: _____ ŒUVRES COMPLÈTES, P. 277.

excludente de qualquer relação com Deus, teria impregnado, além da alma humana, todas as criaturas, já que se estendeu infinitamente a ponto de transbordar, de ultrapassar os limites postulados pelo Artífice do cosmos: é neste sentido que podemos falar que o amor pelas criaturas é uma forma sofisticada de amor-próprio. Depois de impregnar a todas as coisas, o homem eleva-se até o trono de Deus, não para adorá--Lo, mas para ocupar o Seu lugar, para ser adorado. O amor-próprio coloca o homem no lugar de Deus, e, assim, a criatura passa a ostentar uma grandeza que não lhe pertence, uma falsa grandeza. Percebe-se que todas as passagens apontam para a definição de orgulho em Santo Agostinho e em Jansenius, entendida como separação do Universal e particularização de si como um bem; porém, em nenhum momento, e separando-se de seus mestres, Pascal usa o termo orgulho nesta descrição. O termo elevação, de Jansenius, é o que mais se aproxima ao ato de se estender e transbordar[91] presente na pena de Pascal. Cabe então fazermos duas observações quanto ao orgulho a partir da *Lettre*: a) há, na *Lettre*, uma separação do Universal e a constituição do amor voltado para si como bem particular, o que aproxima Pascal de Santo Agostinho; b) em contrapartida, o pensador francês não usa o conceito de orgulho para expor tal lógica, mas aplica o conceito de amor--próprio desligado de Deus como motor do pecado. Será a partir do amor-próprio que o pensador construirá aquilo que chamaremos de lógica do mal: a potência do amor-próprio lança o homem para fora da ordem estabelecida por Deus, de modo que a criatura se eleva, ou seja, transborda, ultrapassa os limites preestabelecidos pelo Criador, e tenta ascender ao lugar Dele, fazendo de si um ídolo.[92] E conclui no

---

[91] "Portanto, animai-vos com zelo pela grandeza desta eternidade que brilha lá no alto, pela certeza desta verdade imutável e pela torrente destas delícias divinas, e não tereis senão desgosto e desprezo por aquela *elevação* funesta da glória vã, por aqueles desejos inquietos da curiosidade de saber e por aqueles atrativos impuros da volúpia" (Cornelius Jansenius, *Discurso da reforma do homem interior*, p. 111, grifo nosso).

[92] Tal impulso fora da ordem de Deus, como desejo irresistível, é o que chamamos de concupiscência. Trabalharemos o conceito de concupiscência, em diálogo com os intérpretes, no capítulo 3, item 2.

parágrafo [20]:"eis a fonte deste amor, e a causa de sua defeituosidade e de seu excesso"[93]. Pelo amor-próprio, o homem eleva-se e transborda, ultrapassando os limites, a ponto de ocupar o lugar de Deus, de modo que tal "defeituosidade" não pode ser outra coisa senão o resultado de "excesso" do amor-próprio: defeituoso, pois nunca poderá conceder ao homem a completude, já que não possui nenhum objeto pleno e proporcional ao amor infinito; excessivo, porque a alma, mesmo que seja capacitada a amar infinitamente, por mais que se expanda sobre os mais variados objetos finitos de amor, na angustiante tentativa de forjar um objeto capaz de preencher o vazio deixado por Deus, sempre estará na mecânica do processo, intentando a elevação, de modo que seu excesso é figura de seu fracasso.

Portanto, diferente de Santo Agostinho e de Jansenius, cujo orgulho é a fonte de todos os males, Pascal sustenta que o amor-próprio é a fonte, o princípio, a causa de todos os outros pecados, o movimento que desagrega toda ordem primordial,[94] deixando o homem perdido no vazio infinito, padecendo as agruras de sua defeituosidade, de seu excesso. Porém, ele não se atém a tais atributos, e ainda assinala mais duas características do amor-próprio: "[21] – Ele [*o amor-próprio*] é, por este motivo [*sua defeituosidade e seu excesso*], próprio do desejo de dominar, da preguiça, e de outros"[95]. Pascal não desenvolve na *Lettre* o tema do amor-próprio e suas consequências

---

[93] BLAISE PASCAL, LETTRE À M. ET MME PERIER, À CLERMONT: À L`OCCASION DE LA MORT DE M. PASCAL LE PÈRE. IN: _____ ŒUVRES COMPLÈTES, P. 277.

[94] SE LEVARMOS EM CONTA QUE A DESCRIÇÃO DO PECADO ORIGINAL NA *LETTRE* É FRUTO DAS MEDITAÇÕES DO *AUGUSTINUS, DE STATU NATURE LAPSAE*, II, 25, VEREMOS QUE PASCAL, DE FATO, SEGUE A ORDEM DAS CITAÇÕES QUE O PRÓPRIO JANSENIUS USOU, ALGO QUE SERÁ DISCUTIDO A SEGUIR.

[95] IDEM, LETTRE À M. ET MME PERIER, À CLERMONT: À L`OCCASION DE LA MORT DE M. PASCAL LE PÈRE. IN: _____ ŒUVRES COMPLÈTES, P. 277 (GRIFO NOSSO). A PASSAGEM É DE DIFÍCIL TRADUÇÃO, POIS FAZ REFERÊNCIA A OUTROS TERMOS DO PARÁGRAFO PRECEDENTE. EIS A PASSAGEM NO FRANCÊS: "IL EN EST DE MÊME DU DÉSIR DE DOMINER, DE LA PARESSE, ET DES OUTRES". O *IL* REFERE-SE AO AMOR-PRÓPRIO E O *EN* SUBSTITUI O MOTIVO DA DEFEITUOSIDADE E DO EXCESSO DO AMOR-PRÓPRIO DESTACADO POR PASCAL NO PARÁGRAFO ANTERIOR. PORTANTO, A TRADUÇÃO LITERAL SERIA: "ELE É, POR ESTE MOTIVO, PRÓPRIO DO DESEJO DE DOMINAR, DA PREGUIÇA, E DE OUTROS". PARA CONCEDER O CONTEÚDO EXATO DA FRASE DESTACAMOS AS REFERÊNCIAS DO PARÁGRAFO ANTERIOR NA TRADUÇÃO QUE FIZEMOS NO CORPO DO TEXTO.

quanto ao "desejo de dominar" na política, mas o fará nos *Pensamentos* e no opúsculo *Três Discursos sobre a Condição dos Grandes*, do mesmo modo, não desenvolve o tema da "preguiça" como consequência do amor-próprio, porém, tal reflexão apresenta-se no opúsculo denominado *Colóquio com o Sr. de Sacy*.

Depois de termos encontrado na *Lettre* a gênese da teoria do pecado original, cuja expansão e desenvolvimento dar-se-á nos *Escritos sobre a Graça*,[96] passaremos a investigar, ainda em busca de esquadrinhar todos os desdobramentos do primeiro pecado, as outras obras em que o desejo de dominação e a preguiça são citados. Só assim teremos uma justificativa plausível da coerência das consequências imediatas do amor-próprio expostas na obra estudada, e assim esclarecer como este pequeno texto já mostra seus ecos em outros escritos de Pascal, o que revela a importância da *Lettre* para entender os primeiros traços da política pascaliana[97] e da crítica que será direcionada a Montaigne.[98]

2.4.3 – Desejo de dominação e amor-próprio

O tema da dominação está presente no capítulo que analisamos da obra *La Cité de Dieu*, mas é nos *Pensamentos* que ele é matizado com mais cuidado. No fragmento 919, é mencionada a passagem do Gênesis 3,5, aquela em que a serpente declara a Eva a grande vantagem que será concedida a todo aquele que comer o fruto da árvore do bem e do mal: "*Eritis sicuit dii scientes bonum et malum*"[99] ("Sereis como deuses, sabedores do bem e do mal"). Ocupar o lugar da deidade é colocar-se como centro de todo o julgamento, é ser o senhor da justiça e da ordem, e repete-se o modelo da queda quando "todo mundo se faz Deus ao julgar: isto é bom ou mau"[100]. Curioso que Pascal cita primeiro a passagem do Gênesis, utilizando-se dos

---

[96] Cf. Blaise PASCAL, Écrits sur la Grâce. In: _____ Œuvres complètes, p. 317-19.
[97] Ver item 2.4.3 deste capítulo.
[98] Ver item 2.4.4 deste capítulo.
[99] Blaise PASCAL, *Pensées*, Laf. 919, Bru. 553.
[100] Ibidem, Laf. 919, Bru. 553.

termos "bem" e "mal" como predicados concernentes à divindade; todavia, na passagem que se segue, o homem, quando se coloca no lugar de Deus, julga a partir do "bom" e do "mau". Deus é a Justiça, então, só Ele poderá julgar a partir do bem e do mal, pois estes são critérios absolutos de usufruto exclusivo do Ser Absoluto. O homem, criatura concupiscente, julgará a partir da justiça relativa que lhe convém a equidade verossímil do bom e do mau. A justiça do homem, ou seja, a ordem moral estabelecida depois da queda, é relativa à fragilidade do contexto: "justiça engraçada esta que um rio limita. Verdade aquém dos Pirineus, erro além"[101]. Pascal transladará da reflexão moral, marcada pelo dogma da queda que justifica o mal no mundo, para a organização política.

Com o pecado não se cumpre o engodo sustentado pela serpente: Deus continua a ser o Senhor soberano, e o homem, agora em um estado decaído, não se torna um deus. A nova justiça, ou ordem que se estabelece, é relativa aos critérios humanos e, dada a inconstância do homem, não atende às suas expectativas, e ele vive "afligindo-se e alegrando-se demais com os acontecimentos"[102]. Aflição e alegria estarão impressas no horizonte humano enquanto houver o anseio de organizar a nova ordem política, pois perdeu-se a referência Absoluta, a fonte do bem e do mal. Como resultado, imerso no relativismo precário depois da queda, tão diferente daquela relatividade da criatura saída

---

[101] BLAISE PASCAL, PENSÉES, LAF. 60, BRU. 294. LAZZERI SUBLINHA QUE O FRAGMENTO 60 DEIXA CLARO QUE AS LEIS NATURAIS EXISTEM, "SEM DÚVIDA HÁ LEIS NATURAIS", E SÃO EXPRESSAS, POR EXEMPLO, COMO O DIREITO À VIDA, O DIREITO DE SE DEFENDER (VER 14ª LETTRE PROVINCIALE, P. 435-440), PORÉM, ELAS NÃO SÃO EVIDENTES, SE O FOSSEM SERIAM CUMPRIDAS POR TODOS OS HOMENS, EM CONTRAPARTIDA, "QUE ESTAS LEIS NÃO SEJAM UNIVERSALMENTE CONHECIDAS COM EVIDÊNCIA NÃO EXCLUI LOGICAMENTE A POSSIBILIDADE DE CONHECÊ-LAS COM EVIDÊNCIA" (CHRISTIAN LAZZERI, FORCE E JUSTICE DANS LA POLITIQUE DE PASCAL, P. 84). O MODO PELO QUAL DAR-SE-IA ESTE CONHECIMENTO É A LUZ NATURAL, A MESMA QUE CONCEDE A CERTEZA DOS PRINCÍPIOS DA GEOMETRIA, OS QUAIS SÃO CERTOS MAS NÃO TÊM USO ORDINÁRIO, COTIDIANO E CORRENTE, TODAVIA, AS LEIS NATURAIS, PRINCÍPIOS QUE REGEM A AÇÃO MORAL, SÃO IMEDIATAMENTE ACESSÍVEIS "SOB A FORMA DA CERTEZA IMEDIATA DE UM SENTIMENTO NATURAL, ESTA LEI NATURAL ENUNCIA AQUI SEU PRINCÍPIO DESTINADO A REGER AS RELAÇÕES INTER-HUMANAS" (IDEM, P. 85), ENTRETANTO, INOPERANTES, JÁ QUE "ESTA BELA RAZÃO CORROMPIDA TUDO CORROMPEU" (BLAISE PASCAL, PENSÉES, LAF. 60, BRU. 294).
[102] IBIDEM, LAF. 919, BRU. 553.

das mãos de Deus, o homem vive sua precariedade enquanto ameaça constante do desaparecimento da ordem construída sob o capricho do legislador, resultando em um período de tribulação e aflição até o despontar de uma outra ordem, a qual prometerá um tempo de paz e alegria. Pascal é contra qualquer tipo de reviravolta revolucionária, pois todas as ordens que se estabelecem são ordens de concupiscência. "Grandeza./ As razões dos efeitos marcam a grandeza do homem por ter retirado da concupiscência uma tão bela ordem".[103] O amor-próprio, em termos de desejo de dominação universal,[104] foi capaz de organizar a vida moral e política de modo eficaz, ou seja, coibindo o maior dos males, as guerras civis: "o maior do males são as guerras civis"[105]. "A razão não pode fazer melhor, pois a guerra civil é o maior dos males".[106] Garantir a paz é o fundamento seguro perseguido pelo bom legislador, o qual estabelece tal concórdia por meio dos costumes que determinam os comportamentos. O homem não conhece as leis naturais em decorrência do peso da queda em suas capacidades de julgamento, isto é, não conhece o Bem e o Mal e, por este motivo, deve-se ater às leis que o costume vigente assinala e fixa: alvora-se uma ordem de estabelecimento artificial. O intérprete Ferreyrolles destaca que o costume une e fixa, de modo que esta dupla ação estabelece a paz.[107] O costume é arbitrário, como sabem os homens que se elevam

---

[103] BLAISE PASCAL, *PENSÉES*, LAF. 106, BRU. 403.
[104] CF. CHRISTIAN LAZZERI, *FORCE E JUSTICE DANS LA POLITIQUE DE PASCAL*, P. 39. O AUTOR ANALISA A *LETTRE* E DELA RESGATA O CONCEITO DE *DESEJO DE DOMINAÇÃO*, CONCEITO QUE POSSUI O SENTIDO DE *DESEJO DE DOMINAÇÃO UNIVERSAL*. O FRAGMENTO 597 MOSTRARÁ QUE O *MOI* DE CADA UM QUER SER O CENTRO DE TUDO, DESSA FORMA, TODOS OS *MOI* TORNAM-SE INIMIGOS FRENTE À COMPETIÇÃO: O QUE ESTÁ EM JOGO SÃO OS MODOS PELOS QUAIS OS HOMENS AGIRÃO PARA PREENCHER O VAZIO INFINITO QUE DEUS DEIXOU DEPOIS DA QUEDA.
[105] BLAISE PASCAL, *PENSÉES*, LAF. 94, BRU. 313.
[106] IBIDEM, LAF. 977, BRU. 320.
[107] CF. GÉRARD FERREYROLLES, *LES REINES DU MONDE: L'IMAGINATION ET LA COUTUME CHEZ PASCAL*, P. 84. CHRISTIAN LAZZERI AFIRMA QUE O COSTUME TEM A FUNÇÃO DE UM AUTÔMATO, OU SEJA, UM MECANISMO QUE OPERA, EM RELAÇÃO AO COMPORTAMENTO E AO PENSAMENTO HUMANO, UMA FORÇA CAPAZ DE PRODUZIR E ORIENTAR OS MOVIMENTOS EM UMA DIREÇÃO DETERMINADA. TRATA-SE DE UM MECANISMO REPETITIVO EM UMA DIREÇÃO CONSTANTE QUE ARRASTA O ESPÍRITO, COMO UMA CORREIA DENTADA MOVE AS RODAS DA MÁQUINA ARITMÉTICA TRANSMITINDO SEU MOVIMENTO (CF. CHRISTIAN LAZZERI, *FORCE E JUSTICE DANS LA POLITIQUE DE PASCAL*, P. 44-45).

até a razão dos efeitos, denominados por Pascal como "hábeis"[108]. Não conhecemos a lei natural estabelecida por Deus, logo, resta construir e estabelecer as leis, [109] e seu fundamento é a força, como afirma o filósofo: "E assim, não podendo fazer com que o que é justo fosse forte, fez-se com que o que é forte fosse justo"[110]. A razão corrompida não conhece o fundamento justo que sustentaria a lei, e por isso é passível à contestação, entretanto, a força é incontestável.[111] Justifica-se assim a afirmação do fragmento 97, o qual relaciona força e concupiscência: "Razão dos efeitos./ A concupiscência e a força são as fontes de todas as nossas ações. A concupiscência faz as voluntárias; a força as involuntárias"[112]. O homem é movido por duas molas: a concupiscência, que impele a fazer aquilo que lhe agrada e que lhe favorece, vestindo a nomenclatura social de ações "voluntárias"; e a força, que obriga o homem a fazer aquilo que não lhe favorece e não lhe agrada, configurando-se socialmente como "involuntárias". A força é necessária para que o amor-próprio de todos os homens não se imponha um sobre o outro, um colapso de desejos conflitantes, uma guerra civil, cuja definição é justamente esta desarticulação de amores corrompidos que desejam se impor de forma universal em detrimento de todos os outros. Desta maneira, não é totalmente desvantajoso seguir

---

[108] Cf. BLAISE PASCAL, *PENSÉES*, LAF. 90, BRU. 337.
[109] Cf. GÉRARD FERREYROLLES, *LES REINES DU MONDE: L'IMAGINATION ET LA COUTUME CHEZ PASCAL*, P. 84.
[110] Cf. BLAISE PASCAL, *PENSÉES*, LAF. 103, BRU. 298.
[111] O DOMÍNIO DA FORÇA É DA ESFERA DO CONSTATÁVEL, JÁ A RAZÃO E OS SENTIDOS PERTENCEM AO REINO DA CONTESTAÇÃO. MESNARD, EM SEU ARTIGO PASCAL ET LA CONTESTATION, SALIENTA QUE A ESFERA ONDE O HOMEM, POR SUAS PRÓPRIAS POTÊNCIAS, PODE ALCANÇAR CERTEZA É BEM RESTRITO, E POR ESTE MOTIVO AS CORDAS EMERGENCIAIS DAS LEIS SERÃO SEMPRE UMA EXPRESSÃO DA FORÇA, POIS, QUANDO FUNDADAS NA RAZÃO E NOS SENTIDOS, E CONTESTADAS GENUINAMENTE, SE DESMANCHAM NO AR. "EM FACE À ORDEM ESTABELECIDA, A ATITUDE MAIS SIMPLES QUE SE POSSA CONCEBER É AQUELA DA NÃO CONTESTAÇÃO. É A ATITUDE DAQUILO QUE PASCAL CHAMA O 'POVO', UM TERMO MAIS INTELECTUAL QUE SOCIAL. O 'POVO' É CONFORMISTA: ELE ACEITA A ORDEM ESTABELECIDA, NÃO QUE O POVO A SUPORTASSE PASSIVAMENTE, MAS PORQUE RECONHECE NESTA ORDEM UM VALOR E A CONSIDERA COMO FUNDADA SOBRE A JUSTIÇA" (JEAN MESNARD, PASCAL ET LA CONTESTATION. IN: _____ *LA CULTURE DU XVIIE SIÈCLE*, P. 396).
[112] BLAISE PASCAL, *PENSÉES*, LAF. 97, BRU. 334. SABEMOS QUE AS LEIS NÃO ESTÃO SUBMETIDAS SOMENTE AO IMPÉRIO DA FORÇA EM PASCAL: O BOM LEGISLADOR SERÁ AQUELE QUE SABE DISSIMULAR O FUNDAMENTO DAS LEIS DEPOIS DA QUEDA, DISSIMULANDO A FORÇA EM JUSTIÇA INCONTESTÁVEL.

o que é forte, sob o risco de ser massacrado por outro amor-próprio ainda mais forte, porém, por outro lado, paga-se o ônus de realizar as tarefas, mediadas pela força, de forma involuntária. Há um ganho geral na medida em que uma ordem concupiscente se estabiliza na ocasião em que os respectivos amores desejam se impor, de modo que a força ajusta a desarticulação egoica da sociedade. Entretanto, para organizar a concupiscência social é preciso uma figura socialmente respeitada, capaz de exercer simpatia e respeito pelos súditos, ou seja, o rei, a quem passamos a investigar.

O rei "ideal" seria uma espécie de gerenciador da concupiscência, aquele que direciona e restringe o amor infinito e irresistível em direção aos objetos efêmeros como extensão do amor voltado para si. Como dirá Pascal, no opúsculo *Três Discursos sobre a Condição dos Grandes*, "eles vos solicitam os bens da concupiscência; é a concupiscência que os liga a vós. Portanto, vós sois propriamente um rei de concupiscência"[113]. O desejo de posse, de dominação e de impor seu próprio desejo, é aquilo que ata o povo e o rei. Para que o rei não seja deposto pela massa incendiada pela revolta, ele precisa organizar a concupiscência do reino, abrandar os ânimos do amor-próprio de cada indivíduo que avidamente deseja se impor, e, por fim, dissimular a força. Assim, Pascal exorta o rei:

> Portanto, não pretendei de forma alguma *dominar* pela força, nem os tratá-los com dureza. Contentai seus justos desejos, aliviai suas necessidades, mostrai o vosso prazer em ser benfeitor, promovei-os tanto qual puderes, e agireis como verdadeiro rei de concupiscência.[114]

O conselheiro sabe, sob o risco do reinado tornar-se insuportável, que não se pode dominar somente pela força, mas é necessário atender à concupiscência dos homens, pois "é a concupiscência quem lhe concede a sua força, isto é, a posse das coisas que a cupidez

---

[113] BLAISE PASCAL, TROIS DISCOURS SUR LA CONDITION DES GRANDS. IN: _____ ŒUVRES COMPLÈTES, P. 368.
[114] IBIDEM, P. 368 (GRIFO NOSSO).

dos homens deseja"[115]. A cupidez, desejo ávido e irresistível pelos bens, é um mal que o rei usa para combater o próprio mal que desagregaria o *ethos* político.[116] Sellier afirma que a força não é o melhor modo de governar porque a grandeza do homem não está na força, mas em possuir um exército e não fazer uso dele, canalizando a cobiça dos homens para servir a um certo bem.[117] Depreende-se de todo esse raciocínio, que o desejo de dominação estabelece uma ordem no espaço de convivência político, mas desde que bem orientado por um rei capacitado em ajustar o amor-próprio, a concupiscência e a cupidez em prol de um estado de paz, livre das guerras civis que sempre ameaçam. Cabe agora perscrutar, depois de entender como o amor-próprio estabelece uma ordem de concupiscência por meio do desejo de dominação, como este mesmo amor é fonte da preguiça, como afirmou Pascal, na *Lettre*.

2.4.4 – Preguiça e amor-próprio

O tema da preguiça não está presente no capítulo que analisamos da obra *La Cité de Dieu* do bispo de Hipona, o que nos permite sublinhar a originalidade de Pascal quanto a tal tema subscrito e matizado no texto *Colóquio com o Sr. de Sacy*, o qual passamos a investigar.

A preguiça é uma consequência da leitura de Montaigne, e sai sob a pena de Pascal depois que um longo caminho cético foi trilhado, na esteira do autor dos *Essais*, para mostrar a fraqueza e a miséria da razão humana. O intuito é opor Montaigne a Epicteto, pois este último mostra a grandeza do homem, expressão daquela do cosmos,

---

[115] BLAISE PASCAL, TROIS DISCOURS SUR LA CONDITION DES GRANDS. IN: _____ ŒUVRES COMPLÈTES, P. 368.
[116] ESTA IDEIA DE COMBATER O MAL COM O MAL ESTÁ PRESENTE EM PORT-ROYAL. O DIRETOR ESPIRITUAL M. DE SACY, EM DIÁLOGO QUE ESTABELECE COM PASCAL, ANOTADO POR FONTAINE, AFIRMA QUE A LEITURA QUE PASCAL FIZERA DE EPÍCTETO E MONTAIGNE É UMA ESPÉCIE DE VENENO QUE PODERIA SERVIR COMO UM GRANDE REMÉDIO: "ELE LHE DIZ QUE PARECIA AQUELES MÉDICOS HÁBEIS QUE, PELA MANEIRA ÁGIL DE PREPARAR OS MAIORES VENENOS, SABEM TIRAR OS MAIORES REMÉDIOS" (IDEM, ENTRETIEN AVEC M. DE SACY. IN: _____ ŒUVRES COMPLÈTES, P. 297).
[117] CF. PHILIPPE SELLIER, *PASCAL ET SAINT AUGUSTIN*, P. 207.

dando a conhecer os "deveres do homem"[118]. Pascal, tendo em seu horizonte o pecado original, louva Epíteto por reconhecer a "primeira grandeza"[119], entretanto, critica-o veementemente por ter "ignorado a sua corrupção"[120], o que levaria o homem ao "cúmulo da soberba".[121] Montaigne, ao contrário, apesar de ter nascido em um "estado cristão, feito profissão da religião católica"[122], é louvado por Pascal por ter reconhecido "a miséria presente"[123], mas criticado por ignorar "a primeira dignidade"[124] e, por conseguinte, "tratar a natureza como necessariamente enferma e irreparável, o que precipita-o [o homem] no desespero de chegar a um verdadeiro bem, e daí para uma perfeita lassidão [*lâcheté*]"[125]. A incapacidade de reconhecer o verdadeiro bem levará o homem à lassidão e à preguiça moral. Vimos que, na *Lettre*, a preguiça é consequência do amor-próprio, mas é no *Colóquio com o Sr. de Sacy* que o filósofo francês aprofunda os termos, a partir da crítica a Montaigne: este assinala uma natureza humana tão precária que leva a criatura à indiferença e à preguiça, não reconhecendo nenhuma grandeza no homem, só precariedade, algo que arrasta a criatura à impiedade e aos vícios. Portanto, vejamos como Pascal descreve o ceticismo de Montaigne e qual a conclusão que tira dele.

Montaigne quer descobrir se é possível uma moral sem a luz da fé[126] e, para tal empreendimento, considera o homem destituído de toda revelação, desdobrando seu raciocínio a partir deste princípio. Tudo é colocado em dúvida, até que ele mesmo seja capaz de duvidar, fazendo desta suposição de incerteza "um círculo perpétuo e sem repouso"[127]. É desta forma que ele se separa tanto daqueles que

---

[118] BLAISE PASCAL, ENTRETIEN AVEC M. DE SACY. IN: _____ ŒUVRES COMPLÈTES, P. 292.
[119] IBIDEM, P. 296.
[120] IBIDEM, P. 296.
[121] IBIDEM, P. 296.
[122] IBIDEM, P. 293.
[123] IBIDEM, P. 296.
[124] IBIDEM, P. 296.
[125] IBIDEM, P. 296 (GRIFO NOSSO).
[126] CF. IBIDEM, P. 293.
[127] IBIDEM, P. 293.

dizem que tudo é incerto quanto daqueles que dizem o contrário, ou seja, o filósofo não quer conceder nenhuma "garantia"[128], nenhum ponto fixo, seja na certeza, seja na dúvida. "É por esta dúvida que duvida de si e esta ignorância que se ignora, que ele chama de sua fórmula mestra, a qual é a essência de sua opinião, que Montaigne não pôde se exprimir por nenhum termo positivo".[129] Percebe-se a busca incessante para destruir qualquer possibilidade de evidência, e assim destitui de toda certeza aquilo que se tinha como certo, e, além disso, a fim de fechar o raciocínio de todos os lados, priva-se da certeza mesma da dúvida, pois, "se diz que duvida, ele se trai garantindo ao menos que duvida"[130]. Tendo a intenção de nada afirmar, Pascal afirma que Montaigne afasta-se do erro formal, que atestaria a certeza da dúvida, quando cria outra forma de interrogar-se: ele não diz "eu não sei"[131], mas "que eu sei?"[132], e faz desta última pergunta o seu lema. Não se trata de uma afirmação positiva que assegura alguma certeza, mas de um recurso da linguagem em sintonia com sua intenção de permanecer na dúvida. Esta questão funcionará como uma balança que pesa as contradições que se encontrarão em perfeito equilíbrio, levando o autor a não perder para nenhum dos argumentos em contenda, suspendendo seu juízo, "isto é, ele é um puro pirrônico"[133]. Esta afirmação, talvez, seja o único enunciado possível acerca de Montaigne, porque destrói tudo aquilo que é considerado claro e certo entre os homens, não para assegurar-se do contrário, "mas para mostrar somente que, sendo as aparências iguais de uma parte e de outra, não se sabe onde assentar sua crença"[134]. É deste modo que o autor estenderá seu pirronismo a tudo aquilo que a razão tenta estabelecer sem as luzes da fé.

---

[128] BLAISE PASCAL, ENTRETIEN AVEC M. DE SACY. IN: _____ ŒUVRES COMPLÈTES, P. 293.
[129] IBIDEM, P. 293.
[130] IBIDEM, P. 293.
[131] IBIDEM, P. 293.
[132] IBIDEM, P. 293.
[133] IBIDEM, P. 293.
[134] IBIDEM, P. 293.

Na política, ele combate aqueles que, na França, buscam um grande remédio contra os processos penais por meio da multiplicação e da pretensão de justeza das leis, "como *se* pudéssemos cortar as raízes das dúvidas de onde nascem os processos e que houvesse diques que pudessem deter a corrente da incerteza e submeter as conjecturas"[135]. A conjunção "*se*", tão presente, tão comum à pena de Montaigne, exprime a permanência da incerteza, da dúvida na ação de coibir as infrações, tanto pelo aumento das leis como pela exímia justeza de seu cumprimento legal, pois, mesmo com estes "diques", os processos se proliferam, independente das leis vigentes, e a coerência de uma lei não é garantia de seu cumprimento, já que seu fundamento parece possuir raízes plenas de incerteza, admitindo-se assim que tanto vale submeter o controle do Estado a um passante quanto a um juiz munido de um grande número de leis.[136] Ora, haveria um critério absoluto para fundamentar quem deveria controlar o Estado? Longe de realizar qualquer tipo de mudança, seu raciocínio não objetiva alterar a ordem estatal já estabelecida, e sim "mostrar a vaidade das opiniões mais aceitas"[137], mas ousa opinar, e assim sublinha que, possivelmente, a quantidade de litígios é proporcional à quantidade de leis, portanto, a redução das leis diminuiria os litígios, os quais só aumentam com a proliferação das leis.[138] Contudo, sua crítica não se atém à política, atingindo também a teologia, combatendo os "hereges de seu tempo"[139], aqueles que desprezam as Escrituras e, como lhes convêm, ousam conhecer a verdade, revelando assim "a impiedade horrível daqueles que ousam garantir que Deus não existe de modo nenhum"[140]. Pascal destaca o ensaio chamado *Apologie de Raymond de Sebonde*,[141] presente nos *Ensaios*, no qual Montaigne critica

---

[135] BLAISE PASCAL, ENTRETIEN AVEC M. DE SACY. IN: _____ *ŒUVRES COMPLÈTES*, P. 293 (GRIFO NOSSO).
[136] CF. IBIDEM, P. 293.
[137] IBIDEM, P. 294.
[138] IBIDEM, P. 294.
[139] IBIDEM, P. 294.
[140] IBIDEM, P. 294.
[141] CF. MICHEL DE MONTAIGNE, *ENSAIOS*, P. 208-283.

tais impiedades, pois, em quais princípios estes ímpios se apoiam para afirmarem de forma tão categórica que Deus não existe?[142] Desprovidos de toda revelação, entregues às luzes naturais da razão, e, "colocada a fé à parte"[143], Montaigne os interroga a fim de saber por meio de qual "autoridade eles tentam julgar este Ser soberano que é infinito por sua própria definição, eles que não conhecem nenhuma das coisas da natureza!"[144]. Solicitando os princípios que permitiriam construir tal raciocínio, Pascal destaca que "ele examina todos [*os princípios*] que eles conseguiram produzir e neles penetra tão profundamente, por meio do talento pelo qual ele se distingue, que mostra a vaidade de todos aqueles que se passam pelos mais naturais e mais firmes"[145]. Tal análise minuciosa proporciona a proliferação de um mar revolto de dúvidas: A alma conhece alguma coisa? Ela conhece a si mesma? É sustância ou acidente, corpo ou espírito? O que é cada uma destas coisas? Há alguma coisa que não esteja em alguma destas ordens? A alma conhece seu próprio corpo? Ela sabe o que é a matéria? Como pode raciocinar se ela é material? Como pode ser unida a um corpo particular e dele sentir as paixões? Se é espiritual, quando começou a ser? Começou a ser com o corpo, ou antes dele? Ela se acaba com ele ou não? A alma nunca se engana, ela sabe quando erra? Os animais raciocinam? O que é a saúde, a doença, a vida, a morte, o bem, o mal, a justiça, o pecado?[146] Tudo é colocado sob o crivo da obscuridade e da incerteza, e Montaigne abre as portas do teatro do "*se*", marca da incerteza de um mundo tomado pela penumbra; porém, resta-lhe ainda impetrar o golpe final. A dúvida se tornará hiperbólica quando Pascal enxerta Descartes no texto, pois como podemos saber se nossos axiomas ou noções comuns não foram formadas "por um ser falso e maldoso"?[147] Montaigne imediatamente dá um passo atrás, pois, para

---

[142] Cf. BLAISE PASCAL, ENTRETIEN AVEC M. DE SACY. IN: _____ ŒUVRES COMPLÈTES, P. 294.
[143] IBIDEM, P. 294.
[144] IBIDEM, P. 294.
[145] IBIDEM, P. 294 (GRIFO NOSSO).
[146] CF. IBIDEM, P. 294.
[147] IBIDEM, P. 294.

ele, pela luz da fé, Deus é bom e nos concede noções verdadeiras, "nos criando para conhecer a verdade"[148]. Discretamente, Descartes é inserido no texto com a máscara de Montaigne,[149] pois a dúvida do *mauvais génie* não está nos *Ensaios*, mas nas *Méditations Métaphysiques*: "portanto, eu suporei que há, não um verdadeiro Deus, que é a soberana fonte da verdade, mas um certo gênio mau [*mauvais génié*], não menos astucioso e enganador quanto potente, que empregou toda a sua indústria para me enganar"[150]. Pascal utiliza "ser falso e mau" [*être faux et méchant*][151]. No entanto, nada que inviabilize esta aproximação, como faz o intérprete Carraud, que reconhece este artifício de Pascal, afirmando que "no *Colóquio*, Descartes avança disfarçado. No texto, ele está clandestinamente presente"[152], portanto, "Pascal retoma a dúvida cartesiana na sua frase última e decisiva, e de acordo com sua própria coerência, a associa à duvida de Montaigne, e por meio dela, ultrapassa o ceticismo"[153]. A partir de uma separação inicial entre a razão e as luzes da fé, de um isolamento tanto da filosofia como da teologia, Pascal sublinha com mais força a miséria da filosofia, não da teologia, já que uma investigação acerca dos princípios que regem o *logos* deságua em incerteza, ambiguidade, dúvida e confusão, e a apoteose da dúvida expressa pelo "ser falso e mau" emperra não só as afirmações da filosofia sem a luz da fé, mas mergulha toda empreitada filosófica na incerteza.[154] A radicalização da dúvida de Montaigne é parcial, insuficiente quanto medida a partir do ceticismo cartesiano, e

---

[148] Blaise PASCAL, Entretien avec M. de Sacy. In: _____ Œuvres complètes, p. 294.
[149] Cf. Vicent CARRAUD, Pascal et la Philosophie, p. 87, sobre a relação mauvais génié no fragmento 131 dos Pensées.
[150] René DESCARTES, Méditations Métaphysiques, AT IX-I, p. 17.
[151] Blaise PASCAL, Entretien avec M. de Sacy. In: _____Œuvres complètes, p. 294.
[152] Cf. Vicent CARRAUD, Pascal et la Philosophie, p. 138. "Portanto, Pascal retoma a dúvida cartesiana na sua frase última e decisiva, e de acordo com sua própria coerência, a associa à dúvida de Montaigne e, por meio dela, ultrapassando o ceticismo" (Idem, p. 87).
[153] Idem, p. 87.
[154] Cf. Henri GOUHIER, Blaise Pascal: Commentaires, p. 84-85. Gouhier também afirma que o nome de Descartes não é pronunciado no Colóquio com o Sr. de Sacy, nem mesmo aquilo que vem dele, como a hipótese de um Dieu trompeur. Pascal escreve este argumento como se o mesmo tivesse vindo dos Ensaios.

assim explica-se o recurso a Descartes: a filosofia, quando analisada a partir do pirronismo, cuja pretensão é radicalizar a dúvida, é destruída em seu fundamento, já que não consegue dar as razões que sustentam os seus princípios sem tropeçar na equipolência, e assim, como toda ciência, quando examinada sob o crivo do "ser falso e mau", revelará a sua incerteza. Depois de expor este longo caminho embebido no pirronismo, na esteira de Montaigne, Pascal mostrará as consequências deste caminho, entre elas, a preguiça, aquela que afirmamos ser uma consequência do amor-próprio na *Lettre*.

Apesar de reconhecer os deveres do homem e os traços de sua primeira grandeza, Epicteto defende uma natureza imaculada, e tropeça por não identificar a "necessidade de reparador"[155] e, por este motivo, Pascal detecta a sua soberba. Montaigne, por sua vez, sublinha a tão precária miséria do tempo presente, do pós-queda, porém, desconhecendo qualquer traço da primeira grandeza, "trata a natureza como necessariamente enferma e irreparável"[156], lançando o homem no desespero, aquele proveniente da incapacidade de alcançar o verdadeiro bem, restando, assim, à criatura permanecer "dentro de uma perfeita lassidão [*lâcheté*]"[157], com a melancólica resignação de que nem mesmo um reparador sobrenatural seria capaz de regenerar tamanha precariedade da natureza. A partir de sua abordagem teológica aplicada a estes dois excelentes filósofos, Pascal conclui que Epicteto e Montaigne são lados distintos de uma mesma moeda, aquela do orgulho: de um lado, a suficiência da grandeza, de outro, a suficiência da miséria, as duas teologicamente marcadas pelo vício do orgulho na medida em que não reconhecem um reparador. Contudo, o termo mais apropriado ao orgulho de Montaigne é a preguiça: "Assim estes dois estados, que precisariam ser conhecidos ao mesmo tempo para perceber-se toda a verdade, sendo conhecidos separadamente, conduzem necessariamente

---

[155] BLAISE PASCAL, ENTRETIEN AVEC M. DE SACY. IN: _____ ŒUVRES COMPLÈTES, P. 296.
[156] IBIDEM, P. 296.
[157] IBIDEM, P. 296 (GRIFO NOSSO).

a um destes dois *vícios*, do *orgulho* e da *preguiça* [*paresse*]"[158]. Epíteto defensor da suficiência da natureza, aguça um ávido desejo dos homens, aquele de fugir de suas desordens, mas por vaidade, pois "se não continuam em suas desordens por lassidão, delas saem por vaidade"[159]. Como, para Montaigne, o resultado da ciência da miséria é a preguiça, exortando os homens a não realizarem nenhum esforço em direção à vida moral, Pascal usa os termos *lassidão* e *preguiça* para caracterizar as consequências de seu pensamento, concluindo que seu modo de pensar "é absolutamente pernicioso àqueles que têm alguma inclinação à *impiedade* e aos *vícios*"[160]. Portanto, podemos dizer que a filosofia de Epicteto e de Montaigne é o orgulho a partir de duas causas opostas: a) Epicteto não reconhece um reparador, já que a natureza humana é um bem; b) busca uma vida moral e virtuosa, mas para poder se orgulhar de sua força moral; c) Montaigne não assume a existência de nenhum reparador para a miséria humana; d) orgulha-se em mostrar tão claramente a chaga aberta da miséria humana. Se o primeiro combate à preguiça impele à justiça, o segundo, dirá Pascal, poderá ser pernicioso aos seus leitores, pois, não reconhecendo um reparador das misérias, impiedosamente desprezariam Deus, entregando-se aos vícios e às paixões.[161] Cabe, enfim, conceber sumariamente o resultado da filosofia daquele que representa a preguiça, em filosofia.

Sabe-se que, na *Lettre*, encontra-se a descrição do lapso primário fora de medida, aquele que é a fonte de todos os pecados, o

---

[158] BLAISE PASCAL, ENTRETIEN AVEC M. DE SACY. IN: _____ ŒUVRES COMPLÈTES, P. 296 (GRIFO NOSSO).
[159] IBIDEM, P. 296.
[160] IBIDEM, P. 296 (GRIFO NOSSO).
[161] CF. BLAISE PASCAL, ENTRETIEN AVEC M. DE SACY. IN: _____ ŒUVRES COMPLÈTES, P. 296. PERCEBE-SE UMA DIFERENÇA PRESENTE NA REFLEXÃO DE PASCAL SOBRE A PREGUIÇA, REALIZADA NA *LETTRE*, E AQUELA DO *COLÓQUIO COM O SR. DE SACY*: A) NA *LETTRE*, O AMOR-PRÓPRIO TEM COMO CONSEQUÊNCIA O DESEJO DE DOMINAR E A PREGUIÇA; B) NO *COLÓQUIO COM O SR. DE SACY*, A ÊNFASE DA GRANDEZA, POSIÇÃO DE EPICTETO, TEM COMO CONSEQUÊNCIA O ORGULHO, POR OUTRO LADO, O DESTAQUE DA MISÉRIA HUMANA, POSIÇÃO DE MONTAIGNE, TEM COMO CONSEQUÊNCIA A PREGUIÇA. PORTANTO, HÁ UMA DIFERENÇA NA ORDEM PELA QUAL DERIVAM OS CONCEITOS NOS DOIS TEXTOS ACIMA, O QUE MOSTRA UM TRABALHO DE REARTICULAÇÃO CONCEITUAL NESTES DOIS MOMENTOS DISTINTOS, POIS A *LETTRE* FOI ESCRITA EM 1651, E O *COLÓQUIO COM O SR. DE SACY*, NO ANO 1655.

amor-próprio, de modo que a preguiça desponta como consequência daquele lapso. Por outro lado, vimos que, em nossa análise do *Colóquio com o Sr. de Sacy*, ao aprofundarmos o conceito de preguiça, encontramos outros vícios a ele associados, e o amor-próprio não aparece entre os defeitos oriundos da reflexão de Montaigne. Portanto, a essência de seu pensamento, sem a filosofia estoica que lhe faz contraponto, é a seguinte: 1) desespero; 2) lassidão; 3) preguiça; 4) orgulho; 5) impiedade; 6) vício. Até então o texto não apresenta nenhum obstáculo que contradiga a nossa tese, aquela presente na *Lettre*, de que o amor-próprio é considerado a fonte de todos os vícios. Por sua vez, justifica-se ainda expor a lógica possível do quadro de concupiscência há pouco assinalado, explicando a relação de causa e efeito existente entre os termos: há desespero porque prescinde-se da fé e da esperança em um reparador, cabendo ao homem permanecer no vício, na lassidão e na preguiça, marca da impiedade que não reconhece a moral evangélica, nem mesmo esforça-se para cumpri-la, dada a precária miséria humana, resignando-se assim à ordem da preguiça,[162] aquela pela qual o homem entrega-se aos vícios e às paixões horrendas.

Após analisarmos o desejo de dominar e a preguiça como consequências, vejamos como os intérpretes analisam o amor-próprio na *Lettre*.

2.5 – O amor-próprio: os intérpretes de Pascal

Tentaremos expor, analisar e, se necessário, criticar, os comentários dos intérpretes de Pascal que tomaram como objeto trechos nos quais o filósofo francês expõe aquilo que chamamos de gênese da teoria do pecado original, presente entre os parágrafos [16] ao [21] da *Lettre*.[163] Deteremo-nos de maneira especial, àquilo que chamamos

---

[162] Sobre a preguiça e o orgulho nos *Pensamentos* (cf. Blaise PASCAL, *Pensées*, Laf. 774, Bru. 497; Laf. 208, Bru. 435). Discutiremos estes dois conceitos presentes nos *Pensamentos* no item 2.5 deste capítulo, na ocasião em que apresentarmos a análise do intérprete Sellier.
[163] Cf. Blaise PASCAL, Lettre à M. et Mme Perier, à Clermont: à l'occasion de la mort de M. Pascal le Père. In: _____ *Œuvres complètes*, p. 277.

de fonte de todos os males em Pascal, ou seja, o amor-próprio, o qual afirmamos estar na raiz de todo pecado. Todavia, veremos que alguns intérpretes não estão de acordo com tal hipótese, e, por este motivo, dialogaremos com Adorno, Sellier, Cagnat, Delamarre e Lazerri, de modo que suas respectivas obras serão citadas a seguir.

Francesco Paolo Adorno afirma que o pecado para Pascal "consiste em um ato de orgulho da vontade que se revolta contra a ordem em que se encontrava o homem, e muda o centro de sua vida"[164], isto é, a nova ordem que se estabelece desloca Deus, o qual deixa de ser o centro de seu amor, e coloca o homem no centro.[165] Tal descentralização provocará uma mudança que atingirá "todos os planos do ser humano"[166], ou seja, a razão, os sentidos e o modo pelo qual o homem se relaciona com o mundo exterior. A razão, que antes do pecado era guiada pela luz comunicada por Deus, após a queda, passa a ser orientada pelos sentidos, os quais serão atraídos pelo objeto que lhes oferecer mais prazer, concluindo-se, portanto, que "esse prazer é um prazer da carne"[167]. Os sentidos orientarão a razão rumo ao conhecimento da "criatura, isto é, rumo à satisfação de todas as necessidades do corpo enquanto carne"[168]. O intérprete afirma que a vontade corrompida interferiu na relação entre a razão e os sentidos, e, a partir disso, "os sentidos podem indicar à razão onde se encontra o prazer e levá-la ao conhecimento dos objetos que os satisfaçam"[169]. Além de inverter a ordem estabelecida entre a razão e os sentidos, a vontade corrompida também alterou o modo pelo qual a criatura relaciona-se com os outros seres, pois "fazendo-se centro de si mesmo, o homem inverteu também a ordem hierárquica em que se encontrava em relação aos outros seres"[170]. A ordem primordial, aquela criada por Deus,

---

[164] Francesco Paolo ADORNO, *Pascal*, p. 41.
[165] Cf. IBIDEM, p. 41.
[166] IBIDEM, p. 41.
[167] IBIDEM, p. 41.
[168] IBIDEM, p. 41.
[169] IBIDEM, p. 41.
[170] IBIDEM, p. 41.

partia do mais baixo grau de perfeição, os animais, "passando pelos homens e chegando até Deus"[171]. Com isso, os graus de dominação de toda ordem cósmica estavam definidos, de modo que o mais alto grau de dominação seria proporcional ao ser mais perfeito, e o menor grau adequava-se aos seres menos perfeitos.[172] Porém, com o pecado, dirá Adorno, "a desordem introduzida no mundo pela mudança de centro do desejo repercutiu também nas relações de dominação e de submissão entre o homem e a criatura"[173]. Subvertida a ordem primitiva, e transformada a relação de amor entre o homem e as criaturas, buscaremos entender a análise que Adorno faz da *Lettre* quanto a este amor direcionado às criaturas antes e depois da queda.

O intérprete define a concupiscência em Pascal como um desejo voltado inteiramente ao amor da criatura, em contrapartida, a caridade é definida como o amor de Deus ao qual o homem estava ligado.[174] Em seguida, afirma: "a primeira consequência do pecado original consiste, pois, na ruptura da hierarquia entre caridade e concupiscência"[175], dito de outro modo, o amor às criaturas (concupiscência), também presente antes da queda, passa a ter a primazia, e o amor a Deus (caridade) fica em segundo plano. Afirma-se então que o amor pelas criaturas antes da queda é uma manifestação da concupiscência, o que objetamos categoricamente, pois tal passagem, no nosso modo de entender, falseia a relação precisa entre o homem e as criaturas que Pascal estabelece na *Lettre*: o amor às criaturas e a si mesmo era finito e relacionado a Deus,[176] ou seja, não há concupiscência no amor destinado às realidades criadas, como supõe o intérprete na passagem citada. No entanto, ele tenta explicá-la dizendo que a intenção de amor mudou, não o amor, pois tudo que Adão fazia antes da

---

[171] Francesco Paolo ADORNO, *Pascal*, p. 41.
[172] Cf. Ibidem, p. 41.
[173] Ibidem, p. 42.
[174] Cf. Ibidem, p. 42.
[175] Ibidem, p. 42.
[176] Cf. Blaise PASCAL, Lettre à M. et Mme Perier, à Clermont: à l'occasion de la mort de M. Pascal le Père. In: _____ Œuvres complètes, p. 277.

queda, como beber, dormir e satisfazer seus desejos, "tudo era feito em função de Deus e do amor que ele votava a Deus. O homem pecador ama a carne não em função de Deus, mas em função dela mesma"[177]. Entretanto, tal intenção não pode ser denominada concupiscência, como afirma o intérprete, pois esta, como nós a entendemos, é amor irresistível destinado à criatura, mas sem relacioná-lo a Deus. O erro de Adorno está em supor uma concupiscência antes da queda: "enquanto, entre esses dois amores, a concupiscência e a caridade, antes do pecado existia uma subordinação estrita, no estado de pecado há uma independência"[178]. E continua: "Adão possuía a concupiscência antes do pecado, mas ela estava regulada em função do amor de Deus; em seu estado atual, ela tem seu fim em si mesma"[179]. Discordamos da interpretação de Adorno, que se completa na passagem seguinte:

> O pecado substituiu a subordinação da concupiscência à caridade pela absolvição da primeira (cf. OC, II, 857-58). A caridade consiste num amor infinito de Deus que será satisfeito, pois seu objeto é infinito. O segundo, a concupiscência, em contrapartida, era na origem um amor finito de um objeto finito, mas, visto que a caridade foi apagada do coração do homem pelo pecado, só resta a concupiscência, que ocupa o lugar da caridade e se torna um amor infinito.[180]

Teríamos que dizer, para confirmar a hipótese de Adorno, que Pascal sutiliza o conceito de concupiscência, afirmando uma concupiscência antes do pecado, aquela regulada por Deus, e uma após o pecado, mal regulada pelo próprio homem corrompido, mas tal sutileza não se encontra na *Lettre*, texto fonte para as suas conclusões. Outro problema, o qual nos parece um erro ainda mais grave, apresenta-se por meio da necessária inferência oriunda da afirmação de uma concupiscência presente no estado adâmico, pois o homem teria

---

[177] Francesco Paolo ADORNO, *PASCAL*, p. 42-43.
[178] IBIDEM, p. 43.
[179] IBIDEM, p. 43.
[180] IBIDEM, p. 43-44.

sido criado por um Deus imperfeito, ou seja, concupiscente. O erro da interpretação de Adorno está em não conceituar corretamente a concupiscência na *Lettre*. Conceituamos a concupiscência como movimento irresistível de amor infinito em direção a um objeto efêmero e capcioso sem relação a Deus, pois nossa leitura defende que, antes da queda, "o amor por si mesmo seria finito e relacionado a Deus"[181], ou seja, dentro da ordem de Deus. Por este motivo, não se trata de concupiscência, porém, com a queda, "o homem se ama unicamente, e todas as coisas em relação a si, isto é, infinitamente"[182]. Desta maneira, um amor pode ser considerado concupiscente desde que a ordem da caridade seja desfeita: o amor por si mesmo, antes da queda, estava sob a égide da ordem da caridade, e não é de modo algum concupiscente, pois todo o objeto que o homem amava estava estritamente "relacionado a Deus"[183]. Antes da queda, não há uma subordinação entre caridade e concupiscência, pois não há concupiscência. Esta não pode ser conceituada, antes da queda, como "um amor finito de um objeto finito"[184], como afirma Adorno, mesmo sabendo que o intérprete não deixa de assinalar, em outras passagens, que tal amor era "em função de Deus"[185]. Para afirmar que a concupiscência é o amor finito destinado à criatura finita antes da queda, como o faz Adorno, teríamos que desconsiderar o parágrafo [17] da *Lettre*: "o homem, neste estado, não somente se amava sem pecado, mas não podia não se amar de modo algum sem pecado"[186]. Ora, se, no estado pré-queda, o homem se amava sem pecado, de modo que ele nem estava autorizado a não se amar, afirmar então uma concupiscência no homem dentro da ordem estabelecida por Deus, como faz Adorno, é atestar que antes da

---

[181] BLAISE PASCAL, LETTRE À M. ET MME PERIER, À CLERMONT: À L'OCCASION DE LA MORT DE M. PASCAL LE PÈRE. IN: _____ ŒUVRES COMPLÈTES, P 277.
[182] IBIDEM, P. 277.
[183] IBIDEM, P. 277.
[184] FRANCESCO PAOLO ADORNO, *PASCAL*, P. 43-44.
[185] IBIDEM, P. 43.
[186] BLAISE PASCAL, LETTRE À M. ET MME PERIER, À CLERMONT: À L'OCCASION DE LA MORT DE M. PASCAL LE PÈRE. IN: _____ ŒUVRES COMPLÈTES, P. 277.

queda o homem era pecador, algo literalmente negado por Pascal no parágrafo citado.

Portanto, o erro de Adorno está em conceituar como concupiscência o movimento antes da queda de amor finito às criaturas finitas e a si mesmo, mesmo que este amor esteja ligado a Deus, algo que, para nós, trata-se de uma definição arbitrária pelos dois motivos que se seguem: a) contradiz a *Lettre*, como vimos no parágrafo [17]; b) afirma, como consequência de sua interpretação, a corrupção no estado de inocência enquanto concupiscência, e assim, Deus, criador do homem, também seria criador do mal.

Philippe Sellier, em sua obra *Pascal et Saint Augustin*, afirma, como já vimos, que os dois grandes personagens citados por Pascal na *Lettre* são Santo Agostinho e Jansenius.[187] A proposta do intérprete é relacionar Pascal a Santo Agostinho, seu mestre, com o intuito de verificar as raízes e variações do pensamento agostiniano presentes na obra do filósofo francês. Para os dois autores, dirá o intérprete, o homem pode endereçar o seu amor para Deus ou para as criaturas,[188] já que as criaturas representam, mesmo em sua multiplicidade, a unidade de Deus, todavia, o grande problema estaria no ato de ligar-se a estas criaturas enquanto fim de seus desejos. Sellier afirma que o homem é uma criatura portadora de "dignidade particular, rei de toda criação, destinada à comunhão com Deus, somente em parte perecível"[189]. Diante disso, o homem, um ser que ama, deve se amar ou se odiar?[190] A partir desta questão, Sellier faz sua leitura da *Lettre*: "Deus, dizia toda hora o jovem leitor de Jansenius, tinha criado o homem com um amor infinito pelo Criador e um amor finito por si mesmo; então o homem se amava com razão, com medida, na luz de Deus"[191]. O amor do homem por si mesmo estava dentro da ordem estabelecida por Deus: ele se amava com razão, pois não podia não se amar sem pecar, ou seja, se

---

[187] VER ITEM 2.4 DESTE CAPÍTULO.
[188] CF. PHILIPPE SELLIER, *PASCAL ET SAINT AUGUSTIN*, P. 143.
[189] IBIDEM, P. 144.
[190] IBIDEM, P. 144.
[191] IBIDEM, P. 144.

não se amasse antes da queda seria uma forma de pecado; amava-se na medida estabelecida por Deus, que regulava o seu amor; amava-se na luz de Deus, enquanto amor relacionado a Deus. Porém, com a queda, desvia-se de Deus, e seu amor por si mesmo "se estendeu e transbordou [*debordé*] no vazio que o amor de Deus deixou, e assim o homem se ama unicamente, e todas as coisas em relação a si, isto é, infinitamente"[192]. Sellier ressalta que a queda caracteriza-se como desvio da criatura de seu Criador, e, em seguida, menciona a passagem da *Lettre* que redireciona o amor a si mesmo. "O homem está imbuído agora de sua própria excelência; daí há nele o 'desejo de dominar'".[193] O homem, deixado sob o vazio de seu próprio peso, deseja dominar, ou seja, a dominação do Ser mais perfeito para o ser menos perfeito é desfeita e o homem toma para si aquilo que era da alçada de Deus. Sellier não faz uma ligação entre a *Lettre* e a política como nós fizemos, mas desenvolve tal tema mais à frente, no capítulo "A política ou a 'ordem da concupiscência'"[194], de modo que a dominação dar-se-ia pela mentira, pela vaidade e pela força,[195] aquilo que chamará de "lógica do horrível"[196]. Relacionando o amor-próprio ao desejo de dominação, o intérprete também liga o amor-próprio à idolatria e ao ódio de si, sendo este último conceito o que conduz ao tema da conversão em Pascal. "Ele reconduz tudo para si: portanto, ele vive dentro da mentira e dentro de uma vaidade ridícula".[197] O homem deve olhar para si mesmo, levantar a sua máscara, no entanto, uma outra máscara virá e será usada para "se representar aos outros e para si mesmo"[198]. A única saída é a religião cristã que deve ter a seguinte marca: "arrancar todas as máscaras do humanismo e colocar a nu a corrupção do coração"[199].

---

[192] BLAISE PASCAL, LETTRE À M. ET MME PERIER, À CLERMONT: À L'OCCASION DE LA MORT DE M. PASCAL LE PÈRE. IN: _____ ŒUVRES COMPLÈTES, P. 277.
[193] PHILIPPE SELLIER, *PASCAL ET SAINT AUGUSTIN*, P. 144.
[194] CF. IBIDEM, P. 197-277.
[195] IBIDEM, P. 144.
[196] IBIDEM, P. 215.
[197] IBIDEM, P. 144.
[198] IBIDEM, P. 145.
[199] IBIDEM, P. 145.

A religião cristã tem a proposta de mostrar por que o homem deve se odiar, mas Pascal, dirá Sellier, não deixa de ressaltar a grandeza humana, e cita o fragmento 450: "é preciso que a verdadeira religião ensinasse a grandeza, a miséria, levasse à estima e ao desprezo de si, ao amor e ao ódio"[200]. É preciso fazer o caminho contrário da ordem estabelecida pelo amor-próprio, isto é, odiar a si mesmo, ao mesmo tempo sabendo que o homem é um ser para Deus. Eis a grandeza humana, mas que tal ciência de si leve-o a perceber a miséria que lhe é própria, ao ponto de desprezar a si. Pascal usa no fragmento 450 os pares grandeza/miséria, estima/desprezo de si, amor/ódio. A nova ordem, aquela da caridade, só poderá ser rearticulada a partir do contrapeso de tais realidades que compõem o homem. A ordem da caridade rearranja a ordem da concupiscência que se estabelece no homem decaído. A conclusão de Sellier é que, na *Lettre*, encontraremos a definição de pecado em Pascal: "o pecado, desde então, defini-se simplesmente como a ruptura desta ordem de amor"[201]. Concordamos com esta definição de Sellier, porém, cabe indagar: qual seria sua interpretação quanto à fonte do pecado para Pascal? Eis o que propomos investigar.

Ele cita o fragmento 617 dos *Pensamentos*, "o amor-próprio é este instinto que o leva a fazer-se Deus"[202], e afirma: "Pascal não repete, como seu predecessor, que o orgulho é a fonte de todo mal"[203]. Diante deste raciocínio, faz três considerações: a) afirma que, na *Lettre*, há uma definição de pecado caracterizada como ruptura da ordem de amor estabelecida por Deus; b) cita os *Pensamentos* para confirmar que o amor-próprio é o que leva o homem a fazer de si mesmo um Deus; c) conclui que Pascal difere de Santo Agostinho, mas constata tal diferença nos *Pensamentos*, não na *Lettre*. Assim, fazemos nossa primeira objeção: a *Lettre* é reduzida a um texto que simplesmente expressa uma definição de pecado, este entendido como ruptura da ordem de

---

[200] Blaise PASCAL, *Pensées*, Laf. 450, Bru. 494.
[201] Philippe SELLIER, *Pascal et saint Augustin*, p. 153.
[202] Blaise PASCAL, *Pensées*, Laf. 617, Bru. 492.
[203] Philippe SELLIER, *Pascal et saint Augustin*, p. 184.

amor estabelecida por Deus. Desse modo, a afirmação de Pascal sobre a origem de todos os vícios e de todos os pecados, que consta neste texto, é esquecida no momento em que o intérprete avalia a origem de todos os males em sua obra *Pascal et Saint Augustin*.

Contudo, Sellier avança na discussão e constata que Pascal difere do mestre Santo Agostinho quanto à fonte de todos os males: para Santo Agostinho é a vaidade, pois em seu contexto trava-se uma luta contra os pelagianos,[204] mas, para Pascal, as fontes de todos os males são duas: o orgulho e a preguiça. Eis a explicação do intérprete: Pascal luta contra os neoestoicos, "em que ele via, como toda Port-Royal, como os pelagianos de seu tempo"[205]. Sellier cita o texto *Colóquio com o Sr. de Sacy* para sustentar sua hipótese. "Em lugar de ver no orgulho a fonte de todos os males, Pascal vai atribuir as faltas dos homens não mais a uma única, mas a duas causas: o orgulho e a preguiça".[206] O intérprete, dando continuidade à sua análise, cita o fragmento 774 dos *Pensamentos*, no qual Pascal afirma literalmente que "as duas fontes de nossos pecados são o *orgulho* e a *preguiça*, Deus nos desvendou duas qualidades nele para nos curar, sua misericórdia e sua justiça"[207]. A justiça abate o orgulho e a misericórdia, a preguiça, "convidando às boas obras"[208]. Porém, há outras passagens que sustentam a ideia de que o orgulho e a preguiça são a origem dos males, como o fragmento 208:

> Porque, não vendo a verdade por inteiro, não puderam chegar a uma virtude perfeita, considerando uns a natureza incorrupta, outros como irreparável, não puderam escapar quer do *orgulho* quer da *preguiça* que são as duas fontes de todos os vícios, visto que só podem ou abandonar-se a eles por covardia ou sair deles pelo orgulho.[209]

Diante desta profusão de fragmentos, Sellier se pergunta:

---

[204] Cf. Philippe Sellier, *Pascal et saint Augustin*, p. 184-185.
[205] Ibidem, p. 185.
[206] Ibidem, p. 185.
[207] Blaise Pascal, *Pensées*, Laf. 774, Bru. 497 (grifo nosso).
[208] Ibidem, Laf. 774, Bru. 497.
[209] Ibidem, Laf. 208, Bru. 435 (grifo nosso).

> Mas como explicar que esta atribuição das faltas humanas a dois princípios tão pouco aplicados, na obra de Pascal, e que não parece contradizer outras afirmações, bem mais numerosas, onde o apologista sublinha a presença do amor-próprio como a raiz de todos os nossos atos, este amor-próprio que se identifica muitas vezes com o orgulho aos olhos dos dois teólogos?[210]

Temos assim os dois fragmentos nos quais Pascal cita o orgulho e a preguiça como duas fontes de todos os vícios. Sellier demanda uma explicação que justifique estas passagens, que estabelecem literalmente que "as duas fontes de nossos pecados são o orgulho e a preguiça"[211], de modo que estes são vistos como "as duas fontes de todos os vícios"[212]. Desta maneira, pergunta Sellier, ao menos em parte, haveria uma identificação entre Santo Agostinho e Pascal quanto ao orgulho como fonte de todos os males, já que o amor-próprio "se identifica muitas vezes com o orgulho aos olhos dos dois teólogos?"[213]. E, atento ao termo que não foi usado pelo hiponense, acrescenta outra questão: e como fica o termo "preguiça"?[214]. Eis o desfecho deste nó proposto por Sellier: "A solução destas questões não é difícil: a preguiça é a visão fatigada do orgulho"[215]. Fatigada porque o homem não pode manter-se na grandeza,[216] pois, os argumentos de Montaigne mostram a grandeza insustentável do homem, dito de outro modo, a sua miséria. É desta forma que a filosofia de Montaigne retira o homem de "uma presunção desmedida a um horrível abatimento de coração"[217]. Ora, esta indiferença que expressa um coração abatido, destaca o intérprete, não poderia fazer Montaigne "esquecer a sua vaidade, não somente aquela elegância com a qual ele se pintou, mas

---

[210] Philippe SELLIER, *Pascal et saint Augustin*, p. 185-186.
[211] Blaise PASCAL, *Pensées*, Laf. 774, Bru. 497.
[212] Ibidem, Laf. 208, Bru. 435.
[213] Philippe SELLIER, *Pascal et saint Augustin*, p. 185-186.
[214] Ibidem, p. 186.
[215] Ibidem, p. 186.
[216] Ibidem, p. 186.
[217] Blaise PASCAL, *Pensées*, Laf. 629, Bru. 417.

mais profundamente seu projeto deliberado de fazer todo um livro para falar de si"[218]. Montaigne detecta a miséria humana, impelindo o homem à indiferença, porém, ao mesmo tempo, declara a sua vaidade, pois, além de falar muito de si, pinta seu retrato de forma elegante. Portanto, mostrando a miséria do homem, Montaigne se eleva: eis a vaidade do filósofo. É deste modo que a fonte de todo pecado em Pascal, dirá Sellier, é agostiniana, já que a preguiça nos reconduz ao reino do orgulho.[219] "A distinção entre orgulho e preguiça é interessante, mas Pascal viu bem que ela se mantém na superfície dos sentimentos humanos; sobre a preguiça continuam as toalhas profundas do desejo de sobressair".[220] Enfim, para Sellier, a preguiça tem como fonte o orgulho, e é a partir desta afirmação que faremos algumas considerações/objeções concernentes a tal posição.

O intérprete faz um caminho que parte da *Lettre*, passa pelos *Pensamentos* e é concluído no texto *Colóquio com o Sr. de Sacy*. Na *Lettre*, o pecado é definido; nos *Pensamentos*, afirma-se que muitos fragmentos o levam a supor que é o amor-próprio a fonte de todos os males, e poucos levam a afirmar que é o orgulho e a preguiça; no entanto, no *Colóquio com o Sr. de Sacy*, o orgulho e a preguiça são expressos, sem nenhum equívoco, como as fontes de todos os males. Todavia, desconsiderando a *Lettre* como um texto que trata da origem de todos os vícios e de todos os pecados, o intérprete afirma que o orgulho e a preguiça são as fontes de todos os males em Pascal, fazendo da preguiça uma expressão fatigada do orgulho, e, por fim, concluindo a fiel aproximação de Pascal ao seu mestre, Santo Agostinho. Ora, para resolver de fato esta questão, precisaríamos saber as datas em que os textos foram escritos, algo que o intérprete não enfatiza para perceber a sinuosidade do pensamento de Pascal. A *Lettre* é de 1651,[221] os *Pensamentos* tiveram início, se levarmos em consideração, como o faz

---

[218] Philippe SELLIER, *Pascal et saint Augustin*, p. 186.
[219] Cf. Ibidem, p. 186.
[220] Ibidem, p. 186.
[221] Cf. Blaise PASCAL, Lettre à M. et Mme Perier, à Clermont: à l'occasion de la mort de M. Pascal le Père. In: _____ *Œuvres complètes*, p. 275.

Mesnard, as reflexões de Pascal sobre os milagres, no fim de 1656 e início de 1657,[222] e o *Colóquio com o Sr. de Sacy* é fruto do debate que aconteceu no ano 1655.[223] Ora, nossa afirmação justificada anteriormente, de que o amor-próprio, na *Lettre*, é origem e fonte de todos os males, mostra que Sellier reduz a *Lettre* à definição de pecado como ruptura da ordem de amor estabelecida, já que é a partir deste amor desviado de Deus que a criatura se ama sem Deus. Assim, Sellier poderia ter destacado que há uma mudança no pensamento de Pascal quanto à fonte de todos os males, ou seja, do amor-próprio presente na *Lettre*, texto de 1651, para o orgulho e a preguiça no *Colóquio com o Sr. de Sacy*, texto de 1655. *Contudo*, tal afirmação não é feita e o pensamento de Pascal é visto sem nenhuma sinuosidade. Cientes da leitura de Sellier, cabe a questão: o que é o orgulho para Pascal? Ele responde: "Pascal se esforçou em elaborar categorias mais rigorosas: para isto fazer, definiu as concupiscências começando pelo orgulho, que é a afirmação pelo homem de sua suficiência da realização de sua vocação para o eterno"[224]. Tratando do tema das três ordens, ele elabora a sua definição de orgulho, tão característico da terceira ordem, aquela da caridade, que, em sua versão pecaminosa, eleva o homem a fazer-se deus. Não vemos nenhuma diferença entre a nossa definição de orgulho e a de Sellier, porém, cabe algumas ressalvas, já que o intérprete aplica o conceito de orgulho somente à terceira ordem, o que nos leva a algumas indagações: Não seria manifestação do orgulho na segunda

---

[222] JEAN MESNARD, *LES PENSÉES DE PASCAL*, P. 41. MESNARD AFIRMA QUE DESTES ESCRITOS SOBRE OS MILAGRES JÁ ESTÃO CONTIDAS UMA ARGUMENTAÇÃO APOLOGÉTICA.
[223] CF. HENRI GOUHIER, *BLAISE PASCAL: COMMENTAIRES*, P. 70. GOUHIER FAZ UMA LONGA DISCUSSÃO RECORRENDO A INÚMEROS INTÉRPRETES SOBRE A DATA DO TEXTO, O MODO PELO QUAL FOI ESCRITO, SE O TEXTO FOI ESCRITO DURANTE O DEBATE ENTRE PASCAL E M. DE SACY, DEPOIS DO DEBATE OU MESMO NA OCASIÃO DA MORTE DE SACY, TRINTA ANOS APÓS O ENCONTRO. ESTA ÚLTIMA HIPÓTESE É VIÁVEL JÁ QUE O SECRETÁRIO DO FALECIDO SR. FONTAINE ESCREVE UMA OBRA DENOMINADA *MÉMOIRES*, NA QUAL TENTA REUNIR AS CARTAS, PREGAÇÕES E PRINCIPAIS DEBATES DO DIRETOR ESPIRITUAL DE PORT-ROYAL (CF. HENRI GOUHIER, *BLAISE PASCAL: COMMENTAIRES*, P. 67-82). DESTACAMOS QUE O PRÓPRIO SELLIER FAZ MENÇÃO A ESTA DATA EM SUA EDIÇÃO DOS *PENSAMENTOS* (CF. PHILIPPE SELLIER, INTRODUCTION ET NOTES. IN: BLAISE PASCAL, *PENSÉES: OPUSCULES ET LETTRES*, P. 721).
[224] CF. IDEM, *PASCAL ET SAINT AUGUSTIN*, P. 194.

ordem quando Epicteto afirma a suficiência da razão, já que ela é capaz de conhecer os deveres do homem? Não seria uma forma de expressão do orgulho na segunda ordem, quando Montaigne eleva-se por mostrar a miséria do homem? Não seria orgulho dos homens de primeira ordem, por exemplo, os reis, que pensam serem deuses? "E daí vêm estas palavras: o caráter da divindade está impresso em seu rosto, etc".[225] Podemos reconhecer o orgulho enquanto elevação sem Deus nas três ordens, o que distanciaria Pascal e Santo Agostinho, se levarmos em conta a afirmação de Sellier. Diante disso, faremos duas objeções pontuais à leitura de Sellier quanto ao tema que nos interessa, ou seja, a fonte de todos os vícios e de todos os pecados:

a) Sellier aproxima Pascal de Santo Agostinho pelo conceito de orgulho comparando dois textos: os *Pensamentos* e o *Colóquio com o Sr. de Sacy*; todavia, e aqui está a nossa objeção, a *Lettre* fica fora desta discussão e é reduzida a uma definição de pecado como ruptura da ordem de amor estabelecida por Deus, como já afirmamos. Para nós, encontramos na *Lettre* não só uma definição de pecado, mas a afirmação direta de Pascal do amor-próprio como fonte de todos os vícios, de todos os pecados e de seus respectivos desdobramentos, isto é, o desejo de dominação e a preguiça, como apresenta-se nos respectivos parágrafos [20]: "Eis a fonte deste amor, e a causa de sua defeituosidade e de seu excesso,[226] e [21] – "Ele (*o amor-próprio*) é, por este motivo (*sua defeituosidade e seu excesso*), próprio do desejo de *dominar*, da *preguiça*, e de outros"[227]. Ora, é o amor-próprio, enquanto desejo voltado para si sem relacioná-lo a Deus, que se estende e transborda,[228] ultrapassando os limites que Deus estabeleceu, e causando o desejo de dominação e a preguiça. Há uma gradação do mal: a) por meio do amor-próprio, o homem faz de si objeto de desejo não relacionado a Deus; b) movido por tal desejo, o amor-próprio ultrapassa os limites estabelecidos e

---
[225] BLAISE PASCAL, *PENSÉES*, LAF. 25, BRU. 308.
[226] IDEM, LETTRE À M. ET MME PERIER, À CLERMONT: À L`OCCASION DE LA MORT DE M. PASCAL LE PÈRE. IN: _____ *ŒUVRES COMPLÈTES*, P. 277.
[227] IBIDEM, P. 277 (GRIFO NOSSO).
[228] CF. IBIDEM, P. 277.

invade o espaço que Deus ocupava; c) a consequência disto é o desejo de dominação e a preguiça. Diante disso, acrescentamos mais uma ressalva à reflexão de Sellier, como resultado da primeira: quanto à afirmação do intérprete de que o orgulho é a fonte de todos os vícios e de todos os males, objetamos que, na passagem específica da *Lettre*, sobre a fonte de todos vícios e de todos os pecados, Pascal não menciona o conceito de orgulho, que poderia estar, entre outros, o pecado que sugere a *Lettre*.[229] Logo, não podemos dizer que para Pascal é o orgulho a fonte de todos os vícios e de todos os pecados, desconsiderando a *Lettre* pois este texto coloca este tema no centro de sua narrativa: "sou obrigado a vos dizer em geral qual é a fonte de todos os vícios e de todos os pecados".[230] Entretanto, há uma questão que incide imediatamente: por que Pascal não cita o orgulho diretamente nesta passagem da *Lettre*? Respondemos: porque há um objetivo específico ao condensar a teoria do pecado original[231] neste texto, a saber, explicar o horror da morte. É por esta razão que ele começa o parágrafo [16] da seguinte maneira: "Para domar mais fortemente este horror (*da morte*), é necessário bem compreender a origem, e para vos tocar em poucas palavras, sou obrigado a vos dizer, em termos gerais, qual é a fonte de todos os vícios e de todos os pecados".[232] Ora, sendo o amor-próprio o resultado desta investigação, uma nova questão se impõe: como o conceito de amor-próprio funcionaria na economia do horror da morte? Esta questão será trabalhada no quarto capítulo deste livro.[233] Portanto, nossa primeira objeção à interpretação de Sellier direciona-se à redução da *Lettre* a uma definição de pecado, já que encontramos mais sutilezas em relação à teoria do pecado original, pois o texto não trata somente do lapso

---

[229] BLAISE PASCAL, LETTRE À M. ET MME PERIER, À CLERMONT: À L'OCCASION DE LA MORT DE M. PASCAL LE PÈRE,. IN: _____ ŒUVRES COMPLÈTES, P. 277. PASCAL TERMINA SUA LISTA DE PECADOS APONTANDO A POSSIBILIDADE "DE OUTROS" PECADOS QUE SERIAM CAUSADOS PELO AMOR-PRÓPRIO.
[230] IBIDEM, P. 277.
[231] "PARÊNTESE" PORQUE DO PARÁGRAFO [16] AO [21] PASCAL TRATA DA ORIGEM DE TODOS OS VÍCIOS E DE TODOS OS PECADOS.
[232] BLAISE PASCAL, LETTRE À M. ET MME PERIER, À CLERMONT: À L'OCCASION DE LA MORT DE M. PASCAL LE PÈRE. IN: _____ ŒUVRES COMPLÈTES, P. 277 (GRIFO NOSSO).
[233] CF. ITEM 4.4, DO CAPÍTULO 4 ADIANTE.

originário, mas aborda outros temas, como a consolação e o sacrifício, de modo que a reflexão de Pascal fica mais densa[234] e difícil de detectar, principalmente no que tange à análise sobre a origem de todos os vícios e de todos os pecados, confinada em seis parágrafos curtos.[235]

b) Sellier afirma que a preguiça é a versão fatigada do orgulho, "sobre a preguiça continuam as toalhas profundas do desejo de sobressair"[236], ou melhor, o desejo de elevar-se. Trata-se de uma confirmação da miséria humana a partir da qual Montaigne se gaba pelo fato de fazê-la manifesta a todos os homens, e, ao sobressair o seu gênio por meio de sua crítica, leva os homens à preguiça.[237] Dito de outro modo, a preguiça é uma manifestação do orgulho tanto daquele que a detecta como daquele que dela padece, pois ambos afirmam uma suficiência da miséria humana, cuja brutalidade é tão veemente que impede qualquer esperança de cura desta condição de precariedade. Objetamos também esta ligação frágil entre orgulho e preguiça: Sellier sutiliza para aproximar Pascal e Santo Agostinho no conceito de orgulho, fazendo do pensador francês um simples reflexo do hiponense. Não encontramos nenhum texto de Pascal ao qual o autor possa se servir para realizar esta interpretação, no entanto, na *Lettre*, encontramos a raiz de todos os vícios e de todos os pecados, ou seja, o amor-próprio: o parágrafo [20] salienta a fonte de todos os vícios e de todos os pecados e, em seguida, o parágrafo [21] destaca duas consequências desta fonte: o desejo de dominação e a preguiça. Portanto, é na *Lettre*, e não no *Colóquio com o Sr. de Sacy*, que podemos afirmar a seguinte tese, que mostra nosso posicionamento crítico em relação a Sellier: na raiz da preguiça encontraremos o amor-próprio.

---

[234] "Para domar mais fortemente este horror, é necessário bem compreender a origem; e para vos tocar em *poucas palavras*, *sou obrigado a vos dizer em geral* qual é a fonte de todos os vícios e de todos os pecados. Foi isto que apreendi de dois grandíssimos e santíssimos personagens" (Blaise PASCAL, Lettre à M. et Mme Perier, à Clermont: à l`occasion de la mort de M. Pascal le Père. In: _____ *Œuvres complètes*, p. 277, grifo nosso).
[235] Ibidem, p. 277. Tal reflexão vai do parágrafo [16] até o início do [21].
[236] Ibidem, p. 186.
[237] Cf. Philippe SELLIER, *Pascal et saint Augustin*, p. 186.

Constance Cagnat, em sua obra *La Mort Classique*, afirma que o tema da consolação é provisoriamente colocado de lado por Pascal na *Lettre*, de modo que o novo percurso a ser feito é "resumir as consequências da queda"[238]. A intérprete ressalta que este *excursus*[239] dar-se-ia do início do parágrafo [16] – "e para vos tocar em poucas palavras, sou obrigado a vos dizer, em termos gerais, qual é a fonte de todos os vícios e de todos os pecados"[240] – até a terceira frase do parágrafo [21] – "Vamos a nosso único assunto"[241]. Neste intervalo, a teoria do pecado original é exposta, de forma resumida, pelo empréstimo de desenvolvimentos mais amplos, como de Santo Agostinho e Jansenius.[242] Cagnat cita as mesmas passagens do *Augustinus*, as quais Sellier faz referência, para assim explicar a queda na *Lettre*.[243] Desta maneira, esclareceremos a seguir a aproximação que Cagnat faz de Jansenius e Pascal, pois, quanto ao bispo de Hipona, tanto Sellier como Cagnat sustentam que Jansenius parte de Santo Agostinho, *La Cité de Dieu*.[244] Seguiremos o comentário de Cagnat ao relacionar, no *Augustinus*, as passagens que Jansenius cita Santo Agostinho e que, para a intérprete, explicariam os parágrafos que Pascal dedica à descrição do pecado original:

a) Cagnat destaca que Pascal se inspira em uma imagem de Jansenius, que cita Santo Agostinho, onde "o amor de si é definido como '*generalissimo et uberrimo* **fonte omniun omnino vitiorum**'[245],

---

[238] Constance CAGNAT, *La mort classique: Ecrire La mort dans La littérature française en prose de la seconde moitié du XVIIe siècle*, p. 82.

[239] Ibidem, p. 82.

[240] Blaise PASCAL, Lettre à M. et Mme Perier, à Clermont: à l'occasion de la mort de M. Pascal le Père. In: _____ *Œuvres complètes*, p. 277.

[241] Ibidem, p. 277.

[242] Cf. Constance CAGNAT, *La mort classique: Ecrire La mort dans La littérature française en prose de la seconde moitié du XVIIe siècle*, p. 82.

[243] Ibidem, p. 82-83.

[244] Cf. Ibidem, p. 82. Ver nota 169, na qual Cagnat cita Sellier. Cf. Philippe SELLIER, *Pascal et saint Augustin*, p. 142.

[245] Cornelius JANSENIUS, *Augustinus*, "De statu naturae lapsae", II, 25, p. 173 apud Constance CAGNAT, *La mort classique: Ecrire la mort dans la littérature française en prose de la seconde moitié du XVIIe siècle*, p. 82. Deixamos em negrito a passagem do *Augustinus*, assim como o intérprete citado.

aquilo que em Pascal se torna 'a fonte de todos os vícios e de todos os pecados'"[246]. Sellier sublinha ainda que "Jansenius cita uma frase do Sermão 96 – *de diversis* 47: 'a origem da perda do homem vem do amor de si'"[247]. Os dois intérpretes estão de acordo quanto às fontes de Pascal, o qual afirma tomar como referência aquilo que ele aprendeu "de dois grandíssimos e santíssimos personagens"[248], ou seja, ele está lendo Jansenius e, a partir dele, interpretando Santo Agostinho, de modo que a passagem do Sermão 96 mostra que a origem do pecado é o amor de si, afirmação de Agostinho que estaria de acordo com a nossa hipótese da *Lettre*. Entretanto, se dermos continuidade à citação do *Augustinus*, que Cagnat interrompe, veremos que, depois de mostrar que o amor de si é a origem do pecado, Jansenius cita *La Cité de Dieu*, XIV, 28.[249] Portanto, diante destas duas passagens, a saber, do Sermão 96 e da *La Cité de Dieu*, podemos complementar a nossa leitura daquilo que chamamos de dois movimentos – aproximação e distanciamento – realizado por Pascal na *Lettre* em relação ao texto de Santo Agostinho. Afirmamos um movimento de aproximação, naquilo que diz respeito aos dois amores da *La Cité de Dieu*, mas também de um movimento de distanciamento, já que, no texto em questão, Santo Agostinho explica a estrutura das relações sociais a partir de dois amores, fundadores das duas cidades que coabitam depois da queda: o movimento de distanciamento realizado por Pascal é feito a partir da interiorização dos dois amores no homem, o que possibilitou fazer

---

[246] Constance CAGNAT, La mort classique: Ecrire la mort dans la littérature française en prose de la seconde moitié du XVIIe siècle, p. 82.
[247] Philippe SELLIER, Pascal et saint Augustin, p. 142.
[248] Blaise PASCAL, Lettre à M. et Mme Perier, à Clermont: à l'occasion de la mort de M. Pascal le Père. In: _____ Œuvres complètes, p. 277.
[249] Hinc est quoc Augustinus isto solo amore sui tanquem generalíssimo et ubérrimo fonte omnium omino vitiorum Civitatem terrenam, cujus Adam in hominibus principium fuit, a coelest civitate discernat. Secernunt civitates duas amores suo, terrenam scilicet amor sui usque ad contemptum Dei, coelestem vero amor Dei usque ad contemptum sui. (Cornelius JANSENIUS, Augustinus, "De statu naturae lapsae", II, 25 apud Philippe SELLIER, Pascal et saint Augustin, p. 142, nota 8). O que destacamos em itálico é a passagem que Jansenius cita do texto de Santo Agostinho, La Cité de Dieu, XIV, 28.

uma descrição da queda enquanto perda de um de seus objetos de amor, isto é, do objeto infinito, Deus. Contudo, Jansenius cita, no *Augustinus*, o Sermão 96, no qual Agostinho afirma que a origem do pecado é o amor de si.[250] É por esta passagem que poderíamos dizer que Jansenius inspira Pascal a interiorizar os dois amores da obra *La Cité de Dieu*, e, seguindo as citações de Santo Agostinho no *Augustinus* de Jansenius, Pascal irá realizar, na *Lettre*, o trabalho de interiorização dos dois amores. Diferente de Santo Agostinho – *La Cité de Dieu*, XIV, 28 –, para o qual dois amores explicam a estrutura das relações sociais depois da queda, Pascal e Jansenius sublinham os dois amores para descrever o homem antes e depois da queda, assim como as consequências sociais destes dois amores na interioridade do homem. É desta maneira que, completando o que chamamos de segundo movimento, podemos dizer que Pascal segue Jansenius, pois este refaz o caminho de Santo Agostinho mediante uma bricolagem de citações descontextualizadas, o que permitiu a Jansenius e Pascal interiorizar os dois amores que, na obra *La Cité de Dieu*, fundavam as duas cidades depois da queda. Portanto, o que chamamos de distanciamento, como segundo movimento, é em parte inspirado por Jansenius, que interioriza os dois amores, porém, de forma inovadora e original, será Pascal quem completará a reflexão que chamamos de segundo movimento como distanciamento: ele quantifica os amores interiorizados e estabelece as relações de proporção com seus respectivos objetos. Foi deste modo que Pascal formulou a teoria dos dois amores presente na *Lettre*. Ciente da relação já esclarecida entre Pascal e seus mestres, resta-nos ainda clarear outros aspectos que aproximam Pascal ao texto de Jansenius, exceto um deles, o qual daremos a conhecer posteriormente.

b) Antes da queda: *"Hoc amore homo sicuit Deunm ut essentiae suae et sapientiae et amore principium, ita etiam ut istorum omnium **finem** respicit*

---

[250] Cf. CORNELIUS JANSENIUS, *AUGUSTINUS*, "DE STATU NATURAE LAPSAE", II, 25, P. 419-428.

*in quem cuncta resquiescant"*²⁵¹. E depois da queda:*"ipse sibi coepit omnium appetitionum et motum esse principium et finis"*²⁵². Para Cagnat, Pascal condensa estas duas passagens do Augustinus por meio da seguinte formulação na *Lettre*:"que o amor por Deus seria infinito, isto é, sem nenhum outro fim senão Deus mesmo, e que o amor por si mesmo seria finito e relacionado a Deus". Cagnat tem o objetivo de investigar as raízes do excursus realizado por Pascal, salientando quanto o autor meditou a obra de Jansenius para compor o seu texto"²⁵³.

c) *"Illius enin et creatura et figmentum et mancipium est: atque ita tamquam aliquid ipsius Dei **se diligere debet** ut Deus creaturae suae in aeternum dominetur, et in ea potestas, sapientia et bonitas ejus glorificetur"*.²⁵⁴ Tal passagem está na *Lettre*, dirá Cagnat, quando Pascal diz que o homem "não podia não se amar de modo algum sem pecado"²⁵⁵.

d) *"Ingentem et sibi ipsi incomprehensibilem vacuitatem et egestatem expertus est"*.²⁵⁶ O que corresponde à ideia que evoca a bela expressão de Pascal:"e o amor por si mesmo ficou sozinho nesta grande alma capaz de um amor infinito, e este amor-próprio se estendeu e transbordou [*debordé*] no vazio que o amor de Deus deixou"²⁵⁷. Discordamos de Cagnat, pois, nesta passagem, vemos um aspecto originalmente

---

²⁵¹ Cornelius JANSENIUS, Augustinus, "De statu naturae lapsae", II, 25, p. 172, apud Constance CAGNAT, La mort classique: Ecrire la mort dans la littérature française en prose de la seconde moitié du XVIIe siècle, p. 83. Deixamos em negrito a passagem do Augustinus, assim como foi citado pelo intérprete.
²⁵² Ibidem, p. 83. Deixamos em negrito a passagem do Augustinus.
²⁵³ Blaise PASCAL, Lettre à M. et Mme Perier, à Clermont: à l'occasion de la mort de M. Pascal le Père. In: _____ Œuvres complètes, p. 277.
²⁵⁴ Cornelius JANSENIUS, Augustinus, "De statu naturae lapsae", II, 25, p. 172, apud Constance CAGNAT, La mort classique: Ecrire la mort dans la littérature française en prose de la seconde moitié du XVIIe siècle, p. 83. Deixamos em negrito a passagem do Augustinus.
²⁵⁵ Blaise PASCAL, Lettre à M. et Mme Perier, à Clermont: à l'occasion de la mort de M. Pascal le Père. in: _____ Œuvres complètes, p. 277.
²⁵⁶ Cornelius JANSENIUS, Augustinus,"De statu naturae lapsae", II, 25, p. 174 apud Constance CAGNAT, La mort classique: Ecrire la mort dans la littérature française en prose de la seconde moitié du XVIIe siècle, p. 83. Deixamos em negrito a passagem do Augustinus, assim como o intérprete citado.
²⁵⁷ Blaise PASCAL, Lettre à M. et Mme Perier, à Clermont: à l'occasion de la mort de M. Pascal le Père. In: _____ Œuvres complètes, p. 277.

pascaliano: o vazio que o amor de Deus deixou, o qual denominamos Vazio Infinito presente no homem. Ora, o amor que o homem destinava a Deus corresponde a um vazio infinito de objeto, não o *"incomprehensibilem vacuitatem"* de Jansenius. "Vazio incompreensível" não esgota o conceito de vazio infinito pela perda do objeto que lhe corresponde. O homem vive o drama do vazio infinito sem Deus, ideia original de Pascal, presente na *Lettre*.

Em suma, a análise de Cagnat, que segue Sellier, permite-nos entender as referências da reflexão pascaliana sobre o pecado original na *Lettre*, o processo de interiorização dos dois amores, e, por fim, por meio do estudo comparativo de Cagnat, podemos perceber a originalidade de Pascal quanto ao vazio infinito do homem abandonado por Deus. Portanto, a interpretação de Cagnat, ao aproximar Pascal a Jansenius, mostra a originalidade de Pascal quanto à presença do vazio infinito vivido como drama depois da queda.

Bernadette Marie Delamarre, em sua obra *Pascal et la Cité des Hommes*, parte dos fragmentos 106 e 118 dos *Pensamentos* para, através deles, chegar à *Lettre*. No fragmento 106, Pascal, evoca "a *grandeza* do homem, de ter tirado da concupiscência uma tão bela ordem".[258] A bela ordem que Pascal se refere, elogio pela qualidade admirável do regulamento da ordem política,[259] é uma ironia do autor, cuja intenção é mostrar a perversidade de seu fundamento e a inconsistência de todas as cidades humanas e terrestres.[260] Não havendo a verdadeira justiça, ou seja, uma ordem e paz verdadeira, então resta aos homens os seus "simulacros"[261], associações humanas que são aparências em relação à ordem verdadeira. Pascal irá associar a beleza da ordem política estabelecida pelo homem à grandeza do homem, "como se

---

[258] BLAISE PASCAL, PENSÉES, LAF. 106, BRU. 403 (GRIFO DA INTÉRPRETE).
[259] CF. BERNADETTE MARIE DELAMARRE, PASCAL ET LA CITÉ DES HOMMES, P. 59. EIS O FRAGMENTO 118: "GRANDEZA DO HOMEM EM SUA CONCUPISCÊNCIA MESMO, POR TER SABIDO TIRAR DELA UM REGULAMENTO ADMIRÁVEL E POR TER FEITO EM CONSEQUÊNCIA UM QUADRO DA CARIDADE" (BLAISE PASCAL, PENSÉES, LAF. 118, BRU. 402).
[260] CF. BERNADETTE MARIE DELAMARRE, PASCAL ET LA CITÉ DES HOMMES, P. 59.
[261] CF. IBIDEM, P. 59.

esta grandeza mesma se exprimisse dentro e através da corrupção de nossa natureza até fazer dela uma forma de material, até tirar uma ordem (e uma ordem da vida comum) de uma concupiscência".[262] A grandeza do homem está em tirar da concupiscência uma ordem capaz de estabelecer-se como a essência exclusiva de toda paz.[263] A ordem estabelecida pelos homens tem como material a concupiscência, no entanto, o homem vê beleza e grandeza onde reina a fealdade, a deformidade e a incoerência.[264] A grandeza está em estabelecer a "ordem e o regulamento de uma grandeza que o mal mesmo não chegou a sufocar"[265]. O quadro pintado pelo homem (legislador) pode ser analisado pelo material usado e pelo resultado final: a grandeza do artista está em usar cores precárias (concupiscência) para pintar um quadro tão belo (resultado final da pintura). Eis o quadro da caridade: a corrupção é submetida para servir como representação de seu contrário, a caridade.[266] Todavia, destaca a intérprete, só um cego poderia pensar que a ordem política humana manifesta a perfeição da ordem verdadeira: a ordem da concupiscência é uma máscara da concupiscência, pois precário é o material com o qual ela é formada.[267] É deste modo que ela – a ordem da concupiscência – representa a caridade, mas não é o representado.[268] A ordem da concupiscência é grande pelo fato de negar o seu material, a concupiscência, mas enganosa quando faz esquecer a condição corrompida deste material, estabelecendo a si mesma como imagem da caridade, dito de outro modo, faz de si mesma a presença efetiva da caridade.[269] Delamarre afirma ainda que "no quadro da caridade, a negação pascaliana, que quer que tal quadro possa ser tirado *propriamente* da concupiscência e,

---

[262] Bernadette Marie DELAMARRE, *Pascal et la cité des hommes*, p. 59.
[263] Cf. Ibidem, p. 59.
[264] Cf. Ibidem, p. 60.
[265] Ibidem, p. 60.
[266] Cf. Ibidem, p. 60.
[267] Cf. Ibidem, p. 60.
[268] Cf. Ibidem, p. 60.
[269] Cf. Ibidem, p. 60.

assim, *contra* a concupiscência, não poderia ser a negação da presença desta concupiscência"[270]. A ordem da concupiscência é uma representação da ordem da caridade, mas não um procedimento contra a concupiscência, pois é dela mesma que se constrói o quadro da caridade, pela eficácia da concupiscência que se manifesta, por exemplo, pelo gerenciamento da cobiça dos homens e pela força, como já explanamos.[271] Tal gerenciamento é necessário para a manutenção da ordem, destaca Delamarre, e imediatamente liga o fragmento 421 dos *Pensamentos* à *Lettre*: "sob o reino da concupiscência, 'tudo tende a si: isto é, contra toda ordem';[272] com efeito, cada um tende a, se amar unicamente, e todas as coisas em relação a si, isto é, infinitamente'"[273]. É da análise da concupiscência em política que a intérprete passa para uma investigação do *moi*[274] nesta dinâmica da concupiscência. Afirma que não há, depois da queda, uma desordem absoluta, mas novas ordens em concorrência se impõem, ou seja, "ordens virtuais múltiplas cujo cada *moi* formaria ao mesmo tempo o centro e o fim relacionando tudo a si"[275]. Cada *moi* em particular se faz fim e centro de tudo, ocasionando as desordens e a guerra. A proposta de Pascal é que pela ordem da concupiscência é possível construir um ambiente de paz em meio a guerra, edificando um espaço de ordem em meio a desordem.[276] Portanto, um *moi* que quer fazer de si o fim e o centro de tudo poderá causar inúmeras desordens políticas, pois age só em seu favor e em detrimento de todos os outros, destaca a intérprete. Porém, este mesmo homem que quer fazer de si o único bem e que deseja ser objeto de amor infinito de todos os outros, antes da queda,

---

[270] BERNADETTE MARIE DELAMARRE, *PASCAL ET LA CITÉ DES HOMMES*, P. 60-61 (GRIFO DA INTÉRPRETE).
[271] CF. ITEM 2.4.2 DESTE CAPÍTULO.
[272] BLAISE PASCAL, *PENSÉES*, LAF. 421, BRU. 477.
[273] BERNADETTE MARIE DELAMARRE, *PASCAL ET LA CITÉ DES HOMMES*, P. 61. CITAÇÃO DA *LETTRE* POR DELAMARRE: IDEM, LETTRE À M. ET MME PERIER, À CLERMONT: À L'OCCASION DE LA MORT DE M. PASCAL LE PÈRE. IN: _____ŒUVRES COMPLÈTES, P. 277.
[274] CF. ITEM 5.5, CAPÍTULO 5 ADIANTE.
[275] BERNADETTE MARIE DELAMARRE, *PASCAL ET LA CITÉ DES HOMMES*, P. 61.
[276] IBIDEM, P. 62.

"era naturalmente relacionado a um bem infinito"²⁷⁷, ou seja, Deus. Tal relação está expressa na *Lettre* e Delamarre se propõe a analisar a condição do homem em sua relação com este bem infinito. Para isso, considera a condição do homem antes do pecado fazendo menção à *Lettre* e ao fragmento 148 dos *Pensamentos*.

> O homem era finito (e não limitado), era "esta grande alma capaz de um amor infinito".²⁷⁸ Ora, a capacidade deste amor infinito é ela mesma uma capacidade infinita, que "só pode ser preenchida por um objeto imutável, isto é, por Deus mesmo".²⁷⁹ Dentro deste estado de natureza inocente, o objeto infinito era dado e presente a este amor, e este amor mesmo estava presente.²⁸⁰

Nesta passagem, naquilo que concerne ao homem antes da queda, a intérprete afirma: 1) a alma possuía uma capacidade de amor infinito; 2) a alma possuía o objeto infinito que corresponde a sua potência, ou seja, Deus; 3) há uma diferença entre capacidade de amar e Objeto amado. Nestes três pontos, estamos de acordo com a intérprete. Mas vejamos como ela faz a passagem da natureza inocente para a corrupção pós-lapsária.

Na corrupção, quando o homem desvia-se de Deus, o objeto infinito e o amor infinito deste objeto desaparecem, restando somente "o vazio que o amor de Deus deixou"²⁸¹ e o "abismo infinito"²⁸². Delamarre trabalha com a *Lettre* e o fragmento 148 dos *Pensamentos* e afirma: 1) o homem corrompido desvia-se de Deus; 2) tal desvio provoca a falta do objeto infinito e do amor infinito; 3) restou no homem um *vazio* – *Lettre* – deixado pelo objeto infinito, Deus; um *abismo*

---

[277] Bernadette Marie DELAMARRE, *Pascal et la cité des hommes*, p. 63.
[278] Blaise PASCAL, Lettre à M. et Mme Perier, à Clermont: à l'occasion de la mort de M. Pascal le Père. In: _____ *Œuvres complètes*, p. 277.
[279] Idem, *Pensées*, Laf. 148, Bru. 425.
[280] Bernadette Marie DELAMARRE, *Pascal et la cité des hommes*, p. 63.
[281] Blaise PASCAL, Lettre à M. et Mme Perier, à Clermont: à l'occasion de la mort de M. Pascal le Père, in: _____ *Œuvres complètes*, p. 277.
[282] Bernadette Marie DELAMARRE, *Pascal et la cité des hommes*, p. 63 (grifo do autor). Idem, *Pensées*, Laf. 148, Bru. 425.

infinito deste mesmo objeto (*Pensamentos*). Nossa interpretação está de acordo com Delamarre nos itens 1 e 3, mas afastamo-nos da intérprete no item 2. Citaremos Delamarre para matizar seu argumento:

> Conforme Pascal, não é somente o objeto que fez falta para um amor infinito que teria quanto a ele persistido na alma, o infeliz nascimento da subsistência de um amor que teria perdido seu objeto: bem ao contrário, o amor e o objeto desapareceram *conjuntamente*, deixando um vazio, um abismo de infinito.[283]

Delamarre afirma uma distinção entre a capacidade de amar e o objeto amado, como vimos na descrição feita do estado de inocência do homem, mas, com a queda, assegura que o objeto infinito deixa um vazio, um abismo, ao abandonar o homem, de modo que o objeto infinito assim como a capacidade de amar infinitamente são subtraídos pelo abandono de Deus. Nossa crítica é que, se considerarmos a *Lettre*, não encontramos o desaparecimento conjunto da capacidade de amar infinitamente e do objeto infinito, mas somente o objeto infinito desaparece. No parágrafo [16] da *Lettre*, Pascal faz referência a dois amores que constituem o homem: [16] – "a verdade que abre este mistério é que Deus criou o homem com dois amores, um por Deus, e o outro por si mesmo"[284]. Ora, Pascal menciona os objetos de amor, mas não qualifica os respectivos amores presentes no homem. Tal qualificativo será dado mediante uma lei: "que o amor por Deus seria infinito"[285] e o "amor por si mesmo seria finito e relacionado a Deus"[286]. Desta maneira, os amores que constituem as criaturas são proporcionais aos objetos: o homem possui uma capacidade de amor finito e infinito, assim como seus respectivos objetos. Todavia, com a queda, dirá Pascal, "o homem perdeu o primeiro de seus amores"[287], afirmação importante

---

[283] BERNADETTE MARIE DELAMARRE, *PASCAL ET LA CITÉ DES HOMMES*, P. 63 (GRIFO DO AUTOR).
[284] BLAISE PASCAL, LETTRE À M. ET MME PERIER, À CLERMONT: À L`OCCASION DE LA MORT DE M. PASCAL LE PÈRE. IN: _____ *ŒUVRES COMPLÈTES*, P. 277.
[285] IBIDEM, P. 277.
[286] IBIDEM, P. 277.
[287] IBIDEM,, P. 277.

que nos leva a postular a seguinte questão: o homem perdeu o objeto infinito ou a capacidade de amar infinitamente? Para respondê-la, citamos Pascal:"e o amor por si mesmo ficou sozinho nesta grande alma capaz de um amor infinito"[288]. O amor por si mesmo ficou sozinho em sua versão corrompida,[289] mas a capacidade de amar, que só poderá ser atualizada pelo objeto infinito, permanece. Dito de outro modo, o abandono de Deus, objeto infinito, deixa uma marca no homem, ou seja, o vazio de objeto, ou vazio infinito, mas permanece a capacidade de amar, que pode ser atualizada pelo próprio Deus. Ora, o vazio do homem é um vazio de "um amor infinito"[290] do objeto, mas não da capacidade de amar infinitamente. Do mesmo modo, o homem não é possuidor da felicidade, porém, não perdeu a capacidade de ser feliz, a qual manifesta seus vestígios em diversas passagens dos *Pensamentos*. Pascal fala da felicidade do estado de inocência e que dela carregamos uma "luz confusa"[291]; destaca ainda o vestígio vazio da felicidade que restou de sua grandeza primordial, uma "felicidade verdadeira, da qual resta agora a marca e o vestígio totalmente vazio"[292]; ressalta que há um vago vestígio impotente da felicidade, "vago vestígio impotente da felicidade de sua primeira natureza",[293] pois não lhe falta a capacidade de ser feliz, mas o objeto infinito que corresponde à felicidade infinita, isto é, Deus, que homem contemplava antes da queda. Portanto, resta no homem vestígios de uma felicidade infinita de sua primeira natureza, mas lhe falta o respectivo objeto desta felicidade que se identifica com o próprio Deus: o homem busca o Objeto de sua felicidade infinita nos objetos finitos, pelo fato de ter havido, em sua primeira

---

[288] Blaise PASCAL, Lettre à M. et Mme Perier, à Clermont: à l'occasion de la mort de M. Pascal le Père. In: _____ Œuvres complètes, p. 277.
[289] Cf. Bernadette Marie DELAMARRE, Pascal et la cité des hommes, p. 65, nota 1. A intérprete traça as diferenças entre l'amour de soi e amour-propre em Pascal. Para saber nossas objeções a este ponto cf. item 2.4.1 deste capítulo.
[290] Blaise PASCAL, Lettre à M. et Mme Perier, à Clermont: à l'occasion de la mort de M. Pascal le Père. In: _____ Œuvres complètes, p. 277.
[291] Idem, Pensées, Laf. 149, Bru. 430.
[292] Ibidem, Laf. 148, Bru. 425.
[293] Ibidem, Laf. 149, Bru. 430.

natureza, uma capacidade de receber o objeto que lhe proporciona a felicidade infinita. Da mesma forma, na *Lettre*, o homem busca o objeto de seu amor infinito nos objetos finitos em decorrência de ter havido, em sua primeira natureza, um objeto proporcional à plenitude de sua capacidade de amar infinitamente. Porém, com o lapso originário, o homem não perde a capacidade de amar infinitamente, pois se não houvesse tal capacidade não haveria esta busca incessante de se amar, busca que se estende a todos os objetos finitos, enquanto nostalgia daquele objeto infinito por excelência: "e assim o homem se ama unicamente, e todas as coisas em relação a si, isto é, infinitamente"[294]. O homem, capaz de um amor infinito no mundo dos objetos finitos e perecíveis, vive o drama da perda nostálgica de Deus. Portanto, se, para Delamarre, o desvio do homem provoca tanto a falta do objeto infinito como da capacidade do amor infinito, para nós, tal desvio provoca a permanência dramática da capacidade de amor infinito sem o objeto infinito, como vimos em nossa análise da *Lettre*.

Christian Lazzeri, na obra *Force et Justice dans la Politique de Pascal*, diz que a teoria política de Pascal, como toda teoria política clássica, apresenta um duplo objetivo: a) pensar as condições de existência de um corpo político constitutivo a partir de sua gênese, e, assim, apresenta uma reconstrução analítica a partir de princípios que se articulam como a antropologia e uma doutrina do direito; b) saber como se daria a reprodução do corpo político. O texto de Lazzeri tem como objetivo mostrar como a teoria política de Pascal se apresenta, bem como a originalidade do autor em face aos seus contemporâneos.[295] Tal originalidade está no fato de Pascal tomar as premissas antropológicas da religião, de modo que "o homem não pode ser conhecido se fazemos abstração das verdades da religião cristã e, entre estas, aquela que concerne à dupla natureza do homem antes e depois da queda"[296].

---

[294] Blaise PASCAL, Lettre à M. et Mme Perier, à Clermont: à l'occasion de la mort de M. Pascal le Père. In: _____ Œuvres complètes, p. 277.
[295] Cf. Christian LAZZERI, Force et Justice dans la politique de Pascal, p. VIII-IX.
[296] Ibidem, p. XI

De outra parte, Pascal rompe com as teses do direito político clássico, que supõem que as relações entre o entendimento e a vontade são suficientemente ordenadas para "conhecer racionalmente as normas capazes de regrar as relações inter-humanas, aquilo que desemboca sobre uma crítica do direito natural"[297]. Já que a antropologia tem relevância para a política, interessa-nos saber como Lazzeri concebe o homem em Pascal. O texto teológico do qual o intérprete parte é a *Lettre*:

> No primeiro estado de natureza, o homem amava a si mesmo, porém, o fazia através de Deus, direção a quem estava inicialmente dirigido este amor: isto significa que um ser finito era capaz de um amor infinito por um Ser *infinito* e *perfeito*, amando a si mesmo por um amor finito nele presente (*Lettre*, 1651, p. 277b). Mas invertendo esta relação e tornando a si mesmo objeto primeiro deste amor, ele substitui um ser finito e imperfeito ao Ser infinito.[298]

Lazzeri interpreta os parágrafos [16], [17] e [18] da *Lettre*.[299] Antes do pecado, o homem se amava com um amor finito tendo Deus como referência, assim como a criatura amava infinitamente o Deus infinito e perfeito com um amor infinito, de modo que a criatura finita era capaz de amar infinitamente, porém, com o pecado, resta uma incomensurabilidade entre o infinito de Deus e a finitude humana, restando no homem um vazio infinito,[300] conceito que buscamos esclarecer como fora construído por Pascal, e que não é central na obra de Lazzeri. Todavia, é de grande relevância a questão que o intérprete coloca quanto ao vazio infinito: "como restabelecer esta proporcionalidade quantitativa e qualitativa que deixa somente ao indivíduo um desejo infinito por um objeto finito que ele não pode preencher

---

[297] CHRISTIAN LAZZERI, *FORCE ET JUSTICE DANS LA POLITIQUE DE PASCAL*, P. XI.
[298] IBIDEM, P. 8-9 (GRIFO DO AUTOR). REPRODUZIMOS NA CITAÇÃO A NOTA QUE O AUTOR DESTACA DA EDIÇÃO LAFUMA.
[299] BLAISE PASCAL, LETTRE À M. ET MME PERIER, À CLERMONT: À L'OCCASION DE LA MORT DE M. PASCAL LE PÈRE. IN: _____ ŒUVRES COMPLÈTES, P. 277.
[300] IBIDEM, P. 9.

consigo mesmo como objeto finito de desejo?"[301]. Tal questão ressalta que resta no homem um desejo infinito por um objeto infinito com características próprias – quantitativas e qualitativas – e que não poderá ser satisfeito por si mesmo, pois o homem é objeto de seu desejo, no entanto, é finito, isto é, desproporcional ao seu desejo infinito. Assim, desde que não haja uma intervenção divina, a resposta a esta disfuncionalidade do homem é dada de dois modos:

a) O *moi* ama a si mesmo infinitamente, experimenta o deleitamento em si e faz disso um bem,[302] no entanto, sendo ele mesmo finito e capaz de um amor infinito, tal deleitamento em si será sempre insuficiente, pois o objeto finito diante do desejo infinito se aniquila, como uma unidade numérica diante do infinito, pois "acrescentado ao infinito, ela não aumenta em nada"[303], declara o intérprete enquanto segue o raciocínio de Pascal no fragmento 418: "a unidade acrescentada ao infinito não aumenta em nada"[304]. Portanto, em termos de relação, o *moi* é um nada em relação ao Ser infinito, ou seja, entre o "*moi finito e o desejo infinito haveria um vazio infinito se considerarmos as relações dos termos. Em consequência, precisaria modificar os termos da relação para modificar a relação dos termos*"[305]. Dito de outro modo, tal transformação, já que não poderá ser realizada no objeto em si mesmo, modifica o conhecimento que se tem do objeto.[306] Eis a modificação dos termos: da relação tomada pelo objeto, passa-se à relação do conhecimento que se constrói do objeto. O intérprete irá enfatizar a representação de si que o homem faz para os outros, de modo que o *moi* parece tomar uma dimensão maior do ponto de vista exterior. "É isso que podemos chamar de amor-próprio de vaidade".[307] Esta trans-

---

[301] Blaise PASCAL, Lettre à M. et Mme Perier, à Clermont: à l'occasion de la mort de M. Pascal le Père. In: _____ Œuvres complètes, p. 9.
[302] Cf. Ibidem, p. 9.
[303] Ibidem, p. 9.
[304] Idem, Pensées, Laf. 418, Bru. 233.
[305] Christian LAZZERI, Force et Justice dans la politique de Pascal, p. 9 (grifo do autor).
[306] Ibidem, p. 10.
[307] Ibidem, p. 10.

formação do *moi*, que é nada, em algo pelo amor-próprio, é a vaidade, pois faz do efêmero algo de valor e grandeza. Lazzeri cita o fragmento 470 dos *Pensamentos* para ilustrar que a estima que reconhecemos em nós é "a qualidade mais indelével do coração humano"[308]. Portanto, a "solução" da mudança da relação de termos é realizada pelo amor-próprio que cria uma imagem de si, fazendo de si algo que não corresponde ao objeto, e isso é o que o intérprete chama de vaidade.

b) O segundo modo é diferente da modificação do *moi* para tornar-se objeto de amor infinito. "Portanto, ama-se em si mesmo alguma coisa de exterior a si".[309] Já que mesmo as modificações do *moi*, através da representação deste, não bastam para preencher o desejo infinito, busca-se nas coisas, que não são o *moi*, a satisfação que o *moi* não pode conceder.[310] Todavia, cada objeto de prazer só aparece como um nada numérico diante do desejo infinito.

A leitura de Lazzeri mostra o verdadeiro homem pascaliano, pois, dilacerado por um desejo infinito de Deus, busca deleitar-se naquilo que poderia preencher sua capacidade de amor infinito, mas todas as maquinações da criação de um *moi* ou de uma satisfação nos objetos são desproporcionais ao vazio que Deus deixou.

Terminado o diálogo com os intérpretes, e tendo em nosso horizonte o amor-próprio como fonte de todo mal em Pascal, veremos, em outro texto de Pascal, o desdobramento desta fonte que caracteriza o homem depois da queda.

2.6 – Há um liame entre a *Lettre* e os *Escritos sobre a Graça*?

Nos *Escritos sobre a Graça*, Pascal fará uma descrição mais precisa das consequências do amor-próprio que encontramos na *Lettre*. No parêntese realizado na *Lettre*, para explicar a fonte de todos os vícios e de todos os pecados, assim como a capacidade de amor infinito que

---

[308] Blaise PASCAL, *Pensées*, Laf. 470, Bru. 404.
[309] Christian LAZZERI, *Force et Justice dans la politique de Pascal*, p. 11.
[310] Cf. Ibidem, p. 11.

resta no vazio infinito que Deus deixou como marca da condição pós-lapsária e suas respectivas consequências, isto é, o desejo de dominar e a preguiça, percebemos um detalhe que não poderia passar em branco, a saber, o modo como tal descrição da queda termina: "e de outros"[311]. Pascal não completa o quadro dos desdobramentos do primeiro pecado, mas fecha o discurso para explicar a origem do horror da morte: "a aplicação disto é simples. Vamos a nosso único assunto"[312]. Trata-se de aplicar o conceito de amor-próprio para entender o horror da morte, o que é de fato o tema que fora proposto inicialmente antes deste *excursus*: "para domar mais fortemente este horror, é necessário bem compreender sua origem"[313], e continua, "e para vos tocar em poucas palavras, sou obrigado a vos dizer, em termos gerais, qual é a fonte de todos os vícios e de todos os pecados"[314]. Percebe-se que do início do parágrafo [16] até o início do parágrafo [21], o autor busca entender a gênese da teoria do pecado original, e nela encontramos suas fontes e inovações originais, como vimos anteriormente; no entanto, o corte "e de outros"[315] revela que haveria outras consequências da queda, estas que completariam, ao menos parcialmente, o quadro dos desdobramentos do pecado original. Estariam tais desdobramentos presentes em outros textos de Pascal? É isso que passamos a investigar no capítulo 3.

---

[311] "Ele [AMOR-PRÓPRIO] é, por este motivo [SUA DEFEITUOSIDADE E SEU EXCESSO], próprio do desejo de dominar, da preguiça, E DE OUTROS" (Blaise PASCAL, Lettre à M. et Mme Perier, à Clermont: à l'occasion de la mort de M. Pascal le Père. In: _____ Œuvres complètes, p. 277, grifo nosso).

[312] Ibidem, p. 277.

[313] Ibidem, p. 277.

[314] Ibidem, p. 277.

[315] Ibidem, p. 277.

Capítulo 3

As Consequências da Queda

> *Todos os homens provindos de Adão nascem na ignorância, na concupiscência, culpados do pecado de Adão e dignos de morte eterna.*[1]

Na epígrafe, vemos quatro desdobramentos da queda em Pascal: a ignorância, a concupiscência, a culpa pelo pecado e a morte eterna. Neste capítulo, investigaremos estes quatro termos presentes no *Escritos sobre a Graça*, texto em que o autor descreve as consequências da queda, e assim mostraremos que as sequelas provenientes da teoria do pecado original, já expressas parcialmente na *Lettre*, são completadas por outros textos de Pascal; desta maneira, poderemos conceder um quadro geral do lapso primordial, aproximando os dois textos citados, o que nos possibilitará a realização daquilo que chamaremos de "colagem subjetiva".

Partiremos investigando a ignorância de si, da própria natureza humana, que faz do homem uma incógnita, depois, trabalharemos o

---

[1] Blaise PASCAL, Écrits sur la Grâce. In: _____ Œuvres complètes, p. 317.

conceito de natureza em Pascal, cujos fragmentos do *Pensamentos* sugerem caracterizá-lo como costume e hábito; em seguida, apresentaremos a crítica direcionada ao estoicismo, o qual é concebido como filosofia da grandeza humana, isto é, uma filosofia do orgulho, o que nos permitirá compreender qual foi o critério utilizado pelo filósofo francês para criticar os estoicos, ou seja, o pecado original, o qual fundamenta a censura direcionada a esta filosofia: o estoicismo parte de um falso princípio de consolação, a saber, a Natureza. A crítica ao estoicismo realiza-se a partir de duas frontes: a) a filosofia é um discurso parcial da verdade e, por este motivo, não consola; b) o conceito de Natureza não tem sentido, de modo que o estoicismo partiria de um princípio vazio. Terminada a análise da ignorância, passaremos a investigar um termo de grande relevância para entender a condição do homem depois da queda, a concupiscência, e, a fim de matizá-lo, traremos as luzes lançadas pelos intérpretes. Em seguida, investigaremos a morte como consequência da queda, primeiro, nas fontes de Pascal – Santo Agostinho e Jansenius –; depois, na *Lettre* e nos *Escritos sobre a Graça*. Por fim, ofereceremos ao leitor um quadro geral das consequências do pecado original, o que chamaremos de "colagem subjetiva", terminando a primeira parte deste trabalho.

3.1 – A ignorância e a crítica do conceito de natureza

O pecado primordial é a causa direta da distância existente entre o homem e Deus, de modo que a criatura se veria perdida, já que Deus, única referência, deixa de sê-la, e a distância do Criador é sentida como ignorância de si mesmo. Ciente desta distância tão desproporcional, abordaremos o conceito de ignorância como um desdobramento da queda.

O que é o homem? Distante de Deus como efeito do pecado, esta pergunta torna-se sem sentido, pois o homem, desconfigurado pela vaidade, não se reconhece, vendo a si mesmo como um ser mergulhado na ignorância: "Não sei quem me colocou no mundo, nem o que é o mundo, nem o que sou eu mesmo"². Como um barco à deriva,³ jogado de um lado para outro, que, em dado momento, estraçalha-se, desintegrando-se e desaparecendo oceano adentro, o homem também é lançado em um universo infinito,⁴ contido por um planeta que vaga pelo espaço por um tempo indeterminado, que escoa⁵ continuamente e por fim, desintegra-se e desaparece. A fragilidade do homem aliada a ignorância de si nos leva a pensar a miséria humana no "estado"⁶ pós-lapsário.

Carraud, em sua análise da miséria presente e da ignorância da primeira dignidade do homem, detalha os sentidos do conceito de "estado" usado por Pascal. 1) *Status* distingue três estados, aquele da natureza pura, da natureza inocente e da natureza decaída, porém, Jansenius, na esteira de Santo Agostinho, nega o estado de natureza pura, de modo que somente os estados reais – natureza inocente e decaída – são considerados.⁷ Da mesma forma, Pascal considera o estado no sentido histórico, isto é, antes do pecado e depois do pecado,⁸ "Santo Agostinho distingue os dois *estados* dos homens antes e depois do pecado e tem dois sentimentos apropriados para estes dois *estados*"⁹. Vale salientar que "estado" está ligado ao conceito de

---

² Blaise PASCAL, *Pensées*, Laf. 427, Bru. 194.
³ Cf. Pierre MAGNARD, *Nature et Histoire dans l'apologétique de Pascal*, p. 67-76. O intérprete parte da dificuldade de encontrar um "centro" frente a uma esfera infinita, como Pascal afirma no fragmento 199: "é uma esfera infinita cujo centro está em toda parte, a circunferência em parte alguma" (Blaise PASCAL, *Pensées*, Laf. 199, Bru. 72). A esfera infinita figuraria o poder de Deus e a impotência da razão em totalizar o universo. Dessa maneira, a mesma esfera infinita retrata a deriva humana diante de um universo infinito e a distância do homem sem Deus depois da queda.
⁴ Ver. Alexandre KOYRÉ, *Do mundo fechado ao universo infinito*.
⁵ "O escoar-se./ É uma coisa horrível ver escoar-se tudo que se possui" (Blaise PASCAL, *Pensées*, Laf. 757, Bru. 212).
⁶ Este termo aparece inúmeras vezes na pena de Pascal: "Santo Agostinho distingue os dois *estados* dos homens antes e depois do pecado e tem dois sentimentos apropriados para estes dois *estados*" (Idem, Écrits sur la Grâce. In: _____ *Œuvres complètes*, p. 317, grifo nosso). Ver também Ibidem, p. 312; p. 313; p. 314; p. 318; p. 331; p. 332; p. 333; p. 341; p. 344; p. 346.
⁷ Cf. Vicent CARRAUD, *Pascal et la Philosophie*, p. 128-129.
⁸ Cf. Ibidem, p. 129.
⁹ Blaise PASCAL, Écrits sur la Grâce. In: _____ *Œuvres complètes*, p. 317.

condição,¹⁰ o qual podemos encontrar nos *Pensamentos*: "Condição do homem./Inconstância, tédio e inquietação"¹¹; "se nossa condição fosse verdadeiramente feliz, não seria necessário desviarmos dela nossos pensamentos"¹². E, descrevendo a condição humana, Pascal salienta a ignorância: "não sei quem me colocou no mundo, nem o que é o mundo, nem o que sou eu mesmo; estou em uma ignorância terrível de todas as coisas"¹³. Classicamente, dirá Carraud, o conceito de condição pode ser distinguido da seguinte maneira: *condicio*, como a maneira pela qual Deus criou o homem, da qual se destaca a situação e o modo de ser da criatura; *conditio*, que expressa a criaturalidade do homem; por fim, *conditor*, referente ao Criador, ou seja, a maneira de ser deste último. Esta distinção, realizada por Carraud, tem o objetivo de mostrar que o conceito de condição recobre um sentido teológico. 2) Diferente do sentido histórico, Pascal também faz uso a-histórico do conceito de estado: trata-se da referência ao sentido de origem do homem. O sentido a-histórico da origem explica os dois estados do presente, ou seja, Grandeza e Miséria: "grandeza e miséria do homem são tão visíveis"¹⁴. A miséria não é um atributo do homem antes do pecado, só a grandeza, portanto, explicar a grandeza e a miséria como dupla constituição histórica do homem é entender a grandeza de origem como estado a-histórico. 3) Por último, Pascal entende o estado como meio: "limitados de todo gênero, este

---

[10] Cf. BLAISE PASCAL, *PENSÉES*, LAF. 33, BRU. 374; LAF. 56, BRU. 181; LAF. 70, BRU. 146 BIS; LAF. 117, BRU. 406; LAF. 131, BRU. 434; LAF. 136, BRU. 139; LAF. 162, BRU. 189; LAF. 193, BRU. 208; LAF. 427, BRU. 247; LAF. 33, BRU. 374; LAF. 429, BRU. 229; LAF. 434, BRU. 199; LAF. 444, BRU. 557; LAF. 650, BRU. 333; LAF. 687, BRU. 144; LAF. 889, BRU. 165; LAF. 921, BRU. 518; LAF. 946, BRU. 785; LAF. 950, BRU. 951.

[11] IBIDEM, LAF. 27, BRU. 127.

[12] IBIDEM, LAF. 70, BRU. 165 BIS.

[13] IBIDEM, LAF. 427, BRU. 194. MAS, PARADOXALMENTE, PASCAL AINDA FALA DE UMA IGNORÂNCIA SÁBIA, AQUELA CONQUISTADA PELOS PENSADORES QUE, CONHECENDO A SUA IGNORÂNCIA NATURAL, PERCORREM TODO O CAMINHO DO SABER E, AO FIM, HUMILDEMENTE, "SE ENCONTRAM NAQUELA MESMA IGNORÂNCIA DE QUE PARTIRAM, MAS É UMA IGNORÂNCIA SÁBIA QUE SE CONHECE" (IBIDEM, LAF. 83, BRU. 327). NO ENTANTO, HÁ HOMENS QUE PARTEM DA IGNORÂNCIA, MAS PARAM NO MEIO DO CAMINHO, RESTANDO NELES "ALGUMA TINTURA DAQUELA CIÊNCIA ARROGANTE, E SE FAZEM DE ENTENDIDOS" (IBIDEM, LAF. 83, BRU. 327).

[14] IBIDEM, LAF. 149, BRU. 430.

estado que ocupa o meio entre estes dois extremos encontra-se em todas as nossas potências"[15]. Trata-se da "incapacidade do homem de compreender os extremos"[16].

Gostaríamos de ampliar mais um ponto: Pascal salienta: "2 estados da natureza do homem"[17]. Acrescentamos que se trata de uma mesma natureza para dois estados, mesmo sabendo que, nos *Pensamentos*, o filósofo francês refere-se, no fragmento 149, a duas naturezas: "segui os vossos movimentos. Observai a vós mesmos e vede se não encontrareis aí os caracteres vivos dessas duas naturezas"[18]. No entanto, encontramos, nos dois parágrafos que antecedem esta passagem, o conceito de estado para referir-se à dupla condição do homem: "não estais no estado de vossa criação"[19]. Ora, se há um estado no qual o homem foi criado e um estado depois da criação, poderíamos supor a existência de dois estados distintos e contraditórios, porém, unidos no homem, aquilo que Carraud chamará de "sujeito disjunto"[20], o qual expressaria a contradição que é o homem: "tantas contradições encontram-se em um sujeito simples"[21]. As duas naturezas não são, necessariamente, duas naturezas distintas, mas podem ser entendidas como dois estados, de modo que o homem permanece com a mesma natureza depois da queda, porém, em um estado diferente, ou seja, corrompido. Tal detalhe não é de menor importância, pois implica problemas em relação ao ato criador de Deus, pois afirmar a existência de duas naturezas distintas leva-nos a dizer, consequentemente, que o homem possui outra natureza corrompida e que Deus a teria criado, o que, para Pascal, seria um absurdo, já que a natureza corrompida pode ser regenerada pela graça, posição que difere dos luteranos, os quais salientam categoricamente a "corrupção

---

[15] Blaise PASCAL, *Pensées*, Laf. 199, Bru. 72.
[16] Vicent CARRAUD, *Pascal et la Philosophie*, p. 132-133. Para acompanhar toda a investigação sobre o conceito de *estado*, cf. Ibidem, p. 128-132.
[17] Blaise PASCAL, *Pensées*, Laf. 241, Bru. 765.
[18] Ibidem, Laf. 149, Bru. 430.
[19] Ibidem, Laf. 149, Bru. 430.
[20] Vicent CARRAUD, *Pascal et la Philosophie*, p. 134.
[21] Blaise PASCAL, *Pensées*, Laf. 149, Bru. 430.

invencível da natureza"²². A natureza, para os luteranos, é tão precária, tão miserável e tão frágil que não pode ser regenerada, mas deve ser destruída, já que a corrupção da natureza é absoluta.²³ A graça perde sua força, pois se mostra incapaz de regenerar a natureza, algo que seria inadmissível para Pascal, defensor da eficácia da graça.²⁴

Diante da desagregação do estado de natureza do homem depois da queda, ignorante quanto ao seu estado decaído e pecaminoso, não podemos deixar de fazer menção à possibilidade de compreensão de si por meio do sobrenatural, de modo que será pela fé que a referência explicativa da vida e da morte ganhará sentido, e o homem compreenderá a origem da sua própria ignorância, como afirma Pascal, em uma passagem rasurada ao final do fragmento 131:

> *Concebamos pois que a natureza do homem é dúplice.*
>
> *Concebamos pois que o homem ultrapassa infinitamente o homem e que ele era inconcebível para si mesmo sem o auxílio da fé. Pois quem não vê que sem o conhecimento dessa dupla condição da natureza estava o homem numa ignorância invisível da verdade de sua própria natureza?* ²⁵

---

²² BLAISE PASCAL, ÉCRITS SUR LA GRACE. IN: _____ ŒUVRES COMPLÈTES, P. 340.

²³ PASCAL COMPARA OS MANIQUEUS DO TEMPO DE AGOSTINHO COM OS LUTERANOS DE SEU TEMPO, POIS, DIFERINDO NAS CAUSAS DA CORRUPÇÃO, OS PRIMEIROS DEFENDEM UMA NATUREZA MÁ QUE DETERMINA O HOMEM, E O OUTROS UMA VONTADE CORROMPIDA E IRREPARÁVEL, NÃO DIFEREM NOS EFEITOS, JÁ QUE TANTO OS MANIQUEUS QUANTO OS LUTERANOS ESTÃO DE ACORDO AO TRATAREM DA PRECARIEDADE INVENCÍVEL DA NATUREZA: "VEMOS SUFICIENTEMENTE POR TANTAS PROVAS QUE OS MANIQUEUS E OS LUTERANOS ESTAVAM DENTRO DE UM ERRO PARECIDO TRATANDO DA POSSIBILIDADE DOS PRECEITOS, E AINDA QUE ELES DIFERISSEM NAQUILO QUE UNS ATRIBUEM À UMA NATUREZA MÁ E INCORRIGÍVEL AQUILO QUE OS OUTROS IMPUTAM À CORRUPÇÃO INVENCÍVEL DA NATUREZA, ELES CONVÊM, ENTRETANTO, NAS CONSEQUÊNCIAS: *O LIVRE-ARBÍTRIO NÃO ESTÁ DE MODO ALGUM NOS HOMENS; OS HOMENS SÃO CONSTRANGIDOS A PECAR POR UMA NECESSIDADE INEVITÁVEL; E ASSIM OS PRECEITOS LHE SÃO ABSOLUTAMENTE IMPOSSÍVEIS*. DE FORMA QUE, NÃO DIFERINDO SENÃO NAS CAUSAS E NÃO NO EFEITO, QUE É O ÚNICO [ASSUNTO] DO QUAL É QUESTÃO DE SABER NESTA MATÉRIA, PODEMOS DIZER COM VERDADE QUE SEUS SENTIMENTOS SÃO SEMELHANTES TRATANDO DA POSSIBILIDADE [DOS MANDAMENTOS], E QUE OS MANIQUEUS ERAM OS LUTERANOS DE SEU TEMPO, ASSIM COMO OS LUTERANOS SÃO OS MANIQUEUS DO NOSSO" (IBIDEM, P. 340).

²⁴ PARA SABER MAIS SOBRE A POSIÇÃO DE LUTERO E PASCAL QUANTO AO ESTADO DE NATUREZA DO HOMEM, VER ANDREI VENTURINI MARTINS, *CONTINGÊNCIA E IMAGINAÇÃO EM BLAISE PASCAL*. 2006. DISSERTAÇÃO DE MESTRADO APRESENTADA AO DEPARTAMENTO DE CIÊNCIAS DA RELIGIÃO DA PUC-SP, P. 110-113.

²⁵ BLAISE PASCAL, *PENSÉES*, LAF. 131, BRU. 434.

Conceber é ver claramente, não por uma prova demonstrativa, mas pelo excesso de luz que ofusca a visão. O homem ultrapassa o homem infinitamente porque não é o homem que explica a si mesmo, mas é justamente aquilo que o ultrapassa infinitamente que o explica, Deus; por este motivo, a fé tem um papel fundamental, já que a explicação do homem, aquele recém-saído das mãos de Deus, em seu estado de criação, o verdadeiro homem, a criatura em si, estaria intimamente vinculada à deidade. Entretanto, o pecado original afetou tão bruscamente suas capacidades cognitivas que o homem não pode mais conhecer a si mesmo fazendo referência somente à razão, faculdade que só tem acesso ao estado de "natureza" atual, mas somente por meio da fé. O homem não é só um ser de natureza, mas nele contém uma realidade sobrenatural, a qual faz-se presente como um "instinto secreto que restou de nossa natureza primeira"[26]. A natureza primeira, verdadeiramente, possui sentido, mas é este sentido que não podemos conhecer pela razão demonstrativa. O homem, depois da queda, possui uma "natureza" dúplice, dito de outro modo, trata-se de uma composição "natural"/sobrenatural, ou seja, no estado de natureza pós-lapsário há uma vocação para o sobrenatural, permitindo a entrada da graça[27] na economia da reflexão pascaliana.

Diante disso, analisaremos o fragmento 126 dos *Pensamentos* para entender como o conceito de natureza, em um sentido mais amplo, é criticado por Pascal e, por conseguinte, esvaziado. Assim, a partir das investigações de Carraud, poderemos avaliar como Pascal concebe o filósofo estoico, orgulhoso em assentir à Natureza e compreendê-la como expressão do cosmos no próprio homem, para, em seguida, mostrar as consequências da análise pascaliana do estoicismo a partir do pecado original; por fim, voltaremos à *Lettre* para entender a crítica

---

[26] Blaise PASCAL, *Pensées*, Laf. 136, Bru. 139.

[27] A GRAÇA É O TOQUE DE DEUS SENTIDO NO CORAÇÃO HUMANO QUE RETIRA O HOMEM DAS APORIAS QUE A RAZÃO E OS SENTIDOS, CORROMPIDOS PELA QUEDA, IMPELEM O HOMEM. "O HOMEM NÃO É MAIS NADA DO QUE UM SUJEITO CHEIO DE ERRO NATURAL, E INAPAGÁVEL SEM A GRAÇA. NÃO LHES MOSTRA A VERDADE. TUDO O ENGANA. ESTES DOIS PRINCÍPIOS DE VERDADE, A RAZÃO E OS SENTIDOS, ALÉM DE FALTAR A CADA UM SINCERIDADE, ENGANAM-SE RECIPROCAMENTE (...)" (IBIDEM, LAF. 45, BRU. 83).

ao consolo na natureza como falso princípio estoico. Iniciemos, portanto, com a reflexão de Pascal sobre o conceito de natureza.

Pascal sustenta a tese de que aquilo que chamamos de natureza nada mais é do que hábito, de modo que Natureza, depois da queda, tem um sentido irônico. Sua abordagem não intenta esclarecer o que é a natureza no âmbito da especulação filosófica abstrata, mas partir da empiria, dos exemplos, da tentativa de ver se, no mundo, encontramos algum traço da ideia clássica de natureza como realidade em si, como essência subsistente em detrimento de tudo aquilo que é acessório e perecível. No fragmento 126 dos *Pensamentos*, Pascal desenvolve o tema da natureza e o do costume.

> Os pais temem que o amor natural dos filhos se apague. Que natureza é essa, então, sujeita a ser apagada?
>
> O costume é uma segunda natureza que destrói a primeira. Mas o que é a natureza? Por que o costume não é natural? Temo muito que essa mesma natureza não venha a ser um primeiro costume, como o costume é uma segunda natureza.[28]

O conceito de natureza é reduzido ao costume. Quando Pascal afirma o temor dos pais pela possibilidade de que o amor pelos filhos se apague, o que é colocado em cheque é se, verdadeiramente, o amor pelos filhos é natural ou estabelecido pelo costume, e, caso seja estabelecido, tal realidade implicaria um rompimento com aquilo que a grande massa acredita ser uma ordem natural. Ciente desta crença comum, Pascal indaga, ironicamente, o que é a natureza. O termo não tem sentido senão teologicamente.[29] O homem natural

---

[28] BLAISE PASCAL, *PENSÉES*, LAF. 126, BRU. 93.
[29] CLÉMENT ROSSET CHAMA À ATENÇÃO QUE O CONCEITO DE NATUREZA PARA PASCAL, DEPOIS DA QUEDA, É JUSTAMENTE UMA NÃO NATUREZA, POIS A NATUREZA FOI PERDIDA COM A QUEDA: "EM PASCAL, ASSIM COMO EM GÓRGIAS OU EM MONTAIGNE, A NATUREZA NÃO PODERIA SER MÁ NEM CORROMPIDA, PELA SIMPLES RAZÃO DE QUE NÃO HÁ NATUREZA" (CLÉMENT ROSSET, *LÓGICA DO PIOR*, P. 160). ORA, SE NÃO HÁ NATUREZA DEPOIS DA QUEDA, LOGO, ROSSET TEM RAZÃO AO AFIRMAR A FALTA DE SENTIDO DE UMA NATUREZA MÁ OU CORROMPIDA, NO ENTANTO, ELE SE EXPLICA: "SEM DÚVIDA PASCAL FALA DE PECADO E DE NATUREZA CORROMPIDA, PARA QUALIFICAR A ATUAL

é aquele saído das mãos de Deus, todavia, além de não termos acesso preciso de qual foi o misterioso pecado que o primeiro homem cometeu, também não temos mais acesso a este "estado glorioso de Adão (...). São coisas que aconteceram no estado de uma natureza totalmente diferente da nossa e que ultrapassam o estado de nossa capacidade presente"[30]. Ora, não só a própria natureza torna-se um enigma para o homem, mas tudo que o rodeia, pois "nada, segundo a razão apenas, é justo por si, tudo balança com o tempo. O costume (é) toda a equidade, pela única razão que ele é recebido"[31]. A natureza é uma verdade teológica que o homem não concebe mais, isto significa que a criatura não conhece a si mesma, desconhecendo ainda a existência de um princípio moral justo por si que lhe auxiliaria como regra diretriz para toda ação; por conseguinte, convém afirmar que não conhecemos demonstrativamente nenhum princípio natural, pois tudo aquilo que é natural integraria o movimento perpétuo de produção de costume: "que são os nossos princípios naturais senão os nossos princípios costumeiros"[32], dirá Pascal, no fragmento 125, no qual destaca que os diferentes costumes estabelecem os diferentes princípios denominados naturais. A última frase do fragmento 126 revela ainda o que Pascal pensa sobre a relação natureza e costume: o que chamamos de natureza no

---

CONDIÇÃO DO HOMEM" (CLÉMENT ROSSET, LÓGICA DO PIOR, P. 160). DESTA MANEIRA, O USO TEM UM CARÁTER NOMINALISTA, MAIS DESCRITIVO DO QUE O FATO DE HAVER QUALQUER ESSÊNCIA DE NATUREZA CORRUPTA EM PASCAL: "MAS OCORRE QUE A DEFINIÇÃO DA CORRUPÇÃO É PRECISAMENTE O FATO DA DESAPARIÇÃO DA NATUREZA: NATUREZA CORROMPIDA DESIGNA ASSIM, NÃO UMA NATUREZA DEPRAVADA, MAS A 'CORRUPÇÃO' DA NATUREZA (NO SENTIDO DE PERDA, DE DESAPARIÇÃO DEFINITIVA E SEM RECURSO POSSÍVEL). COM O PECADO ORIGINAL, O HOMEM PERDEU DE UMA VEZ POR TODAS A SUA NATUREZA" (IBIDEM, P. 160). GOSTARÍAMOS DE SALIENTAR DOIS PONTOS QUE ROSSET SILENCIA: 1) EM PASCAL HÁ TRAÇOS DO PRIMEIRO ESTADO DE NATUREZA, COMO VEREMOS NOS ITENS 4.3 E 4.4 DO CAPÍTULO 4; 2) A AFIRMAÇÃO DE ROSSET, DE UMA NATUREZA PERDIDA, "SEM RECURSO POSSÍVEL", PODE SER OBJETADA, POIS O CRISTO MEDIADOR, COMO VEREMOS NO CAPÍTULO 5, PERMITE PENSARMOS UM RESGATE DA CONDIÇÃO HUMANA PELA REDENÇÃO DO FILHO DE DEUS. NÃO SE TRATA DE UM RETORNO AO ESTADO DE NATUREZA DE ADÃO, MAS DE UM ESTADO GLORIOSO E DEFINITIVO – NATUREZA GLORIOSA – QUE DEUS SÓ CONCEDERIA A SEUS PREDESTINADOS.

[30] BLAISE PASCAL, *PENSÉES*, LAF. 431, BRU. 560.
[31] IBIDEM, LAF. 60, BRU. 294.
[32] IBIDEM, LAF. 125, BRU. 93.

estado presente é um primeiro costume construído e estabelecido socialmente, portanto, o costume é uma segunda natureza. Mas, vejamos como os intérpretes entendem a relação natureza e costume.

Gérard Ferreyrolles destaca o caráter irônico do conceito de natureza: "então, o conceito de natureza não é mais suscetível senão de um uso irônico"[33]. Toda natureza poderia tornar-se um costume, tanto quanto todo costume pode tornar-se natureza, assim, "não há mais diferença de natureza entre costume e natureza"[34]. Pascal borra os dois conceitos, de modo que, quando se supõe ironicamente uma natureza no homem, diz-se que tudo no homem pode tornar-se natureza, isto é, que nada no homem é, em si, natureza.[35] "A natureza do homem é de não ter natureza"[36]. Ferreyrolles segue sua análise salientando que a vitória, em Pascal, do costume sobre a natureza é fruto de suas reflexões sobre o pirronismo: "qualquer opinião pode ser preferível à vida, cujo amor parece tão forte e tão natural"[37]. O pirronismo é a corrente filosófica que destrói qualquer tentativa de naturalizar, fazendo de toda opinião uma expressão do costume que se repete no decorrer do tempo; a partir disso, Pascal sublinha que as opiniões produzidas pelo costume são tão poderosas que foram capazes de sobrepujar aquilo que parece tão natural como a própria vida. É por este motivo que o intérprete afirma que o resultado do veneno pirrônico,[38] tão presente na obra de Pascal, tem suas consequências no conceito de natureza, o qual é reduzido a um mero costume.

---

[33] Gérard FERREYROLLES, *Les Reines du monde: l'imagination et la coutume chez Pascal*, p. 45.
[34] Ibidem, p. 46.
[35] Cf. Ibidem, p. 46.
[36] Ibidem, p. 46.
[37] Blaise PASCAL, *Pensées*, Laf. 30, Bru. 320.
[38] Cf. Renato LESSA, *Veneno Pirrônico: Ensaios sobre ceticismo*, p. 13; René DESCARTES, *Meditations Metaphysiques*, IX, p. 15-16, obra na qual a I *Meditação* apresenta-se na primeira vez da história do ceticismo a sua versão hiperbólica, isto é, o *mauvais genie*, que coloca em xeque qualquer raciocínio; David HUME, *Diálogos sobre a religião natural*, texto em que Hume realiza um diálogo para destruir os argumentos de um Deus bom, engenheiro de um mundo que, ao ser analisado, mostra-se na sua forma mais sangrenta.

Apresentando uma definição do conceito de natureza, que nos ajudaria a entender o fragmento 199, Pierre Magnard avalia o termo em sua relação com o infinito:

> Na verdade, o termo natureza designa a conformidade do homem com o universo, este que se exprime em termos de morada preferencial – a natureza seria, então, uma totalidade ordenada onde a espécie humana teria, como toda outra, seu lugar – ou de proporção – como sugere a tradicional isomorfia entre microcosmos e macrocosmos.[39]

É resgatada a definição de natureza do pensamento antigo, de modo que tal assimilação entre o homem e todo o universo faria da natureza um hiperorganismo capaz de integrar o universo, todas as espécies de seres, os homens e os deuses. A natureza se expressa em termos de totalidade[40], por este motivo o microcosmos e o macrocosmos relacionar-se-iam como proporção e ordem: é justamente neste aspecto que Pascal difere do pensamento antigo. O cosmos depois da queda se expressa em temos de desproporção. Depois do pecado, quando Deus não se manifesta de modo claro e direto, a natureza simboliza a errância do homem no cosmos, de modo que

---

[39] Pierre MAGNARD, *Nature et Histoire dans l'apologétique de Pascal*, p. 12.
[40] Assim dirá Rachel Gazolla, intérprete do estoicismo: "*Ao modo arcaico o que a natureza determina é o que somos. E agimos como somos. Segui-la será, portanto, suprema arete.* Marginalizando parte do difícil questionamento sofístico, os estoicos afirmam que os homens são, sem exceção, iguais por natureza, e criam um *logos* persuasivo para demonstrar seus princípios". (Rachel GAZOLLA, *O ofício do filósofo estoico: o duplo registro do discurso da Stoa*, p. 39). A natureza determina o que somos, ou seja, seguir a natureza é a *arete* do homem, que se expressa de diferentes maneiras enquanto disposições: a *arete* do guerreiro, do sapateiro e do tutor. É esta *arete* que todos os homens possuem para assentir ao modo de ser da natureza e, realizar em si, a expressão dela, que poderíamos dizer que é o principal princípio estoico. Assim, conhecer a si mesmo é conhecer o modo que a Natureza se expressa em si mesmo. Todavia, por que os estoicos marginalizavam o questionamento dos sofistas desse princípio? Estes opunham *physis* e *nomos*, de modo que a *physis* é, para os sofistas, *nomos*. Gazolla, conhecedora desta marginalização, destaca isso em seu texto. Será a partir desta argumentação sofística que Pascal partirá, mesmo sem ler os sofistas, mas como conhecedor de Montaigne: a *physis* é *nomos*, isto é, a natureza é construção, uma espécie de caixa de ferramentas. Sobre o debate em *physis* e *nomos* cf. W.K.C. GUTHRIE, *Os Sofistas*, p. 57-126.

tudo que o rodeia, assim como ele mesmo, torna-se estranho,[41] e a criatura, abandonada por Deus, não conhece mais o seu lugar no todo, assim como não conhece o lugar daquilo que a rodeia, como vemos no fragmento 148:

> E desde que o [*o verdadeiro bem*] abandonou, é uma coisa estranha que nada exista na natureza que seja capaz de ocupar o seu lugar, astros, céu, terra, elementos, plantas, repolhos, alhos-porós, animais, insetos, novilhos, cobras, febre, peste, guerra, fome, vícios, adultério, incesto.[42]

Se, na Antiguidade, como atesta Magnard, "a natureza seria, então, uma totalidade ordenada onde a espécie humana teria, como toda outra, seu lugar"[43], então é justo dizer que Pascal rompe com o pensamento antigo, pois, enumerando as coisas naturais que não ocupam o seu lugar, afirma não haver nenhum lugar determinado para cada coisa, dito de outro modo, os objetos não possuem natureza. Não há natureza depois da queda porque a totalidade inicial criada por Deus foi destruída pelo pecado de Adão, e, assinalando que as coisas não ocupam mais o seu lugar, sublinha-se uma lista de tudo que perdeu a natureza, ou seja, a unidade primordial, em função do abandono de Deus depois do pecado: 1) os minerais: "astros, céu, terra, elementos"; 2) os vegetais: "plantas, repolhos, alhos-porós"; 3) os animais: "insetos, novilhos, cobras"; 4) o homem, expresso pelas doenças e a imoralidade: "febre, peste, guerra, fome, vícios, adultério, incesto". A unidade cósmica é destruída: se Deus é o Senhor da natureza e da ordem, com o pecado, o homem tornou-se senhor da desordem cósmica, de modo que ele mesmo está incluído neste processo de desordem. "Morreu o grande Pan"[44], a unidade do todo agora está despedaçada, e o homem vaga em silêncio diante dos escombros provocados pelo próprio pecado. A unidade com o infinito, expressa na criação, agora se manifesta

---
[41] Cf. Pierre MAGNARD, *Nature et Histoire dans l'apologétique de Pascal*, p. 12.
[42] Blaise PASCAL, *Pensées*, Laf. 148, Bru. 425. (grifo nosso)
[43] Pierre MAGNARD, *Nature et Histoire dans l'apologétique de Pascal*, p. 12.
[44] Blaise PASCAL, *Pensées*, Laf. 334, Bru. 625.

enquanto despedaçamento infinito, unidades infinitas[45] sem coesão: é assim que o microcosmos e o macrocosmos não se relacionam de modo proporcional, como destaca Magnard, mas enquanto desproporção que dissolve a ideia de natureza, tema central no fragmento 199 dos *Pensamentos*.

Desproporção é distância. Esta marca a incapacidade do homem de abraçar a totalidade cósmica,[46] pois, já que a criatura é parte, então não pode conhecer o todo: "como seria possível que uma parte conhecesse o todo?"[47]. Se o homem não pode conhecer o todo, cabe indagar se ele poderia conhecer as partes, já que, com elas, a criatura teria uma relação de proporção. Pascal, porém, mergulha todas as coisas finitas na sua grandeza infinitamente pequena: "mas a infinidade em pequenez é muito menos visível"[48]. O homem é concebido como um ser errante entre o infinitamente grande e o infinitamente pequeno: "vagamos sobre um meio vasto, sempre incertos e flutuantes, levados de uma ponta para outra"[49]. O infinito de tudo que é visível ultrapassa a nossa capacidade de ver, pois podemos, pela imaginação, aumentar ou mesmo diminuir ao infinito: tudo ultrapassa os nossos sentidos pela imaginação, de modo que a imaginação é ultrapassada na medida em que se pode imaginar muita coisa, mas não se pode imaginar tudo. "Mas se nossa vista para aí, que a imaginação passe

---

[45] "Pois, qualquer semelhança que a natureza criada tenha com seu Criador, mesmo as menores coisas, as mais pequenas e as mais vis partes do mundo, representam, ao menos pela sua unidade, a perfeita unidade que só se encontra em Deus" (Blaise PASCAL, Lettre de Pascal et de sa sœur Jacqueline à Mme Perier, leur soeur, ce 1° avril 1648. In: _____ Œuvres complètes, p. 273). Mesmo diante de um universo despedaçado, o mundo, para Pascal, ainda expressa a imagem de Deus enquanto unidade.

[46] "É uma coisa estranha terem querido compreender os princípios das coisas e daí chegar ao conhecimento de tudo, por uma presunção tão infinita quanto o seu objeto. Pois não há dúvida de que não se pode conceber esse projeto sem uma presunção ou sem uma capacidade infinita, como a natureza" (Idem, *Pensées*, Laf. 199, Bru 72). O fragmento 199, denominado *Desproporção do homem*, foi chamado por Pascal de *Incapacidade do homem*, todavia, esta última foi riscada e substituída pela primeira (cf. Idem, *Pensées de Pascal*, v. I, tour. 182, p. 110; cf. Henri GOUHIER, *Blaise Pascal: conversão e apologética*, p. 64).

[47] Blaise PASCAL, *Pensées*, Laf. 199, Bru. 72.

[48] Ibidem, Laf. 199, Bru. 72.

[49] Ibidem, Laf. 199, Bru. 72.

além, ela ficará mais depressa cansada de conceber do que a natureza de fornecer".⁵⁰ Pascal coloca à luz o homem diante de um universo infinito e despedaçado, convidando-o a considerar a si mesmo diante da natureza infinita: "que é o homem dentro do infinito?"⁵¹; "Pois afinal que é o homem na natureza?"⁵². A definição é sempre em relação a algum critério estabelecido previamente que permite destacar o lugar do homem: "um nada com relação ao infinito, um tudo em relação ao nada, um meio entre o nada e o tudo"⁵³. Não há um critério em si: são as escolhas artificiais dos critérios que permitiriam uma definição da "natureza" do homem, ou melhor, de seu estado a partir deste conjunto de relações preestabelecidas. A criatura é um mistério para si mesmo quando colocada diante de um universo infinito estraçalhado, sem unidade enquanto totalidade. O conhecimento desta unidade permitiria que a criatura conhecesse seu lugar e assentisse à ordem de uma natureza enquanto unidade cósmica; entretanto, o infinitamente grande e o infinitamente pequeno não só desnaturalizam o homem, subtraindo-lhe o conhecimento de seu lugar natural, mas mostram o quanto ele está "infinitamente afastado de compreender os extremos; o fim das coisas e seus princípios estão para ele invencivelmente escondidos num segredo impenetrável"⁵⁴. Compreender os extremos seria conceber – ver claramente – onde a cadeia infinita do infinitamente grande e do infinitamente pequeno se detém, mas é impossível pensá-la, e é diante desta incompreensão que o toque apologético de Pascal faz-se presente: "esses extremos se tocam e se encontram à força de estarem afastados, e se encontram em Deus, e em Deus somente"⁵⁵. Os extremos se tocam em Deus, de modo que compreender o grande Pan não significaria conhecer a Deus, mas ter uma capacidade cognitiva capaz de conhecê-lo,

---

[50] Blaise PASCAL, *Pensées*, Laf. 199, Bru. 72.
[51] Ibidem, Laf. 199, Bru. 72.
[52] Ibidem, Laf. 199, Bru. 72.
[53] Ibidem, Laf. 199, Bru. 72.
[54] Ibidem, Laf. 199, Bru. 72.
[55] Ibidem, Laf. 199, Bru. 72.

algo que, evidentemente, é impossível.[56] Pascal mostra ao libertino sua impotência em conhecer a natureza, a qual ele acredita conhecer claramente, e, através desta analogia – a relação do homem com o universo infinito –, o filósofo francês mostra a distância entre o homem e Deus, enquanto incapacidade de conhecê-lo. Portanto, a partir da reflexão de Magnard sobre o conceito de natureza, vimos que o conceito, em seu sentido clássico, dissolve-se na pena de Pascal, de modo que o homem torna-se um mistério para si diante do infinito que trespassa tudo que o rodeia e, consequentemente, a razão percebe a sua fragilidade, sua genuína incapacidade de demonstrar o princípio originário que explicaria o homem e o mundo: "Cada vez que o homem acredita se aproximar da origem, ela se vela, para o convencer que a natureza que ela parecia anunciar não é outra coisa senão um erro ao qual ele ia se deixar prender"[57]. A busca da origem, que poderia servir de fundamento e princípio para conceber a natureza de tudo, compreender o lugar de cada ser no grande Pan, anuncia um erro ao qual o homem se ligaria, produzindo natureza, no sentido irônico do conceito, ou seja, ilusões:

> (...) concebemos facilmente que ela (a razão) tenha a possibilidade de suscitar uma natureza ilusória, como se vê no costume (fragmento 126), termo que em Pascal recobre toda a construção cultural, que dá a conhecer pela educação, instrução, instituições políticas ou jurídicas ou mesmo da ciência.[58]

Para Magnard, além de ilusão, o costume é construção cultural, livre de todo enunciado de valor metafísico, uma elaboração que se passa por natureza, e é nisto que se encontra o erro, como podemos ver no fragmento sobre a imaginação: "porque acreditastes desde a

---

[56] "Empreender a crítica da ideia de natureza voltaria assim a abrir a era das críticas da razão, colocando de maneira radical o problema do fundamento" (Pierre MAGNARD, Nature et Histoire dans l'Apologétique de Pascal, p. 151).
[57] Ibidem, p. 23.
[58] Ibidem, p. 171. O número 126 nesta citação é referência ao fragmento 126 dos Pensamentos.

infância, dizem alguns, que um cofre estava vazio, quando nele nada víeis, acreditastes ser possível o vazio. É uma ilusão de vossos sentidos, fortalecida pelo costume, que precisa ser corrigida pela ciência"[59].

A criança, ao ver o cofre vazio, acredita que o vazio é possível pelo fato de nada ver: o critério de julgamento foi os sentidos. Pascal sabe que há algo em um cofre, diferente do vácuo que ele constata no tubo de ensaio, então, salienta a ilusão que deve ser corrigida pela ciência. No entanto, longe de pensar que a ciência suprime o costume, afirma que a ciência é outra forma de costume: "e outros dizem que, porque vos foi dito na escola que não existe o vácuo, corromperam o vosso senso comum que o entediam tão claramente antes desta má impressão, que é preciso corrigir recorrendo à primeira natureza"[60]. A fonte de erro está na instrução: diante das pesquisas elaboradas e repetidas nas escolas, os homens se dobram diante da instrução e perdem a sua primeira impressão que concebia o vazio; neste caso, devemos recorrer à primeira natureza, ao primeiro costume, às primeiras impressões, para assim corrigir o erro oriundo da instrução. Mas a questão continua: há o vazio, o vácuo? "Quem então [nos] enganou? Os sentidos ou a instrução?"[61] Se, em um primeiro momento, a fonte de erro foi os sentidos, pois havia ar no cofre, em um segundo momento, foi a instrução que corrompeu os sentidos, pois diz-se frequentemente

---

[59] BLAISE PASCAL, PENSÉES, LAF. 44, BRU. 82. O INTÉRPRETE THIROUIN, COMENTANDO AS INSTRUÇÕES E AS ESCOLHAS ESSENCIAIS DA VIDA, INTRODUZ O ACASO NO PROCESSO EDUCATIVO: "TUDO DEPENDERÁ DA IMAGEM QUE TEREMOS RECEBIDO DURANTE SEUS PRIMEIROS ANOS DAS DIVERSAS CONDIÇÕES HUMANAS, E ESTA IMAGEM DEPENDE ESSENCIALMENTE DO ACASO: O MEIO ONDE SE DESENVOLVE, OS COSTUMES NACIONAIS, AS REFLEXÕES QUE ACHAMOS COMPREENDER E QUE IMPRESSIONARAM" (LAURENT THIROUIN, LE HASARD ET LES RÈGLES, LE MODELE DU JEU DANS LA PENSÉE DE PASCAL, P. 18). O FUNDAMENTO DA REFLEXÃO DE THIROUIN É QUE AS ESCOLHAS DO HOMEM NÃO ESTÃO SOB O CRIVO DE UMA ANÁLISE RACIONAL MAIS PROFUNDA, O QUE FARIA DELE SENHOR DE SUAS PRÓPRIAS ESCOLHAS, MAS DA FANTASIA, DE IMAGENS ALEATÓRIAS, POR MEIO DAS QUAIS O HOMEM PERMANECE PASSIVO. ENFIM, PARA O INTÉRPRETE, A IMAGINAÇÃO TEM UM PAPEL CAPITAL NAS ESCOLHAS ESSENCIAIS DA VIDA E NA INSTRUÇÃO, NO ENTANTO, COMO SABEMOS, A IMAGINAÇÃO PARA PASCAL "SERIA REGRA INFALÍVEL DE VERDADE SE FOSSE REGRA INFALÍVEL DE MENTIRA" (BLAISE PASCAL, PENSÉES, LAF. 44, BRU. 82). PORTANTO, A INSTRUÇÃO, VINCULADA À IMAGINAÇÃO, INTRODUZ O ACASO NO ATO DE CONHECER DESDE A INFÂNCIA.

[60] IBIDEM, LAF. 44, BRU. 82.

[61] IBIDEM, LAF. 44, BRU. 82.

que o vácuo não existe, recorrendo a autoridade de Aristóteles.⁶²
O costume, aliado à imaginação, considerado "princípio de erro"⁶³ no fragmento 44, permeia tanto os sentidos como a instrução e se torna critério do julgamento: o erro está no costume. Portanto, destacamos que, para Magnard, o costume recobre toda construção cultural e se torna uma segunda natureza.⁶⁴

Portanto, para Pascal, natureza depois da queda é o conceito equivalente a costume ou hábito, que se estabiliza pela repetição dos acontecimentos, pelas determinações do contexto cultural, das impressões dos sentidos e por meio das instruções da ciência. Entendido como Pascal critica o conceito de natureza, esvaziando-o de sentido, apresentaremos a leitura de Carraud quanto à visão de Pascal acerca do estoicismo, pois esta análise nos auxiliará a compreender a menção curtíssima que foi feita à filosofia estoica na *Lettre*, quando o autor declara que a Natureza é um falso princípio de consolo.

---

⁶² "O RESPEITO QUE DIRIGIMOS À ANTIGUIDADE ESTÁ HOJE A TAL PONTO, NAS MATÉRIAS ONDE ELE DEVE TER MENOS FORÇA, QUE TORNAMOS ORÁCULOS TODOS SEUS PENSAMENTOS E ATÉ MESMO AS SUAS OBSCURIDADES; NÃO PODEMOS MAIS AVANÇAR COM NOVIDADES SEM PERIGO, JÁ QUE BASTA O TEXTO DE UM AUTOR PARA DESTRUIR AS MAIS FORTES RAZÕES (...)" (BLAISE PASCAL, PRÉFACE SUR LE TRAITÉ DU VIDE. IN: _____ *ŒUVRES COMPLÈTES*, P. 230).

⁶³ PASCAL, DEPOIS DE FALAR DO COSTUME, DECLARA QUE ALÉM DO COSTUME, TEMOS "OUTRO PRINCÍPIO DE ERRO: AS DOENÇAS" (IDEM, *PENSÉES*, LAF. 44, BRU. 82).

⁶⁴ HERVÉ PASQUE FAZ UMA LEITURA MUITO PRÓXIMA DE PIERRE MAGNARD, AO AFIRMAR QUE A PALAVRA NATUREZA SE OPÕE AO COSTUME DO MESMO MODO QUE INATO SE OPÕE ÀQUILO QUE É ADQUIRIDO (CF. HERVÉ PASQUE, *BLAISE PASCAL: PENSEUR DE LA GRÂCE*, P. 34), E ASSIM SEPARA OS CONCEITOS: NATUREZA, INATO E NASCIDO, SE OPÕEM À COSTUME, ADQUIRIDO E CONSTRUÍDO. SALIENTA AINDA QUE PASCAL ESCREVE EM UM CONTEXTO RACIONALISTA, TENDO COMO PRINCIPAL REFERÊNCIA, DESCARTES, O QUAL DEFENDIA QUE O HOMEM, CONHECENDO AS NOÇÕES GERAIS DA FÍSICA, PODERIA CHEGAR A CONHECIMENTOS MAIS ÚTEIS QUE A FILOSOFIA ESPECULATIVA, ISTO É, A ESCOLÁSTICA, PORTANTO, CONHECENDO A FORÇA E AS AÇÕES DOS ELEMENTOS COMO O FOGO, A ÁGUA, O AR, OS ASTROS, OS CÉUS, DE FORMA CLARA E DISTINTA, OS HOMENS PODERIAM TORNAR-SE "MESTRES E POSSUIDORES DA NATUREZA" (RENÉ DESCARTES, *DISCOURS DE LA MÉTHODE*. AT VI-VI, P. 62). É O MOMENTO HISTÓRICO EM QUE O HOMEM DESEJA ASSENHOREAR-SE DO COSMOS COMO POSSUIDOR DA NATUREZA ATRAVÉS DA RAZÃO, TODAVIA, PASCAL DESFAZ ESTA TRAMA AO CLASSIFICAR O COSTUME, ÚNICO REINO DO HUMANO, COMO FONTE DE NOSSOS RACIOCÍNIOS, POIS, NOS *PENSAMENTOS*, HAVIA UMA DESARTICULAÇÃO DA IDENTIFICAÇÃO DAS LEIS CIENTÍFICAS ÀS LEIS DA NATUREZA (CF. HERVÉ PASQUE, *BLAISE PASCAL: PENSEUR DE LA GRÂCE*, P. 34-35), E, PORTANTO, PARA ENTENDERMOS A ORIGINALIDADE DO AUTOR, CUJO TRABALHO PARECE ESTAR ALÉM DE SEU TEMPO, "DEVEMOS NOS SITUAR DENTRO DESTE CONTEXTO" (IBIDEM, P. 35).

3.1.1 – O orgulho do filósofo estoico e o discurso parcial da filosofia: *Colóquio com o Sr. de Sacy* por Vincent Carraud

Nosso objetivo, neste item, é mostrar a filosofia estoica como a vertente representante do orgulho e como discurso parcial da verdade.

O orgulho estoico será combatido no texto *Colóquio com o Sr. de Sacy*: Pascal acusa Epicteto de conhecer aquilo que o homem deve fazer, mas não aquilo que ele pode fazer: "eis, senhor, diz o Sr. Pascal ao Sr. de Sacy, as luzes deste grande espírito que tão bem conheceu os deveres do homem. Eu ouso dizer que ele mereceria ser adorado, se ele tivesse tão bem conhecido a sua impotência, já que precisava ser Deus para ensinar um e outro aos homens"[65]. Epicteto conheceu os deveres do homem e merecia ser adorado se, e somente se, conhecesse também a sua impotência, ou seja, o discurso deixaria de ser parcial e se tornaria um conhecimento completo sobre o homem. Ora, para realizar tal tarefa, precisaria ser um Deus e, neste sentido, caso Epicteto o fizesse, ele seria digno de adoração. É desta forma que o estoicismo para Pascal, dirá o intérprete Carraud, conhece o homem ideal, mas desconhece o homem real.[66] A grandeza de Epicteto está em conhecer os deveres do homem, mas isto não implica dizer que, conhecendo os deveres, o homem irá necessariamente cumpri-los. É por este motivo que o estoicismo pode ser caracterizado como um discurso que figura a grandeza do homem, o que, em teologia, poderia ser identificado como pelagianismo.[67] "Epicteto é

---

[65] Blaise PASCAL, Entretien avec M. de Sacy. In: _____ Œuvres complètes, p. 293.
[66] Cf. Vicent CARRAUD, Pascal et la Philosophie, p. 208.
[67] Cf. Ibidem, p. 160. Pelágio foi um teólogo do século V. Sabemos muito pouco sobre sua vida, entretanto, ele chegou à Roma por volta de 383, como Santo Agostinho (cf. Peter Brown, Santo Agostinho: uma biografia, p. 425-426). Não temos os escritos de Pelágio, e o que sabemos de sua doutrina é através de inúmeras obras de seu mais acirrado crítico: Santo Agostinho. Suas principais ideias foram difundidas por seu discípulo Celéstio, a saber: a) o pecado original não danifica a vontade; b) o homem permanece com o poder, o querer e o fazer em condições propícias para a realização do bem; c) a criatura não precisa de uma graça extraordinária para sua salvação, pois nela consta uma graça que lhe é suficiente para poder fazer o bem que se quer, portanto, basta que o homem faça bom uso do seu livre-arbítrio, tendo o Cristo como modelo, para obter a salvação.

para a filosofia aquilo que Pelágio é para a teologia: dentro dos dois casos, mesmo discurso parcial e unívoco sobre o homem, mesma exaltação exclusiva de seu poder, de sua vontade, de sua liberdade e, portanto, de sua grandeza"[68].

Portanto, a salvação está ao alcance do homem, mesmo depois da queda adâmica, o que é lido por Santo Agostinho como orgulho em exaltar a grandeza humana e negar a Cruz de Cristo. Santo Agostinho irá criticar ponto a ponto esta breve suma que fizemos da teologia pelagiana: a) o pecado corrompe a vontade; b) estando a vontade corrompida, isto impede que a criatura use do poder que lhe resta enquanto graça para fazer o bem; c) o homem necessita de uma graça extraordinária e eficaz para a realização do bem, esta que Deus concede somente aos seus eleitos. Em suma, a necessidade da graça eficaz foi o que fez o bispo de Hipona obter o título, na história do pensamento cristão, de grande Doutor da graça, assim como aquele que concebe o homem como um ser que necessita da predestinação divina para a salvação, combatendo todo o "humanismo" *avant la lettre* de Pelágio. Para saber mais sobre a querela Pelágio *vs* Santo Agostinho, cf. Santo Agostinho, *O espírito e a letra* v. I; Idem, *A natureza e a graça*, v. I; Idem, *A graça de Cristo e o pecado original*, v. I; Idem, *O livre-arbítrio*; Idem, *Carta 188 a Juliana*; Idem, *A graça e a liberdade*, v. II; Idem, *O dom da perseverança*; Idem, *A predestinação dos Santos*; Idem, *A correção e a graça*. Quanto aos intérpretes, cf. Peter Brown, *Santo Agostinho: uma biografia*, p. 425-509; Marcos Roberto Nunes Costa, *O problema do mal na polémica antimaniqueia de Santo Agostinho*, p. 345-383; Mathijs Lambeigts, O pelagianismo: um movimento ético-religioso que se tornou uma heresia e vice-versa, in: *Concililium. Revista Internacional de Teologia*, 2003/3.

[68] Vincent Carraud, *Pascal et la Philosophie*, p. 160. "E, contudo, Deus nos deu não somente o dom das forças que nos permitem suportar todos os acontecimentos sem neles ser abatidos e despedaçados; mas como um bom rei, como um verdadeiro pai, ele nos deu tais dons livres, sem constrangimento, sem obstáculos, *os fez depender inteiramente de nós*, sem mesmo se reservar para ele o poder de os impedir e de nisto colocar obstáculos" (Épictète, *Entretiens*, I, VI, 40, grifo nosso). Esta ideia de Epicteto, na qual o homem é livre para usar das forças que a divindade ou a natureza lhe concedeu, o que faz do homem um ser que depende exclusivamente de si mesmo para alcançar seu fim, ou seja, a sabedoria como assentimento à Natureza, é a mola mestra que Pascal utiliza para transpor a crítica de Santo Agostinho a Pelágio e seus discípulos. Pelágio defendia que o homem possui tudo aquilo que é necessário para cumprir os mandamentos de Deus. Pascal, como atesta Carraud, transpõe a crítica agostiniana ao pelagianismo, ao estoicismo da suficiência humana de Epicteto. Vale salientar que o que está em questão, quando citamos esta passagem do *Entretiens*, é justamente o modo que Deus, ou a Natureza, constituiu a cada homem com a capacidade de agir livremente, liberdade esta que nem mesmo Deus, como diz Epicteto na passagem acima citada, tem "o poder de os impedir e de nisto colocar obstáculos". E para concluir este ponto capital de Epicteto: "E, contudo, quero te mostrar que tu tens os meios e as disposições que levam à grandeza da alma e à coragem; mostre-me, tu, quais pretextos tens para estas reprovações e acusações" (Ibidem, I, VI, 43). Portanto, tendo todos os meios e disposições que levam à grandeza da alma, o homem não tem por que se lamentar, nem mesmo acusar a divindade de seus tormentos, o que faria dele um ímpio.

Pelo fato de conhecer a crítica agostiniana ao pelagianismo autossuficiente, Pascal encontra em Epicteto as mesmas características do pelagianismo em filosofia, ou seja, o estoicismo. Não se trata aqui de resgatar os pormenores da filosofia estoica, pois não é este o objetivo de Pascal, mas de enfatizar o seu orgulho,[69] tão manifesto pela eufórica exaltação do homem, que, por sua vez, conheceria os seus deveres, seria a causa de sua liberdade (já que a filosofia estoica retira os entraves), e, como consequência deste louvor, exaltar a grandeza humana, a qual é vista por Pascal em sua face degenerativa, ou seja, como orgulho. Duas passagens mostram esta visão do estoicismo como um discurso representante do orgulho:

a) O estoicismo, "assinalando alguns traços da sua [do homem] primeira grandeza e ignorando sua corrupção, trata a natureza como sã e sem necessidade de reparador, aquilo que leva ao cúmulo da soberba".[70]

b) "Assim, estes dois estados, que ele precisava conhecer juntos para ver toda a verdade, sendo conhecidos separadamente, conduzem necessariamente a um destes dois vícios, do orgulho e da preguiça"[71].

---

[69] PASCAL NÃO LEU O TEXTO ENTRETIENS DE EPICTETO. NELE, O FILÓSOFO GREGO ACUSA OS HOMENS QUE SE ENTREGAM AO ESTUDO DA LÓGICA; NO ENTANTO, TAL ESTUDO NÃO LEVANDO A UMA VIDA MORAL AUSTERA, FAZ DOS MESMOS ORGULHOSOS. DE FATO, O ESTUDO DA LÓGICA, EM EPICTETO, AJUDARIA O FILÓSOFO NO DISCERNIMENTO DAS REPRESENTAÇÕES E EM UMA VIDA MORAL CONFORME À NATUREZA. EIS A PASSAGEM: "GRANDE COM EFEITO É O PODER DE ARGUMENTAR E DE PERSUADIR, SOBRETUDO SE NISTO ACRESCENTAMOS O EXERCÍCIO E O PRESTÍGIO DAS PALAVRAS TÉCNICAS. EM GERAL, TODO SABER ADQUIRIDO POR PESSOAS MORALMENTE FRUSTRADAS E FRACAS OFERECE O PERIGO DE OS INCHAR DE ORGULHO" (ÉPICTÈTE, ENTRETIENS, I, VIII, 7-8). O CONCEITO DE ORGULHO DE EPICTETO É DIFERENTE DA TRADIÇÃO CRISTÃ. PARA O FILÓSOFO GREGO O ORGULHO É UMA FORMA DE CEGUEIRA QUE IMPEDE DE VER A ORDEM, O TODO, OU SEJA, DE SER SÁBIO, PARA GOZAR DO PRESTÍGIO PELAS SUTILEZAS DAS PALAVRAS, DITO DE OUTRO MODO, PELA RETÓRICA. O ORGULHO DESVIA O FILÓSOFO DA VIRTUDE, CAMINHO DO SÁBIO. TODAVIA, MESMO DESCONHECENDO O TEXTO, A CRÍTICA DE PASCAL — O ESTOICISMO COMO A FILOSOFIA DO ORGULHO — CONTINUA PERTINENTE, POIS, PARA EPICTETO, O HOMEM POSSUI TODA A FORÇA PARA NÃO ORGULHAR-SE E, POR CONSEGUINTE, SER SÁBIO. PARA PASCAL, TAL FORÇA VEM DO DEUS CRISTÃO — ESTE QUE É DIFERENTE DO DEUS/NATUREZA DE EPÍTETO — FORÇA ESTA QUE SE MANIFESTA COMO GRAÇA EFICAZ DEPOIS DA QUEDA.

[70] BLAISE PASCAL, ENTRETIEN AVEC M. DE SACY. IN: _____ ŒUVRES COMPLÈTES, P. 296.

[71] IBIDEM, P. 296.

O estoicismo, ao dizer que conheceu os deveres do homem, enche seu espírito de "soberba"[72] e "orgulho"[73]. Por estas duas passagens, destacamos a interpretação de Carraud ao salientar que a mesma crítica que Santo Agostinho fazia ao pelagianismo, Pascal a direcionará à filosofia estoica: o estoicismo só conhece a grandeza humana e ignora a sua corrupção, de modo que tal discurso é soberbo, ou seja, uma altivez no discurso da própria grandeza. Tal altivez mostra o orgulho do homem enquanto elevação desproporcional de si mesmo, dito de outro modo, reconhecer os deveres do homem, deduzir sua grandeza, mas ignorar a corrupção, a miséria, é desconhecer a própria impotência, modificando a visão de si e fazendo da visão parcial (grandeza) a visão total, desconsiderando a miséria humana. A partir desta modificação, o homem eleva-se ao ponto de fazer da grandeza a sua única condição por excelência: tal elevação, que distorce o objeto, é o orgulho. Assim, seguindo a investigação de Carraud a partir do *Colóquio com o Sr. de Sacy*, retomamos a leitura do intérprete: "portanto, o estoicismo é o efeito, em filosofia, do pecado de orgulho (como e pela mesma razão que o pelagianismo o é em teologia)"[74].

---

[72] BLAISE PASCAL, ENTRETIEN AVEC M. DE SACY. IN: _____ ŒUVRES COMPLÈTES, P. 296.
[73] IBIDEM, P. 296.
[74] VINCENT CARRAUD, PASCAL ET LA PHILOSOPHIE, P. 208. SELLIER PARTILHA DA MESMA INTERPRETAÇÃO DE QUE O ESTOICISMO É UMA FORMA DE PELAGIANISMO EM FILOSOFIA PARA PASCAL (CF. PHILIPPE SELLIER, PASCAL ET SAINT AUGUSTIN, P. 185). NO ENTANTO, NÃO PODEMOS ESQUECER QUE PASCAL FOI LEITOR DE SAINT-CYRAN, DE MANEIRA ESPECIAL AS LETTRES CHRESTIENNES ET SPIRITUELLES. NA CARTA L, DATADA NO DIA 28 DE NOVEMBRO DE 1628, E ESCRITA A UM GRANDE MAGISTRADO, NA OCASIÃO DA MORTE DE SEU PAI, SAINT-CYRAN COMENTA O ATO DE SUPORTAR OS SOFRIMENTOS E ASSINALA: "VAIDADE DOS ESTOICOS". (ABBE DE SAINT-CYRAN, LETTRES CHRESTIENNES ET SPIRITUELLES L, P. 420). EM OUTRA PASSAGEM, NA MESMA CARTA, UM POUCO MAIS LONGA, ELE DESTACA QUE, COM OS SOFRIMENTOS, OS ESTOICOS TENDEM A SE ELEVAR E À VAIDADE, E OS VERDADEIROS CRISTÃOS A SE ANIQUILAR E À HUMILDADE: "ISTO VOS FAZ VER, SENHOR, A DIFERENÇA QUE HÁ ENTRE ESTA FORMA DE MALES QUE BUSCAVAM OU SUPORTAVAM FREQUENTEMENTE ESTES SÁBIOS QUE SE NOMEIAM ESTOICOS E HYMONOSOPHISRES, ATÉ A RIR DENTRO DOS TORMENTOS E NAS FOGUEIRAS, E AQUELES QUE SUPORTAM OS VERDADEIROS CRISTÃOS (...), E QUE EM UNS SE ENCONTRA O GRAU MAIS ALTO DE VAIDADE, E NOS OUTROS O ÚLTIMO GRAU DE HUMILDADE, QUE O FILHO DE DEUS ENSINOU AOS HOMENS POR SEU EXEMPLO" (IBIDEM, L, P. 400). PODERÍAMOS DIZER QUE PASCAL APLICA A CRÍTICA PELAGIANA AO ESTOICISMO, NO ENTANTO, HÁ PASSAGENS QUE PARECEM TER ECOS DE SAINT-CYRAN, POIS OS ESTOICOS SÃO CRITICADOS POR PASCAL COMO AQUELES QUE ATINGIRAM A "PLENITUDE DA SOBERBA" (BLAISE PASCAL, ENTRETIEN AVEC M. DE SACY. IN: _____ ŒUVRES

A *Apologia à Religião Cristã* mostra seus primeiros sinais: o orgulho de Epicteto é aquele dos filósofos estoicos que afirmam serem capazes de discernir o que está ao alcance do homem e, depois disso, pensam que é possível cumprir o diagnóstico daquilo que se deve fazer, isto é, como se o conhecimento dos deveres do homem levasse a vontade à realização efetiva destes deveres, ou, dito de outro modo, como se o conhecimento do próprio poder intelectual de conhecer os deveres do homem fosse o fator determinante da vontade para cumpri-los. O estoicismo é lido por Pascal como égide de uma "soberba diabólica"[75]: "o primeiro pecado consiste em se comprazer de seu próprio poder"[76]. Ora, comprazer-se de seu próprio poder é repetir o pecado original, e, além disso, dirá Carraud, o estoicismo faz da fonte da queda o princípio de sua moral:[77] a grandeza do homem está em seu poder de assentir à Natureza.

COMPLÈTES, P. 296) E REPRESENTAM UMA "SOBERBA DIABÓLICA" (IBIDEM, P. 297), JUSTAMENTE AQUILO QUE É ASSINALADO NA CARTA L DO AUTOR DAS LETTRES CHRESTIENNES ET SPIRITUELLES.
[75] BLAISE PASCAL, ENTRETIEN AVEC M. DE SACY. IN: _____ ŒUVRES COMPLÈTES, P. 293.
[76] VINCENT CARRAUD, PASCAL ET LA PHILOSOPHIE, P. 210.
[77] IBIDEM, P. 210. PASCAL DIZ NA V PROVINCIAL: "COMO A SUA MORAL É TODA PAGÃ, BASTA OBSERVAR A NATUREZA" (BLAISE PASCAL, LES PROVINCIALES. IN: _____ ŒUVRES COMPLÈTES, P. 388). HÁ UMA DIFERENÇA CAPITAL ENTRE SER BOM PARA SANTO AGOSTINHO, JANSENIUS E PASCAL E SER BOM PARA UM ESTOICO. TAL DIFERENÇA, QUE NOS INTERESSA MOSTRAR, É DO ÂMBITO MORAL, ISTO É, DAQUILO QUE COMPETE À AÇÃO. VEJAMOS O QUE DIZ O INTÉRPRETE SEDLEY SOBRE O ESTOICISMO: "SER BOM É COMPREENDER O PROGRAMA MORAL DO MUNDO E COOPERAR COM ELE DE BOM GRADO. SE NÓS UTILIZAMOS SISTEMATICAMENTE OS CONSELHOS DA NATUREZA, DESTA MANEIRA, NÓS APRENDEREMOS COMO SE FAZ COM QUE AQUILO QUE DE UM PONTO DE VISTA ESTREITO TEM O AR DE INFORTÚNIO PESSOAL É, NA REALIDADE, UMA PARTE DE UM PROGRAMA IDEALMENTE BOM" (DAVID SEDLEY, LES DIEUX ET LES HOMMES. IN: JEAN-BATISTE GOURINAT; JONATHAN BARNES (ORGS.), LIRE LES STOÏCIENS, P. 88). O ATO DE COMPREENDER A NATUREZA IMPULSIONA O SÁBIO A ASSENTIR ÀQUILO QUE É BOM, ISTO É, ASSENTIR À NATUREZA COOPERANDO COM ELA PELA PRÓPRIA CAPACIDADE DE ASSENTIMENTO QUE ESTÁ AO ALCANCE DO HOMEM. TODAVIA, A TRADIÇÃO CRISTÃ ACIMA ASSINALADA CONCEBE O "SER BOM" DE OUTRA FORMA: SER BOM NÃO É UMA AÇÃO QUE PROVÉM DO HOMEM EM PRIMEIRO LUGAR, MAS DE DEUS QUE CONCEDE A GRAÇA A ALGUNS PARA QUE OS MESMOS FAÇAM O QUE É BOM, POIS, PARA SANTO AGOSTINHO, EM SUA DISCUSSÃO DITA PELAGIANA, DEUS TEM A PRIMAZIA DE CONCEDER A GRAÇA PARA AS BOAS OBRAS A QUEM ELE QUER. O HOMEM, DEIXADO ÀS SUAS PRÓPRIAS FORÇAS, É MAL, POIS A QUEDA CORROMPEU A VONTADE A TAL PONTO QUE A RAZÃO NÃO PODE ASSENTIR – USANDO DE UMA LINGUAGEM ESTOICA – AO BEM. O QUE É REALIZADO PELO ASSENTIMENTO À NATUREZA NO ESTOICISMO, NESTA TRADIÇÃO CRISTÃ, QUE INCLUI PASCAL, É REALIZADA PELA GRAÇA. EM CONTRAPARTIDA, TANTO PARA O ESTOICISMO QUANTO PARA AGOSTINHO, O HOMEM PODE COOPERAR, MAS A COOPERAÇÃO ESTOICA É AÇÃO PRÓPRIA DO SÁBIO ASSENTIDO

O estoicismo irá erigir como princípio do Soberano Bem aquilo que é fonte do pecado original: a soberba da grandeza humana. Se o Soberano Bem do homem está na alma, então, é neste sentido que, na visão do intérprete, Pascal irá criticar a filosofia estoica como auto-suficiente, pois atribuir o Soberano Bem à própria alma é uma forma de *orgulho*. Não devemos ignorar que a segunda parte do *Discurso sobre a Reforma do Homem Interior*, de Jansenius, já se faz manifesta como crítica ao orgulho dos filósofos em sua curiosidade, o que estará no horizonte de Pascal, nos *Pensamentos*: "curiosidade não é mais que vaidade"[78]. Portanto, ciente do destaque outorgado pelos estoicos à grandeza humana, podemos passar para a outra etapa da crítica de Pascal, aquela que concebe a filosofia como um discurso parcial da verdade.

O caminho engendrado por Pascal conduz o debate filosófico até uma saída da filosofia, pois esta, nela mesma, é sempre um conhecimento parcial.[79] O filósofo francês coloca uma filosofia contra a outra[80] e, neste trabalho, tenta mostrar ao leitor a insuficiência da filosofia enquanto discurso que tenta compreender a verdade universal: "a filosofia é constitutivamente o lugar da autodestruição"[81]. A crítica à filosofia, como discurso parcial da verdade, é realizada contrapondo Epicteto a Montaigne: "portanto, destas luzes imperfeitas acontece que um, conhecendo os deveres do homem e ignorando a sua impotência, perde-se na presunção, e que o outro, conhecendo a impotência e não o dever, abate-se na

---

À NATUREZA, JÁ PARA SANTO AGOSTINHO, A COOPERAÇÃO É FRUTO DA GRAÇA QUE "ARRASTA" A VONTADE. EIS O QUE DIZ PASCAL SOBRE A COOPERAÇÃO: "QUE DEUS OPERA SEM QUE O HOMEM COOPERE, E QUE O HOMEM COOPERA COM DEUS" (BLAISE PASCAL, ÉCRITS SUR LA GRÂCE. IN: _____ ŒUVRES COMPLÈTES, P. 323). DEUS OPERA, CONCEDENDO A GRAÇA E, EM SEGUIDA, O HOMEM COOPERA. LOGO A COOPERAÇÃO É PRECEDIDA DA OPERAÇÃO DO DEUS CRISTÃO, CRIADOR E PESSOAL. PARA UM ESTOICO, COMO EPICTETO, O HOMEM COOPERA POR SI MESMO, PELA SUA CAPACIDADE DE SER SÁBIO, ASSENTINDO À NATUREZA, À DIVINDADE.

[78] BLAISE PASCAL, *PENSÉES*, LAF. 77, BRU. 152.
[79] VALE LEMBRAR QUE É POSSÍVEL, COMO AFIRMA CARRAUD, CRITICAR A FILOSOFIA SEM SAIR DELA, COMO É O CASO DO CETICISMO. (CF. VINCENT CARRAUD, *PASCAL ET LA PHILOSOPHIE*, P. 39).
[80] O QUE PASCAL REALIZA É UMA MANIPULAÇÃO DAS FILOSOFIAS (CF. IBIDEM, P. 77).
[81] IBIDEM, P. 81.

lassidão"[82]. Epicteto representa o primeiro discurso parcial que conhece os deveres do homem, mas ignora a impotência; já Montaigne, por sua vez, representa o discurso parcial que limita o primeiro, isto é, mostra a impotência humana e não o dever, mergulhando a criatura no vício da lassidão ou preguiça moral. É essa limitação, que cada filosofia manifesta quando se digladiam, que o intérprete Carraud chamará de "autodestruição da filosofia", caracterizando-a como discurso parcial da verdade, pois, se o principal objetivo da filosofia é a explicação de tudo aquilo que é, usando de conceitos esclarecidos pela capacidade humana de pensar, o que permitiria alcançar um princípio universal que explicaria a totalidade, vemos que tal objetivo é destruído quando as diferentes formas de fazer filosofia são colocadas frente a frente, e, desta maneira, percebe-se que elas se limitam por aquilo que afirmam e negam, de modo que seus enunciados não apresentam uma visão total da realidade, mas parcial e limitada, não cumprindo o principal alvo da filosofia, o conhecimento total e universal. É por este motivo que Pascal irá buscar em outra instância o discurso universal, a saber, na teologia.

Em suma, podemos destacar oito ideias de nossa reflexão, na esteira de Carraud, sobre a visão que Pascal tem do estoicismo como filosofia parcial caracterizada pelo orgulho: a) Epicteto conheceu os deveres do homem, mas não conheceu sua impotência; b) por esta razão, sua filosofia é um discurso parcial da verdade; c) conhecer os deveres não implica, necessariamente, cumpri-los; d) Carraud destaca que a crítica de Pascal ao estoicismo é a mesma que Santo Agostinho direciona ao pelagianismo: exaltação do poder, da vontade e da liberdade humana; e) o estoicismo assinala alguns traços da natureza humana – a grandeza –, mas esquece a miséria, algo que o leva à soberba e ao orgulho; f) a soberba é a altivez do discurso sobre si mesmo; g) o orgulho é visto como uma forma de comprazer-se de seu próprio poder; h) a filosofia, concebida como discurso parcial, não cumpre seu

---

[82] BLAISE PASCAL, ENTRETIEN AVEC M. DE SACY. IN: _____ ŒUVRES COMPLÈTES, P. 296.

principal objetivo, aquele de ser um conhecimento total e universal, ou seja, ela fracassa em seu principal objetivo.

Depois da discussão anterior, vejamos a importância do pecado original para a leitura de Pascal do estoicismo, pois foi a partir desta carga metateórica que o filósofo francês direcionou a sua crítica à filosofia estoica.

3.1.2 – O olhar pascaliano do estoicismo sob o crivo do pecado original

No *Manual*, Epicteto destaca algumas ocasiões concernentes à morte: a) o insensato que deseja que seus filhos, mulher e amigos estejam sempre com vida;[83] b) o homem visto como um ator dentro de um drama em que ele mesmo não é o protagonista: a extensão da peça não depende do ator, mas do autor, organizador de toda a trama;[84] c) a fácil constatação de que a morte é o destino do homem quando se trata da morte do outro, e a dificuldade de entendê-la e aceitá-la quando se trata da morte de um ente querido;[85] d) a morte não é terrível, mas o é a avaliação que dela fazemos;[86] e) Sócrates como o ideal de homem e filósofo a ser seguido.[87] Poderíamos classificar estes cinco itens – dentro dos parâmetros do estoicismo – da seguinte maneira:

a), b) e c): O homem deve retirar a aversão à morte, o que está ao seu alcance, e assentir à Natureza.

d) Trata-se da teoria da representação de Epicteto que insere significado à morte: a morte não é nem um bem, nem um mal, mas representação.

e) Sócrates é um modelo a ser seguido.

---

[83] Cf. ÉPICTÉTE, *Manuel*, XIV, 1, p. 69.
[84] Cf. Ibidem, XVII, p. 70.
[85] Cf. Ibidem, XXVI, p. 75.
[86] Cf. Ibidem, V, p. 66.
[87] Cf. Ibidem, LI, 3, p. 90.

A leitura de Pascal destes itens será a partir da teoria do pecado original:

a), b) e c): O homem deve retirar a aversão da morte, pois "aquilo que era justo em Adão é injusto e maligno em nós"[88]. O pecado original é determinante, pois devemos ter aversão à morte, não para assentir à Natureza, mas porque "ela separa uma alma santa de um corpo impuro"[89]. Assim como Epicteto, Pascal destaca a aversão ou o repúdio da morte,[90] mas a partir do pecado original.

d) A morte, depois do pecado, deve ser amada, "quando ela separa uma alma santa de um corpo impuro"[91]. Ora, se a morte, para Epicteto, não é nem um bem, nem um mal, então não deve ser amada ou odiada, pois é representação; todavia, para Pascal, levando em consideração o pecado original, ela deve ser vista como justiça de Deus, já que separa a alma santa do corpo impuro. Mais uma vez, a teoria do pecado original é determinante na visão do filósofo francês.

e) Cristo é o modelo a ser seguido. O parágrafo [8] da *Lettre* assinala: "por conseguinte, consideramos a morte em Jesus Cristo, e não sem Jesus Cristo"[92]. Desta maneira, se Epicteto erige Sócrates como modelo, Pascal não mede as palavras: Jesus Cristo é o modelo a ser seguido por todos os homens.

É mister lembrar que Pascal tem o pensamento de Epicteto em seu horizonte, mesmo enquanto reação a ele, assim, vemos a importância deste último para o pensamento de Pascal. A ausência de uma menção direta ao filósofo grego não poderia iludir o leitor: o pensamento estoico, mais precisamente Epicteto, está sob o olhar crítico de Pascal. O erro do estoicismo está em não conhecer a queda adâmica e seus efeitos, assim, concebe o homem em seu estado de inocência, isto é, antes da queda, no qual o poder, o querer e o fazer

---

[88] Blaise PASCAL, Lettre à M. et Mme Perier, à Clermont: à l`occasion de la mort de M. Pascal le Père. In: _____ Œuvres complètes, p. 278.
[89] Ibidem, p. 278.
[90] Cf. Ibidem, p. 278.
[91] Ibidem, p. 278.
[92] Ibidem, p. 276.

estão em sintonia, o que corrobora a leitura de Carraud: o estoicismo é uma forma de pelagianimo.[93] É neste sentido que o estoicismo, considerado uma das "mais altas produções dos maiores homens"[94], como subscreve-se na *Lettre*, não pode consolar: poder não implica necessariamente o querer, e a ineficácia destes impedem a ação, ou seja, o fazer. A insuficiência para consolar é fruto da transposição da crítica pelagiana ao estoicismo, o qual é considerado por Pascal a mais alta produção em filosofia.

No próximo item, veremos que, se a mais alta produção da filosofia não pode consolar, então nenhuma outra forma de filosofia poderia. Eis o argumento de Pascal: a filosofia estoica parte de um falso princípio para obter o consolo, pois considera a morte natural, enquanto a morte, para Pascal, é um decreto punitivo sobrenatural, e é sobre este prisma que o cristão deve considerá-la. O trabalho que fizemos até então foi mostrar a ignorância de si depois da queda, o esvaziamento do conceito de natureza, o orgulho do filósofo estoico e o discurso parcial da filosofia tendo claro que, para Pascal, o conceito de natureza depois da queda não tem nenhum sentido; portanto, cabe agora entender a crítica endereçada ao estoicismo na *Lettre*.

3.1.3 – O consolo na natureza como falso princípio estoico na *Lettre*

A partir da discussão que fizemos, poderemos entender como a crítica ao estoicismo, desenvolvida nos textos citados, são ecos provenientes da *Lettre*. Como vimos, Pascal, no *Colóquio com o Sr. de Sacy*, mostra que a filosofia é uma discurso parcial da verdade e emperra na sua pretensão de uma verdade universal válida em todos os tempos, em todos os contextos, colocando uma filosofia contra a outra, o que

---

[93] Vicent CARRAUD, *Pascal et la Philosophie*, p. 208.
[94] Blaise PASCAL, Lettre à M. et Mme Perier, à Clermont: à l'occasion de la mort de M. Pascal le Père. In: _____ *Œuvres complètes*, p. 276.

o intérprete Carraud chama de "autodestruição da filosofia"⁹⁵. Nos *Pensamentos*, de maneira especial no fragmento 126 e em diálogo com os intérpretes, vimos que o conceito de natureza, não só natureza do homem, mas a Natureza enquanto expressão do macrocosmos em que tudo ocupa o seu lugar, é criticado, esvaziado e reduzido ao hábito. Portanto, será a partir destas duas posições de Pascal que o princípio estoico do consolo pela natureza será criticado.

> [4] – (...) não há consolação senão na verdade unicamente. Não há dúvida de que Sêneca e Sócrates não têm nada de persuasivo nesta ocasião. Eles estiveram no erro que cegou todos os homens no início: todos tomaram a morte como natural ao homem.⁹⁶

Sêneca e Sócrates são citados, nomes que representam a filosofia estoica. O modo de escrever representativo se faz presente, ou seja, os autores citados não são conhecidos profundamente por Pascal, porém, representam o essencial de dada filosofia, de um modo específico de pensar. Pascal não leu Sêneca e Platão,⁹⁷ mas leu Montaigne, de modo que todo seu conhecimento da antiguidade grega provém deste último.⁹⁸ Sellier, comentando a relação dos jansenistas com a Antiguidade, destaca: "a ciência e a filosofia são rejeitadas, dentro dos *Pensamentos*, por este severo agostianismo"⁹⁹. Do mesmo modo que Santo Agostinho e Jansenius, Pascal rejeita a literatura dita profana. Jansenius, teólogo agostiniano, acusa, na segunda parte do *Discurso da*

---

⁹⁵ Vincent CARRAUD, *Pascal et la Philosophie*, p. 81.
⁹⁶ Blaise PASCAL, Lettre à M. et Mme Perier, à Clermont: à l'occasion de la mort de M. Pascal le Père. In: _____ *Œuvres complètes*, p. 276.
⁹⁷ O que sabemos sobre Sócrates é oriundo, em grande medida, de Platão.
⁹⁸ "Esta capacidade de selecionar o verdadeiro, qualquer que seja ela em mim, e esse humor livre, de não sujeitar facilmente a minha convicção, devo-os principalmente a mim; pois as ideias mais firmes e gerais que tenho são as que, por assim dizer, nasceram comigo. São naturais e totalmente minhas. Produzi-as cruas e simples, numa produção ousada e forte, mas um tanto confusa e imperfeita; em seguida estabeleci-as e fortifiquei-as com a autoridade de outros e *com os saudáveis discursos dos antigos, com os quais me vi coincidindo em julgamento: eles me garantiram a consistência delas e deram-me sua posse e gozo mais integral*" (Michel de MONTAIGNE, *Ensaios*, II, 17, p. 488. [grifo nosso]).
⁹⁹ Philippe SELLIER, *Pascal et saint Augustin*, p. 181.

Reforma do Homem Interior, os filósofos: a paixão de conhecer mostra o orgulho do homem, mais precisamente a concupiscência dos olhos. É desta maneira que Jansenius abre o *Discurso*: "não há nada no mundo senão concupiscência da carne, concupiscência dos olhos e orgulho da vida"[100]. Pascal, na esteira de Santo Agostinho e Jansenius, dirá, nos *Pensamentos*: "tudo que está no mundo é concupiscência da carne ou concupiscência dos olhos ou orgulho da vida. *Libido sentiendi, libido sciendi, libido dominandi*"[101]. O orgulho é a causa da rejeição à filosofia, mas não se trata somente da filosofia, assinala o intérprete: "as artes são uma fonte de volúpia e de divertimento. A cultura literária jamais é louvada: Pascal mesmo parece ter ignorado quase todas as obras antigas, e suas citações de Cícero, de Sêneca... parecem todas provir de Montaigne, de Santo Agostinho, de Jansenius"[102]. As artes são fontes das paixões que tomam a alma, desviando o homem de uma análise da sua própria condição. As acusações de M. de Rebours fazem eco nas reflexões de Pascal.[103] Desconsiderando as obras antigas, inclusive Sêneca, citado na passagem da *Lettre*, a menção a estes filósofos parece provir de segunda mão, no entanto, vale salientar a importância de Montaigne: há inúmeras passagens nos *Ensaios* em que Sêneca é aludido.[104] Pascal não retoma a reflexão de Sêneca, pois o nome do filósofo

---

[100] Cornelius JANSENIUS, *Discurso da reforma do homem interior*, p. 45.
[101] Blaise PASCAL, *Pensées*, Laf. 545, Bru. 458.
[102] Philippe SELLIER, *Pascal et saint Augustin*, p. 181.
[103] Cf. item 1.3.3 do capítulo 1.
[104] Cf. Michel de MONTAIGNE, *Ensaios*, I, XX. O nome do capítulo é "De como filosofar é aprender a morrer", passagem que consta na obra de Sêneca, *Sobre a brevidade da vida*, p. 34. É incontestável a importância de Montaigne na obra de Pascal, no entanto, para destrinchar tal tema seria preciso realizar um trabalho à parte. O intérprete Pierre Magnard nos oferece um conjunto de passagens que aproxima Pascal de Montaigne, nas quais mostra como os escritos deste último sempre estiveram como uma sombra nos *Pensamentos*. Desta maneira, propõe um estudo comparativo do vocabulário dos dois autores: "um estudo do vocabulário pascaliano exigiria uma concordância entre os *Pensamentos* e os *Ensaios*" (Pierre MAGNARD, Pascal censeur de Montaigne. In: Georges MOLIGNIÈ (org), *XIIème siècle: Pascal et la Question de l'homme*, p. 616). Portanto, Magnard foca seus estudos no texto *Colóquio com o Sr. de Sacy* para entender a função que Montaigne move neste texto de Pascal. Destaco ainda o sapiente ensaio de Alberto Frigo sobre a antropologia filosófica de Montaigne ("Montaigne e a cultura da alma") na coletânea de ensaios da obra *O que é o Homem?* (Ed. Filocalia, no prelo).

é emblemático, ou seja, ele concede uma função simbólica aos nomes dos filósofos, de modo que cada nome traduz uma unidade de pensamento. O nome de Sêneca abrangeria a filosofia estoica, e Sócrates é visto pelos estoicos como o filósofo por excelência, de modo que as diversas citações do pensador grego no *Manual* mostram isso. "Mas tu, se ainda não és Sócrates, ao menos deves viver como se tu quisesses ser Sócrates".[105] Ora, se Pascal concede uma função emblemática aos nomes para representar uma filosofia, por que neste momento ele cita Sêneca e Sócrates, mas subtrai o nome de Epicteto? Duas possibilidades podem ser investigadas.

A primeira, na qual Pascal cita dois autores "suicidas". Sêneca evidentemente se matou, e Sócrates poderia ter se subtraído da morte, mas, em nome da sua filosofia, preferiu a morte. Eis a passagem dos *Pensamentos*:

> O Soberano Bem. Disputa do Soberano Bem.
>
> *Ut sis contentus temetipso et ex te nascentibus bonis.*
>
> Há uma contradição, pois eles aconselham finalmente que cada um se mate.
>
> Oh! Que vida feliz essa de que a gente se livra como da peste![106]

Entre os filósofos, há uma disputa sobre onde estaria o Soberano Bem, como vemos no fragmento 76 dos *Pensamentos*, no entanto, cada linha filosófica encara o Soberano Bem de uma forma, o que conduz a uma grande aporia: "vejamos pois onde estas almas fortes e clarividentes o [*soberano bem*] colocam. E se elas são concordantes"[107]. Ora, a busca do Soberano Bem marca a disputa entre os filósofos e o discurso de cada seita filosófica conduziria a uma objeção em relação ao discurso da outra, de modo que cada filosofia limitaria a extensão da outra por uma troca de objeções. O fragmento 147, em destaque, está

---

[105] ÉPICTÉTO, *Manuel*, LI, 3, p. 90.
[106] Blaise Pascal, *Pensées*, Laf. 147, Bru. 361.
[107] Ibidem, Laf. 76, Bru. 73.

contido no *liasse* XI, o qual tem como título "*O Soberano Bem*". Após o título, surge uma passagem em latim, que provém do *Augustinus* de Jansenius, o qual cita Sêneca, como atesta Sellier.[108] Eis a tradução da passagem da "*Epístola XX*", de Sêneca: "a fim de que estejas satisfeito de ti mesmo e dos bens que nascem de ti"[109]. A passagem citada por Pascal, como vemos, é de segunda mão, no entanto, o filósofo francês salienta uma contradição, pois Sêneca – assim como Sócrates – leva o princípio de assentimento à Natureza[110] até as suas últimas consequências e o resultado é que "eles aconselham finalmente que cada um se mate"[111]. Ora, se o Soberano Bem trará a satisfação nos bens que estão ao alcance do homem – "dos bens que nascem de ti" – e não naqueles que estão fora, como obter a satisfação se matando, pois o suicídio é o fim de toda satisfação? Esta é a contradição que Pascal detecta e arremata o fragmento ironicamente: "Oh! Que vida feliz essa de que a gente se livra como da peste!"[112]. O intérprete Magnard destaca a ironia de Pascal,[113] no entanto, Sellier mostra que tal passagem condensa uma paráfrase que Jansenius faz de Santo Agostinho, de modo que a primeira parte da passagem – "Oh! Que vida feliz"[114] – consta em Jansenius e a segunda parte – "que a gente se livra como da peste!" – consta em Santo Agostinho.[115] Desta forma, o fragmento pode ser estruturado da seguinte maneira: 1) o estoicismo, representado por Sêneca e Sócrates de forma indireta, tem como principal lema o assentimento à Natureza; 2) assim, o Soberano Bem está na alma humana e na sua capacidade de assentimento que conduz à vida feliz;

---

[108] Cf. Philippe SELLIER, Introduction et notes. In: Blaise PASCAL, *Pensées*, p. 236, nota 3.
[109] Ut sis contentus temetipso et ex te nascentibus bonis.
[110] "Em outro lugar, e aqui todos os Estoicos estão de acordo, é à natureza que dou meu assentimento (...) Portanto, a vida feliz é uma vida conforme a sua própria natureza" (SÊNECA, *De la vie Heureuse*, 3, 726). Assentir a natureza é obter os bens deste assentimento, ou seja, a vida feliz. Ao salientar o Soberano Bem estoico, Pascal tem em seu horizonte o ideal de vida feliz presente em Sêneca.
[111] Blaise PASCAL, *Pensées*, Laf. 147, Bru. 361.
[112] Ibidem, Laf. 147, Bru. 361.
[113] Cf. Pierre MAGNARD, *Nature et Histoire dans l'apologétique de Pascal*, p. 173.
[114] Blaise PASCAL, *Pensées*, Laf. 147, Bru. 361.
[115] Cf. Philippe SELLIER, Introduction et notes. In: Blaise PASCAL, *Pensées*, p. 236, nota 3.

3) Pascal detecta a contradição no ato de desfrutar de uma vida feliz pelo suicídio, já que a morte é o fim de toda expressão de gozo da felicidade; 4) a ironia de Pascal está em transpor a ideia de uma vida feliz que, na realidade, não é feliz, pois se livra da vida pelo suicídio como se esta fosse uma peste.

Na segunda possibilidade, partimos do comentário da intérprete Leduc-Fayette:

> Não se trata, para Pascal, de fazer um paralelo entre a morte do mestre de Platão e aquela do filho de Deus, mas, por seu intermediário, entre duas concepções de morte: uma pagã (aquela de Sócrates e de Sêneca, igualmente citada) "que considera a morte como natural ao homem", outra cristã, que a compreende em sua realidade sobrenatural.[116]

Para a intérprete, Pascal quer mostrar justamente as diferenças entre uma morte pagã e uma morte cristã: é neste sentido que Sócrates e Sêneca são enfatizados e colocados em posição simétrica. Platão destaca a morte do mestre e sua tonicidade no julgamento; Sêneca, em seu suicídio, assente à Natureza: os dois autores apresentam exemplos de morte pagã, bem entendido, não cristãs. O consolo estaria em assentir àquilo que se apresenta da maneira que se apresenta, como ressalta Epicteto, no *Manual*: "não buscar fazer com que os acontecimentos cheguem como tu queres, mas queira os acontecimentos como eles acontecem, e o curso de tua vida será feliz"[117]. Assentir à Natureza se tornaria o papel do sábio. Sêneca, na obra *Consolação a Minha Mãe Hélvia*,[118] considerando a morte, assinala: "se consideras a morte não como uma pena, mas como uma lei da natureza, de modo que a alma fique desembaraçada do medo dela, nenhum outro medo ousará vir

---

[116] Denise LEDUC-FAYETTE, *Pascal et le mystère du mal*, p. 250.
[117] ÉPICTÉTO, *Manuel*, VIII, p. 67.
[118] Jansenius conhecia muito bem a cultura profana. A menção à obra de Sêneca é lembrada em dois capítulos do *Augustinus*, contudo, não temos uma prova consistente que Pascal tenha lido *Consolação a minha mãe Hélvia*. Portanto, o conhecimento de Sêneca provém das leituras que Pascal fez da obra de Jansenius acima citada (cf. Philippe Sellier, *Pascal et saint Augustin*, p. 180, nota 71).

aborrecê-la"[119]. O filósofo assente à morte na medida em que retira a aversão àquilo que faz parte da natureza, ou seja, da ordem que envolve tudo. Na obra *Sobre a Brevidade da Vida*, Sêneca enfatiza ainda mais o assentimento do sábio à natureza: "por que nos queixarmos da Natureza? Ela mostrou-se benevolente: a vida, se souberes utilizá-la, é longa"[120]. E faz uma descrição do tempo que os homens perdem em atividades fúteis, indignas de um sábio. Assim, a filosofia é um modo de vida que deve ser aprendido: "deve-se aprender a viver por toda vida e, por mais que tu talvez te espantes, a vida toda é um aprender a morrer"[121]. Aprender a morrer é justamente o consolo que a filosofia estoica quer trazer: aprende-se a morrer assentindo à Natureza, retirando a aversão àquilo que está fora do alcance do homem e, desta maneira, ter-se-á uma vida feliz. A ideia de que filosofar é aprender a morrer é título de um dos tópicos dos *Ensaios*, de Montaigne. O que Pascal quer fazer, se considerarmos de maneira especial a segunda possibilidade de leitura, é marcar as diferenças entre a morte cristã e a pagã usando dois pensadores que levaram o princípio de assentir à Natureza até as suas últimas consequências. Desta maneira, podemos, sinteticamente, considerar válidas as duas possibilidades: Pascal escolhe Sêneca e Sócrates, na *Lettre*, pelo fato de que o estoicismo levaria, pelo assentimento à Natureza, ao absurdo do suicídio, e os dois autores são exemplos relevantes de uma morte pagã. Todavia, a posição de Pascal — e isto é preciso destacar — é que conceber a morte como natural não consola, pois é insuficiente, já que o discurso filosófico é sempre parcial, não é a verdade, e, para o cristão, "não há consolação senão na verdade unicamente"[122]. O homem deve buscar a consolação em outra instância: "é que nós devemos procurar consolação para nossos males não em nós mesmos, não nos homens, não em tudo aquilo que foi

---

[119] SÊNECA, *Consolação a minha mãe Hélvia*, XIII, 3.
[120] Idem, *Sobre a brevidade da vida*, II, 1.
[121] Ibidem, VII, 3-4.
[122] Blaise PASCAL, Lettre à M. et Mme Perier, à Clermont: à l'occasion de la mort de M. Pascal le Père. In: _____ *Œuvres complètes*, p. 276.

criado; mas em Deus"[123]. Ora, Deus é a verdade, logo, a consolação está em Deus, não na filosofia, a qual é considerada um discurso parcial e humano, de modo que, para Pascal, tudo que é humano não subsiste: a filosofia é insuficiente para consolar porque ela é humana, ou seja, limitada. Cagnat dirá que esta estrutura ternária,[124] que veremos na passagem a seguir, mostra o reconhecimento de Pascal dos erros humanos quanto à consolação:

> (...) do erro daquele que acredita encontrar em si mesmo, em sua filosofia, a força suficiente para vencer a dor; o erro daquele que conta com os reconfortos da amizade para atenuar sua pena; enfim, o erro daquele que acreditou poder se consolar pelo espetáculo da natureza onde a morte é onipresente.[125]

Cagnat explica cada uma das estruturas ternárias: a) buscar o consolo em si mesmo é acreditar em si mesmo, na sua própria filosofia, para vencer os males e obter o consolo; b) a busca do consolo nos outros é recorrer às amizades; c) por fim, buscar o consolo na natureza é justamente assentir à natureza – princípio estoico –, já que dentro da ordem da natureza tudo morre e, desta maneira, se nela está o consolo, o Deus cristão está descartado. Em suma, destaca a intérprete: "Pascal elimina, assim, toda consolação de origem humana"[126]. A consolação revela a baixeza do homem em buscar consolo em tudo aquilo que não é o Deus cristão, pois toda consolação que não vem de Deus é falsa. Ora, se a consolação vem da filosofia, sendo ela humana e um discurso parcial da verdade, tal consolação é falsa para o pensamento apologético de Pascal, porém, cabe a nós investigarmos o motivo da falsidade no ato de tomar a Natureza como princípio consolador.

---

[123] BLAISE PASCAL, LETTRE À M. ET MME PERIER, À CLERMONT: À L'OCCASION DE LA MORT DE M. PASCAL LE PÈRE. IN: _____ ŒUVRES COMPLÈTES, P. 275.
[124] CF. CONSTANCE CAGNAT, LA MORT CLASSIQUE: ECRIRE LA MORT DANS LA LITTÉRATURE FRANÇAISE EN PROSE DE LA SECONDE MOITIÉ DU XVIIE SIÈCLE, P. 88-89.
[125] IBIDEM, P. 89.
[126] IBIDEM, P. 89. "NÃO ESPEREIS, DIZ ELA (A SABEDORIA), NEM VERDADE, NEM CONSOLAÇÃO DOS HOMENS." (BLAISE PASCAL, PENSÉES, LAF. 149, BRU. 430).

[4] – (...) e todos os discursos que se estabeleceram sobre este falso princípio são tão fúteis que só servem para mostrar, por sua inutilidade, quanto o homem em geral é fraco, já que as mais altas produções dos maiores homens são tão baixas e tão pueris.[127]

Ter a Natureza como princípio consolador é tomar como apoio um nada de princípio. A questão que Pascal colocaria a um estoico é: o que é a natureza? É o conceito de Natureza que precisaria ser justificado enquanto filosofia. Se tivermos no horizonte o esvaziamento do conceito de natureza, nos *Pensamentos*, fica mais claro como o termo não pode ser um verdadeiro princípio de consolo e, por este motivo, é inútil, de modo que a mais alta produção em filosofia, a saber, o estoicismo, mostra-se fraca e pueril. O conceito de Natureza estoico é, para Pascal, um falso princípio, porque a natureza deixou de ser um conjunto harmônico de leis que se articulam por meio de uma ordem que expressa uma totalidade inerente à toda realidade, um grande *Pan*. Natureza, destaca o filósofo, é hábito. A crítica de Pascal está muito próxima do pirronismo de Montaigne, pois este é o estilo filosófico que mais atrai Pascal: "esta seita fortifica-se mais por seus inimigos do que por seus amigos, pois a fraqueza do homem aparece muito mais naqueles que não a conhecem do que naqueles que a conhecem"[128]. Em filosofia "o pirronismo é a verdade"[129], e a Natureza, como sistema coeso de leis universais e eternas inerentes à totalidade do real, mostra-se vazia quando a crítica lhe demanda sentido.

Portanto, para Pascal, a filosofia estoica não consola enquanto discurso parcial da verdade, sendo a filosofia o lugar da autodestruição, assim como o estoicismo fundamenta o consolo em um falso princípio, isto é, na Natureza, conceito este que é desprovido de sentido e associado ao hábito. Investigado o conceito de

---

[127] BLAISE PASCAL, LETTRE À M. ET MME PERIER, À CLERMONT: À L'OCCASION DE LA MORT DE M. PASCAL LE PÈRE. IN: _____ *ŒUVRES COMPLÈTES*, P. 276.
[128] IDEM, *PENSÉES*, LAF. 34, BRU. 376.
[129] CF. IBIDEM, LAF. 691, BRU. 432.

ignorância, cabe agora analisarmos o sentido do termo "concupiscência", como segundo estágio das consequências da queda citadas por Pascal, nos *Escritos sobre a Graça*.

3.2 – A concupiscência

"Ora, somos cheios de concupiscência, portanto somos cheios de mal, então, devemos odiar a nós mesmos e a tudo aquilo que nos excita [*incite*] a outro apego que não seja a Deus somente".[130] O mal, que toma conta da natureza humana com o pecado e que excita o homem em direção àquilo que não é Deus, na voz de Pascal, é a concupiscência. Esta impulsiona a vontade de colocar Deus em segundo plano, de modo que o conceito de concupiscência, em Pascal, é uma espécie de degradação da vontade. "Portanto, a concupiscência elevou-se nos seus membros, estimula [*chatouillé*] e encanta [*délecté*][131] sua vontade no mal".[132] Podemos ver que, nas duas passagens, a concupiscência está intimamente ligada ao mal. Para referir-se ao ato da concupiscência em sua relação com a vontade, Pascal, nos *Pensamentos*, usa *incite*, e na segunda parte dos *Escritos sobre a Graça*, usa *chatouillé* e *délecté*. O conceito de *délecté* será melhor matizado por Pascal na terceira parte dos *Escritos sobre a Graça*, compondo aquilo que chamaremos de "teoria do deleite":[133] "É uma necessidade que

---

[130] BLAISE PASCAL, *PENSÉES*, LAF. 618, BRU. 479.
[131] PASCAL USA O CONCEITO *DÉLECTÉ* QUE, ALÉM DE ENCANTO, PODERIA SER TRADUZIDO COMO DELEITE, CONCEITO ESTE LIGADO AO ATO DE DELEITAR-SE NO OBJETO DE PRAZER. SANTO AGOSTINHO USA DO CONCEITO DE *PRAZER* PARA REFERIR-SE AO ATRATIVO QUE DEVERIA ESTAR LIGADO A DEUS: "EU PECAVA, PORQUE EM VEZ DE PROCURAR EM DEUS OS PRAZERES, AS GRANDEZAS E AS VERDADES, PROCURAVA-OS EM SUAS CRIATURAS: EM MIM E NOS OUTROS. POR ISSO, PRECIPITAVA-ME NA DOR, NA CONFUSÃO E NO ERRO" (SANTO AGOSTINHO, *CONFISSÕES*, I, X, 20).
[132] BLAISE PASCAL, ÉCRITS SUR LA GRÂCE. IN: _____ *ŒUVRES COMPLÈTES*, P. 317.
[133] CF. IBIDEM, P. 332. CARRAUD COMENTA A PASSAGEM: "A CONSIDERAÇÃO METAFÍSICA CONSISTE EM SUPOR UM ESTADO IMPOSSÍVEL DE FATO ÀQUELE DE DUAS DELEITAÇÕES PERFEITAMENTE IGUAIS. METAFÍSICA PORTANTO DESIGNA AQUI AQUILO QUE NÃO SE PODE CHEGAR, PORÉM, FAZ-SE A HIPÓTESE DE PENSAR UMA INDIFERENÇA APARENTE" (VINCENT CARRAUD, *PASCAL ET LA PHILOSOPHIE*, P. 169). O INTÉRPRETE ANALISA O CONCEITO DE METAFÍSICA, USADO POR PASCAL NOS *ESCRITOS SOBRE A GRAÇA*, COM O INTUITO DE REFERIR-SE A MESMA COMO *SUPOSIÇÃO* (CF. BLAISE PASCAL, ÉCRITS SUR LA GRÂCE. IN: _____ *ŒUVRES COMPLETES*, P. 332), OU SEJA, O LIVRE-ARBÍTRIO HUMANO

nós operamos segundo aquilo que nos deleita mais".[134] Compreendemos que a concupiscência é justamente o deleite que coage a vontade. Esta última passagem marca a concepção da operacionalidade da vontade em Pascal, na qual o homem age conforme o deleite que o incita e o encanta com maior intensidade. "Eis aqui de qual forma o homem, sendo hoje escravo do deleite, segue infalivelmente aquele da carne ou aquele do espírito, e só está livre de uma destas dominações senão pela outra".[135] "Livre" de uma espécie de deleite, porém, escravo de outra. Translada-se de uma escravidão para outra, de um amor para outro. Trata-se, na verdade, de um amor irresistível à criatura – o que inclui o próprio *moi* que ama a si mesmo, que ama ser amado –, de modo que o homem torna-se escravo de seu amor, este, porém, ligado ao efêmero e ao transitório, como vimos na descrição da queda, presente na *Lettre*. A concupiscência coloca a criatura acima do Criador, e o pecado desfaz a ordem da criação estabelecida antes da queda, pois aliena a si mesmo e às criaturas aquele amor que deveria ser direcionado a Deus. Portanto, para Pascal, a concupiscência é o mal que se instala na vontade como deleite aliado a tudo aquilo que não é Deus. Diante disso, vejamos o que dizem os comentadores Gouhier, Mesnard e Carraud acerca da concupiscência.

Henri Gouhier, comentando a relação entre a conversão e o aniquilamento[136] do *moi*, ressalta: "na perspectiva de Pascal, o aniquilamento proclama que a queda fez cair meu ser sob a cólera de Deus e eu faço minha esta cólera: a conversão substitui o amor-próprio que, desde o pecado, põe o eu no lugar de Deus, pelo amor de Deus"[137].

FOI INDIFERENTE SOMENTE ANTES DO PECADO. CONCEBER O LIVRE-ARBÍTRIO DESTA FORMA É, PARA PASCAL, UMA ESPÉCIE DE METAFÍSICA, OU SEJA, NÃO SABEMOS COM CERTEZA O ESTADO DO LIVRE-ARBÍTRIO ANTES DA QUEDA, MAS PODEMOS SUPOR QUE SE TRATAVA DE UMA POTÊNCIA INDIFERENTE TANTO AO BEM QUANTO AO MAL. PARA O TEMA DA RELAÇÃO ENTRE O CONCEITO DE METAFÍSICA E O LIVRE ARBÍTRIO CF. VINCENT CARRAUD, *PASCAL ET LA PHILOSOPHIE*, P. 166-175.
[134] BLAISE PASCAL, ÉCRITS SUR LA GRÂCE. IN: _____ *ŒUVRES COMPLÈTES*, P. 332.
[135] IBIDEM, P. 332.
[136] Para o tema do aniquilamento, cf. HENRI GOUHIER, *BLAISE PASCAL: CONVERSÃO E APOLOGÉTICA*, P. 58-83.
[137] IBIDEM, P. 77.

Em seguida, diz que a concupiscência "é a inclinação que, desde a queda, o desvia-o de Deus para ligá-lo às criaturas"[138]. Para Gouhier, o amor-próprio toma o lugar de Deus e, de certa forma, este amor inclina a vontade a uma atração contínua em direção às criaturas. A concupiscência é entendida como amor de si que substitui o amor de Deus. O pecado estabiliza uma nova ordem: Deus é marginalizado e o *moi*, assim como as criaturas, centralizado. Para Gouhier, o processo de conversão é desfazer esta ordem pela graça, de modo que Deus se tornaria centro.

Jean Mesnard, analisando o tema da queda e da concupiscência, afirma: "a correspondência é rigorosa entre a doutrina e a moral: a queda de Adão determinou, em si mesma e para a sua posteridade, aquela inclinação ao mal que tem o nome de concupiscência"[139]. Fiel a Pascal, Mesnard liga diretamente o conceito de concupiscência ao mal como uma espécie de inclinação. Dizer que o homem tem uma inclinação em direção ao mal é postular a corrupção do livre-arbítrio.

O homem corrompido não move mais aquela liberdade dentro da lucidez. A corrupção é principalmente instalada na vontade que move, de hoje em diante, a concupiscência. Entendemos por esta palavra um atrativo irresistível em direção ao mal, onde a vontade, sempre possuída pelo desejo da felicidade, acredita encontrar sua "deleitação", sua "beatitude"[140].

Para Mesnard, o homem não possui mais aquela liberdade lúcida que permitia indiferentemente escolher, já que a indiferença perdeu-se com a queda. Corrompida, a vontade é invadida pelo mal que, nos dizeres do intérprete, "move de hoje em diante a concupiscência". A operacionalidade da vontade tem como critério a concupiscência enquanto "atrativo irresistível em direção ao mal"[141], ou seja, atração irresistível em direção a tudo aquilo que está fora da ordem de

---

[138] Henri GOUHIER, *Blaise Pascal: conversão e apologética*, p. 78. Sobre a relação entre o ódio de si e a conversão, cf. Ibidem, p. 77-83.
[139] Jean MESNARD, *Les Pensées de Pascal*, p. 147.
[140] Ibidem, p. 150.
[141] Ibidem, p. 150.

Deus, de modo que tal atração da vontade é sentida como deleite em busca da felicidade de si sem Deus, ou seja, de uma beatitude construída com o instrumental humano. Nesta passagem, o autor faz justiça à concepção pascaliana de concupiscência como deleite, conceituando-a como atração irresistível em direção ao mal. O princípio de ação é sempre o deleite alienado ao objeto ao qual a vontade é atraída de modo irresistível. O *moi* pode ser objeto deste deleite, pois "também o amor da criatura não é, em definitivo, senão o amor de si, outra expressão da 'concupiscência'"[142]. Em outro texto, Mesnard também associa a concupiscência ao amor desenfreado por si, destacando que "a concupiscência, sob todas as suas formas, é o amor de si".[143] Passemos agora à leitura de Carraud.

Este intérprete faz uma menção rápida, e não menos importante, à concupiscência: "portanto, a sutilidade da metafísica encaminha a teoria das concupiscências, compreendidas aqui como *délectations* [*deleitação*]".[144] Para ele, a concupiscência deve ser entendida dentro da chamada teoria das concupiscências, ou seja, a investigação pascaliana acerca da vontade cativa de seu próprio desejo, que consta na terceira parte dos *Escritos sobre a Graça*.[145] Carraud destaca que o princípio de ação passa a ser o deleite mais forte, capaz de arrastar a vontade,[146] de modo que o homem torna-se um ser jogado entre outras vontades,[147] assim "a afirmação da potência da vontade por si mesma é pensada como deleitação"[148]. Portanto, a teoria das concupiscências de Carraud é entendida como "capacidade de ser seduzido".[149] Esta potência de ser seduzido é ignorada pelo homem, que pensa o livre-arbítrio, em sua ignorância, como capacidade de escolha sem coação do desejo.

---

[142] Jean MESNARD, Les Pensées de Pascal, p. 150-151.
[143] Idem, Pascal et le problème moral. In: _____ La culture du XVIIe siècle, p. 356-357.
[144] Vincent CARRAUD, Pascal et la Philosophie, p. 173.
[145] Cf. Blaise PASCAL, Écrits sur la Grâce. In: _____ Œuvres complètes, p. 332.
[146] Vincent CARRAUD, Pascal et la Philosophie, p. 169.
[147] Ibidem, p. 173.
[148] Ibidem, p. 172.
[149] Ibidem, p. 172.

Resumindo, para Gouhier, a concupiscência é dispersão do amor que deveria ser destinado a Deus nas criaturas; para Mesnard, é atração irresistível em direção ao mal; para Carraud, é capacidade de ser seduzido e aprisionado por um dado deleite. Nós, em sintonia com os intérpretes, compreendemos que a concupiscência é o mal que se instala na vontade como deleite aliado a tudo aquilo que não é Deus. Seguindo o nosso itinerário, perguntamo-nos como o deleite da vontade, voltado para si mesmo e para as criaturas enquanto concupiscência, é interpretado por Pascal? Esta pergunta nos leva a investigar a culpa e a morte eterna, os dois últimos itens das consequências da queda. No entanto, para situar nosso autor, voltemos às suas fontes, pois só assim a raiz do pensamento pascaliano será devidamente resgatada.

3.3 – A morte em Santo Agostinho e em Jansenius

Na obra *La Cité de Dieu*, o bispo de Hipona diz claramente que a morte é consequência do pecado:

> Portanto, é preciso reconhecer: os primeiros homens foram certamente criados para não sofrer nenhum gênero de morte se eles não pecassem; mas sendo tornados os primeiros pecadores, eles foram punidos com a morte, e mesmo todos os seres saídos de sua raça deviam de hoje em diante sofrer este castigo. Porque deles não podia nascer nada que fosse diferente deles. A gravidade da falta arrasta uma sanção que vicia profundamente a natureza: aquilo que só era uma pena entre os primeiros homens pecadores torna-se natureza para todos os seus descendentes.[150]

Os primeiros homens são aqueles que Deus criou à sua imagem e semelhança, sem mácula, sem nenhuma mancha do pecado, os quais não sofreriam nem a morte da alma nem do corpo, ou seja, nenhum gênero de morte, caso não tivessem pecado. Porém, os primeiros homens, aqueles que desfrutavam da perfeição da criação de Deus, foram

---

[150] SAINT AUGUSTIN, *LA CITÉ DE DIEU*, XIII, II.

os primeiros pecadores e "foram punidos com a morte"[151], e, além disso, seus descendentes também sofreriam o mesmo castigo. A explicação de Agostinho é a mesma naquilo que concerne à transmissão do pecado: nada podia nascer que fosse diferente da condição dos primeiros homens, ou seja, de sua condição de pecadores, e, por este motivo, a morte tornou-se a sentença justa de Deus a todos os filhos de Adão. A falta dos primeiros homens arrasta todos os seus descendentes, e a imortalidade, à qual o homem foi criado, desfaz-se com a queda, de modo que a morte, por uma sentença divina, torna-se natureza no homem caído. Todos os descendentes de Adão terão que passar pela morte como castigo divino em função da concepção atávica do pecado. O lapso primitivo foi capaz de arrastar toda a humanidade para a mesma condição, fazendo da descendência humana sinônimo de mortalidade.

Em outra obra denominada *O Dom da Perseverança*, Santo Agostinho discute com os pelagianos e, mais uma vez, afirma a morte como sentença, tendo em seu horizonte, de maneira especial, São Paulo:

> *Por um único homem o pecado entrou no mundo, e pelo pecado a morte, e assim a morte invadiu a humanidade inteira* (Rm 5,12)? E desta morte perpétua, justa retribuição do pecado, nenhum ser humano, criança ou adulto, está livre, senão por aquele que morreu pela remição de nossos pecados, o pecado original e nossos pecados pessoais, sem que ele mesmo tenha contraído este pecado de origem nem tenha cometido nenhum deles.[152]

A primeira frase em itálico é de Romanos 5,12, mas Santo Agostinho cita a passagem como uma questão. De fato, o intuito é fazer a citação do apóstolo um problema para poder explicá-la no decorrer do livro. Sabemos que Santo Agostinho tinha um grande conhecimento das escrituras paulinas, conhecimento este que foi adquirido, de maneira especial, enquanto era ainda maniqueu, já que o maniqueísmo é visto por alguns estudiosos como uma espécie de "heresia

---

[151] Saint AUGUSTIN, *La Cité de Dieu*, XIII, II.
[152] Idem, *De dono perseverantiae*, XII, 30.

paulina"[153]. Para São Paulo, a morte é o castigo do pecado, assim como para Santo Agostinho, que acrescenta a "morte perpétua" da qual nenhum ser humano está livre, mesmo as crianças, pois todos nascem com a mácula do pecado original. Entretanto, a ideia de morte perpétua muda de figura, pois o homem só se livrará dela "senão por aquele que morreu pela remição de nossos pecados", ou seja, Jesus Cristo, o qual Deus enviou submetido a todas as misérias humanas, menos o pecado; o Cristo morre, porém, vence a morte e, por sua vitória, todos os membros da Igreja, enquanto corpo místico, terão a salvação, de modo que será passando pela morte que os homens terão a vida, a imortalidade na eternidade, como explica Agostinho no texto *De correptione et gratie*:

> É porque devemos olhar com atenção e com cuidado a diferença entre estas duas coisas: poder não pecar, e não poder pecar, poder não morrer e não poder morrer, poder não abandonar o bem, e não poder abandonar o bem. O primeiro homem podia não pecar, não morrer, não abandonar o bem. Mas diríamos que aquele que tinha um tal livre-arbítrio não podia pecar? Ou que aquilo a quem tinha sido dito: *Si tu pecas, tu morrerás*, não podia morrer? Ou bem que ele não podia abandonar o bem, então que pecando ele o abandonou, e por causa disto está morto? Portanto, a primeira liberdade da vontade foi de poder não pecar: a última será muito maior: não poder pecar. A primeira imortalidade foi de poder não morrer, a última será muito maior: não poder morrer.[154]

Esta passagem é de fundamental importância para entendermos o que será a imortalidade na glória, isto é, a imortalidade junto de Deus, diferente da imortalidade da criação. Santo Agostinho marca duas diferenças quanto ao pecado, à morte e ao bem: a) "poder não pecar, e não poder pecar"[155]: o primeiro homem, Adão, no seu estado de criação, ou seja, justo, são e forte, podia não pecar, mas possuía

---

[153] Marcos Roberto Nunes COSTA, *Maniqueísmo: História, Filosofia e Religião*, p. 70-71.
[154] Saint AUGUSTIN, *De correptione et gratie*, XII, 33.
[155] Ibidem, XII, 33.

um livre-arbítrio flexível ao bem e ao mal, o que possibilitaria, pela perfeição de sua criação, escolher entre um e outro. Desta maneira, ele tinha o poder de não pecar, mas usou mal de seu poder, o que ocasionou a queda. O "poder não pecar" do estado de criação é diferente do estado de glória, no qual o homem, pela graça de Deus, encontrar-se-á em um estado de "não poder pecar". Logo, se a primeira liberdade era de poder não pecar, a última, como afirma Agostinho, será muito maior: "não poder pecar" jamais; b) "poder não morrer e não poder morrer": para ilustrar tal diferença, Santo Agostinho cita o Gênesis II,17, no qual a frase no condicional não impede detectarmos que o homem, mesmo criado por Deus para a imortalidade, poderia, caso não cumprisse o único preceito que lhe foi atribuído, morrer. Diante disso, o "poder não morrer" não era garantia da imortalidade, pois o homem, pelo seu livre-arbítrio, poderia abandonar a própria imortalidade pelo pecado, algo que efetivamente fez. Entende-se que a primeira imortalidade, na qual o homem tinha a primazia de "poder não morrer", é superada por outra ainda mais vigorosa: aquela de "não poder morrer" jamais, solapando a morte do horizonte humano, e, assim, desfrutando da imortalidade; c) "poder não abandonar o bem, e não poder abandonar o bem": quanto ao bem, o raciocínio de Agostinho é o mesmo, porém, ligado à perseverança: "o primeiro poder de perseverança foi de poder não abandonar o bem, a última felicidade da perseverança será de não poder abandonar o bem"[156]. O homem tinha em seu poder o livre-arbítrio necessário para perseverar no bem, mas, na glória, o homem permanecerá no bem sem a possibilidade de perdê--lo, o que se caracterizaria como a verdadeira felicidade, a beatitude, aquela que se possui inteiramente sem a possibilidade de perdê--la. Vemos, então, nas três obras que, citamos, que para Agostinho, a morte é um castigo do pecado. Porém, cabe-nos ainda analisar como o seu discípulo, Jansenius, concebe esta questão:

---

[156] Saint AUGUSTIN, *De correptione et gratie*, XII, 33.

> Quando agradou a Deus, cuja bondade é tão infinita quanto a grandeza de tirar da fonte inesgotável de suas graças e de sua potência uma criatura, que embora fosse terrestre, entretanto digna do Céu, ao passo que ela continuasse unida a seu Criador, lhe deu uma alma imortal que colocou em um corpo que podia, se tivesse querido, não morrer.[157]

A infinita bondade de Deus manifesta sua própria grandeza e potência, capaz de criar o homem por sua graça. Deus tira o homem do nada, e faz deste nada ser: "e esta inclinação geral é como um traço marcado da mão da Natureza que faz ver a todos que têm os olhos bons o suficiente para reconhecer qual é a origem de todas as coisas Criadas"[158]. Mas que inclinação é esta à qual Jansenius se refere? Trata-se do nada de onde foi tirada toda as criaturas, de modo que todas vieram a ser e são sustentadas por uma "bondade todo-poderosa"[159] de Deus. O Criador bondoso, poderoso, supremo e pleno de graça sustenta todos os seres e organiza o cosmos para que a criatura terrestre e digna do céu permaneça unida a Deus. Contudo, a queda adâmica é o ponto capital que separa o homem do Criador e faz da criatura um ser corrompido. A imortalidade é, em si mesma, vetada: "ele lhe deu uma alma imortal que colocou dentro de um corpo que podia, se ele tivesse querido, não morrer de maneira nenhuma"[160]. A criatura não quis permanecer unida a seu Criador, desvia o olhar para si mesmo, deleita-se em si, vive uma vida para si e não para Deus, logo, o resultado de tal ato é a morte como aguilhão do pecado. Enfim, para Jansenius, o pecado arrasta o homem à morte. Portanto, não encontramos diferença no pensamento dos dois autores supracitados.

Pascal seguirá rigorosamente a atmosfera agostiniana-jansenista que concebe a morte como punição do pecado. Diante da morte, é preciso, para que a criatura não permaneça nela, um resgate sobrenatural.

---
[157] Cornelius JANSENIUS, *Discurso da reforma do homem interior*, p. 55.
[158] Ibidem, p. 49.
[159] Ibidem, p. 51.
[160] Ibidem, p. 55.

3.4 – A culpa e a morte como consequências da queda em Pascal: análise da *Lettre* e dos *Escritos sobre a Graça*

Depois de analisar a concepção de Santo Agostinho e Jansenius, veremos se o modo de pensar a morte por estes autores, como uma consequência do pecado, está no horizonte pascaliano. Em um primeiro momento, investigaremos a *Lettre* e, em seguida, os *Escritos sobre a Graça*, apoiados por alguns fragmentos dos *Pensamentos*.

> Portanto, consideramos a morte na verdade que o Espírito Santo nos ensinou. Temos esta admirável vantagem de reconhecer que verdadeiramente e efetivamente a morte é uma pena do pecado, imposta ao homem para expiar seu crime, necessária ao homem para purgá-lo do pecado (...).[161]

A morte deve ser considerada na verdade que o Espírito Santo ensinou, isto é, ela é uma pena do pecado, dito de outro modo, imposta por Deus para expiação do pecado e purificação do homem. Eis a diferença capital entre a morte pagã e cristã: para os primeiros ela é natural, e nisto está o consolo, para o cristão, ela é sobrenatural, imposta por Deus como pena do pecado, no entanto, com um objetivo preciso, a saber: é pela morte que o homem se purifica e se liberta de todo pecado, pois "é a única que pode libertar a alma da concupiscência dos membros"[162]. Pascal marca precisamente o modo pelo qual o cristão deve encarar a morte e, por conseguinte, como o consolo da Providência manifesta-se, pois, sob a condição de considerar a morte em Jesus Cristo "encontraremos toda consolação, toda satisfação, toda edificação"[163]. A morte, decreto sobrenatural de Deus, torna-se consolação em Jesus Cristo, já que o Cristo venceu a morte; satisfação, pelo fato de libertar o homem de toda concupiscência; edificação, pois concede ao eleito uma vida nova e livre do pecado

---

[161] BLAISE PASCAL, LETTRE À M. ET MME PERIER, À CLERMONT: À L'OCCASION DE LA MORT DE M. PASCAL LE PÈRE. IN: _____ *ŒUVRES COMPLÈTES*, P. 276.
[162] IBIDEM, P. 276.
[163] IBIDEM, P. 276.

que está impregnado em seus membros. Tal ideia, de que a consolação da morte atinge a sua plenitude no cristianismo, ficará como marco no pensamento de Pascal. Em uma carta datada no mês de dezembro de 1656, endereçada à família Roannez, ele salienta que a consolação cristã é mais plena: "pois, na verdade, os preceitos cristãos são os mais plenos de consolação: eu digo mais do que as máximas do mundo"[164]. Assim, há uma ênfase no consolo enquanto eficácia: só o consolo do cristão é verdadeiramente eficaz, ou seja, só a verdade consola porque a verdade é o próprio Deus cristão que sustenta o consolo a cada instante. Enfim, Pascal arremata o parágrafo [4] da *Lettre*, salientando a necessidade da morte como expiação. Deste modo, será passando, necessariamente, pela morte, que se poderá obter a vida, aquela lisonjeada por Santo Agostinho, a de não poder morrer jamais. Portanto, na *Lettre*, Pascal segue os passos de seus mestres, pois a morte é a sentença do pecado, ou seja, o homem é culpado e merece a morte como punição. Entretanto, vejamos como tal condenação é expressa no outro texto que nos propusemos analisar.

Nos *Escritos sobre a Graça*, encontramos a seguinte passagem: "culpados do pecado de Adão e dignos da morte eterna"[165]. O pecado, causa da ignorância[166] e da concupiscência, faz de toda criatura culpada, ou seja, responsável pelo mal,[167] e a vontade do homem passa a ter uma atração irresistível em direção ao mal, de modo que a culpa, reconhecida ou não, é o estado humano depois da queda: "Deus podia com justiça deixar a massa inteira [na condenação], previu os pecados particulares que cada um cometeria, ou ao menos o pecado original cujos homens são todos culpados"[168]. Ora, todos os homens

---

[164] BLAISE PASCAL, LETTRES AUX ROANNEZ. IN: _____ ŒUVRES COMPLÈTES, P. 270.
[165] IDEM, ÉCRITS SUR LA GRÂCE. IN: _____ ŒUVRES COMPLÈTES, P. 317.
[166] "E SEU ESPÍRITO FORTÍSSIMO, JUSTÍSSIMO, ESCLARECIDÍSSIMO, ESTÁ ESCURECIDO E NA IGNORÂNCIA" (IBIDEM, P. 317).
[167] CF. HENRI GOUHIER, *PASCAL ET LES HUMANISTES CHRÉTIENS L'AFFAIRE SAINT-ANGE*, P. 21. PASCAL É FORMADO DENTRO DE UM CONTEXTO LEGALISTA, ONDE O PENSAMENTO DO JURISTA RESSALTA A IMPORTÂNCIA DA RESPONSABILIDADE E, CONSEQUENTEMENTE, A CULPA.
[168] BLAISE PASCAL, ÉCRITS SUR LA GRÂCE,. IN: _____ ŒUVRES COMPLÈTES, P. 313.

são culpados porque em Adão, pai da humanidade, todos pecaram, portanto, todos carregam a marca do pecado original, fato este que não isenta nenhuma criatura da culpa. "Todos os homens sendo igualmente culpados de sua parte, quando Deus os discerniu".[169] A culpa marca a condição efêmera do homem, ainda mais efêmera por não reconhecer sua culpa. Assim, se há culpa, há punição: se o pecado é o delito, a morte é a sentença. "Adão tendo pecado e sendo tornado digno de morte eterna/ por punição de sua rebelião".[170] "Todos os homens estão dentro desta massa corrompida igualmente dignos de morte eterna e da cólera de Deus; Ele podia abandonar a todos sem misericórdia para condenação".[171] O homem tem como salário do seu delito a morte, de modo que Deus continuaria a ser justo e misericordioso, caso punisse a todos com a condenação, pois os filhos de Adão merecem-na, isto é, a morte eterna: "e assim, morrem em seus pecados, merecem a morte eterna, já que escolheram o mal por sua própria e livre vontade"[172]. Morrer em seus pecados é padecer atraído por eles, como dirá Pascal, "encantados pela concupiscência, gostam mais infalivelmente de pecar do que não pecar, por esta razão nela encontram mais satisfação"[173]. Assim, a concupiscência atrai o homem para o mal; nela, a criatura se deleita e percebe esta realidade como satisfação, não como culpa. A conversão mudaria tal perspectiva, de tal forma que a atração pelo pecado seria sentida como culpa e responsabilidade pelo mal. O mal que o homem pratica tem o pecado do primeiro homem, no caso, Adão, como motor propulsor, todavia, permanece como um mistério o ato pecaminoso do próprio Adão. A intérprete Denise Leduc-Fayette investiga o conceito de mistério no século XVII: "no século XVII, 'mistério' e 'segredo' são indissociáveis, ponto essencial na perspectiva de Pascal, para o qual Deus se

---

[169] BLAISE PASCAL, ÉCRITS SUR LA GRÂCE,. IN: _____ ŒUVRES COMPLÈTES, P. 318.
[170] IBIDEM, P. 317.
[171] IBIDEM, P. 318.
[172] IBIDEM, P. 318.
[173] IBIDEM, P. 318.

esconde 'até' na Eucaristia"[174]. O pecado de Adão, assim como sua transmissão atávica, é um mistério, ou seja, um segredo impenetrável à razão humana,[175] todavia, salienta Pascal, o mistério do mal, figurado pelo pecado, concede mais sentido à condição humana do que uma leitura da criatura sem ter o mistério como chave de leitura: "coisa espantosa, entretanto, é que o mistério mais distante do nosso conhecimento, que é o da transmissão do pecado, seja algo sem o qual não podemos ter nenhum conhecimento de nós mesmos"[176]. Tal passagem dos *Pensamentos* foi objeto de investigação de inúmeros intérpretes.

Denise Leduc-Fayette ainda ressalta: "nós devemos compreender que dogma do pecado original concede a razão da incompreensibilidade da condição humana"[177]. O pecado explica o estado humano, ou seja, mal, orgulhoso, miserável, inconstante, tedioso, triste e ignorante. Comentando a décima sétima *Provinciales*,[178] a intérprete salienta o que seria para Pascal aquilo que é chamado de "ponto de fé", "coisa de fato" e "raciocínio", o que nos ajudaria a entender como é articulado, por Pascal, o mistério da queda. A coisa de fato é a miséria; o ponto de fé, que dá conta da situação presente, é a queda de Adão, e nela acreditamos como ensina a autoridade da Igreja; por último, o raciocínio, que constatando os dados revelados e a condição humana presente, ou seja, miserável, move a seguinte função: "agora, ele exerce sobre os dados da Revelação para explicar, a partir da Bíblia, nossa experiência cotidiana"[179]. Para Pascal, é evidente que o mal existe, mostra-se no mundo desde a concupiscência moral do indivíduo até as suas manifestações mais empíricas, como as doenças e a morte. A razão funcionaria como uma potência que estabeleceria um liame entre

---

[174] DENISE LEDUC-FAYETTE, *PASCAL ET LE MYSTÈRE DU MAL*, P. 43.
[175] SOBRE A NATUREZA DO PECADO DE ADÃO PERMITA-NOS ENCAMINHAR O LEITOR PARA UM OUTRO TRABALHO QUE APRESENTAMOS NO ANO 2006 NA PUC-SP: ANDREI VENTURINI MARTINS, *CONTINGÊNCIA E IMAGINAÇÃO EM BLAISE PASCAL*, P. 140-154.
[176] BLAISE PASCAL, *PENSÉES*, LAF. 131, BRU. 434.
[177] DENISE LEDUC-FAYETTE, *PASCAL ET LE MYSTÈRE DU MAL*, P. 45.
[178] CF. BLAISE PASCAL, LES PROVINCIALES. IN: _____ *ŒUVRES COMPLÈTES*, P. 457.
[179] DENISE LEDUC-FAYETTE, *PASCAL ET LE MYSTÈRE DU MAL*, P. 45.

os dados da revelação – queda – e a experiência cotidiana da miséria humana, de modo que todo mal no mundo tem sentido a partir do mistério da queda. "Portanto, o dogma tem um conteúdo explicativo, no sentido em que explicar, conforme a etimologia, significa: desdobrar (portanto, *ad extra*) aos olhos do espírito".[180] O ato de esclarecer minuciosamente cada ação maléfica tem seu universal no dogma do pecado original, no lapso primitivo revelado pelas Escrituras, o qual é o universal teológico de toda ação particular concupiscente.

> Não há senão a Revelação que seja capaz de "explicar" aquilo que, sem este socorro, seria mais inexplicável ainda: a condição humana. A noção de pecado original, por exemplo, conforma-se à classificação de categoria, em função de sua capacidade de ordenar o campo caótico da experiência do mal.[181]

A revelação presente nas Escrituras tem sua função de categoria que, ao ordenar o "campo caótico da experiência do mal", concede sentido a ele, de modo que, sem a explicação pelo mistério, a condição humana seria ainda mais obscura. Tal leitura do dogma do pecado original, como mistério explicativo da condição humana, feita pela intérprete em questão, faz justiça ao pensamento de Pascal: "de maneira que o homem é mais inconcebível sem este mistério do que este mistério é inconcebível para o homem"[182]. Portanto, para Pascal, é razoável nos atermos às luzes que o mistério do pecado original pode dar, pois, negando-o, seria tornar o estado de natureza humana pós-lapsária ainda mais desconhecido. Diante disso, passaremos à análise de Magnard.

Segundo este autor, há, em Pascal, três momentos importantes para entender a condição humana: a natureza primeira, a queda e a natureza decaída. Ele destaca que o mito fornece a sua racionalidade e que o mistério é a chave para tal racionalidade. Diante disso, o

---

[180] Denise LEDUC-FAYETTE, *Pascal et le mystère du mal*, p. 24-25.
[181] Ibidem, p. 28.
[182] Blaise PASCAL, *Pensées*, Laf. 131, Bru. 434.

mistério, o mais incompreensível de todos, como a transmissão do pecado e a dispersão do mal no mundo, é, pelo pecado original e sua transmissão atávica, "a chave de nossa própria racionalidade"[183]. Esta chave de leitura é objeto de investigação do intérprete Oliva, que destaca, de forma explícita, a importância do pecado original em Pascal como fonte explicativa do homem: "o pecado original, em Pascal, tem uma força esmagadora, bem maior que em Agostinho. Tanto que é o ponto central de compreensão do homem pascaliano: o homem é mais inconcebível sem este mistério do que este mistério é inconcebível ao homem"[184]. O homem permanece inconcebível com o mistério do pecado original, no entanto, seria ainda mais inconcebível sem o mistério: é neste sentido que Oliva dirá que o pecado original é "ponto central de compreensão do homem"[185], dito de outro modo, compreensão daquilo que permanece incompreensível fora do mistério.

Por fim, o intérprete Mesnard, de maneira breve, afirma: "o homem é um enigma, inconcebível sem o dogma misterioso do pecado original"[186]. O dogma do pecado original pode ser entendido em termos de mistério, o qual marca a desproporção do delito finito da criatura e a condenação infinita. O que nos parece estranho é que o pecado, finito, tenha causado uma punição infinita. Qualquer pecado que temos conhecimento é finito, dado a impossibilidade de pensarmos qualquer coisa que tenha o infinito como referência. Sendo assim, o pecado de Adão, este merecedor da punição infinita – morte eterna –, torna-se um mistério aos olhos da criatura.

Portanto, vemos que a culpa e a morte são, para Pascal, efeitos do pecado original, do mesmo modo que é este mesmo pecado original, como afirmado no fragmento 131, ao qual os intérpretes fazem

---

[183] Pierre MAGNARD, *Nature et Histoire dans l'apologétique de Pascal*, p. 62-63.
[184] Luís César OLIVA, *As marcas do sacrifício: um estudo sobre a possibilidade de História de Pascal*, p. 44.
[185] Ibidem, p. 44.
[186] Jean MESNARD, Voltaire et Pascal. In: _____ *La culture du XVIIe siècle*, p. 598.

referência, que confere sentido à morte como condenação de um ser sentenciado como culpado.

A morte se tornaria, justamente, este desaparecimento, este desintegrar-se. Assim, se a sobrenatureza está excluída, dada a desproporção da criatura e do Criador, como referência explicativa da vida e da morte, resta, a explicação da natureza, a saber: "o último ato é sangrento, por mais bela que seja a comédia em todo resto. Lança-se finalmente terra sobre a cabeça e aí está para sempre"[187]. Já que a morte é condenação do pecado, então no segundo estado de natureza – estado decaído e maculado pelo pecado –, por mais nobre que seja a vida da criatura, a morte a reduzirá à miserabilidade do pó. Portanto, para Pascal, Santo Agostinho e Jansenius, a morte é uma consequência do pecado.

3.5 – Quadro das consequências do pecado original: a colagem subjetiva

Em nossa investigação, encontramos um quadro que, da *Lettre* aos *Escritos sobre a Graça* e com o respaldo de alguns fragmentos dos *Pensamentos*, poderia oferecer um retrato das consequências do pecado. Depois de verificarmos que o amor-próprio desligado de Deus é a fonte de todo pecado, vimos que no homem resta um vazio infinito como marca do Criador que abandona a criatura. Pascal descreve duas consequências da queda, na *Lettre*, a saber, o desejo de dominação e a preguiça. Após tal descrição, corta o discurso e usa as palavras "e de outros"[188], o que nos fez supor outras consequências do pecado. Como vimos, encontramos nos *Escritos sobre a Graça* a ignorância, a concupiscência, a culpa e a morte. Temos, assim, um quadro geral das consequências da teoria da queda, como descrito a seguir:

---

[187] BLAISE PASCAL, *PENSÉES*, LAF. 165, BRU. 183.
[188] IDEM, LETTRE À M. ET MME PERIER, À CLERMONT: À L'OCCASION DE LA MORT DE M. PASCAL LE PÈRE. IN: _____ ŒUVRES COMPLÈTES, P. 277.

Lettre (texto de 1651)	*Escritos sobre a Graça* (texto de 1655)
a) Amor-Próprio	f) Ignorância
b) Vazio Infinito	g) Concupiscência
c) Desejo de dominação	h) Culpa
d) Preguiça	i) Morte eterna.
e) E de outros...	

Portanto, propomos uma "colagem subjetiva" entre a *Lettre* e os *Escritos sobre a Graça*, que se compõe dos seguintes elementos: amor-próprio, vazio infinito, desejo de dominação, preguiça, "e de outros", que serve de liame para ignorância, concupiscência, culpa e morte eterna. Cientes destas consequências, deter-nos-emos, na parte II de nosso trabalho, no conceito de vazio infinito, este que figura a condição humana depois da queda. Articularemos este conceito com outros dois temas capitais em Pascal, a saber, o *divertissement* (capítulo 4) e o *Cristo Mediador* (capítulo 5).

Parte II

O vazio infinito no homem sem Deus

Capítulo 4

Vazio Infinito e *Divertissement*

> (...) *porque este abismo infinito não pode ser preenchido senão por um objeto infinito e imutável, isto é, por Deus mesmo.*[1]

Na *Lettre*, encontramos o conceito de vazio infinito, algo que, nos *Pensamentos*, poderia ser traduzido como abismo infinito, ou objeto infinito, como na epígrafe. Vemos uma ligação entre os dois textos, pois tanto o vazio infinito como o abismo infinito são figuras do abandono de Deus, isto é, o próprio objeto infinito. Com o abandono de Deus, resta ao homem buscar sem êxito tal objeto, o que faz da criatura um ser fracassado em seu estado de natureza pós--lapsário; porém, para suprir tal fracasso, afirmamos que o homem tenta desviar-se de si e preencher o vazio infinito através das misérias do *divertissement*. Buscaremos, neste capítulo, aplicar o conceito

---

[1] Blaise PASCAL, *Pensées*, Laf. 148, Bru. 425.

de vazio infinito, presente na *Lettre*, à descrição da condição humana elaborada por Pascal através do conceito de *divertissement*, de maneira especial, no fragmento 136 dos *Pensamentos*.

Depois de termos analisado, na *Lettre*, a gênese da reflexão pascaliana da teoria do pecado original e encontrado o amor-próprio como a fonte do pecado, tentaremos entender o comportamento do homem enquanto ser que possui uma capacidade de amor infinito, mas vive o drama do vazio infinito em seu ser.[2] Em nosso caminho, começaremos matizando o conceito de vazio infinito em sua relação com o *divertissement*; em seguida, especificaremos as formas de *divertissement*, o que nos levará a uma discussão sobre os resquícios do primeiro estado de natureza que constam no homem depois da queda, de modo que a felicidade no repouso é um deles, como atestam os *Pensamentos*, e funcionaria como um motor do *divertissement*; porém, veremos que tais resquícios já se apresentam na *Lettre* enquanto horror da morte e amor à vida. Veremos ainda que este modo de conceber o homem como um ser decaído, mas que conserva traços de sua natureza antes da queda, é uma constante na obra de Pascal, cujos desenvolvimentos já aparecem na *Lettre*. Como investigaremos um conceito fundamental nos *Pensamentos*, isto é, o *divertissement*, conceito que, *en gros*, expressa um desvio ou esquive, dialogaremos com alguns intérpretes que mais adentraram no conceito em questão. Por fim, veremos como o vazio infinito é capital para entendermos o fracasso humano, já que o homem padece na busca incessante de preenchê-lo com os objetos finitos. Tal aporia nos encaminhará para o último capítulo, no qual o conceito de vazio infinito será examinado em sua relação com o Cristo Mediador, isto é, o objeto infinito que se encarna.

---

[2] No artigo de Hugh Davidson denominado "Le concept de l'infini dans les *Pensées* de Pascal", é elaborado um esboço das diversas formas que Pascal usa do conceito de infinito, como o infinito na física e na matemática, no entanto, ele destaca que o infinito também é um conceito que aponta para a procura de uma resposta acerca do próprio ser do homem: "aqui o conceito de infinito é transferido sobre um terreno que poderíamos chamar metafísico ou teológico, onde não designa mais uma continuação, uma sucessão sem limites, mas um ser sem limites" (Hugh Davidson, Le concept de l'infini dans les Pensées de Pascal. In: Lane M. Heller; Ian M. Richmond (orgs.), *Pascal: Thématique des Pensées*, p. 83).

4.1 – O vazio infinito e o *divertissement*

O *divertissement* é um conceito clássico entre os intérpretes de Pascal, no entanto, partiremos de uma explicação que vem da literatura. Em Camus, leitor assíduo de Pascal, o conceito apresenta-se em sua obra *Le Mythe de Sisyphe*: "o julgamento do corpo vale bem aquele do espírito e o corpo recua diante do aniquilamento. Tomamos o hábito de viver antes de adquirir aquele de pensar. Dentro deste curso que nos precipita todos os dias um pouco mais em direção à morte, o corpo conserva este avanço irreparável"[3]. Nesta passagem, o literato entende que há dois hábitos no homem: aquele do corpo e aquele de pensar, contudo, o do corpo vem primeiro, pois é ele que nos possibilita viver para depois pensar. O resultado disso é que o julgamento do corpo, aquele julgamento que impele o homem a recuar diante da morte, como uma criança que grita diante do fogo sem saber quem é ela mesma e o que é o fogo, permite que o homem não seja aniquilado. Ora, é o hábito instintivo do corpo que permite o recuo "diante do aniquilamento". Mas o tempo e o vigor dos anos conduzem o homem a pensar e ponderar diante da morte; o corpo conserva este avanço irreparável, ou seja, ele tenta conservar, deter aquilo para o qual o homem avança todos os dias: a morte. Por mais que a razão grite, o corpo gradativamente vai mostrando as marcas da sua mortalidade iminente. É uma espécie de contradição, na qual o pensamento se organiza para a possibilidade de viver eternamente, mas o corpo não deixa a razão esquecer que seu destino é o pó, condição trágica e inevitável. Ciente da entropia do corpo e da insuportável certeza da morte, o conceito de *divertissement* surge com uma função bem precisa na obra de Camus: "enfim, o essencial desta contradição reside naquilo que eu chamarei de *esquive*, porque ela é, ao mesmo tempo, mais ou menos, o *divertissement* no sentido pascaliano"[4]. Dito de outro modo, a contradição entre o

---

[3] ALBERT CAMUS, LE MYTHE DE SISYPHE: ESSAI SUR L'ABSURDE, P. 22-23.
[4] IBIDEM, P. 23 (GRIFO NOSSO).

corpo, marca da mortalidade, e o pensamento é caracterizado como esquive, ou seja, um desvio no qual o literato algeriano não deixa de sugerir ao leitor o sentido pascaliano do conceito. Poderíamos dizer que, para Camus, o esquive é o ato de divertir-se, de desviar-se do fim inevitável. Por outro lado, o esquive mortal "é esperar o Esperar de uma outra vida que é preciso 'merecer', falcatrua daqueles que vivem não pela vida em si mesmo, mas por qualquer grande ideia que a ultrapassa, a sublime, lhe dá um sentido e a trai"[5]. Esquivar-se é "esperar o Esperar" de outra vida ou ideia de vida que não seja esta, que ultrapasse os limites da vida mortal, mas enquanto falcatrua, ou seja, querer enganar-se, esquivar-se para não encarar o absurdo da existência, concedendo um sentido sublime ao além, seja o Reino de Deus ou a Felicidade, traindo a própria vida que em si mesma não apresenta sentido. Todavia, para Pascal, a vida em Jesus Cristo faz sentido, a existência de um Paraíso é certa para o homem de fé; mas, para aqueles que desviam, que se escondem, que traem a existência mergulhando nas misérias do *divertissement*, traem o verdadeiro sentido que está no cristianismo, dispersando-se nas mazelas do cotidiano. Ciente de que há diferenças entre o pensamento de Pascal e de Camus, assim como os desdobramentos do pensamento camusiano destoam daqueles da apologia pascaliana, para iniciar a nossa leitura, tomaremos a feliz expressão de Camus para dar sentido ao *divertissement*, o qual é o ato de se esquivar. Assim, citamos Pascal:

> Miséria.
>
> A única coisa que nos consola de nossas misérias é a diversão. E, no entanto, é a maior de nossas misérias. Porque é ela que nos impede de pensar em nós e que nos põe a perder insensivelmente. Sem ela ficaríamos entediados, e esse tédio nos levaria a buscar um meio mais sólido de sair dele, mas a diversão nos entretém e nos faz chegar insensivelmente à morte.[6]

---
[5] Albert CAMUS, *Le mythe de Sisyphe: essai sur l'absurde*, p. 23.
[6] Blaise PASCAL, *Pensées*, Laf. 414, Bru. 171.

O *divertissement* é a expressão das misérias do homem. O intérprete Carraud destaca que, na edição dos *Pensamentos* de Zacherie Tourneur (TOUR 205), o título original do fragmento 136 da edição Lafuma era "Miséria do homem", mas tal título foi riscado e a rubrica primária, substituída pelo conceito de *divertissement*.[7] Assim, destaca o intérprete: "e para supor propriamente que o *divertissement* pudesse ser conhecido como miséria, é preciso pensar uma miséria sem grandeza"[8]. É esta miséria sem grandeza, a qual salienta Carraud, que encontramos no fragmento anterior, pois o título do fragmento é "Miséria"; porém, na sequência, Pascal faz uma descrição das misérias humanas, aproximando o *divertissement* das misérias comuns. A diversão nos consola de nossas misérias porque ela é capaz de nos fazer esquivar, como dirá Camus, de nossas misérias, mas a contradição se apresenta: quanto mais *divertissement*, mais misérias. O *divertissement* tem seu efeito anestésico da existência, deixa o homem insensível, "impede de pensar em nós"[9], de modo que sem o *divertissement* cairíamos no tédio, outra expressão das inúmeras misérias humanas e não o conceito oposto do *divertissement*.[10] Entretanto, é este mesmo tédio insuportável que faz a criatura levantar-se e buscar mais misérias, mais *divertissement*, mais desvio, de modo que este esquive faz chegar "insensivelmente à morte"[11]. A fuga da morte pelo *divertissement* é um tema caro a Pascal. "*Divertissement*./ Não tendo os homens podido curar a morte, a miséria, a ignorância, resolveram, para ficar felizes, não mais pensar nisso"[12]. De fato, morte e ignorância traduzem a miséria da finitude humana sem Deus e, sabendo que o homem sem o

---

[7] Cf. VINCENT CARRAUD, *PASCAL: DES CONNAISSANCES NATURELLES À L'ÉTUDE DE L'HOMME*, P. 241.
"[MISÉRIA DO HOMEM] *DIVERTISSEMENT*." (BLAISE PASCAL, *PENSÉES*. V. I, TOUR. 128).
A PASSAGEM ENTRE COLCHETES FOI RISCADA, DANDO LUGAR AO *DIVERTISSEMENT*.
[8] VINCENT CARRAUD, *PASCAL: DES CONNAISSANCES NATURELLES À L'ÉTUDE DE L'HOMME*, P. 241-242.
[9] BLAISE PASCAL, *PENSÉES*, LAF. 414, BRU. 171.
[10] Cf. VINCENT CARRAUD, *PASCAL: DES CONNAISSANCES NATURELLES À L'ÉTUDE DE L'HOMME*, P. 241.
[11] BLAISE PASCAL, *PENSÉES*, LAF. 414, BRU. 171.
[12] IBIDEM, LAF. 133, BRU. 169.

Cristo Mediador[13] não poderá curar a si mesmo de suas misérias, Pascal faz de toda humanidade refém do *divertissement*, pois só assim poderá furar seus olhos e não contemplar a existência precária sem Deus a qual está submetida. Tal existência tem início, se pensarmos na *Lettre*, quando Deus abandona o homem deixando-o no vazio infinito do tamanho de Deus. Ora, se há um vazio infinito no homem, o modo pelo qual ele tenta fugir dele é justamente o mergulho no *divertissement*, o desvio das misérias no ato de realizar mais misérias. Relacionando o vazio infinito da *Lettre* e o conceito de *divertissement* dos *Pensamentos*, afirmamos que o homem tenta desviar o olhar do seu próprio vazio infinito através das misérias do *divertissement*. O ato de "não mais pensar nisso", ou seja, desviar o pensamento, caracteriza o esquive que descreve a condição humana depois da queda: um ser que busca, em meio aos objetos finitos, o objeto infinito. O *divertissement* poderia ser analisado como efeito de uma causa teológica e assim nossa investigação de fundo mostra a razão dos efeitos que explica todos os comportamentos humanos: a busca, sempre precária, do infinito no reino da finitude. Investigando as causas teológicas que justificariam a condição humana, Pondé salienta que a observação da corrupção do homem tem seu sentido teológico: "todavia, sabemos que para Pascal toda esta questão da natureza corrompida faz parte de uma hermenêutica antropológica que busca decifrar o sentido da condição humana em um horizonte teológico"[14]. Portanto, para Pondé, a teologia de Pascal expressa uma antropologia em termos de natureza corrompida, miserável e falível. O *divertissement* é a descrição enquanto efeito desta causa teológica, ou seja, a razão ou causa é teológica, mas os efeitos podem ser constatados sem necessariamente fazermos menção à causa.

A universalidade conceitual do *divertissement* expressa as misérias que pautam as ocupações particulares do homem, a fim de

---
[13] O CRISTO MEDIADOR SERÁ TRABALHADO NO CAPÍTULO 5.
[14] LUIZ FELIPE PONDÉ, *O HOMEM INSUFICIENTE*, P. 238.

desviá-lo de sua própria condição: "sem examinar todas as ocupações particulares, basta compreendê-las sob o divertimento"[15]. O *divertissement* é o conceito universal que abrange todas as ocupações humanas, apresentando uma explicação teológica que concede sentido aos comportamentos mais banais da vida enquanto movimento interminável em busca de preencher o vazio infinito do homem sem Deus. O intérprete Sellier destaca: "a busca de todos os prazeres, a satisfação do orgulho, o interesse por bagatelas, tudo isto não tem senão uma única fonte: a *aversio*, o *divertissement*"[16]. Conceito oposto à *conversio*,[17] ou seja, à conversão, o *divertissement* expressa as ocupações particulares como misérias do homem *aversio* a Deus. Tais misérias revelam a condição do homem depois da queda: "Condição do homem./ Inconstância, tédio, inquietação"[18]. A criatura, vivendo o drama do vazio infinito em si, sente a sua inconstância, pois nada a preenche; assim, ela se mostra sempre a mendigar qualquer atividade que, com o tempo, desgasta-se, cansa e mergulha a criatura no tédio, uma das expressões da miséria humana sem divertimento. Tal homem cai no abismo infinito da tristeza

---

[15] BLAISE PASCAL, *PENSÉES*, LAF. 478, BRU. 137. NA OBRA *CONHECIMENTO NA DESGRAÇA: ENSAIO DE EPISTEMOLOGIA PASCALIANA*, O INTÉRPRETE LUIZ FELIPE PONDÉ COMENTA ESTE FRAGMENTO RELACIONANDO O *DIVERTISSEMENT* E AS OCUPAÇÕES, DE MANEIRA ESPECIAL AQUELAS DESTINADAS ÀS CIÊNCIAS: "PORTANTO É CONSISTENTE QUE COM OS ESCRITOS PASCALIANOS AFIRMAR QUE A CONSTRUÇÃO DO CONHECIMENTO É *DIVERTISSEMENT*, MAS TODA A VIDA O É, LOGO (...) LEIS, CULTURA, TUDO QUE POSSAMOS IMAGINAR. ESTA LINHA DE RACIOCÍNIO CERTAMENTE NOS LEVA À IDEIA DE QUE A CIÊNCIA SEJA ÚTIL NO COMBATE AO *ENNUI* PORQUE 'NOS MANTÉM OCUPADOS', E, AO PRATICÁ-LA, PASCAL ESTAVA TENTANDO ESCAPAR DE SEU PRÓPRIO ÔNUS EXISTENCIAL DE SER UM SER HUMANO" (LUIZ FELIPE PONDÉ, *CONHECIMENTO NA DESGRAÇA: ENSAIO SOBRE EPISTEMOLOGIA PASCALIANA*, P. 63). A CIÊNCIA É ENCARADA COMO MAIS UMA FORMA DE *DIVERTISSEMENT* QUE, PARA O INTÉRPRETE, É ÚTIL NÃO SÓ EM SUA EFICÁCIA TÉCNICA, MAS TRAZ UMA EFICÁCIA COTIDIANA, IMPEDINDO QUE O INCÔMODO DO *ENNUI*, MISÉRIA ENQUANTO TRISTEZA PROFUNDA, INVADA O HOMEM. DESTA MANEIRA, A CIÊNCIA É UMA PAIXÃO EFICAZ NO CAMPO DA EXISTÊNCIA DO HOMEM MISERÁVEL E, NO CASO DE PASCAL, É POSSÍVEL SER CIENTISTA E DEIXAR DE SÊ-LO, NO ENTANTO, É IMPOSSÍVEL SER CIENTISTA E DEIXAR DE SER HOMEM, DITO DE OUTRO MODO, O CIENTISTA É UM HOMEM PLENO DE PAIXÕES, MAS QUE SE DESVIA DE SUA PRÓPRIA CONDIÇÃO USANDO COMO FERRAMENTA A PRÓPRIA CIÊNCIA ENQUANTO *DIVERTISSEMENT*, ISTO É, O MECANISMO DE DESVIO DE SUA CONDIÇÃO MISERÁVEL.
[16] PHILIPPE SELLIER, *PASCAL ET SAINT AUGUSTIN*, P. 165.
[17] CF. IBIDEM, P. 163.
[18] BLAISE PASCAL, *PENSÉES*, LAF. 24, BRU. 127.

profunda, isto é, no tédio, e, buscando "um meio mais sólido de sair dele"[19], mergulha em outras misérias do *divertissement* mais uma vez, o que mostra sua contínua inquietação pela busca de uma satisfação plena naquilo que não pode oferecer plenitude, somente desvio, ou seja, *divertissement*. O homem mostra-se sempre em busca de algo que possa preenchê-lo, e, ordinariamente, chama esta plenitude de felicidade: "se a nossa *condição* fosse verdadeiramente feliz, não seria necessário *desviarmos* dela nossos pensamentos"[20]. Nesta passagem, grifamos a relação entre condição humana e desvio, pois este é o fulcro da vida do ser humano sem Deus. Desta maneira, cabe apresentarmos a reflexão de Pascal no *liasse* VIII – denominado *Divertissement* –, tendo como pano de fundo a nossa afirmação nuclear de que o *divertissement* é uma forma de manifestação das misérias humanas para desviar e preencher a criatura do seu vazio infinito, constituinte de seu ser depois da queda.

> *Divertissement* – Se o homem fosse feliz, tanto mais o seria quanto menos se divertisse, como os santos de Deus. Sim; mas não é ser feliz poder alegrar-se pelo divertimento?
>
> – Não, porque ele vem de outra parte e de fora; e assim é dependente e, por toda parte, sujeito a ser perturbado por mil acidentes que fazem as aflições inevitáveis.[21]

Pascal estabelece uma espécie de diálogo. Se o homem fosse feliz,[22] ele não buscaria o *divertissement*, não se desviaria da própria

---

[19] BLAISE PASCAL, *PENSÉES*, LAF. 414, BRU. 171.
[20] IBIDEM, LAF. 70, BRU. 175 BIS (GRIFO NOSSO).
[21] IBIDEM, LAF. 132, BRU. 170.
[22] COMENTANDO ESTA PASSAGEM, O INTÉRPRETE BREMOND RESSALTA A QUESTÃO DE SABER SE A CONDIÇÃO HUMANA É FELIZ PARA PASCAL: "NÃO, CERTAMENTE, ELA NÃO É DE MODO ALGUM" (HENRI BREMOND, *HISTORIE LITTÉRAIRE DU SENTIMENT RELIGIEUX EM FRANCE: DEPUIS LA FIN DES GUERRES DE RELIGION JUSQU'À NOS JOURS*, V. IV, P. 334). PORÉM, DIANTE DESTA CONDIÇÃO, OS HOMENS "SÃO OBRIGADOS A SE DIVERTIR PARA SACUDIR UMA 'TRISTEZA INSUPORTÁVEL'" (IBIDEM, P. 334). PORTANTO, PARA BREMONT, SENDO A CONDIÇÃO HUMANA INFELIZ, CABE AO HOMEM UM MODO DE COMPORTAMENTO – O *DIVERTISSEMENT* – QUE O AFASTA DA *TRISTEZA INSUPORTÁVEL* INERENTE A SUA PRÓPRIA CONDIÇÃO DEPOIS DA QUEDA.

condição, isso porque gozaria da plenitude da felicidade, algo que os santos de Deus desfrutam, pois possuem uma felicidade sublime que não pode ser perdida em função do seu estado de santidade. No entanto, aquele que dialoga com Pascal objeta-lhe a partir da seguinte afirmação: mas quem está no divertimento alegra-se, porém, de outra maneira. Em contrapartida, Pascal responde: é um divertimento que vem de fora e pode ser perdido a qualquer momento por qualquer acidente, logo, tal possibilidade faz a aflição do homem. Neste diálogo, vemos a impossibilidade do *divertissement* preencher o vazio infinito que está instalado no homem, pela fragilidade da própria miséria à qual ele se liga para se desviar: ele será afligido pela incompletude – fragilidade do *divertissement* enquanto capacidade de satisfazê-lo totalmente – que o constitui. Outro ponto que impede a eficácia contínua do *divertissement* é a finitude enquanto criatura mortal.

> Não obstante estas misérias, ele quer ser feliz e nada mais quer do que ser feliz, e não pode não querer sê-lo.
>
> Mas que fará para isso? Seria preciso, para conseguir, que se torne imortal, mas não podendo, resolve não pensar nisso.[23]

A tese de Pascal, neste fragmento, é de que o homem busca a felicidade e, por mais que permaneça na busca, para que a tenha em sua plenitude, ou seja, por toda a eternidade, precisaria ser imortal; todavia, todos os homens depois da queda são míseros mortais e, assim, partindo deste princípio, todos os homens são incapazes de felicidade, pois na morte tudo se perde e se dissolve. O filósofo deixa claro que a busca da felicidade é quase um dogma presente nos desejos humanos, de modo que nenhum homem deixaria de tê-lo: "todos os homens procuram ser felizes. [...] É o motivo de todas as ações dos homens, até daqueles que vão se enforcar"[24]. Dito de outro modo, mesmo o

---

[23] Blaise PASCAL, *Pensées*, Laf. 134, Bru. 168.
[24] Ibidem, Laf. 148, Bru. 425.

suicida busca a felicidade pela morte,[25] porém, é uma forma estranha de adquiri-la, já que, sabendo que Pascal está discutindo a felicidade que é para ser desfrutada em vida, então, com a morte, a possibilidade de felicidade não poderá ser desfrutada. Mas será no fragmento 136 que poderemos encontrar, de maneira mais completa, o *divertissement* como descrição das misérias humanas. Vejamos:

Pascal inicia o fragmento fazendo uma descrição das atividades humanas de forma geral: "quando me pus a considerar as diversas agitações dos homens"[26]. Eis a lista que segue as atividades desta visão geral do *divertissement*: as agitações dos homens na corte, as paixões, os perigos que se enfrenta, a ousadia de algumas ações, etc. E conclui: "repeti com frequência que toda a infelicidade dos homens provém de uma só coisa: de não saber ficar quieto num quarto"[27]. Não há prazer em ficar quieto num quarto, mesmo porque não há prazer em considerar a si mesmo, em contemplar o vazio infinito que o habita e que não pode ser preenchido por nenhum bem, nem mesmo por nenhuma atividade. O homem no tédio conhece sua própria constituição precária, no entanto, o tédio é ainda mais insuportável, o que o faz levantar e mendigar o *divertissement*, isto é, as misérias descritas por Pascal: a busca pela patente de um exército, as incursões mar adentro, o zigue-zague dos homens de uma cidade para outra, as conversações, os jogos.[28] Um homem não faria nada disso "a não ser que não se tenha

---

[25] Cf. Maria Luiza Dias, *Suicídio: testemunhos de adeus*. Este é um trabalho que cruza duas áreas do saber: a psicologia clínica e as ciências sociais. A autora tem como objetivo analisar relatos de suicídios, classificando-os. Toma como objeto de pesquisa relatos expressos em cartas e fitas de áudio. O que nos chamou a atenção foi um dos anexos, em que consta a transcrição de uma fita de áudio de um suicida do sexo masculino, trancado em seu quarto e, prestes a executar o ato derradeiro, associa a sua morte à busca da felicidade. "Para mim tudo se acabou. Eu sinto muito, *mas tudo que queria era ser feliz*, nada mais. Por favor, eu quero que todos me compreendam, eu lutei muito nesta vida, mas nada adiantou, porque a *felicidade é uma só, e não consegui encontrá-la, mas tudo bem, eu estou partindo, e creio que encontrarei*. [...] Eu não sei... Mas eu lutei... *Eu procurei ser feliz...*" (Ibidem, p. 240-245, grifo nosso). Ao final do relato ouve-se um tiro.
[26] Blaise Pascal, *Pensées*, Laf. 136, Bru. 139.
[27] Ibidem, Laf. 136, Bru. 139.
[28] Cf. Ibidem, Laf. 136, Bru. 139.

prazer em ficar em casa, etc."[29]. Ora, o prazer de ficar em casa também é *divertissement*! De fato, o que o homem não consegue é considerar a si: "de não saber ficar quieto num quarto"[30]. Ficar quieto em um quarto é conceber claramente a própria condição sem *divertissement* e conhecer a própria miséria, pois o homem no tédio é o homem que se sabe miserável, que abre os olhos para a interioridade e concebe o vazio infinito de si. Portanto, na *Lettre*, o vazio infinito é introjetado na criatura pela reflexão teológica, mas, no fragmento 136, é este mesmo vazio que Pascal convida o leitor a considerar, porém, com um detalhe: ainda não há menção à teologia.[31]

Pascal sugere uma aproximação, ou seja, de uma visão mais geral ele passa a investigar o homem mais de perto, o que chamaremos de primeira aproximação, pois ainda considera o homem no geral. No entanto, irá especificar três elementos universais ao descrever os homens: a infelicidade, a fraqueza e a mortalidade:

> Mas quando considerei mais de perto e, depois de ter encontrado a causa de nossos infortúnios, quis descobrir-lhes as razões, encontrei que existe uma, realmente efetiva, que consiste na *infelicidade* natural de nossa condição fraca e mortal, tão miserável que nada nos pode consolar quando a consideramos de perto.[32]

Pascal busca a causa dos infortúnios humanos, as razões dos efeitos que são propriamente os infortúnios descritos enquanto misérias, e o que encontra é uma "infelicidade natural" de nossa "condição fraca e mortal". Como escrevemos, não há menção teológica, mas, se lançarmos um olhar crítico à passagem anterior, veremos que é a

---

[29] Blaise PASCAL, *Pensées*, Laf. 136, Bru. 139.
[30] Ibidem, Laf. 136, Bru. 139.
[31] No decorrer do capítulo veremos que Pascal usará o conceito de "primeira natureza". Neste caso a menção teológica está posta, pois o objetivo é explicar a ideia lânguida de felicidade que a criatura possui como traço de uma natureza perdida. Portanto, será a busca deste traço perdido que o motor da busca da felicidade funcionará, mas sempre conduzindo ao fracasso, pois é um traço vazio desta felicidade, dito de outra forma, o homem que busca a felicidade se encontrará com seu próprio vazio.
[32] Blaise PASCAL, *Pensées*, Laf. 136, Bru. 139.

antropologia teológica que está na base do pensamento pascaliano. Teologicamente falando, o homem antes da queda era "justo, são e forte"³³, como Pascal atesta nos *Escritos sobre a Graça*, vivia "desejando a beatitude"³⁴, mas, com o pecado, "aquilo que o espírito conhecia de mais conveniente para sua felicidade encontra-se agora seduzida pela concupiscência que surgiu em seus membros"³⁵, tendo a morte como condenação. Todavia, distância aparentemente tomada da teologia, considerando o homem mais de perto, vive-se uma infelicidade que se torna "natural", e sua condição forte e imortal – tese teológica – é considerada fraca e mortal. Desta maneira, infelicidade, fraqueza e mortalidade são três elementos que estão extremamente ligados ao homem quando se propõe analisar a criatura mais de perto. Como um raio de uma nuvem repleta dos dramas humanos, Pascal dispara: "nada nos pode consolar quando a consideramos de perto"³⁶. No plano natural, poderíamos dizer com Pascal que a "única coisa que nos consola de nossas misérias é a diversão"³⁷, mas o homem não é somente um ser de natureza: o vazio infinito é a marca da perda do objeto infinito, ou seja, de Deus. Desta maneira, há uma marca no homem que o ultrapassa, que faz da criatura não só um ser portador de um estado de natureza decaído, pois nela ainda há uma marca do sobrenatural enquanto vazio infinito. Ora, se o homem não é somente um ser de natureza, então convém dizer que a diversão é a única coisa que consola a criatura no plano natural, mas o faz precariamente, aumentando as misérias do homem sem Deus.

Portanto, considerar o homem de perto é ver a sua precariedade sem Deus; constatar tal precariedade é descobrir a razão dos efeitos, a explicação teológica que dá sentido às descrições das misérias humanas patentes no *divertissement*. O vazio infinito sem Deus é o que nos permite dizer que qualquer ação, enquanto desvio de si, é miserável,

---

³³ Blaise PASCAL, Écrits sur la Grâce. In: _____ *Œuvres complètes*, p. 317.
³⁴ Ibidem, p. 317.
³⁵ Ibidem, p. 317.
³⁶ Idem, *Pensées*, Laf. 136, Bru. 139.
³⁷ Ibidem, Laf. 414, Bru. 171.

pois finita, e, consequentemente, incapaz de preencher e satisfazer o vazio infinito que habita o homem. Diante disso, vejamos as formas de *divertissement*, ou seja, como este conceito se encarna no cotidiano dos homens.

4.2 – As formas de *divertissement*

Seguindo as pegadas de Pascal, veremos o resultado daquilo que chamaremos de segunda aproximação, isto é, uma avaliação das mais variadas condições e atividades que os homens realizam em específico, a saber: 1) o ser rei; 2) a atração pelos jogos e o entretenimento com as mulheres; 3) as guerras; 4) a caça; 5) as profissões; 6) as obsessões dos doutos; 7) e os homens plenos de perturbações do cotidiano.

1) O rei é considerado a "mais bela posição do mundo"[38].

> Seja qual for a condição que se imagine, se se juntarem todos os bens que nos podem pertencer, a realeza é a mais bela posição do mundo e, no entanto, imagine-se o rei, acompanhado de todas as satisfações que podem caber-lhe, se estiver sem divertimento e se o deixarmos considerar e refletir sobre aquilo que ele é – essa felicidade lânguida não o sustentará.[39]

O rei é um homem pleno dos maiores privilégios que alguém poderia ter, pois possui todos os bens necessários para nos fazer supor, na esteira de Pascal, que ele possui todas as satisfações da terra, desde os bens materiais, os quais têm a posse como senhor de toda sua circunscrição, até os bens de estima, já que ninguém correrá o risco de não conceder o reconhecimento da grandeza do rei, ou mesmo, do príncipe: "um príncipe será a fábula de toda a Europa e ele próprio não ficará sabendo de nada"[40]. Não saberá de nada porque o rei/príncipe só conhecerá a estima concedida por seus súditos, nunca conhecerá

---

[38] Blaise PASCAL, *Pensées*, Laf. 136, Bru. 139.
[39] Ibidem, Laf. 136, Bru. 139.
[40] Ibidem, Laf. 978, Bru. 100.

os interesses mais grotescos que ligam seus subalternos à majestade da realeza, de modo que tal dependência é vinculada aos bens materiais que o rei poderia conceder, assim como os cargos que poderia conferir a qualquer um de seus súditos: é neste sentido que o respeito pelo rei é uma espécie de cobiça – concupiscência – presente no homem. Conhecendo ou não tais desejos movidos pelos mais variados interesses, o rei, por ser uma fonte de bens e possuir efetivamente a força dos seus exércitos, obriga a que todos apresentem os necessários sinais de respeito pela realeza que o envolve, e os súditos, a fim de conseguir tudo aquilo que a cobiça incute em suas entranhas, respeitam coercitivamente o soberano: é o respeito instrumentalizado pelo desejo daquilo que se cobiça da realeza. A posição social que o rei ocupa chama a atenção de Pascal a ponto de concebê-lo como um personagem de destaque no campo da existência. A esfera social faz com que o rei se imagine, construa a si mesmo, como aquele que possui em suas mãos o poder de satisfação de todas as suas vontades – e as dos outros –; por outro lado, o próprio Pascal convida o leitor a "considerar" e "refletir" a condição da realeza sem divertimentos, ou seja, mesmo tendo em suas mãos "todas as satisfações que podem caber-lhe", ele conhecerá que sua "felicidade lânguida" não o sustentará como o senhor da mais bela posição do mundo. Mas o que é esta felicidade lânguida? É justamente a felicidade do *divertissement*, ou seja, uma felicidade perturbada por mil acidentes, cuja perda pode advir a qualquer momento, e assim "cederá necessariamente às circunstâncias que o ameaçam, revoltas que podem acontecer e, finalmente, à morte e às doenças, que são inevitáveis"[41]. As circunstâncias do cotidiano podem solapar a felicidade do rei, o qual passa a sentir uma angústia motivada pelos problemas que o ameaçam, como as revoltas, as doenças e a morte. Tais atributos cabem diretamente ao rei, no entanto, os dois últimos, a qualquer ser humano. O homem comum está submetido a quase todas as ameaças do rei, mesmo que a posição do rei ofereça alguma vantagem por sua

---

[41] BLAISE PASCAL, *Pensées*, LAF. 136, BRU. 139.

posição no campo social. Mas se a passagem inicia-se mostrando o ápice das vantagens do rei, ela termina salientando o ápice das desvantagens de ser rei: "de modo que fica, sem aquilo a que se chama divertimento, infeliz, e mais infeliz do que o menor dos seus súditos que joga e se diverte"[42]. Dito de outro modo, o rei precisa desviar-se da própria condição de rei, da mais bela posição do mundo, para poder governar, para não sentir as ameaças de perder o reino, para não perceber a precariedade do seu corpo e o beijo iminente da morte que o destrói: um monarca sem divertimento é mais infeliz do que o menor de seus súditos que se diverte e que esquiva seus pensamentos de sua condição. "Porque ou se pensa nas misérias que se têm ou naquelas que nos ameaçam".[43] A ameaça contínua perturba o rei, pois é a prova viva de que ele tem, por qualquer agitação acidental, tudo a perder. A mais bela posição do mundo é subvertida em a mais miserável entre as miseráveis. Mas, e quando a paz se faz presente no reino, de modo que o vigor da saúde e o esquecimento da morte tomam conta da realeza? Pascal evoca o tédio: "e ainda quando se estivesse bastante protegido por todo lado, o tédio, com sua autoridade própria, não deixaria de sair do fundo do coração onde tem raízes tão naturais e de encher o espírito com seu veneno"[44].

O tédio, tristeza profunda do homem, é a condição miserável que permite à criatura ver a si mesma sem desvio, sem ofuscamento. O homem percebe toda sua fragilidade no tédio, identifica tudo que o ameaça, sejam as doenças, a morte, os acidentes, a tortura, a prisão, o abandono e a solidão, de modo que Pascal descreve o tédio como um ser que tem "autoridade própria" e brota no mais íntimo do coração humano, como parte da natureza humana depois da queda, como um veneno que permeia todo seu espírito e faz soçobrar o corpo. O homem no tédio é o conhecimento do próprio vazio infinito, como vemos o fragmento 139: "como o coração do homem é oco

---

[42] BLAISE PASCAL, PENSÉES, LAF. 136, BRU. 139.
[43] IBIDEM, LAF. 136, BRU. 139.
[44] IBIDEM, LAF. 136, BRU. 139.

e cheio de lixo"[45]. Um coração oco é um coração vazio, porém, Pascal acrescenta que este mesmo coração é cheio de lixo, ou seja, tudo que o homem tem no seu coração oco – vazio infinito – é a precariedade de si mesmo depois do abandono de Deus. O tédio, condição que permite a contemplação desta precariedade, é a visão do homem como ser finito e insignificante – lixo – vagando em um espaço infinito – oco. No entanto, apesar desta situação existencial miserável, os reis são portadores de uma condição que possivelmente os impediriam de perceber seu vazio infinito e suas misérias, pois são sobrecarregados "desde a infância com os cuidados de sua honra, dos bens, dos amigos; acumulam-nos de afazeres, do aprendizado das línguas"[46]. Neles, está instalado o sonho da glória, o que os impulsiona a laborar em prol dos seus objetivos reais, na esperança de serem felizes, de modo que sem tais conquistas viveriam na infelicidade. "Assim, são lhe dados encargos e afazeres que os fazem quebrar a cabeça desde o raiar do dia"[47]. Pascal lê, ironicamente, esta ideia de que, pelos afazeres da realeza e a conquista da glória, os futuros nobres serão felizes, pois não há nada mais evidente de que esta busca da honra os fará, evidentemente, infelizes: "aí está, direis, uma estranha maneira de torná-los felizes; que se poderia dizer de melhor para torná-los infelizes?"[48]. A conquista de todos os objetivos, a posse de todas as satisfações ainda não bastam para solapar o negrume da infelicidade, porém, caso sejam retiradas todas estas ocupações e preocupações, os reis "pensariam naquilo que são, de onde vêm, para onde vão, e assim nunca é demais ocupá-los e desviá-los disso"[49]. Em outras palavras, ao deixar

---

[45] Blaise PASCAL, *Pensées*, Laf. 139, Bru. 143. Para uma análise sobre a condição humana em Pascal, ver o belíssimo ensaio de Ricardo Mantovani, "Um ser oco e cheio de lixo: o homem segundo Blaise Pascal", presente na coletânea de ensaios da obra *O que é o Homem?* (Ed. Filocalia, no prelo).
[46] Ibidem, Laf. 139, Bru. 143.
[47] Ibidem, Laf. 139, Bru. 143.
[48] Ibidem, Laf. 139, Bru. 143.
[49] Ibidem, Laf. 139, Bru. 143.

as suas preocupações por um tempo a fim de se dedicar ao conhecimento de si, o rei sentirá o tédio que o fará perceber a condição que lhe é própria.[50] O futuro rei, impelido a imaginar a si mesmo – "condição que se imagine"[51] –, é convidado a empregar o seu tempo livre para "se divertir, e jogar, e ocupar-se sempre por inteiro"[52]. É desta maneira que o tempo escoa e o futuro rei, pleno de afazeres, seguirá sua vida na lógica do *divertissement* como fuga do seu coração oco, infinito e cheio de lixo. Podemos dizer, portanto, o que é um rei sem divertimentos para Pascal: "deixe-se um rei a sós, sem nenhuma satisfação dos sentidos, sem nenhuma preocupação no espírito, sem companhias e sem divertimento, pensar em si totalmente à vontade, e ver-se-á que um rei sem divertimento é um rei cheio de misérias"[53]. Na ausência de satisfação, na falta de preocupação e companhias cuja função seria de desviar o rei de sua própria condição, ele pensará em si mesmo sem nenhum obstáculo, como dirá Pascal, "à vontade"[54], e, na ausência de divertimento, perceberá que é pleno de misérias.[55] Mas isto significa que no *divertissement* o rei estaria livre das misérias? Não, pois o divertimento é a proliferação

---

[50] NO ENTANTO, OS HOMENS, PORTADORES DE OUTRAS CONDIÇÕES, SE QUEIXAM DA AGITAÇÃO. MAS O ATO DE NÃO FAZER NADA OS FARÁ CONCEBER QUE A CONDIÇÃO QUE LHES É VERDADEIRAMENTE PRÓPRIA, AO PENSAR EM SI, É MAIS AVASSALADORA DO QUE AQUELA QUE ELES CONHECEM: "AGITAÇÃO/. QUANDO UM SOLDADO SE QUEIXA DO TRABALHO QUE TEM, OU UM LAVRADOR ETC., DEIXEM-NOS FICAR SEM NADA PARA FAZER" (BLAISE PASCAL, PENSÉES, LAF. 415, BRU. 130). OS INTÉRPRETES BRÁS E CLÉRO AINDA DESTACAM: "ESTA INJUNÇÃO SE INSCREVE DENTRO DE UM CONJUNTO DE PENSAMENTOS CUJO FIM É O MOSTRAR QUE O HOMEM NÃO SUPORTA ELE MESMO NO REPOUSO" (G. BRAS; J.P. CLÉRO, PASCAL: FIGURES DE L'IMAGINATION, P. 41). O REPOUSO SE TORNARIA A CONDIÇÃO NECESSÁRIA PARA UMA TOMADA DE CONSCIÊNCIA DA CONDIÇÃO INSUPORTÁVEL DA MISÉRIA HUMANA EM SUA FINITUDE.
[51] BLAISE PASCAL, PENSÉES, LAF. 136, BRU. 139.
[52] IBIDEM, LAF. 139, BRU. 143.
[53] IBIDEM, LAF. 137, BRU. 142.
[54] IBIDEM, LAF. 137, BRU. 142.
[55] "PRESTAI ATENÇÃO, QUE OUTRA COISA NÃO É SER SUPERINTENDENTE, CHANCELER, PRIMEIRO PRESIDENTE, SENÃO ESTAR EM UMA CONDIÇÃO EM QUE SE TEM JÁ PELA MANHÃ UM GRANDE NÚMERO DE PESSOAS QUE CHEGAM DE TODOS OS LADOS PARA NÃO LHES DEIXAR NENHUMA HORA DO DIA EM QUE POSSAM PENSAR EM SI MESMOS, E QUANDO CAEM EM DESGRAÇA E OS MANDAM PARA AS SUAS CASAS DE CAMPO ONDE NÃO LHES FALTAM NEM BENS NEM CRIADOS PARA ASSISTI-LOS EM SUAS NECESSIDADES, NÃO DEIXAM DE SER MISERÁVEIS E ABANDONADOS PORQUE NINGUÉM OS IMPEDE DE PENSAR EM SI MESMOS" (IBIDEM, LAF. 136, BRU. 139).

das misérias sem consciência destas; dito de outro modo, é a miséria pela proliferação da cegueira oriunda das misérias do *divertissement*. O homem comum, quando joga e se diverte, também vive a realidade da obliteração da miséria pelas misérias, de modo que tanto o rei como o homem comum, mergulhados no *divertissement*, não reconhecem as suas misérias, pois é a própria miséria que os desvia. Desviar é combater precariamente a sede de preencher o vazio infinito pela fuga sempre constante em direção aos objetos finitos. O vazio infinito faz-se presente tanto no rei quanto em qualquer ser humano; no entanto, no rei, ele apareceria de forma mais gritante, pois tudo que a realeza possui enquanto bens materiais e bens de estima é incapaz de preencher o vazio infinito que Deus deixou. "Porque ou se pensa nas misérias que se têm ou naquelas que nos ameaçam".[56] O homem comum, como não tem muito a perder, sempre atribui sua insatisfação presente às causas próximas, e não a algo que é mais profundo, o que chamamos de vazio infinito sem Deus; todavia, há um pensamento que abraça todos os homens, em qualquer condição, quando pensa a sua própria miséria: a morte. "Divertimento./ A morte é mais fácil de suportar sem pensar nela do que o pensamento da morte sem perigo"[57]. O homem desvia o seu pensamento da morte e, por este motivo, torna-se mais fácil suportá-la. O olhar contínuo no fim próximo poderia desestabilizar e descompensar o indivíduo, encaminhando-o a viver antecipadamente a realidade da morte, não como fato, mas como terror a insurgir. Pascal, na passagem acima, destaca que, quando o homem corre um perigo próximo de morrer, o pensamento sobre a morte mergulha o homem no desespero, e assim é mais fácil pensar na morte quando não corremos perigo de morrer, já que, quando corremos tal risco, a saída de Pascal nos remete ao título do fragmento: "*Divetissement*"[58]. Analisando esta passagem, Carraud afirma que Pascal define a morte

---

[56] Blaise PASCAL, *Pensées*, Laf. 136, Bru. 139.
[57] Ibidem, Laf. 138, Bru. 166.
[58] Ibidem, Laf. 138, Bru. 166.

como algo representável, porém, o que há de original no fragmento 138 é que uma morte como representação é "uma representação sem a presença da morte"[59], o que abranda o sofrimento; porém, Pascal lembra ao homem da sua mortalidade a cada passo de seus textos e, longe de fazer a criatura desviar-se dela, coloca em seu rosto a visão futura de seu próprio ser: um cadáver. Desta maneira, cabe ao homem divertir-se, entregar-se às misérias para cobrir a própria miséria:

> (*O único bem dos homens consiste, pois, em divertir o pensamento de sua condição, ou por uma ocupação que dele os desvie, ou por alguma paixão agradável e nova que o ocupe, ou pelo jogo, ou pela caça, algum espetáculo atraente ou finalmente aquilo a que se chama divertimento.*)[60]

Esta passagem foi riscada por Pascal, talvez para que pudesse ser reelaborada, mas dela poderíamos supor que, ao afirmar que "*o único bem dos homens consiste, pois, em divertir*", ele estaria excluindo o Bem Supremo, ou seja, Deus, o qual, na pessoa de Jesus Cristo, auxilia-nos a reconhecer um Mediador e a considerar a nossa miséria sem desespero, isto é, considerar a nossa miséria sabendo que há um Redentor. Outra suposição seria a de que o *divertissement* é um bem e não a manifestação das misérias enquanto fuga da própria miséria, entendida por nós como o vazio infinito do homem depois da queda. Porém, o que nos interessa nesta passagem é o fato de haver três tópicos que nos parecem dignos de nota: a) Pascal liga a ideia do *divertissement* como uma fuga da própria condição; b) a necessidade de uma paixão agradável, nova e que mantenha o homem ocupado; c) ele inicia uma lista destas ocupações, a que denomina *divertissement*. Assim, cabe analisarmos esta lista.

---

[59] Vincent CARRAUD, *Pascal et la Philosophie*, p. 193. O intérprete deixa claro que esta é uma passagem que faz objeção ao epicurismo: "dizer a morte inexistente, como Epicuro, é arruinar as condições de possibilidade da teoria do *divertissement*. Mesmo se ele não é nomeado, o epicurismo, enquanto filosofia do instante (porque filosofia da carne), isto é, enquanto moral da morte impensável, proíbe o pensamento do *divertissement*" (*Ibidem*, p. 193).
[60] Blaise PASCAL, *Pensées*, Laf. 136, Bru. 139.

2) Os jogos e o entretenimento com as mulheres são imediatamente citados após a análise do rei.

> Daí vem que o *jogo* e o *entretenimento com as mulheres*, a *guerra*, os *grandes empregos* sejam tão procurados. Não é que neles haja realmente felicidade, nem que imaginemos que a verdadeira beatitude consista em se ter o dinheiro que se pode ganhar no jogo, ou na lebre que se persegue; não se quereria nada disso se fosse dado de mão beijada. Não é este o uso mole e sossegado que nos deixa pensar em nossa infeliz condição que se busca, nem os perigos da guerra, nem o trabalho dos empregos, mas sim a lufa-lufa que nos desvia de pensar nela e nos diverte. Razão pela qual se gosta mais da caçada do que da presa.[61]

O jogo é a primeira forma de desvio que iremos analisar. Para Pascal, o essencial do jogo não está só em ganhar o dinheiro empreendido pelo jogador, mas também de permanecer no jogo. Aquele que joga acredita que a "verdadeira beatitude", aquela que pode preenchê-lo de seu vazio infinito, está na conquista do montante daquilo que se aposta, mas o sentido próprio do jogo é permanecer no desvio deste vazio, já que o jogo perderia todo seu valor enquanto *divertissement* se fosse tal montante sem nenhum tumulto, pois "não se quereria nada disso se fosse dado de mão beijada". Não é portanto qualquer coisa que tem o poder de desviar os homens e, no caso dos jogos, é preciso que haja um *télos* o qual o jogador associe à verdadeira beatitude, já que a miséria do homem é tão gritante que há inúmeras possibilidades de se adentrar no tédio, mas basta uma "mínima coisa"[62] para desviá-lo: "E ele é tão leviano que, estando cheio de causas essenciais de tédio, a mínima coisa, como um bilhar e uma bola que ele toca, basta para diverti-lo"[63]. Diverti-lo e desviá-lo, eis a função do jogo. Pascal, no decorrer do fragmento, diz que a força do jogo é tão grande que pode fazê-lo passar por toda uma vida sem tédio: "tal homem passa a vida

---

[61] Blaise PASCAL, *Pensées*, Laf. 136, Bru. 139 (grifo nosso).
[62] Ibidem, Laf. 136, Bru. 139.
[63] Ibidem, Laf. 136, Bru. 139.

sem tédio jogando todos os dias coisa de pouca monta"[64]. Ora, isso quer dizer que o homem poderia passar uma vida sem misérias? Não, mas, no jogo, o homem poderia passar toda uma vida na miséria insaciável do *divertissement*, dito de outro modo, sem tomar consciência do vazio infinito que está instalado em seu coração; todavia, no ato de jogar, ele sentirá o drama de uma falta presente em seu ser, perceberá as paixões que dominam o homem decaído no ato de jogar e, mesmo sem cair no tédio e não percebendo seu vazio infinito com toda sua força, viverá os sobressaltos das paixões, estas porém, dignas daqueles que possuem em si uma incompletude, um vazio que os impele a buscar aquilo que é objeto de desejo. O intérprete Lazzeri percebeu as reviravoltas das paixões que estão envoltas com o jogo:"o amor do jogo nasce da incerteza do ganho, que engendra, ao mesmo tempo, o temor da perda, a cólera por ter perdido e a intensificação pelo mesmo desejo de ganhar"[65]. As paixões tomam conta do jogador e configuram-se como obstáculos que desviam o homem de sua verdadeira condição, assim, quanto mais obstáculos, ainda mais estimulante será a satisfação do jogo; entretanto, proporcional à satisfação será tanto a expectativa em obter o montante apostado quanto o sofrimento em caso de perda efetiva. Ganho e perda se misturam no jogador, o qual não joga somente para ganhar, mas para perder também: a constância da vitória faria do jogo uma atividade sem paixão, pois mesmo que a paixão de ganhar seja motivo de desvio, ela não é duradoura. É a inconstância que faz os obstáculos, a surpresa, o motivo que pode criar uma expectativa, tanto da vitória como do medo e do temor diante da possibilidade da perda. "Dai-lhe todas as manhãs o dinheiro que ele pode ganhar a cada dia, sob a condição de não jogar, ireis torná-lo infeliz"[66]. Infeliz, porque a felicidade passageira está no ato de jogar e não no montante daquilo que se ganha. O jogador tem seus olhos fixos na felicidade do ganho e, enquanto o jogo se realiza, a lógica do desvio atua de forma eficaz, fazendo saltar as paixões que envolvem

---

[64] Blaise PASCAL, *Pensées*, Laf. 136, Bru. 139.
[65] Christian LAZZERI, *Force et Justice dans la politique de Pascal*, p. 30.
[66] Blaise PASCAL, *Pensées*, Laf. 136, Bru. 139.

o coração do jogador; contudo, de todas estas paixões, aquela do ganho é a que mais toma conta dele, encantando-o, e é justamente esta possibilidade que o envolve a ponto de diverti-lo: "dir-se-á talvez que o que ele busca é a brincadeira do jogo e não o ganho"[67]. Ora, ele busca o ganho, tem os olhos fixados nele, mas Pascal não deixa de detectar que o fundo desta atividade está em "criar um engodo"[68], ou seja, independente do ganho ou da perda, e mesmo que o jogador tenha os olhos fixados no ganho, criar um engodo é formar neste movimento um "motivo de paixão"[69]. Este motivo de paixão sendo responsável por um desvio que "excite com isso o seu desejo, a sua cólera, o temor por esse objeto que formou para si, como as crianças que se apavoram vendo a cara que lambuzaram de tinta"[70]. São estas paixões que Lazzeri destaca, paixões que o homem forma para si, que deixa o jogador nos sobressaltos, paixões estas que o homem cria, como as crianças que pintam seu rosto e inventam um ser para si. "As crianças que se espantam com a cara que pintaram. São crianças; mas quem diz que o que é fraco em criança seja muito forte quando se tem mais idade não faz senão mudar de fantasia".[71]

---

[67] BLAISE PASCAL, *Pensées*, LAF. 136, BRU. 139.
[68] IBIDEM, LAF. 136, BRU. 139.
[69] IBIDEM, LAF. 136, BRU. 139.
[70] IBIDEM, LAF. 136, BRU. 139.
[71] IBIDEM, LAF. 779, BRU. 88. MUITO EMBORA NÃO POSSAMOS DIZER CATEGORICAMENTE QUE PASCAL TENHA SE INSPIRADO EM AGOSTINHO, O QUAL AFIRMA QUE A ESTRUTURA INFANTIL ESTARIA PRESENTE COM MUITO MAIS FORÇA NO ADULTO, AS PASSAGENS QUE SE SEGUEM DAS *CONFISSÕES* NOS DEIXA INTRIGADOS A SUPOR, AO MENOS, UMA POSSÍVEL APROXIMAÇÃO ENTRE O HIPONENSE E O FILÓSOFO FRANCÊS QUE PRECISARIA SER MELHOR MATIZADA: "EU VI E TIVE A EXPERIÊNCIA DE UMA CRIANÇA INVEJOSA: AINDA NÃO FALAVA E JÁ COM ASPECTO ZANGADO OLHAVA, PÁLIDO, PARA O SEU COLEGA DE ALEITAÇÃO. QUEM IGNORA ISTO? AS MÃES E AS AMAS DIZEM QUE CASTIGAM ESTAS COISAS, NÃO SEI COM QUE RESULTADOS. A NÃO SER QUE TAMBÉM SEJA INOCÊNCIA QUE QUEM TEM NECESSIDADE DE SE ALIMENTAR E QUE SÓ COM ESSE ALIMENTO CONSERVA A VIDA NÃO TOLERE COMPANHIA NA FONTE DO LEITE, QUE MANA COPIOSA E ABUNDANTEMENTE. MAS ISTO É TOLERADO COM BRANDURA, NÃO PORQUE NÃO TENHA IMPORTÂNCIA OU SEJA DE PEQUENA MONTA, MAS PORQUE HÁ-DE DESAPARECER COM O DECURSO DOS ANOS, EMBORA ISSO SE APROVE, QUANDO, POR OUTRO LADO, O MESMO COMPORTAMENTO NÃO SE PODE TOLERAR DE BOM ÂNIMO, AO SER DETECTADO EM ALGUÉM MAIS VELHO" (*CONFISSÕES*, VII, II). "É ESSA A INOCÊNCIA DAS CRIANÇAS? NÃO, POR CERTO QUE NÃO É, MEU DEUS. POIS ESTAS SÃO AS MESMAS COISAS QUE, COMEÇANDO NOS PEDAGOGOS, NOS PROFESSORES, NAS NOZES, NOS BERLINDES E NOS PASSARINHOS, ACABAM, QUANDO SE CHEGA A ADULTO, NOS PREFEITOS, NOS REIS, NO DINHEIRO, NAS PROPRIEDADES, NOS ESCRAVOS, TAL COMO ÀS VERGASTADAS SUCEDEM MAIORES CASTIGOS" (*CONFISSÕES*, XIX, 30).

As passagens das crianças que pintam seus rostos, presentes nos fragmentos 136 e 779, quando comparadas, mostram que a fraqueza das crianças, que se assustam e pintam um ser para si ao lambuzarem seus rostos com tinta, é a mesma fraqueza do adulto, que pinta sua subjetividade com os obstáculos das paixões que não permitem ver seu verdadeiro rosto desconfigurado: inventa-se uma fantasia, que se torna uma máscara, que configura precariamente uma falsa imagem de si, que desvia o homem de suas misérias. A intérprete Leduc-Fayette, analisando o fragmento 779, destaca que no homem pascaliano "cresce o saber profano, aperfeiçoa as suas técnicas",[72] mas arremata o fragmento, citando Pascal: "tudo que foi fraco jamais poderá ser totalmente forte. Por mais que se diga: ele cresceu, ele mudou, ele é também o mesmo"[73]. Ora, assim como a criança pinta seu rosto e se assusta, o adulto também pinta seu rosto, porém, não se assusta mais, já que usa de artifícios que o permitem construir suas máscaras, ocultando a estrutura maléfica que lhe habita. Aquilo que é um jogo inocente enquanto criança, uma fantasia infantil, torna-se um meio de ocultar a verdade insuportável de suas misérias, de esquivar do vazio infinito, de reproduzir uma fantasia adulta; como dirá Pascal, entre a criança e o adulto "não faz senão mudar de fantasia"[74]. Ocultando-se a face de si, busca-se um meio de apresentá-la aos outros, o que não deixa de ser um *divertissement* poderoso, de maneira especial, quando se trata do "entretenimento com as mulheres"[75], o qual passamos a investigar.

Pascal é reticente acerca deste assunto, porém, sabemos que, em dado momento de sua vida, frequentou os salões onde os homens manifestavam a sua cobiça pelas mulheres. Porém, é justo indagar por que o filósofo coloca o entretenimento com as mulheres como uma das características do *divertissement*. Com a prudência que nos cabe a este assunto escasso em sua obra, diríamos que há uma competitividade entre os homens para obter a confiança da mulher que

---

[72] Denise LEDUC-FAYETTE, *Pascal et le mystère du mal: la clef de Job*, p. 142.
[73] Blaise PASCAL, *Pensées*, Laf. 779, Bru. 88.
[74] Ibidem, Laf. 779, Bru. 88.
[75] Ibidem, Laf. 136, Bru. 139.

é objeto de desejo de todos. Dois aspectos de nossa reflexão sobre o *divertissement* como jogo se apresentam: a competitividade e as paixões. Competitividade em ter o objeto de desejo que outros homens também desejam, ou mesmo, obter o objeto de desejo que o homem inventa para si mesmo, este, porém, que o faz acreditar na possibilidade de trazer-lhe a "verdadeira beatitude"[76]. Assim, a mulher, como objeto de desejo, como *télos*, ofereceria um conjunto de obstáculos que nos encaminha para o segundo aspecto: as paixões. O entretenimento com as mulheres envolveria o homem em um conjunto de paixões, como obstáculos que o impedem de pensar em si. Contudo, é curioso atentar que, imediatamente ao jogo, Pascal destaca o entretenimento com as mulheres, mas não comenta este último de maneira precisa. Ora, poderíamos supor que tal entretenimento funciona como uma espécie de jogo que aflora as paixões, de maneira especial, a busca incessante do objeto de desejo. Todavia, há um impasse não menos importante, pois, no jogo, sabemos quando conquistamos tal objeto, mas, quanto ao amor de uma mulher, o que transformaria o sujeito que ama em objeto de amor da mulher amada, a posição mais prudente é a suspensão do juízo. Eis a diferença entre o jogo e o entretenimento com as mulheres, cuja reserva de Pascal não pode ser ignorada, porém, tal hiato não nos impede de avançar acerca de outro *divertissement* poderoso, a guerra.

3) A guerra é o caminho mais curto para que o militar obtenha a glória: "e tantos outros se expõem aos maiores perigos para se vangloriar depois de ver uma praça que tomaram tão estupidamente, a meu ver"[77]. Ir para a guerra é enfrentar o incerto: a glória está justamente neste enfrentamento do incerto, conferindo ao combatente o heroísmo por enfrentar as ameaças impostas pelo inimigo, como a prisão, a tortura e a morte. São estes os perigos a que os homens "se expõem" para tomar uma praça, como dirá Pascal, "estupidamente", pois a guerra é a expressão da força, primeira ordem das coisas, como sabemos

---

[76] BLAISE PASCAL, *Pensées*, LAF. 136, BRU. 139.
[77] IBIDEM, LAF. 136, BRU. 139.

pelo fragmento 308: "a grandeza das pessoas de espírito é invisível para os reis, os ricos, os *capitães*, para todos estes grandes da carne"[78]. Pertencendo à ordem da carne, tal ordem possui a própria lógica, já que se trata de uma ordem política. O orgulho dos capitães, homens de guerra, está em usar com sucesso o que é próprio da lógica a que pertencem, isto é, a força, para determinado fim, a saber, a conquista da guerra. É justo que eles se orgulhem dentro da lógica de sua própria ordem, mas quando uma praça pode ser tomada por outros meios que não à força, tal ação militar é estúpida e, por conseguinte, tirânica. É neste sentido que a ordem da carne, expressa pela força bruta, é cega para a "grandeza das pessoas de espírito", aquela da segunda ordem, na qual o raciocínio sem a força bruta lhes basta. As três ordens das coisas em Pascal – ordem da carne, do espírito e da caridade[79] – mostram-se como ordens de cegueira, de modo que a primeira ordem, da carne, é cega em relação às duas outras ordens que a superam, a ordem dos espíritos e da caridade. A vanglória que Pascal destaca no fragmento 136 não se trata de uma vanglória injusta, mas de uma glória vã, efêmera, plena de concupiscência e de paixões, digna dos homens de primeira ordem. O efeito disso é o desejo obsessivo da vanglória, considerada

---

[78] Blaise PASCAL, *Pensées*, Laf. 308, Bru. 793 (grifo nosso).

[79] O tema das três ordens das coisas expresso, de maneira especial, nos fragmentos 308 e 933 dos *Pensamentos*, não é tema de nossa pesquisa, no entanto, podemos oferecer ao leitor as investigações de alguns intérpretes (cf. Jean MESNARD, Thème des trois orders dans l'organisation des Pensées. In: Lane M. HELLER; Ian M. RICHMOND (orgs.), *Pascal: Thématique des Pensées*, p. 29-55). Mesnard afirma que a distinção entre as três ordens é solidária àquela das três concupiscências, ou seja, a da carne, dos olhos e o orgulho. O conceito de ordem também é matizado, de modo que ele expressa uma disposição refletida, calculada e metódica, além de um conjunto homogêneo e autônomo regido por leis que se arranjam de um certo modo. A tese de Mesnard é que em Pascal é possível falar de uma conversão das ordens: "o amor de si encerra um princípio de cegueira naquilo que esconde para o espírito as verdades que podem lhe desagradar. Somente o amor de Deus permite ascender ao conhecimento perfeito que se conquista furando o véu das figuras, isto é, transcendendo o corporal para alcançar o espiritual. Dentro desta perspectiva, o movimento da *Apologia* faz constantemente, sob a conduta do espírito, da primeira à segunda e à terceira ordem" (Ibidem, p. 54). Ver também Luiz Felipe PONDÉ, *O Homem insuficiente: comentários de antropologia pascaliana*, p. 29-43. Para um estudo comparativo entre os dois fragmentos acima citados, ver Blaise PASCAL, *Discours sur la Religion et sur quelque outres sujets*, p. 37-38, realizado por Martineau.

miséria humana, como desvio da própria condição. O homem não se preocupa com os "perigos da guerra"[80], mas com a vanglória, esta que faz de seu nada um algo, pois inspira o reconhecimento dos outros e, por conseguinte, o gozo em si mesmo de pintar para si um militar vitorioso. Passemos então à avaliação da caça.

4) Da mesma forma que no jogo, receber um montante diário levaria o homem à infelicidade, pois a caça entregue de mão beijada não aguça a satisfação do caçador. "Os homens se entretêm em seguir uma bola e uma lebre: é o próprio prazer dos reis"[81], e Pascal ressalta as causas disso: "razão pela qual se gosta mais da caçada do que da presa"[82]. A conquista do objeto cassado, sem o meio para obtê-lo, sem movimento da caçada, não pode ser explicado como *divertissement*, pois a atividade miserável pelo movimento em busca dos objetos mais frívolos é que faz do movimento o instrumental de esquive, de desvio, de *divertissement*: "Essa lebre não nos garantiria contra a visão da morte e das misérias que nos desviam dela, mas a caça sim, garante-nos"[83]. O homem esquece a sua finitude durante a caça, em meio ao movimento apaixonado, porém, a presa de mão beijada não garante tal esquecimento, concedendo ao *divertissement* o poder de dissuadir o pensamento das interpelações da morte. O intérprete Sellier diz que Pascal nunca deixa os homens se esquecerem da morte,[84] de modo que o apologista francês tenta mostrar que a morte está sempre próxima e o homem deveria viver como se tal realidade lhe suspirasse aos ouvidos todos os dias de sua vida: "a fim de que a paixão não prejudique, façamos como se houvesse apenas oito dias de vida"[85]. O título do fragmento é *Fascinatio nugacitatis*,[86] que pode ser traduzido como *Ingenuidade que o enfeitiça*. Ora, o que

---

[80] Blaise PASCAL, *Pensées*, Laf. 136, Bru. 139.
[81] Ibidem, Laf. 39, Bru. 141.
[82] Ibidem, Laf. 136, Bru. 139.
[83] Ibidem, Laf. 136, Bru. 139.
[84] Cf. Philippe SELLIER, *Pascal et saint Augustin*, p. 26.
[85] Blaise PASCAL, *Pensées*, Laf. 386, Bru. 203.
[86] Ibidem, Laf. 386, Bru. 203.

faria um homem que só tem oito dias de vida? Sairia para caçar? Furaria os olhos com as paixões que o enfeitiçam? O homem se apoia às realidades mais imediatas, às misérias do *divertissement*, a fim de não considerar a morte uma realidade impendente.

> Um homem num calabouço, sem saber se a sua sentença foi pronunciada, não tendo mais do que uma hora para ficar sabendo, sendo que esta hora bastaria, se ele soubesse da sentença, para fazê-la revogar. É contra a natureza ele usar essa hora para não se informar se a sentença foi pronunciada, mas para jogar baralho.[87]

O homem prefere uma atividade mundana que o desvie de seu fim iminente do que o conhecimento daquilo que lhe é próprio, da sentença que lhe foi dada, como é o caso da passagem anterior, cuja morte pode ser revogada e, nesta esperança, o indivíduo poderia colocar todas as suas forças para impedir sua condenação. Mas Pascal mostra que o homem parece ir contra à própria natureza, aquela que busca a todo custo conservar a vida pelo amor-próprio que invadiu seu coração, preferindo a alucinação que o desvia da morte, garantindo minutos de satisfação e deleite a todo custo, entregando-se ao *divertissement*, usando deste momento crucial para "jogar baralho". Ora, se jogar baralho é uma satisfação que só é possível em vida, então encontramos mais um motivo para que tal jogador lute pela vida, ao menos para que continue no deleite da satisfação. A passagem em destaque traz uma imagem do homem em um calabouço, horas antes da sua execução, o que convida o leitor a lutar pela vida, na esperança de revogar a sentença; contudo, se lermos o calabouço como uma figura do próprio corpo e a morte como a sentença irrevogável a qual todos os homens estão sujeitos, teríamos então outra leitura do fragmento: o homem é um fracasso, por mais que a razão grite, a sentença

---

[87] BLAISE PASCAL, *PENSÉES*, LAF. 163, BRU. 200. O CONCEITO DE *CACHOT*, QUE TRADUZIMOS COMO CALABOUÇO, PODE SIGNIFICAR, COMO AFIRMA O INTÉRPRETE MAGNARD, SOLIDÃO E ABANDONO (CF. PIERRE MAGNARD, *NATURE ET HISTOIRE DANS L'APOLOGÉTIQUE DE PASCAL*, P. 102-103). PASCAL AINDA USA O CONCEITO NOS FRAGMENTOS LAF. 164, BRU. 218 E LAF. 199, BRU. 72.

humana já está dada. Por que lutar pela vida se a sentença é irrevogável? É este conhecimento de sua "natureza" mortal, frágil e prestes a desfazer-se em mil pedaços que Pascal deseja que o homem procure "se informar"[88]. Portanto, a vida do homem, diante da eternidade temporal que pode ser imaginada, é um sopro que se esvai, e a caça é só mais um meio de se esquivar disso. Passemos a investigar as profissões.

5) As profissões são objetos de desejo que tomam boa parte da vida dos homens, justificando por que "os grandes empregos sejam tão procurados"[89], não podendo ficar de fora da mecânica do *divertissement*. Isto porque, desde a escolha da profissão até seu efetivo exercício, há um conjunto de paixões que impelem o homem a inventar a si mesmo e desviar do vazio infinito que lhe habita, de modo que, esquivando-se de seus precários atributos, identifica a si mesmo à ação do trabalho. A necessidade de identificação é tão grande que o homem não mede "nem o trabalho dos empregos"[90], ou seja, o preço que se paga para obter a glória em uma profissão reconhecida e louvada por seu entorno: "Profissões./ Tão grande é a doçura da glória, seja qual for o objeto que a coloquemos, mesmo na morte, nós a amamos".[91] Pascal é radical: preferimos morrer na glória da estima pelos outros, que nos satisfaz, do que a vida sem glória, sem a doçura da estima, sem o sucesso. Mas, naquilo que concerne à escolha das profissões, é o elogio que atende ao princípio de prazer do homem, direcionando e determinando sua escolha:

> Salto de sapato.
>
> Como é uma peça bem trabalhada! Aí está um operário habilidoso! Como esse soldado é audaz! Eis aí a fonte de nossas tendências e de nossas condições. Que fulano bebe bem, que cicrano bebe pouco: eis o que fazem as pessoas serem sóbrias e beberronas, soldados, poltrões, etc....[92]

---

[88] Blaise Pascal, *Pensées*, Laf. 163, Bru. 200.
[89] Ibidem, Laf. 136, Bru. 139.
[90] Ibidem, Laf. 136, Bru. 139.
[91] Ibidem, Laf. 37, Bru. 158.
[92] Ibidem, Laf. 35, Bru. 117.

A tese de Pascal é que o elogio, enquanto reconhecimento social, gera um desejo de ser elogiado, de ser o objeto de estima dos outros, o que ocasionará o gozo, não só na vida pública, mas o deleite em si mesmo. A passagem ressalta dois elogios: aquele direcionado a um sapateiro e a um soldado. É este mesmo elogio que deleita o homem desde sua idade mais tenra e assim direcionando-o na escolha de sua profissão, sua condição social. O interesse de ser elogiado dispersa a liberdade de escolha e faz da escolha um ato determinado pela satisfação. Mesmo a bebedeira e a continência são frutos do elogio que profere o meio social em que está inserido o sujeito. O princípio de prazer, enquanto "fonte de nossas tendências"[93], lança o beberrão a beber ainda mais e faz dele alguém movido pelo vício, mas o sóbrio também: este é movido pelo elogio de sua sobriedade que lhe confere estima e, por conseguinte, satisfação. O comportamento, tanto do beberrão como do sóbrio, está no deleite e na satisfação, e confere uma definição de si com um comportamento, o qual faz deles objetos de estima pelos outros, sendo assim catalogados dentro dos clichês sociais que os identificam, desviando-os de seu vazio infinito. A profissão, portanto, passa a ser a forma de miséria enquanto identificação do sujeito com sua ação, impedindo o homem de ver a si mesmo sem os acidentes que determinam a escolha profissional ou os comportamentos sociais.

6) Passemos agora a analisar os doutos, isto é, os *savants*.

> Mas diríeis: que objetivo tem ele em tudo isso? O de se gabar amanhã entre os amigos por ter jogado melhor que outro. Da mesma forma, outros suam em seu gabinete para mostrar aos doutos que resolveram uma questão de álgebra cuja solução ainda não se tinha podido encontrar.[94]

Da mesma maneira que o objetivo de um jogo – além da pequena monta que impulsiona as paixões do jogador – é de se gabar entre os amigos, recebendo a estima que convém ao ganhador, os doutos

---

[93] Blaise PASCAL, *Pensées*, Laf. 35, Bru. 117.
[94] Ibidem, Laf. 136, Bru. 139.

"suam em seu gabinete" para mostrar que, na corrida que envolve "uma questão de álgebra", uns são mais competentes que os outros, e assim poderão receber a estima e a glória da comunidade que lhe é própria: é a conquista da glória da ciência que "*ainda* não se tinha podido encontrar". Mas não deixemos o *ainda* de Pascal passar em branco, já que o advérbio expressa o inquietante desejo de conhecer o que impulsiona o homem em direção ao progresso nas ciências. No texto *Prefácio sobre o Tratado do Vácuo*, o físico francês reconhece a importância das descobertas das ciências: "é assim que a geometria, a aritmética, a música, a física, a medicina, a arquitetura, e todas as ciências que estão submissas à experiência e ao raciocínio devem ser aumentadas para tornarem-se perfeitas"[95]. O progresso nas ciências[96] é defendido por Pascal, no entanto, tal progresso, que merece a glória presente, deve se tornar, pelo mesmo progresso, um simples reconhecimento da ousadia daquele douto que a duras penas suou em seu escritório: "não é que a minha intenção seja de corrigir um vício pelo outro, e de não fazer nenhuma estima aos antigos, porque deles o fazemos muita"[97]. No contexto, Pascal está criticando aqueles que limitam a ciência à autoridade dos antigos: "o respeito que temos pela antiguidade estando hoje a tal ponto, (...), que se fazem oráculos de

---

[95] BLAISE PASCAL, PRÉFACE SUR LE TRAITÉ SUR LE VIDE. IN: _____ ŒUVRES COMPLÈTES, P. 230-231.
[96] PASCAL, DEPOIS DE AFIRMAR A IMPORTÂNCIA DA AUTORIDADE EM MATÉRIA DE TEOLOGIA NO PREFÁCIO SOBRE O TRATADO DO VÁCUO, ANUNCIA SUA CONCEPÇÃO EM RELAÇÃO À CIÊNCIA: "NÃO É O MESMO NOS TEMAS QUE CAEM SOB O SENTIDO OU O RACIOCÍNIO: A AUTORIDADE NISTO É INÚTIL, SÓ A RAZÃO TEM LUGAR DE ISTO CONHECER. ELAS TÊM SEUS DIREITOS SEPARADOS: UMA TINHA HÁ POUCO TODA VANTAGEM; AQUI A OUTRA REINA À SUA VOLTA. MAS COMO OS TEMAS SÃO PROPORCIONAIS AOS CONTEÚDOS DO ESPÍRITO, ENCONTRA-SE UMA INTEIRA LIBERDADE DE NELE SE ESTENDER: SUA FECUNDIDADE INESGOTÁVEL PRODUZ CONTINUAMENTE, E SUAS INVENÇÕES PODEM SER CONJUNTAMENTE SEM-FIM E SEM INTERRUPÇÃO" (IBIDEM, P. 230). AS INVENÇÕES EM CIÊNCIA SÃO PROPORCIONAIS AOS SEUS CONTEÚDOS, OU SEJA, AO PROGRESSO, ESTE QUE PODE SE ESTENDER CONJUNTAMENTE COM O ESPÍRITO CIENTÍFICO. O INTÉRPRETE CARRAUD LÊ ESTA PASSAGEM DESTACANDO QUE O OBJETO DA CIÊNCIA É A NATUREZA, ISTO É, REPETITIVO, E O CONHECIMENTO DESTE OBJETO É SINGULAR, O QUE PERMITE O AVANÇO DO INDIVÍDUO ENQUANTO PESQUISADOR. JÁ A TEOLOGIA, O OBJETO É SINGULAR, POIS DEUS NÃO MUDA, DE MODO QUE O CONHECIMENTO QUE DEVEMOS TER DELE É REPETITIVO, E, NESTE CASO, A REPETIÇÃO É UM APELO À TRADIÇÃO (CF. VINCENT CARRAUD, *PASCAL ET LA PHILOSOPHIE*, P. 57).
[97] BLAISE PASCAL. PRÉFACE SUR LE TRAITÉ SUR LE VIDE. IN: _____ ŒUVRES COMPLÈTES, P. 230.

todos os seus pensamentos"⁹⁸. Em suma, podemos dizer: 1) a atividade do douto é um *divertissement*; 2) ele louva o progresso da atividade científica como superação dos seus antecessores; 3) critica a ciência como crédito à autoridade. Pascal, no *Prefácio sobre o Tratado do Vácuo*, faz uma crítica aos procedimentos metodológicos de seu tempo, elogiando o progresso nas ciências, porém, no fragmento 136 dos *Pensamentos*, há uma mudança de foco: a preocupação é descrever o próprio douto que investe nesta atividade, sua interioridade, as paixões que determinam seu ímpeto pela pesquisa. O douto luta não só pela resolução do problema científico, nem mesmo deseja o progresso pelo simples amor pelo progresso, mas investe na possibilidade de se "gabar amanhã"⁹⁹ por sua atividade, por suas descobertas. "Somos tão presunçosos que gostaríamos de ser conhecidos por toda a terra e até por pessoas que virão quando não existirmos mais".¹⁰⁰ O cientista ou o filósofo busca imortalizar sua obra, fazer de sua atividade intelectual um legado para toda a posteridade, desejando que seu pensamento seja conhecido e que seu nome seja reconhecido e estimado por sua obra, conferindo assim uma glória imortal. No entanto, Pascal afirma que para tal presunção não precisamos de toda a terra, pois "somos tão vãos que a estima de cinco ou seis pessoas que nos cercam nos *distrai* e nos *contenta*"¹⁰¹. O desejo de ser estimado, seja do douto, ávido pela estima de toda a terra, assim como do homem comum, cuja "estima de cinco ou seis pessoas" o satisfaz, mostra um elemento comum à análise do comportamento humano à qual Pascal se propõe: a estima dos outros nos distrai. É desta forma que o saber pelo simples fato de saber, um dos elementos fundamentais que caracteriza a filosofia, é criticado: há nos doutos [*savants*] um desejo de glória que os esquiva de sua própria condição. A conquista da glória do presente é adquirida por atividades – a ciência – que desviam o homem de si mesmo, de seu

---

⁹⁸ Blaise PASCAL. Préface sur le traité sur le vide. In: _____ Œuvres complètes, p. 230.
⁹⁹ Idem, Pensées, Laf. 136, Bru. 139.
¹⁰⁰ Ibidem, Laf. 120, Bru. 148.
¹⁰¹ Ibidem, Laf. 120, Bru. 148 (grifo nosso).

vazio infinito, tornando-o escravo de seu desejo de glória. Tal desejo nunca terá fim, pois a ordem do conhecimento é infinita, possuindo uma infinidade de princípios a demonstrar e infinitas consequências para deles retirar,[102] assim como a perfeição de um método demandaria ao investigador a ação hercúlea de "tudo definir e tudo provar"[103]. Deste modo, se a ciência é tão infindável quanto o vazio infinito no homem, então a atividade científica é um recurso ilimitado para auxiliar o homem a desviar-se de si, pois será por meio desta curiosidade científica que o douto manifestará eficazmente seu *divertissement* enquanto dinâmica miserável para cobrir as próprias misérias. Note-se, porém, que a atual glória do douto tornar-se-á vã glória do amanhã, e isso por dois motivos: 1) há um reconhecimento atual do douto, mas sua ciência sempre tende a ser superada; 2) a atividade do douto é uma tentativa de desviar-se da própria miséria enquanto vazio infinito, mas o cientista diminui sua atividade, ou por algum momento de ineficácia, ou mesmo pelo cansaço, e assim sua condição precária inevitavelmente aflora, pois o cientista não pode esquecer que é um homem, estando "sujeito a ser perturbado por mil acidentes que fazem as aflições inevitáveis"[104]. Quanto a este segundo motivo que assinalamos, Pascal faz uma comparação, agora no fragmento 687, entre o saber das ciências abstratas e aquelas que têm o homem como objeto: "eu havia passado muito tempo no estudo das ciências abstratas e a pouca comunicação que se consegue ter me havia desgostado delas"[105]. Pascal lastima o tempo perdido no estudo das ciências abstratas, como a física

---

[102] "Com certeza este método seria belo, mas ele é absolutamente impossível: pois é evidente que os primeiros termos que se visasse definir necessitariam de outros anteriores para servirem à sua explicação e, mesmo as primeiras proposições que se desejasse provar pressuporiam outras que as precedessem; e desta forma, é claro que não se chegaria jamais aos primeiros." (Blaise PASCAL, De L'Esprit Géométrique et de l`Art de Persuader. In: _____ Œuvres complètes, p. 349).
[103] Ibidem, p. 349.
[104] Idem, Pensées, Laf. 687, Bru. 144.
[105] Ibidem, Laf. 687, Bru. 144. Sellier comenta este fragmento que relaciona a vida do cientista e o *divertissement*: "os numerosos textos sobre o *divertissement*, que nos conduz insensivelmente à morte, desenvolvem as desconfianças desta 'curiosidade', que torna o homem estranho a ele mesmo e a Deus" (Philippe SELLIER, *Pascal et saint*

e a matemática, e, na continuação da passagem, revela sua aproximação no estudo do homem: "quando comecei o estudo do homem, vi que aquelas ciências abstratas não são próprias ao homem, e que eu me apartava mais da minha condição penetrando nelas do que outros as ignorando-as"[106]. Pascal, reconhecido por seu sucesso como físico e matemático, faz de si o objeto de suas experiências diante da existência: as ciências abstratas o afastavam de sua condição quanto mais ele nelas penetrava. No entanto, conhecer a própria condição – douto – é perceber que sua atividade cognitiva é uma expressão do *divertissement* que o desviava de si. Mas o que Pascal percebe quando ele toma o homem como objeto de seus estudos? "Mas não é verdade que ainda não é a ciência que o homem deve ter que é melhor para ele ignorar-se para ser feliz"[107]. A frase não é pontuada, o que dificulta a compreensão, porém, poderíamos reformulá-la de outra maneira: Na verdade, será que é a ciência do homem que o homem deve ter para ser feliz, ou seria o contrário, já que ele deveria ignorar-se, esquecer a si mesmo, para ser feliz? A questão é uma aporia muito bem detectada por Pascal, pois não é o conhecimento do homem que causa o desvio e, por conseguinte, a felicidade, mas ao contrário, é o esquecimento do homem que o desvia de suas fragilidades. Se a física e a matemática distanciam o homem de si, desviando do conhecimento de si, por outro lado, a ciência do homem aproxima demasiadamente, criando um mal-estar por aquilo que se sabe sobre si. Entretanto, não se pode negar que a ciência do homem também é capaz de configurar-se um *divertissement*, já que tal ciência também pode criar armadilhas, escondendo as misérias pelo sabor de desvendar aquelas presentes no

---

AUGUSTIN, P. 180-181). A INDIFERENÇA E DESVIO EM RELAÇÃO AO PRÓPRIO DESTINO PODE SER REFORÇADA PELA ATIVIDADE CIENTÍFICA.

[106] BLAISE PASCAL, *PENSÉES*, LAF. 687, BRU. 144. CITAMOS MAIS UMA VEZ ESTE FRAGMENTO PORQUE A IGNORÂNCIA DE SI NO INVESTIMENTO DOS ESTUDOS DAS CIÊNCIAS ABSTRATAS AFASTARIA O HOMEM DO VAZIO QUE O CONSTITUI. MAS EM UMA LEITURA QUE NÃO ENVOLVE ESTRITAMENTE A QUEDA, O *DIVERTISSEMENT* SERIA UM INSTRUMENTAL DE FUGA DA PRÓPRIA CONDIÇÃO. SOBRE A IGNORÂNCIA DE SI TENDO A QUEDA COMO PANO DE FUNDO, VER ITEM 3.1, DO CAPÍTULO 3, DESTE TRABALHO.

[107] IBIDEM, LAF. 687, BRU. 144.

homem, mostrando as misérias como ciência, como objeto exterior ao homem e indiferente ao cientista; e assim o pesquisador poderá se gabar diante dos outros, mas não por ter reconhecido a própria condição como miserável. Portanto, é desta forma que as ciências do homem também são *divertissement* quando blindam o pesquisador do reconhecimento em si do resultado de suas pesquisas. Ora, mudam-se os objetos de pesquisa, seja na matemática, na física ou nas ciências do homem, mas a atividade permanece a mesma, pois "é melhor para ele ignorar-se para ser feliz"[108], para obter aquela felicidade lânguida que pode ser perdida a qualquer momento.

7) Por fim, analisemos a descrição detalhada de um homem que possui todos os motivos para estar na tristeza profunda, todavia, mesmo pleno das perturbações do cotidiano, vive no *divertissement*.

> De onde vem este homem que perdeu há poucos meses o filho único e que, cheio de processos e de pendengas, estava tão perturbado esta manhã, já não pensa mais em nada disso agora? Não vos espanteis, ele está ocupadíssimo a olhar por onde passará esse javali que os cães estão perseguindo com tanto ardor há seis horas. Não é preciso mais do que isso.[109]

Pascal, nesta passagem, descreve com destreza o estado daqueles que vivem a perda de um ente querido: um homem que perdeu seu único filho há pouco tempo e está acumulado dos tormentos burocráticos que o cotidiano lhe impõe, porém, neste instante, não pensa em nada disto, pois ele se ocupa com a caça. O filósofo faz uma espécie de paralelo: a morte do filho, os processos e as pendengas, isto é, os detalhes do cotidiano, são substituídos por outros detalhes, como a morte do javali, o lugar por onde ele irá passar e o olhar atento às reações dos cães que auxiliam na caçada. O mesmo homem que há poucos meses perdeu seu filho, quando inebriado por uma caçada, durante as seis horas desta atividade não pensará em nada nas mazelas que o atormentam. Assim, diante da perda de um filho,

---

[108] BLAISE PASCAL, *PENSÉES*, LAF. 687, BRU. 144.
[109] IBIDEM, LAF. 136, BRU. 139.

basta um desvio eficaz, como as desejadas caçadas do século XVII: "não é preciso mais do que isso". A partir desta passagem, Pascal tira dois axiomas do comportamento: 1) por maior que seja a tristeza de um homem, como o caso citado, se ele for convencido de que pode se divertir, "ei-lo feliz durante este tempo"[110]; 2) por mais feliz que esteja o homem, se não houver "alguma paixão ou distração que impeça o tédio de se expandir, logo estará acabrunhado e infeliz"[111]. O homem é jogado de um lado para o outro, ou seja, ou no *divertissement*, com suas paixões e obstáculos, ou no tédio, uma miséria entre outras, mas caracterizada pela miséria sem paixões sentida como tristeza profunda.[112] Para nós, o tédio é a percepção mais aguda do vazio infinito do homem sem Deus, sendo esta a razão teológica dos efeitos empíricos. Na passagem do fragmento 136, o tédio mostra-se como aquele na tristeza profunda sem distrações daquele que ousa considerar a si mesmo sem nenhum esquive. "Sem o divertimento não há alegria (*joie*) de modo algum; com o divertimento, não há tristeza de modo algum".[113] Dito de outro modo, temos no *divertissement* alegria e, nele, enquanto perdurar a atividade miserável, não há tristeza, mas isso não significa que não há sofrimento. Este é parte constitutiva do homem no *divertissement* ou fora dele. É isso que permite Pascal dizer, como já citamos: "tal homem passa a vida sem tédio jogando todos os dias coisas de pouca monta". Ora, passar a vida no *divertissement* não é passar a vida sem sofrimento, mas é usar das misérias para não permanecer com os olhos cravados na miséria e considerá-la no tédio, ou seja, na tristeza profunda. É melhor ser um jogador que vive os calafrios dos riscos da perda e do ganho do que viver a tristeza sem paixões, típica do tédio. Do mesmo modo, é melhor, para o homem que perdeu seu filho há poucos meses, que mergulhe no *divertissement*, nas misérias do cotidiano com paixão,

---

[110] Blaise PASCAL, *Pensées*, Laf. 136, Bru. 139.

[111] Ibidem, Laf. 136, Bru. 139.

[112] Lembramos que o tédio é uma miséria entre outras, e não o conceito oposto ao *divertissement*.

[113] Ibidem, Laf. 136, Bru. 139.

pois assim não verá a própria miséria figurada na morte de seu único filho. Por este motivo, é justo afirmar que há uma sabedoria no *divertissement* enquanto instrumento que desvia o homem, de maneira eficaz, daquilo que o faz definhar:

> O povo tem opiniões muito sãs. Por exemplo:
>
> 1 – De ter escolhido o divertimento e a caça de preferência à presa. Os semidoutos zombam disso e triunfam mostrando, a este respeito, a loucura do mundo, mas por uma razão que eles não penetraram.[114]

O conceito de povo, no século XVII, tem dois sentidos, como sustenta Lazzeri: ele pode ser entendido como categoria social, isto é, como uma massa que se revolta contra o poder público, como está atestado no fragmento 60 dos *Pensamentos*, ou como uma categoria intelectual, caracterizada por aqueles que não veem a razão dos efeitos.[115] Sabe-se que Pascal usa do conceito das duas formas, no entanto, para interpretar o fragmento 101, a que mais nos interessa neste momento é a definição de povo como aqueles que não veem a razão dos efeitos. O povo não sabe que a razão pela qual ele escolhe o *divertissement* é o desvio de suas misérias pelas próprias misérias do *divertissement*. Os homens semidoutos zombam do povo, tomam tal atitude do povo como loucura, pois sabem que eles estão sob o domínio da fuga. No entanto, dirá Pascal, tanto o povo como os semidoutos não penetram na razão que explica tudo isso:

> E assim, quando os censuram porque aquilo que buscam com tanto ardor não seria capaz de satisfazê-los, se respondessem, como deveriam fazer se refletissem um pouco, que não buscam nisso senão uma ocupação violenta e impetuosa que os desvie de pensar em si e que é por isso que se propõem um objeto atraente que os encante e os atraia com ardor, deixariam os seus adversários sem réplica...[116]

---

[114] Blaise PASCAL, *Pensées*, Laf. 101, Bru. 324.
[115] Cf. Christian LAZZERI, *Force et Justice dans la politique de Pascal*, p. 231, nota 5.
[116] Blaise PASCAL, *Pensées*, Laf. 136, Bru. 139.

Pascal faz o povo argumentar. Os semidoutos detectam que as atividades do *divertissement* não serão capazes de satisfazer plenamente o homem, de modo que, com o tempo, estas mesmas paixões, cuja força é capaz de atrair e desviar, desgastam-se e então precisar-se-á inventar outras, o que "faz necessário mendigar o tumulto"[117] mais uma vez. No entanto, se o povo contra-argumentasse, dizendo: 1) buscamos uma ocupação que nos impeça de pensar em nós mesmos; 2) para que isso seja eficaz, procuramos avidamente um objeto atraente que possa encantar e criar um engodo que justifique a permanência em um movimento que nos esquive, no *divertissement*. Se o povo contra-argumentasse assim, diria Pascal, deixaria os semidoutos "sem réplica". No entanto, é a própria inconsciência do povo que faz de sua atividade "sã", pois o homem comum funciona desta forma, o que lhe permite viver na busca do *divertissement* como recurso precário para permanecer "são". Os semidoutos, sabendo que o *divertissement* não é capaz de satisfazer as misérias do povo, correm o risco de cair no tédio enquanto miséria do homem sem *divertissement*. O povo não detecta a razão dos efeitos de seu próprio comportamento; os semidoutos detectam um aspecto fundamental do *divertissement*, ou seja, que este não será capaz de satisfazer o homem, mas esquecem que eles mesmos são homens e que há uma razão que explica todos estes comportamentos – efeitos –, mas "que eles não penetraram"[118]: há um vazio infinito no homem sem Deus que nada no reino nefasto do amor-próprio pode satisfazer. Enfim, esta é a razão universal dos efeitos que o povo desconhece, assim como os semidoutos.

Portanto, depois de observarmos os diferentes aspectos do *divertissement*, e tendo como pano de fundo este vazio infinito enquanto capacidade de amor infinito sem objeto, como vimos na *Lettre*, poderemos entender os traços do primeiro estado de natureza que permaneceram no homem depois da queda. Tais traços são marcas do abandono de Deus, que encontramos nos *Pensamentos*, porém,

---

[117] BLAISE PASCAL, *PENSÉES*, LAF. 136, BRU. 139.
[118] IBIDEM, LAF. 101, BRU. 324.

mostraremos que, na *Lettre*, estes traços já estão manifestos como o horror da morte e o amor à vida, como nostalgia paradisíaca.

4.3 – Traços do primeiro estado de natureza nos *Pensamentos*

"Eles têm um instinto secreto que os faz buscar o divertimento e a ocupação exterior, que vem do sentimento de suas misérias contínuas"[119]. O primeiro instinto secreto é aquele da busca do *divertissement* e da ocupação exterior como algo instintivo, cravado no coração humano. "Estamos cheios de coisas que nos projetam para fora".[120] O *divertissement* lança o homem para fora, ou seja, não o deixa pensar em si mesmo, pois esta seria a ocasião para sentir suas misérias. No entanto, há outro instinto: "e tem outro instinto secreto que *restou da grandeza de nossa natureza primeira*, que os faz conhecer que a felicidade não está de fato senão no repouso, e não no tumulto"[121]. Este instinto secreto que ainda resta no homem é justamente o conhecimento da felicidade que o homem tinha antes da queda, no repouso em Deus. A felicidade é o traço de grandeza que resta do primeiro estado de natureza. O homem possuía uma capacidade de amor infinito e seu objeto correspondente, assim como ele possuía um amor finito por si mesmo, sempre se reportando a Deus. O vínculo da felicidade ao repouso é o "instinto secreto que restou da grandeza de nossa natureza primeira"[122], mas o homem, com a perda do objeto infinito, busca, no vazio infinito deixado por Deus, um objeto que possa preencher este vazio, plenitude que seria sentida como felicidade no repouso.[123]

---

[119] Blaise PASCAL, *Pensées*, Laf. 136, Bru. 139.
[120] Ibidem, Laf. 143, Bru. 464.
[121] Ibidem, Laf. 136, Bru. 139 (grifo nosso).
[122] Ibidem, Laf. 136, Bru. 139.
[123] Cf. Bernard BEUGNOT, Apologétique et mythe moral: la meditation pascalienne sur le repos. In: Lane M. Heller; Ian M. Richmond (orgs.), *Pascal: Thématique des Pensées*, p. 65. Beugnot afirma que há em Pascal uma ideia de busca do repouso por um perpétuo movimento e tal paradoxo é uma chave de explicação dos comportamentos absurdos do homem.

É neste sentido que o *divertissement* é miséria, pois é incapaz de ser absolutamente eficaz no estado de natureza corrompido e sem a mediação do Cristo. No mundo sem Deus, torna-se parte do segundo estado de natureza a busca da felicidade associada ao repouso, mas pelo tumulto, o que Pascal chamará de "instintos contrários":

> E, destes dois instintos contrários, forma-se neles um projeto confuso que se esconde de sua vista no fundo da alma, que os leva a tender para o repouso pela agitação e a imaginar sempre que a satisfação que não possuem lhes virá, se, superando algumas dificuldades com que defrontam, puderem abrir para si a porta do repouso.[124]

O homem torna-se um projeto confuso, pois nele se movem dois instintos contrários que agem secretamente no "fundo da alma"[125]. A estrutura do primeiro estado de natureza, na qual o homem tinha a felicidade no repouso, confunde-se com a busca incessante da felicidade que ele acredita conquistar no repouso. Mas, depois da queda, a criatura, no vazio infinito deixado por Deus, busca nas misérias finitas, incapazes de preenchê-la e satisfazê-la, a felicidade pelo tumulto. A imaginação faz o homem colocar sempre à frente a satisfação plena que poderia conseguir, caso superasse alguns obstáculos. Todavia, estes mesmos obstáculos representam a agitação do *divertissement* que, aliado ao trabalho da imaginação, faz o homem inventar a felicidade de um suposto repouso. "Assim escoa toda vida; procura-se o repouso combatendo alguns obstáculos, e, se eles forem superados, o repouso se torna insuportável pelo tédio que se gera".[126] A superação dos obstáculos como forma de obtenção da felicidade é a armadilha que a própria imaginação cria, o que lança o homem no tédio gerado pelo repouso insuportável. Trata-se de um repouso insuportável justamente porque é um falso repouso e uma falsa felicidade: o verdadeiro repouso e a verdadeira felicidade são sentidos como

---

[124] Blaise PASCAL, *Pensées*, Laf. 136, Bru. 139.
[125] Ibidem, Laf. 136, Bru. 139.
[126] Ibidem, Laf. 136, Bru. 139.

nostalgia. "Faz-se necessário sair e mendigar o tumulto".[127] Portanto, a felicidade no repouso é um componente de um primeiro estado de natureza, mas, com a queda, dela restou um traço, o que faz o homem buscá-la pelo tumulto. Contudo, há, em Pascal, outros traços deste estado de natureza pré-lapsário. No fragmento 136 dos *Pensamentos*, como vimos, Pascal fala de um instinto secreto que restou da natureza primeira do homem, isto é, da felicidade no repouso. O que podemos perceber é que tal instinto permanece no homem como traço de um primeiro estado de natureza por ele buscado, mas pelo tumulto. Este traço nostálgico se estende em outros fragmentos dos *Pensamentos*. É o que veremos a seguir.

No fragmento 148, Pascal afirma que o homem possuía a felicidade verdadeira, mas que agora só lhe resta uma marca e um vestígio vazio:

> Que nos brada pois essa avidez e essa impotência senão que houve outrora no homem uma felicidade verdadeira, da qual só lhe *resta um vestígio totalmente vazio* que ele inutilmente tenta preencher com tudo aquilo que o cerca, procurando nas coisas ausentes o socorro que não encontra nas presentes, mas que são todas incapazes de fazê-lo, porque este *abismo infinito* não pode ser preenchido senão por um *objeto infinito* e imutável, isto é, por *Deus* mesmo?[128]

Pascal, no contexto da passagem, diz que todos os homens se queixam, desde os príncipes até os plebeus, sejam velhos ou moços, em suma, os homens de "todas as condições"[129]. Isto seria uma prova para mostrar aos homens que, pelos seus próprios esforços, "há uma impotência para chegar ao bem"[130]. Mas os exemplos não bastam para nos convencer, pois cada homem acredita possuir uma "delicada diferença"[131], o que o lança com avidez ao encontro de suas expectativas e, mesmo que a última tentativa fosse frustrada, "nós esperamos que nossa expectativa

---

[127] BLAISE PASCAL, *PENSÉES*, LAF. 136, BRU. 139.
[128] IBIDEM, LAF. 148, BRU. 425 (GRIFO NOSSO).
[129] IBIDEM, LAF. 148, BRU. 425.
[130] IBIDEM, LAF. 148, BRU. 425.
[131] IBIDEM, LAF. 148, BRU. 425.

não seja frustrada nesta ocasião como na outra"[132]. Em suma, Pascal tira quatro conclusões antes de afirmar a razão dos efeitos que enchem de esperança as expectativas do homem: 1) o presente nunca satisfaz;[133] 2) a experiência que o homem adquire não o instrui, mas o lança com ímpeto em busca dos objetos que fazem as suas expectativas, de modo que, neste sentido, "a experiência nos engana";[134] 3) vivemos de "desgraça em desgraça"[135]; 4) a morte é nosso arremate eterno.[136] Desta maneira, há no homem do presente uma "avidez"[137] que o lança em busca de suas expectativas, mas uma "impotência"[138] que a experiência nos mostrará enquanto incapacidade de preencher o espaço infinito deixado por Deus, o que faz da vida um trilhar nas desgraças do cotidiano até o encontro da morte. No entanto, Pascal afirma que "houve outrora no homem uma felicidade verdadeira", ou seja, aquela do homem em seu estado de criação, mas que, com a queda, "só lhe resta um vestígio totalmente vazio". Tal passagem dos *Pensamentos* está em perfeita consonância com o parágrafo [18] da *Lettre*, no qual Deus, objeto infinito, abandona o homem, que vive o drama do "vazio que o amor de Deus deixou"[139]. Deus é o objeto infinito ausente que faz irromper o vazio infinito no homem. Diante deste estado, a criatura inicia uma atividade qualificada por Pascal de inútil: "ele inutilmente tenta preencher-se com tudo aquilo que o cerca, procurando nas coisas ausentes o socorro que não encontra nas presentes". Ora, é inútil, porque o vazio infinito não pode ser preenchido com nenhum objeto finito que se torna objeto das expectativas do homem. Tudo que o cerca é finito e mostra a sua incapacidade de preencher a si mesmo. Contudo, se tudo aquilo que toca seus olhos não pode preenchê-lo, ele procurará o so-

---

[132] BLAISE PASCAL, *PENSÉES*, LAF. 148, BRU. 425.
[133] CF. IBIDEM, LAF. 148, BRU. 425.
[134] IBIDEM, LAF. 148, BRU. 425.
[135] IBIDEM, LAF. 148, BRU. 425.
[136] CF. IBIDEM, LAF. 148, BRU. 425.
[137] IBIDEM, LAF. 148, BRU. 425.
[138] IBIDEM, LAF. 148, BRU. 425.
[139] IDEM, LETTRE À M. ET MME PERIER, À CLERMONT: A L'OCCASION DE LA MORT DE M. PASCAL LE PÈRE. IN: _____ ŒUVRES COMPLÈTES, P. 277.

corro naquilo que não toca seus olhos: eis uma forma de permanecer na expectativa sem tomar consciência da desilusão tanto dos objetos presentes como daquelas dos objetos ausentes. O homem do *divertissement* funciona desta maneira, isto é, coloca na busca e na conquista do objeto ausente o socorro da condição desgraçada do presente. Pascal explicará de forma mais clara a razão dos efeitos do comportamento humano depois da queda: "porque este abismo infinito não pode ser preenchido senão por um objeto infinito e imutável, isto é, por Deus mesmo"[140]. Dito de outro modo, só Deus, na pessoa de Jesus Cristo Mediador, pode preencher o homem, pois só Ele é o objeto que corresponde à felicidade da qual, depois da queda, "só lhe resta um vestígio totalmente vazio". Vemos que a felicidade, como traço de um primeiro estado de natureza, permanece no homem depois da queda enquanto busca incessante, do mesmo modo que o abandono de Deus irrompe no coração humano um vazio infinito que ele busca preencher com os objetos finitos. O homem busca a felicidade no vazio infinito sem Deus. No fragmento 149 dos *Pensamentos*, Pascal fala de uma luz confusa de seu autor e mais uma vez retoma o tema da felicidade como traço do primeiro estado de natureza do homem.

O homem, não podendo carregar tanta glória sem cair em presunção,[141] quis "tornar-se centro de si mesmo"[142], ou seja, afastar-se de Deus e fazer de si um ser independente de Deus. Nesta passagem, Pascal elabora um discurso que não é propriamente dele, mas é Deus quem fala ao homem:

> Subtraiu-se à minha dominação e, igualando-se a mim pelo desejo de encontrar a felicidade em si mesmo, eu o abandonei a si e, fazendo revoltar-se as criaturas que lhe estavam submissas, tornei-as inimigas dele, de maneira que hoje o homem se tornou semelhante aos animais, e em tamanho afastamento de mim que mal lhe resta uma *luz confusa de seu autor*.[143]

---

[140] Blaise PASCAL, *Pensées*, Laf. 148, Bru. 425.
[141] Cf. Ibidem, Laf. 149, Bru. 430.
[142] Ibidem, Laf. 149, Bru. 430.
[143] Ibidem, Laf. 149, Bru. 430 (grifo nosso).

A criatura se revolta contra Deus e iguala-se a Ele, mas Pascal explica em que consiste tal igualdade: Deus possui a felicidade em si mesmo, no entanto, tal felicidade não muda e não pode ser perdida; já o homem, abandonado por Deus, busca a felicidade em si mesmo, tentando seguir o modelo de Deus, ou seja, torna-se um Deus, entretanto, todos os objetos que ele associa à felicidade estão sujeitos à perda. A tentativa de subtrair-se da dominação de Deus é uma espécie de separação de Deus, que pode ser interpretada como revolta do homem contra Deus. Depois que Pascal destaca a subtração da criatura à dominação de Deus, o que caracteriza o pecado, o filósofo salienta a revolta dos animais contra o homem. Esta figura a revolta do homem contra Deus, o que faz do homem, em relação a Deus, um animal revoltado. Assim como o homem era submisso a Deus, as criaturas eram submissas ao homem; no entanto, com a queda, do mesmo modo que o homem se revolta contra Deus pelo pecado, os animais se revoltam contra o homem e não lhe são mais submissos. O homem desfaz a ordem estabelecida por Deus ao afastar-se de seu Criador "e em tamanho afastamento de mim que mal lhe resta uma *luz confusa de seu autor*"[144]. Esta luz confusa de seu autor é mais um traço que, apesar do pecado, resta no homem. A imagem de Deus permanece enquanto luz confusa, porém, não deixa de ser mais um traço do primeiro estado de natureza: "eis aí o estado em que os homens estão hoje. Resta-lhes um vago instinto impotente da felicidade da sua primeira natureza, e estão mergulhados nas misérias de sua cegueira e de sua concupiscência, que se tornaram a sua segunda natureza"[145].

Entre o primeiro estado de natureza e o segundo estado de natureza conserva-se o instinto de felicidade da primeira natureza, de modo que esta felicidade funcionaria como alavanca de todo *divertissement*. A busca da felicidade adâmica por meio do *divertissement* expressa a cegueira do homem no reino nefasto do

---
[144] Blaise PASCAL, *Pensées*, Laf. 149, Bru. 430 (grifo nosso).
[145] Ibidem, Laf. 149, Bru. 430.

amor-próprio, ou seja, nesta existência em que o homem faz de si mesmo o centro de tudo, desejando tudo a fim de favorecer somente a si e submetendo todos à sua vontade corrompida. As misérias da cegueira humana são precariedades de sua própria condição, algo que o faz mergulhar em mais misérias como recurso de fuga, mas o "vago instinto impotente da felicidade da sua primeira natureza" permanece, de maneira que a busca da felicidade por meio das misérias torna-se instintiva no homem e, consequentemente, seu drama, pois nada que está ao seu redor, nem ele mesmo, pode preencher seu vazio infinito. É deste modo que a busca pela felicidade depois da queda é resultado da cegueira do homem em relação à sua própria condição, levando-o a buscar a felicidade plena naquilo que não pode oferecer nenhuma plenitude, nas misérias do *divertissement*. Em suma, a felicidade, a qual caracteriza-se como "marcas divinas em mim"[146], é o traço do primeiro estado de natureza, do instinto sobrenatural que nos permite afirmar categoricamente que há um fundo teológico na compulsão do homem pela felicidade, através do *divertissement*.

Portanto, naquilo que diz respeito aos traços do primeiro estado de natureza, poderíamos dizer que os homens conservam em si tais marcas, no entanto, apresentam-se das mais variadas formas nos *Pensamentos*, a saber: 1) a felicidade como "instinto secreto que restou da grandeza de nossa natureza primeira"[147], o que faz o homem associar a felicidade ao repouso; 2) "houve outrora no homem uma felicidade verdadeira, da qual só lhe resta um vestígio totalmente vazio que ele inutilmente tenta preencher com tudo aquilo que o cerca"; 3) "luz confusa de seu autor"; 4) "vago instinto impotente da felicidade da sua primeira natureza"; 5) "marcas divinas em mim". Estes são os traços do primeiro estado de natureza aquilatados por Pascal, nos *Pensamentos*. Na *Lettre*, já salientamos dois: 1) o "vazio que o amor de Deus deixou"; 2) "chegando o pecado, o homem perdeu o primeiro

---

[146] Blaise PASCAL, *Pensées*, Laf. 149, Bru. 430.
[147] Ibidem, Laf. 136, Bru. 139.

de seus amores", ou seja, Deus, mas não perdeu a capacidade de amar infinitamente, de modo que esta capacidade é mais um traço do primeiro estado de natureza. No entanto, afirmamos que, na *Lettre*, ainda encontramos dois traços deste estado de natureza pré-lapsário, o horror da morte e o amor pela vida, os quais passamos a investigar.

4.4 – Traços do primeiro estado de natureza na *Lettre*: horror à morte e amor à vida

No parágrafo [21] da *Lettre*, Pascal repentinamente dá um salto em sua reflexão sobre o pecado original e passa a investigar o horror da morte: [21] – "A aplicação disto é simples. Vamos a nosso único assunto"[148]. Para entender o horror que o homem tem pela morte foi necessário percorrer a teoria do pecado original, cujo amor-próprio mereceu substancial destaque, já que este conceito permite esclarecer como o horror da morte, natural em Adão em seu estado de inocência, mantém-se no homem depois da queda como um resquício do estado de natureza saído das mãos de Deus. O filósofo francês faz, mais uma vez, a distinção clássica entre o homem antes e depois da queda, em seguida, explica a mudança.

> [21] – O horror da morte era natural em Adão inocente, porque sua vida, sendo muito agradável a Deus, devia ser agradável ao homem: e a morte era horrível, quando ela acabava com uma vida conforme a vontade de Deus. Depois, o homem tendo pecado, sua vida torna--se corrompida, seu corpo e sua alma inimigos um do outro, e os dois, de Deus.[149]

Antes da queda, o homem tinha horror da morte, pois a criatura vivia em sintonia com a vontade de Deus, de modo que se a vida do homem era agradável a Deus, então, consequentemente, também era

---
[148] Blaise PASCAL, Lettre à M. et Mme Perier, à Clermont: à l'occasion de la mort de M. Pascal le Père. In: _____ Œuvres complètes, p. 277.
[149] Ibidem, p. 277.

agradável ao homem. A vida do homem era balizada pela lei de Deus, a qual estabelecia uma hierarquia de amor, e, por este motivo, morrer significaria desagregar esta "vida conforme a vontade de Deus"; porém, com o pecado, a criatura é abandonada pelo Criador, passando a viver na solidão de seu vazio infinito, e sua vida deixa de ser agradável a Deus e a si: trata-se de uma mesma natureza corrompida pela queda. É a partir deste quadro que Pascal afirmará as dissidências da relação existente no próprio homem, isto é, na sua composição corpo e alma, e a dissidência entre tal composição e Deus. Estabelecidas as diferenças entre o homem antes e depois da queda, podemos ver como o horror da morte permanece.

> [22] – Esta horrível mudança infectou uma santíssima vida, porém, o amor pela vida continuou: e o horror da morte permaneceu como antes, algo que era justo em Adão, [mas] é injusto e maligno em nós.[150]

A queda é descrita como uma doença que contamina todo homem, este que era portador de uma santíssima vida. Pascal usa do termo "amor pela vida" para qualificar o amor que estava presente no homem antes da queda: é o amor por uma vida santa, inocente, justa, agradável e, por estes motivos, a morte era digna de horror; todavia, com o irromper da queda, todas as qualidades descritas se corrompem em seu contrário: o homem torna-se pecador, culpado, injusto e a existência passa a ser repleta de dissabores. Ora, a morte, neste novo estado de natureza, deveria ser vista como libertação, mas, permanecendo intacto, o horror da morte continua semelhante àquele de Adão inocente, o que Pascal concebe como algo que "é injusto e maligno em nós". O horror da morte é injusto porque odiar a morte e amar a nova vida plena de misérias é, em um primeiro momento, uma contradição absurda: como amar uma existência tão dramática, tão precária, tão angustiante e passível de todas as tragédias? Por outro lado, do ponto de vista teológico, amar a vida é não se reconhecer como

---

[150] BLAISE PASCAL, LETTRE À M. ET MME PERIER, À CLERMONT: À L'OCCASION DE LA MORT DE M. PASCAL LE PÈRE. IN: _____ ŒUVRES COMPLÈTES, P. 277-278.

pecador e culpado, assim como não compreender que esta vida é um vale de sofrimentos e dissabores; enfim, é assentir a própria injustiça, pois passa-se a amar, e avidamente conservar, o mal que habitaria o coração oco e cheio de lixo tão presente depois da queda. E assim conclui: [23] – "eis a origem do temor pela morte e a causa de sua imperfeição"[151]. O horror da morte não era uma imperfeição antes da queda, já que atendia à justiça de Deus, mas torna-se imperfeição depois da condição miserável e pecadora que é assumida depois da queda, de modo que este horror torna-se o fundamento capital para a permanência no estado de natureza corrompido. O amor-próprio retém o horror da morte do estado de natureza inocente como forma de manter o homem no estado de natureza corrompido, de modo que quão maior é o amor-próprio, proporcionalmente maior será o horror pela morte. Pascal sabe que o homem vê a morte como um mal, que foge dela, que tem horror ao golpe final da existência, fazendo deste horror natureza. O conceito de natureza, em Pascal, só tem sentido antes da queda, como vimos há pouco,[152] desta maneira, o horror da morte, natural aos homens antes da queda, é, após o lapso de Adão, o resultado de uma segunda natureza, aquela do costume, estabilizada e fixada no homem pelo pecado. O erro é tomar um princípio adâmico – o horror da morte – para julgar o estado de natureza corrompido. É desta forma que o horror da morte, depois da queda, torna-se um costume pelo fato de realizar uma confusão de objetos: o homem tem horror à morte e amor à vida, porém, este horror e este amor, resquícios do estado de natureza criado por Deus, permanecem no homem caído, e são direcionados a um estado de natureza corrompido, de modo que o homem se horroriza com a morte injustamente, pois não há motivos para conservar uma vida tão precária, e ama esta vida injustamente, porque está corrompida, tomada pelo reino nefasto do amor-próprio, este que faz de si o centro de tudo, submetendo tudo e

---

[151] BLAISE PASCAL, LETTRE À M. ET MME PERIER, À CLERMONT: À L`OCCASION DE LA MORT DE M. PASCAL LE PÈRE. IN: _____ ŒUVRES COMPLÈTES, P. 277.
[152] VER ITEM 3.1 DO CAPÍTULO 3.

todos aos desmandos dos seus desejos. Para Pascal, só a fé poderá vir ao auxílio do homem para esclarecer o horror da morte que se estabelece como natureza (costume): [24] – "Portanto, esclareceremos o erro da natureza através da luz da fé"[153]. É pela fé que o horror da morte será esclarecido. Diante disso, acompanhemos a reflexão de Pascal.

[25] – "O horror da morte é natural, mas isto no estado de inocência"[154]. Segue-se o princípio estabelecido anteriormente, na *Lettre*, sobre o amor finito por si mesmo expresso no parágrafo [17]: "o homem, neste estado, não somente se amava sem pecado, mas não podia, de modo algum, não se amar sem pecado"[155]. Do mesmo modo, desejar a morte, no estado de inocência, é pecar, pois implica ser injusto, já que a equânime justiça de Deus estabelece uma lei que o homem cumpre de modo agradável ao Criador. É natural e justo ter horror à morte no estado de inocência, pois, neste estado, "a morte, na verdade, é horrível, mas isto quando ela acaba com uma vida totalmente pura. Era justo odiá-la, quando ela separava uma alma santa de um corpo santo"[156]. A união harmônica, equilibrada e santa entre o corpo e a alma criados por Deus é o resultado de uma vida perfeita e, por este motivo, desejável, de modo que, se a morte é a mola mestra de uma possível desagregação desta vida, então justifica-se o horror que o homem possuía desta ameaça antes da queda: o horror à morte é justificado. Todavia, depois da queda, "é justo amá-la [a morte], quando ela separa uma alma santa de um corpo impuro"[157]. A intérprete Leduc-Fayette salienta que nós devemos, "com a tomada de consciência de nosso 'mau fundo', compreender que, de fato, a morte se revela amável e 'desejável', pois ela libera a alma da prisão do cárcere do mundo"[158]. A morte torna-se o ponto de partida da

---

[153] Blaise PASCAL, Lettre à M. et Mme Perier, à Clermont: à l'occasion de la mort de M. Pascal le Père. In: _____ *Œuvres complètes*, p. 277.
[154] Ibidem, p. 278.
[155] Ibidem, p. 277.
[156] Ibidem, p. 278.
[157] Ibidem, p. 278.
[158] Denise LEDUC-FAYETTE, *Pascal et le mystère du mal: la clef de Job*, p. 247.

libertação da alma e da ascensão do corpo glorioso.[159] Na *Lettre aux Roannez*, de 24 de setembro de 1656, Pascal fala da impossibilidade de se desligar de certa linha que nos arrasta sem dor.[160] No contexto, trata-se do caráter irresistível do pecado – linha – que arrasta o homem depois da queda: quando o homem adere a esta linha, não sente estar sendo arrastado, mas quando começa a resistir, a criatura sofre muito.[161] Após tais considerações, ele salienta duas qualidades desta linha: ela se estende e suporta toda violência, ou seja, toda resistência que o arrastado faz a ela[162] e, diante disso, conclui: "e esta linha é nosso próprio corpo, que só se rompe com a morte"[163]. A morte é libertação, como vemos na *Lettre aux Roannez,* algo que também está presente na *Lettre*, de modo que, a partir deste texto, postulamos um quadro que justifica por que o homem não deve ter horror da morte depois da queda, a saber: a) quanto à fuga; b) quanto à abominação.

a) Justificativa enquanto *fuga*: 1) "era justo *fugir* da morte, quando ela rompia a paz entre a alma e o corpo"[164]. No estado de inocência, a paz e a harmonia entre o corpo e a alma poderiam ser rompidas, logo, é justo fugir da morte. "Mas não quando a morte acalma a dissensão irreconciliável".[165] No estado corrompido, marcado pela dissensão entre a composição do homem, não se justifica fugir da morte.

b) Justificativa enquanto *abominação*: Pascal faz uma comparação geométrica dos dois estados de natureza. Assim, podemos colocar lado a lado cada uma das alterações realizadas pela queda,[166] aproximando o estado de criação e o estado corrompido, no parágrafo [25] da *Lettre*:

---

[159] Veremos como dar-se-ia as etapas da salvação neste mesmo capítulo, em nossa análise do parágrafo [29], quando investigarmos aquilo que chamaremos de morte em "dois tempos", ou seja, o tempo da alma, o qual se cumpre em três etapas (morte, ressurreição e ascensão), e aquele do corpo, que também se cumpre em três etapas, mas em momentos diferentes.

[160] Cf. Blaise Pascal, Lettres aux Roannez. In: _____ Œuvres complètes, p. 266.

[161] Cf. Ibidem, p. 266.

[162] Cf. Ibidem, p. 266.

[163] Ibidem, p. 266.

[164] Idem, Lettre à M. et Mme Perier, à Clermont: à l`occasion de la mort de M. Pascal le Père. In: _____ Œuvres complètes, p. 278 (grifo nosso).

[165] Ibidem, p. 278.

[166] Cf. Ibidem, p. 278. Todas as passagens citadas estão no parágrafo [25] da *Lettre*.

b1) Antes da queda, deve-se abominar a morte, já que nesta ocasião "ela afligia um corpo inocente"[167]; depois da queda, "a morte acaba com uma vida impura", portanto, não deve ser abominada, nem mesmo odiada.

b2) Antes da queda, deve-se abominar a morte, pois seu aparecimento retiraria "do corpo a liberdade de honrar a Deus"[168]; depois da queda, ao contrário, o advento da morte "retira do corpo a liberdade de pecar"[169], libertando do homem o pecado, e, por este motivo, não deve ser abominada.

b3) Antes da queda, o irromper da morte "separava da alma um corpo submisso e cooperador com suas vontades"[170], a alma, de acordo com a hierarquia estabelecida por Deus, tinha autonomia frente ao corpo, portanto, a morte poderia desagregar este ordenamento e, por este motivo, devia ser abominada; depois da queda, a morte "livra a alma de uma rebeldia muito poderosa"[171], libertando-a das investidas do corpo que ferem a ordem estabelecida por Deus, e assim a morte não deve ser abominada.

b4) Antes da queda, a morte colocaria fim em "todos os bens do que o homem é capaz",[172] impedindo-o de desfrutar de todos os benefícios outorgados por Deus, e por isso deve ser abominada; depois da queda, o horror da morte contradiz "todos os motivos de sua salvação", pois como só há bens efêmeros, então o horror da morte torna-se contraditório à salvação, de modo que a morte não deve ser abominada, já que será passando por ela que o homem terá o Bem verdadeiro, aquele que não se corrompe jamais.

Em suma, Pascal termina o parágrafo [25] afirmando que antes do pecado "era justo abominá-la"[173], mas, com a queda, "é muito

---

[167] BLAISE PASCAL, LETTRE À M. ET MME PERIER, À CLERMONT: À L'OCCASION DE LA MORT DE M. PASCAL LE PÈRE. IN: _____ ŒUVRES COMPLÈTES, P. 278 (GRIFO NOSSO).
[168] IBIDEM, P. 278 (GRIFO NOSSO).
[169] IBIDEM, P. 278 (GRIFO NOSSO).
[170] IBIDEM, P. 278 (GRIFO NOSSO).
[171] IBIDEM, P. 278 (GRIFO NOSSO).
[172] IBIDEM, P. 278 (GRIFO NOSSO).
[173] IBIDEM, P. 278. TODAS AS PASSAGENS CITADAS ESTÃO NO PARÁGRAFO [25] DA LETTRE.

injusto conservar os mesmos sentimentos quanto a isso"[174], porém, ao mesmo tempo em que Pascal tece o quadro das justificativas do horror da morte antes e depois da queda, ele sabe que, assim como o horror pela morte, o amor pela vida permanece. Mas que vida é esta que deve ser amada?

> [26] – Portanto, não abandonemos este amor que a natureza nos deu pela vida, já que o recebemos de Deus; mas que este amor seja pela mesma vida que Deus nos deu, e não por um objeto contrário.[175]

Quando Pascal adverte a não abandonarmos o amor pela vida, trata-se do amor pela vida que Deus nos deu, ou seja, mesmo depois da queda, a vida ainda é dádiva, é presente de Deus, é manifestação do Criador, o ser vivente por excelência. O amor pela vida não deve ser um amor que tem como *télos* o amor-próprio, mas sim uma vida direcionada para Deus. Nada mais contrário a uma vida para Deus do que o amor-próprio, pois é ele que faz amarmos a vida que não é aquela dada por Deus, mas um "objeto contrário"[176]. Assim, como afirmamos, o horror da morte é resquício do estado de natureza inocente, mas direcionado a si mesmo, como conservação das linhas do pecado que arrastam a criatura. É neste sentido que a dinâmica do amor-próprio faz do homem um ser ávido por vida eterna em um mundo prestes a se dissipar. Portanto, será o exemplo de Jesus Cristo que poderá instruir o homem acerca da medida do horror da morte.

Para Pascal, tanto Adão como Jesus Cristo tinham horror pela morte. A comparação é pertinente pelo fato de Jesus Cristo ser o novo Adão. O mesmo amor que Adão tinha por sua vida inocente é aquele que o Cristo tem por sua vida encarnada, como vemos no parágrafo [27] da *Lettre*: "e consentindo com o amor que Adão tinha pela sua vida inocente, e que Jesus Cristo teve efetivamente pela sua, de modo

---

[174] BLAISE PASCAL, LETTRE À M. ET MME PERIER, À CLERMONT: À L`OCCASION DE LA MORT DE M. PASCAL LE PÈRE. IN: _____ ŒUVRES COMPLÈTES, P. 278.
[175] IBIDEM, P. 278.
[176] IBIDEM, P. 278.

que mostrou por suas repugnâncias sofrer com a morte"[177]. O filósofo convida o leitor a tomar o amor pela vida, que Adão inocente possuía, como realidade diferente do amor-próprio depois da queda. O amor de Adão pela vida recém-saída das mãos de Deus é o mesmo daquele que o Cristo, novo Adão, tinha por sua vida. Este amor que o filho de Deus tem pela própria vida é causa de seu sofrimento em sua morte. Mas, por que Cristo sofreu com sua morte, mostrando todo horror com o findar da vida? A lógica do sofrimento do Cristo já fora expressa na seguinte passagem do parágrafo [25]: "era justo odiá-la, quando ela separava uma alma santa de um corpo santo"[178]. O Cristo encarnado possuía um corpo santo e uma alma santa, de modo que seu sacrifício deve ser visto com horror, pois, mesmo que tenha acontecido pela salvação dos homens, desfaz a conciliação entre o corpo e a alma, suprema manifestação da santidade. Pascal busca justificar o sofrimento do Cristo e a injustiça de sua morte, do mesmo modo, a morte de Adão inocente seria injusta e digna de todo horror. Mas o homem, depois da queda, tendo o exemplo de Jesus Cristo a seu favor, deveria odiar esta vida marcada pelo pecado, porém, *a contrario sensu*, conservando o amor pela vida sem pecado, resquício do estado adâmico, "conduzimo-nos a odiar uma vida contrária àquela que Jesus Cristo amou"[179]; ou seja, em vez de amar a vida santa tão manifesta no Cristo e em Adão inocente, o homem ama uma vida de pecado, expressamente contrária àquela que o Cristo amou, um vida equilibrada, harmônica e marcada pela santíssima união entre o corpo e a alma. A criatura odeia a morte em seu estado de corrupção e, deste modo, é contrária ao amor de Deus, mas condizente ao amor-próprio: o horror à morte só é legítimo no estado de inocência. Depois que a inocência foi perdida, e considerando o princípio de julgamento que rege a análise de Pascal, isto é, a manutenção da santíssima união entre

---

[177] Blaise Pascal, Lettre à M. et Mme Perier, à Clermont: à l'occasion de la mort de M. Pascal le Père. In: _____ Œuvres complètes, p. 278.
[178] Ibidem, p. 278.
[179] Ibidem, p. 278.

o corpo e a alma, o horror pela morte torna-se um costume altamente defendido e aplicado ao único objeto que resta ao homem, a dissensão entre corpo e alma, resultando então na manutenção da vida, na conservação da existência através de um amor-próprio cujo poder manifesta-se em sua intenção de preservar a corrupção entre corpo e alma. O homem, que deveria "somente recear a morte que Jesus Cristo receou, que aconteceu com um corpo agradável a Deus"[180], receia a morte que o distancia do amor de Deus e o deixa preso ao cárcere do amor-próprio. O vício do amor-próprio torna-se a pedra angular do horror da morte depois da queda. No estado de inocência, o homem deveria temer a morte que separa um corpo santo de uma alma santa, "mas não temer uma morte contrária que, punindo um corpo culpável e purificando um corpo vicioso, deve-nos dar sentimentos totalmente contrários, com um pouco de *fé, esperança* e *caridade*"[181]. A morte não deve ser temida, porque ela purifica dos vícios do corpo a alma culpada pelo pecado, de modo que o fiel que considera as três virtudes cristãs, a fé, a esperança e a caridade, terá sentimentos totalmente contrários: ao mesmo tempo que a morte não deve ser buscada, pois seria uma afronta ao Deus que lhe concedeu a existência, também não deve ser vista com horror, já que a graça divina age através da morte para a libertação dos vícios.

Em suma, a) o horror da morte é um resquício do primeiro estado de natureza inocente; b) tal horror é justificado, pois o homem era composto de uma alma santa e um corpo santo; c) a criatura amava a si mesmo sem pecado, pois seu amor estava dentro da ordem que Deus criou; d) com a queda, o horror da morte permanece como um resquício do primeiro estado de natureza; e) tal horror é injustificado, pois a mácula do pecado marca a dissensão entre corpo e alma; f) a criatura, depois da queda, ama a si mesma fora da ordem de Deus, sendo injusta; g) o amor pela vida deve ser conservado, mas tendo como

---

[180] BLAISE PASCAL, LETTRE À M. ET MME PERIER, À CLERMONT: À L'OCCASION DE LA MORT DE M. PASCAL LE PÈRE. IN: _____ ŒUVRES COMPLÈTES, P. 278.
[181] IBIDEM, P. 278 (GRIFO NOSSO).

horizonte o amor que o Cristo teve por sua própria vida, ou seja, uma vida em que a santidade do corpo e da alma se manifestam; h) injustamente, o homem ama a vida corruptível, não segue o exemplo do Cristo, e intenta conservar por meio do amor-próprio uma vida contrária à vontade de Deus; i) mesmo tendo o Cristo como modelo, só a morte liberta o homem do pecado.

Passemos agora a investigar as filigranas da morte, tanto da alma como do corpo, isto é, a morte em dois tempos.

No parágrafo [29] da *Lettre*, Pascal estabelece dois tempos para considerar a morte, um relacionado à alma, outro, ao corpo: "todas estas coisas se cumprem na alma durante esta vida, mas não no corpo".[182] Vejamos o tempo da alma, expressa no parágrafo [30]: "a alma sofre e morre para o pecado na penitência e no batismo; a alma ressuscita para uma nova vida no próprio batismo; a alma deixa a terra e sobe ao céu na hora da morte, e senta à direita no tempo em que Deus a ordena".[183]

Nos sacramentos do batismo e da penitência, a alma morre para o pecado, já que o batismo apaga a mancha do pecado original e confere ao cristão perseverante uma vida de penitência que culmina com a morte do corpo e a ascensão da alma em direção a Deus. Tal beatitude da alma acontece em três etapas: 1) é o pecado que infecta a alma e o corpo; 2) é o batismo que apaga a mancha do pecado original e ressuscita a alma para uma nova vida, outorgando ao homem uma vida de penitência; 3) é a morte, na graça, que eleva o homem à direita de Deus. Este é o tempo da alma, vejamos então o tempo do corpo: [31] – "nenhuma destas coisas acontecem no corpo durante esta vida, mas as mesmas coisas nele acontecem em seguida"[184]; [32] – "Pois, com a morte, o corpo morre para sua vida mortal; no Julgamento geral, o corpo ressuscitará para uma nova vida; depois do julgamento, ele subirá ao céu

---

[182] Blaise PASCAL, Lettre à M. et Mme Perier, à Clermont: à l'occasion de la mort de M. Pascal le Père. In: _____ Œuvres complètes, p. 278.
[183] Ibidem, p. 278.
[184] Ibidem, p. 278.

e sentará à direita"[185]. Eis as três etapas do corpo: 1) a morte do corpo é morrer para a vida mortal; 2) no Julgamento geral, o corpo ressuscita para uma nova vida; 3) o corpo é elevado e se senta à direita de Deus. As três etapas da alma se cumprem no corpo, mas em tempos diferentes. Comparando as etapas da alma e do corpo, podemos resumir estas três etapas da seguinte maneira: morte, ressurreição e ascensão.

> [33] – Desta maneira, as mesmas coisas acontecem com o corpo e a alma, mas em tempos diferentes; e as mudanças do corpo somente acontecem quando aquelas da alma estão cumpridas, isto é, na hora da morte: de maneira que a morte é o coroamento da beatitude da alma, e o começo da beatitude do corpo.[186]

A morte é o divisor de águas das três etapas que assinalamos: a) quanto à alma: o pecado é a *morte* da alma, o batismo é a *ressurreição* e a elevação da alma a Deus é a *ascensão*; b) quanto ao corpo: morte para a vida mortal é a *morte* do corpo, no Juízo geral, dar-se-ia a *ressurreição* e o chamado de Deus para assentar à sua direita seria a *ascensão*. O "coroamento da beatitude da alma" só acontece com a morte do corpo, dando início à "beatitude do corpo"[187]. Esta mesma afirmação será feita futuramente, no ano 1660, em outro texto, denominado *Prece para Pedir a Deus o Bom Uso das Doenças*: "Ó Deus, fazeis morrer nosso corpo e que na hora da morte desligais nossa alma de tudo aquilo que ela amava no mundo"[188]. Pascal busca a beatitude da alma, pois é isso que lhe compete nesta vida, e assim ele exclama: "Ó Deus, que me arrancais neste momento de minha vida de todas as coisas às quais me liguei e onde coloquei meu coração!"[189]. Ora, colocar o coração nas coisas, ligar-se a

---

[185] BLAISE PASCAL, LETTRE À M. ET MME PERIER, À CLERMONT: À L'OCCASION DE LA MORT DE M. PASCAL LE PÈRE. IN: _____ ŒUVRES COMPLÈTES, P. 278.
[186] IBIDEM, P. 278.
[187] VER LUÍS CÉSAR OLIVA, AS MARCAS DO SACRIFÍCIO: UM ESTUDO SOBRE A POSSIBILIDADE DE HISTÓRIA DE PASCAL, P. 157-158.
[188] BLAISE PASCAL, PRIÈRE POUR DEMANDER À DIEU LE BON USAGE DES MALADIES. IN: _____ ŒUVRES COMPLÈTES, P. 362.
[189] IBIDEM, P. 362.

elas, é reconhecer que o próprio coração está pleno daquilo que não é Deus, isto é, daquilo que transbordou de forma excessiva, ou seja, voltado a si mesmo, ao eu [*moi*], realidade indigna da capacidade de amor infinito presente na criatura. "Ó Deus, que deveis consumar no último dia o céu e a terra, e todas as criaturas que eles contêm, para mostrar a todos os homens que nada subsiste senão vós, e que assim nada é digno de amor senão vós, já que nada é durável senão vós!".[190] Deus, ao consumar no último dia o céu, a terra, e todas as criaturas, mostrará a efemeridade de todo amor destinado àquilo que não subsiste, ou seja, àquilo que não é Deus. Só Deus portanto é digno de amor, pois só o Criador subsiste, já que nada é durável, perecendo na sua fragilidade. A destruição da ordem cósmica não é a destruição da ordem estabelecida por Deus, mas a destruição da nova ordem moral estabelecida pelo homem: destruindo todos os bens temporais, Deus mostra que só é objeto de amor infinito o único Bem intemporal e durável. Não haverá mais pecado pelo fato de não haver mais objeto de amor ao qual o homem poderá impregnar com seu amor-próprio. Deus destrói o mundo e reconstrói um novo céu e uma nova terra, de modo que todos os ídolos serão eliminados: "Ó Deus, que deveis destruir todos estes ídolos vãos e todos estes funestos objetos de nossas paixões".[191] Desta maneira, tudo aquilo que é colocado no lugar de Deus será subtraído e não haverá mais pecado. Os ídolos, estes bens efêmeros que estão dissimulados de Bem supremo, são associados aos bens que o homem deseja em meio ao *divertissement*. O apocalipse cósmico confunde-se com a beatitude da alma e do corpo, recuperando toda ordem estabelecida por Deus e dissipando a ordem da concupiscência[192] tramada pelo advento do reino nefasto do amor-próprio.

Portanto, depois de analisarmos o tema do *divertissement*, seguido dos traços do primeiro estado de natureza tanto nos *Pensamentos* como

---

[190] Blaise PASCAL, Prière pour demander à Dieu le bon usage des maladies. In: _____. Œuvres complètes, p. 362.
[191] Ibidem, p. 362.
[192] Cf. Idem, Pensées, Laf. 106, Bru. 403.

na *Lettre*, o que explicaria o horror da morte do homem depois da queda, o que, consequentemente, levou Pascal a explicar aquilo que chamamos de morte em dois tempos, ou seja, a "beatitude da alma" e a "beatitude do corpo", vejamos a posição dos intérpretes quanto ao tema do *divertissement*.

4.5 – Os intérpretes do *divertissement*

O tema do *divertissement* é abordado por inúmeros intérpretes. Contudo, escolhemos três deles: Carraud, Pondé e Sellier. O primeiro, depois de uma análise da egologia pascaliana – *le moi* –, elabora a sua hipótese interpretativa na qual o *divertissement* é uma forma do *moi* esquecer-se de si mesmo; o segundo interpreta o tema a partir de um conceito que vem do próprio Pascal: a insuficiência;[193] enfim, o terceiro e último concebe o *divertissement* como uma *aversio a Deo*, tema tipicamente agostiniano, defende o intérprete. Mas o que é importante destacar, em relação ao nosso trabalho, é que nenhum destes intérpretes veta a possibilidade de uma leitura teológica do tema do *divertissement*, tal qual o fazemos. Desta maneira, vejamos com mais detalhes o posicionamento deles.

O intérprete Carraud faz uma distinção entre uma primeira antropologia em Pascal, aquela do par grandeza/miséria, e uma segunda antropologia, a do *divertissement*.[194] No fragmento 136, Carraud salienta que Pascal rompe com uma problemática tipicamente cartesiana, ou seja, o pensamento de si, pois, para Pascal, "o pensamento de si lhe é insuportável"[195]. Descartes se volta para o *je* como ponto de partida, no entanto, é este mesmo ponto de partida, enquanto análise de si, que Pascal retoma, mas de outra forma; ou seja, quando o *moi* se torna objeto

---

[193] "Tédio./ Nada é mais insuportável para o homem do que estar em pleno repouso, sem paixões, sem afazeres, sem divertimentos, sem aplicação./ Ele sente então o seu nada, seu abandono, sua insuficiência, sua dependência, sua impotência, seu vazio" (Blaise PASCAL, *Pensées*, Laf. 622, Bru. 131).
[194] Cf. Vincent CARRAUD, *Pascal et la Philosophie*, p. 330.
[195] Ibidem, p. 334.

do pensamento, da visão e, enfim, objeto de amor que se dessubstancia, Pascal abre o caminho para que o homem tenha a percepção das misérias de si mesmo. Assim, o *divertissement* teria uma função oposta ao cartesianismo. "Ao contrário do empreendimento cartesiano de tornar o *moi* evidente a ele mesmo, a vontade que manifesta o homem do *divertissement* é de esconder seu *moi* a ele mesmo"[196]. Cabe ao homem esquecer-se de si e, diante disso, eis a afirmação de Carraud em sua análise do tema do *divertissement*: "a análise de Pascal consiste em colocar luz no conjunto dos procedimentos do esquecimento de si: divertir-se é esquecer o *moi* de si mesmo"[197]. O *divertissement* é a forma privilegiada para cobrir o *moi* que se auto-oculta através de uma capacidade presente no homem: a "sedução, como capacidade de ser seduzido"[198]. A vontade é a instância capaz de ser seduzida e o *moi* esquece de si mesmo quando está tomado pela sedução. Tal forma de esquecimento de si se duplica necessariamente por outra vontade: "aquela que consiste em esconder seu *moi* dos outros"[199]. É desta forma que Carraud ressalta a possibilidade de encontrarmos uma teoria da sedução em Pascal, se levarmos em consideração outros fragmentos, como o 149, o qual mostra um *moi* que é condescendente com a sedução, o 136, no qual o *moi* permite se esconder de si mesmo, e o 978, no qual a sedução que o *moi* quer exercer sobre os outros permite que o mesmo *moi* se oculte dos outros.[200] Desta maneira, o engano direcionado a si mesmo, quando atinge o nível social, estabelece um espaço para o homem se "entre-enganar e se entreadular"[201]. É a teoria da sedução, típica do amor-próprio, que faz da vida uma "ilusão perpétua"[202] e leva o intérprete a uma análise do estatuto do amável, a partir do fragmento 978:

---

[196] Vincent CARRAUD, *Pascal et la Philosophie*, p. 334.
[197] Ibidem, p. 334.
[198] Ibidem, p. 334.
[199] Ibidem, p. 334.
[200] Cf. Ibidem, p. 334.
[201] Blaise PASCAL, *Pensées*, Laf. 978, Bru. 100.
[202] Cf. Vincent CARRAUD, *Pascal et la Philosophie*, p. 334; Blaise PASCAL, *Pensées*, Laf. 978, Bru. 100.

"a natureza do amor-próprio, isto é, deste *moi* humano é de só amar a si e só considerar a si"[203]. Pascal tenta definir a natureza do amor-próprio. Há uma diferença capital entre amar a si e considerar a si. Amar a si, dito de outro modo, o amor-próprio, é amar exclusivamente a si,[204] no entanto, "'considerar' significa 'olhar', tomar consciência de si"[205]. Ora, Carraud percebe, na análise do fragmento 688, que há uma contradição na própria definição de Pascal,[206] pois o *moi*, que foi objeto do pensamento, torna-se, no mesmo fragmento, objeto do olhar e, em seguida, objeto de amor;[207] porém, no fragmento 978, o amor-próprio, isto é, o amor voltado exclusivamente para o próprio *moi*, "só pode ser pensado paradoxalmente. Amar-se é se querer de tal maneira, considerar-se é se ver de uma maneira totalmente diferente"[208]. Pascal não discute uma definição do que é o amor, mas o estatuto do amável.[209] Assim, o *moi* se quer e se vê, mas há diferenças entre aquilo que se quer ser e aquilo que se quer ver ser. É esta distinção que faz Carraud afirmar, ainda tomando como objeto o fragmento 978, que o homem odeia a verdade:[210] "não é certo que odiamos a verdade?".[211] Logo, é o *divertissement* que possibilitará dissimular a verdade sobre si tanto para si quanto para o outro.[212] O homem será seduzido para esquecer-se de si e seduzirá para se esconder do outro. "Assim, é preciso pensar a sedução como o efeito do desespero da consciência de si".[213] Ora, partindo desta teoria da sedução, usada tanto para desviar o homem de si quanto dos outros, Carraud cita

---

[203] Blaise PASCAL, *Pensées*, Laf. 978, Bru. 100.
[204] Cf. Vincent CARRAUD, *Pascal et la Philosophie*, p. 334-335.
[205] Ibidem, p. 335.
[206] Cf. Ibidem, p. 335.
[207] "Com efeito, no descentramento do *je* em *moi*, é a questão do amor a que se tornou operatória. (...) A questão do amor, desse modo, tornar-se-á o verdadeiro objeto da reflexão pascaliana, que a desenvolverá como crítica do amor-próprio" (Idem, *L'invention du moi*, p. 38).
[208] Idem, *Pascal et la Philosophie*, p. 335.
[209] Cf. Ibidem, p. 336.
[210] Cf. Ibidem, p. 335.
[211] Blaise PASCAL, *Pensées*, Laf. 978, Bru. 100.
[212] Cf. Vincent CARRAUD, *Pascal et la Philosophie*, p. 336.
[213] Ibidem, p. 337.

o parágrafo [18] da *Lettre*²¹⁴ e comenta: "o vazio não é mais aquele deixado pelo *moi* saindo dele mesmo, mas aquele deixado por Deus saindo do *moi*"²¹⁵. O vazio deixado por Deus faz do vazio de Deus o lugar do amor-próprio e, como já trabalhamos antes faz o homem considerar a si mesmo não em Jesus Cristo, mas pela satisfação que lhe é própria, ou seja, pelo amor-próprio, ou, como diríamos, pelo amor-próprio deixado sozinho em uma alma impressa pelo vazio infinito do objeto perdido, isto é, Deus. Por fim, o intérprete afirma que Deus é substituído pelo *moi* e que este, ao fazer-se Deus, reproduz a queda, "reincidindo, por isto, aquilo que tinha sido a primeira tentação"²¹⁶.

Em outra obra, Carraud retoma o tema do *divertissement*, destacando que, na segunda antropologia, totalmente consagrada ao *divertissement*, Pascal não usa o conceito de miséria no singular, mas misérias.²¹⁷ Não há uma dualidade conceitual como na primeira antropologia – grandeza/miséria –, de modo que há no *divertissement* uma ambivalência: "aquilo que nos consola de nossas misérias é a maior miséria"²¹⁸. O *divertissement* torna-se a miséria que consola – enquanto desvio de si – o homem de suas misérias. Pascal é descritivo e no texto não há uma preocupação teológica, dirá Carraud, mas isto "não exclui de *interpretar* o divertissement, (...) em termos de teologia"²¹⁹.

Portanto, nossa leitura do fragmento 136, cujo fundo afirmamos ser teológico, não está excluída pelo intérprete, ainda que a base da leitura de Carraud tenha como ponto de partida uma análise da egologia em Pascal, presente no fragmento 688 dos *Pensamentos*; nós, contudo,

---

²¹⁴ "[18] – DEPOIS, CHEGANDO O PECADO, O HOMEM PERDEU O PRIMEIRO DE SEUS AMORES, E O AMOR POR SI MESMO FICOU SOZINHO NESTA GRANDE ALMA CAPAZ DE UM AMOR INFINITO, E ESTE AMOR-PRÓPRIO SE ESTENDEU E TRANSBORDOU [*DEBORDÉ*] NO VAZIO QUE O AMOR DE DEUS DEIXOU, E ASSIM O HOMEM SE AMA UNICAMENTE, E TODAS AS COISAS EM RELAÇÃO A SI, ISTO É, INFINITAMENTE" (BLAISE PASCAL, *Lettre à M. et Mme Perier, à Clermont: à l'occasion de la mort de M. Pascal le Père*. IN: _____ *ŒUVRES COMPLÈTES*, P. 277).
²¹⁵ VINCENT CARRAUD, *PASCAL ET LA PHILOSOPHIE*, P. 339.
²¹⁶ IBIDEM, P. 339.
²¹⁷ CF. IDEM, *PASCAL: DES CONNAISSANCES NATURELLES À L'ÉTUDE DE L'HOMME*, P. 241.
²¹⁸ IBIDEM, P. 242.
²¹⁹ IBIDEM, P. 242 (GRIFO DO AUTOR).

partimos do vazio infinito do homem sem Deus. Assim, passemos a palavra para o intérprete brasileiro, Pondé.

Em sua obra *O Homem Insuficiente*, na qual tece riquíssimos comentários sobre a peculiar antropologia pascaliana, Pondé analisa o *divertissement* em relação ao conceito de insuficiência, o qual é matizado no decorrer da sua obra nas mais variadas formas, mas que, no estudo da antropologia pascaliana, torna-se um elemento do "campo psicológico da insuficiência"[220]. O *divertissement*, em sua mecânica, "nos dá descrições mais claras de como a condição concupiscente significa a qualificação da insuficiência caída como inferno espiritual"[221], ressalta Pondé, e acrescenta: "a alma no *divertissement* é a imagem interna de uma mecânica que desenha a escravidão da concupiscência"[222]. Será pelas descrições que Pascal faz do homem no divertimento que conheceremos a concupiscência humana enquanto escravidão no próprio deleite. Pondé inicia sua análise pelo tema do desejo de ser estimado e cita o fragmento 411 dos *Pensamentos*[223] para salientar que a palavra *felicité*, que Pascal usa no fragmento, tem, no século XVII, a conotação de felicidade como beatitude, isto é, "em que o caráter espiritual da condição prazerosa é mais importante que o corporal ou o sensitivo"[224]. Diante disso, o intérprete sublinha duas consequências: 1) a necessidade de estima é, enquanto escravidão do deleite, algo que toma conta do homem caído; 2) a mesma necessidade de estima, como concupiscência, arrasta o que sobrou dos restos do primeiro estado de natureza, ou seja, a grandeza do homem.[225] Desta maneira, a insuficiência como carência, típica do homem no deleite, atinge os componentes divinos,

---

[220] Luiz Felipe PONDÉ, *O Homem insuficiente: comentários de antropologia pascaliana*, p. 226.
[221] Ibidem, p. 226.
[222] Ibidem, p. 225.
[223] "Grandeza do homem./Temos uma ideia tão elevada da alma do homem que não podemos suportar ser desprezados e não estar na estima de uma alma. E toda a beatitude [*felicité*] dos homens consiste nesta estima" (Blaise PASCAL, *Pensées*, Laf. 411, Bru. 400, grifo do autor). Seguimos a tradução feita por Pondé (cf. Luiz Felipe PONDÉ, *O Homem insuficiente: comentários de antropologia pascaliana*, p. 226).
[224] Ibidem, p. 226.
[225] Cf. Ibidem, p. 226.

o que resultará em uma futura acusação do jansenismo de heresia. Na verdade, o que está em questão é o entroncamento entre o desejo e a possibilidade de conversão, já que a graça é uma forma de deleite, como vemos nos *Escritos sobre a Graça*: "a graça medicinal, a graça de Jesus Cristo, que não é outra coisa senão uma suavidade e um deleite [*délectation*] na lei de Deus, difundida no coração do homem"[226]. A graça também é deleite, mas é um deleite "na lei de Deus"[227], nos seus mandamentos, no fervor de uma alma voltada para seu Criador, na vontade de fazer a vontade da própria Divindade, enfim, é um deleite na graça que se difunde no coração humano. Ora, se a concupiscência é deleite, assim como a vida plena de graça, por mais que os objetos de deleite sejam diferentes – pois o deleite concupiscente tem a si mesmo e as criaturas como sua fonte, e o deleite na graça tem a Deus como sua fonte –, um problema se impõe: como constatar empiricamente que a estima que um homem tem pelo outro é cupidez, movida pelos próprios interesses, ou *caritas*, amor verdadeiro e sem medidas? O intérprete salienta que o desejo de estima é precariamente assegurado, no entanto, daquilo que é precariamente assegurado depende toda a nossa *felicité*; dito de outro modo, o homem depende da estima dos outros para obter toda sua *felicité*, porém, a estima dos outros não depende daquele que quer ser estimado. O conceito de insuficiência, neste aspecto, é marcado por uma falta: "Pascal sinaliza para uma situação evidente de angústia por falta do objeto buscado. A insuficiência psicológica, como simples falta não preenchida, já é anunciada"[228]. Se o objeto buscado não é alcançado, o homem vive a angústia da falta, ou seja, há um desejo de ser estimado para ser feliz, mas a precariedade quanto à possibilidade de ser estimado leva Pondé a afirmar o naufrágio "do projeto humano de *felicité*, segundo a ótica pascaliana"[229]. É este projeto de *felicité* que nos conduz ao tema do *divertissement*.

---

[226] Blaise PASCAL, Écrits sur la Grâce,. In: _____ Œuvres complètes, p. 318.
[227] Ibidem, p. 318.
[228] Luiz Felipe PONDÉ, O Homem insuficiente: comentários de antropologia pascaliana, p. 227.
[229] Ibidem, p. 227 (grifo do autor).

> Isso nos leva já à ideia de que no *divertissement* o movimento do homem é marca da sua insuficiência: sua mecânica à deriva gera o próprio esvaziamento da vida espiritual na banalidade dos objetos – criaturas – que divertem (...); sua interrupção produz o vazio da angústia e da apatia.[230]

Para Pondé, há uma dinâmica do *divertissement* que aponta para o conceito de insuficiência enquanto falta: o homem vive o esvaziamento da vida espiritual quando se põe a divertir-se, o que pode ser descrito na busca humana de ser estimado ou de ser amado, pois "ser amado é uma das melhores formas de 'se divertir'"[231]. No entanto, o rompimento desta mecânica leva o homem a outro estado, o qual Pondé diz ser "um estado psicológico muito próximo do *ennui*"[232]. Desta maneira, se o homem que se diverte esvazia a sua vida espiritual na busca da *felicité* nos objetos – criaturas – que não podem preencher sua insuficiência, ao contrário, o *ennui*, enquanto vazio, angústia, apatia, é o que marca a quebra do *divertissement*. Mas o que implicaria esta interrupção? "A condição não alienada (não divertida) é o necessário para a consciência do nada materializar-se existencialmente (afetivamente) como angústia (*ennui*)".[233] A interrupção do *divertissement* tem como consequência o *ennui* enquanto tomada de consciência do nada de si, sentido como angústia, o que é característico de um vazio sem objeto no qual o homem não consegue tomar consciência da causa do seu mal-estar. É o peso do sofrimento sentido no mais íntimo do coração humano, sendo esta a condição do homem depois da queda; no entanto, busca-se o divertimento como forma de afastar-se da "consciência existencial de sua insuficiência como miséria"[234]. Para o intérprete, Pascal insiste em constatar a condição humana como um sistema de alienação contra a percepção da insuficiência como miséria,[235] a qual mostra uma necessidade vital de alienação, o

---

[230] Luiz Felipe PONDÉ, *O Homem insuficiente: comentários de antropologia pascaliana*, p. 229 (grifo do autor).
[231] Ibidem, p. 228.
[232] Ibidem, p. 228.
[233] Ibidem, p. 236 (grifo do autor).
[234] Ibidem, p. 236.
[235] Ibidem, p. 236.

que inviabiliza uma visão do homem como um "sistema ordenado de faculdades, afetos, desejos e funções"[236]. É esta alienação aos objetos, que desviam o homem de si, que Pondé sublinha como um estado da alma insuportável, uma insuficiência frente à miséria sentida no campo psicológico, e assim, cumpre-se a necessidade vital do *divertissement*: "Pascal perceberá que a vivência da insuficiência na miséria é, para o homem, algo absolutamente insuportável"[237]. Enfim, Pondé analisará de perto o fragmento 136 dos *Pensamentos*, cujo *divertissement* é aquilatado.

O homem é um ser que não consegue abandonar a sua situação prazerosa e, por este motivo, ficar consigo mesmo o levaria a uma condição interior desprazerosa.[238] A passagem em Pascal que justifica este comentário do intérprete em questão é a seguinte: "eu disse muitas vezes que toda a infelicidade dos homens vem de uma só coisa, que é de não saber ficar em repouso em um quarto"[239]. Há uma infelicidade própria do homem, uma espécie de "infelicidade natural"[240], no entanto, ressalta Pondé, quando Pascal "pensa o *divertissement*, parece afirmar com absoluta segurança que uma condição no homem é natural: a miséria nas suas mais diversas manifestações, desde qualquer revolta social, guerra, doença até a morte"[241]. Diante disso, é a insuficiência que define o homem, não como natureza, onde há um sistema seguro e ordenado de funções, mas como "corruptibilidade e inconstância"[242]. A insuficiência na miséria descreve a própria precariedade do *divertissement*, já que o próprio *divertissement* é uma expressão da insuficiência miserável da busca sem êxito do objeto – a Beatitude. O desejo humano torna-se um calvário,[243] já que o *divertissement* faz do homem escravo de seu desejo

---

[236] Luiz Felipe PONDÉ, O Homem Insuficiente: comentários de antropologia pascaliana, p. 236.
[237] Ibidem, p. 236.
[238] Cf. Ibidem, p. 236-237.
[239] Blaise PASCAL, Pensées, Laf. 136, Bru. 139. Seguimos a tradução feita por Pondé (cf. Luiz Felipe PONDÉ, O Homem Insuficiente: comentários de antropologia pascaliana, p. 226, grifo do autor).
[240] Ibidem, p. 237.
[241] Ibidem, p. 237 (grifo do autor).
[242] Ibidem, p. 237.
[243] Cf. Ibidem, p. 238.

como fuga de si. Por fim, dirá Pondé em sua análise do *divertissement*, sabendo da corrupção da natureza humana pela queda adâmica, que é plausível "uma hermenêutica antropológica que busca decifrar o sentido da condição humana em um horizonte teológico"[244].

Portanto, o *divertissement* é lido por Pondé a partir do conceito de insuficiência que aponta uma falta, levando o homem a buscar a felicidade, esta última enquanto beatitude, e associá-la à estima procurada por todos; porém, esta não pode ser assegurada pelo fato de que a estima é um conceito que, depois da queda, pode variar entre a cupidez e a *caritas*, o que expressa a miséria humana na busca de um objeto e a falta deste, algo que se torna uma constante da condição decaída. Pondé lê o *divertissement* como o modo pelo qual Pascal descreve os aparatos de alienação que o homem lança mão para não perceber a própria insuficiência enquanto miséria. O projeto de felicidade humana é quebrado e a leitura de Pondé, que parte da ideia de que o ser humano, depois da queda, é um joguete de seu próprio deleite, mostra que a condição do homem pode ser lida a partir de uma matriz teológica. Assim, passemos à análise de Sellier.

Sellier analisa o tema do *divertissement* tomando como ponto de partida dois conceitos agostinianos: *aversio a Deo* e *conversio a Deo*.[245] A *aversio* é uma forma de desvio de Deus, desvio este em direção às criaturas,[246] todavia, a *conversio* é o seu conceito oposto: "o desejo do cristão é uma *conversão* pouco a pouco frágil ao Bem imutável. A palavra possui em todo agostiniano um sentido muito forte"[247]. O cristão muda a direção da sua vontade, que antes era voltada às criaturas, para realidades mutáveis e incertas, e se volta para o Bem certo e imutável, ou seja, o próprio Deus. É por este motivo que a palavra *conversão*, grifada por Sellier na citação que fizemos, tem um sentido forte, pois mostra uma mudança radical no homem: "ela descreve uma atitude

---
[244] Cf. Luiz Felipe PONDÉ, *O Homem insuficiente: comentários de antropologia pascaliana*, p. 238.
[245] Cf. Philippe SELLIER, *Pascal et saint Augustin*, p. 163-169.
[246] Ibidem, p. 163.
[247] Ibidem, p. 163 (grifo do autor).

do ser humano que quer contemplar a luz eterna, volta-se em direção a ela e não deve se desviar dela"[248]. A conversão, como mudança de direção, aponta para um novo *télos* do olhar, ou seja, o gozo no amor de Deus, e não nas criaturas. É a partir deste novo olhar que Sellier analisa o tema do divertimento: "é nesta paixão de olhar em direção a Deus que é devida, nos *Pensamentos*, a importância dos desenvolvimentos sobre o *divertissement*. O *divertissement* é a forma menor de *aversio a Deo*"[249]. A concepção agostiniana da *aversio a Deo* engloba todas as atividades humanas depois da queda, como a busca dos prazeres, a satisfação do orgulho, o interesse por bagatelas,[250] o que, para o intérprete, "só tem uma única fonte: a *aversio*, o divertimento"[251].

Como o fundo interpretativo de Sellier é teológico, ele não deixa de assinalar que a base do divertimento é a má-fé, pois o homem é culpado e responsável por esta *aversio*, assim, o *divertissement* conduz a criatura à morte de maneira insensível, porque ela merece sua própria perda.[252] Diante disso, a *aversio* ganha seus contornos enquanto concupiscência, e o *divertissement*, como *aversio a Deo*, é a continuação do pecado original: "portanto, o *divertissement* é uma continuação do pecado original e o reinado da concupiscência"[253]. Este reino da concupiscência como desvio explicaria todos os comportamentos do homem pós-lapsário; todavia, dirá Sellier, Pascal não pretende fazer com que o homem passe todo tempo e todo dia a pensar em sua condição,[254] e cita o fragmento 540 dos *Pensamentos*: "é necessário relaxar um pouco o espírito, mas isso abre a porta para as maiores extravagâncias"[255]. Ora, há um desvio saudável, mas este poderá conduzir o homem à extravagância, dito de outro modo, a

---

[248] Philippe SELLIER, *Pascal et saint Augustin*, p. 163.
[249] Ibidem, p. 164 (grifo do autor).
[250] Ibidem, p. 165.
[251] Ibidem, p. 165 (grifo do autor).
[252] Cf. Ibidem, p. 166.
[253] Cf. Ibidem, p. 167 (grifo nosso).
[254] Ibidem, p. 167.
[255] Blaise PASCAL, *Pensées*, Laf. 540, Bru. 380.

partir de Sellier, a *aversio a Deo* é desviar-se do Essencial. "Assim, o são desvio é tornado indiferença ao destino!".[256]

Portanto, vemos que o ponto de partida de Sellier para a análise do tema do *divertissement* é teológico, assim como o nosso, no entanto ele parte da atmosfera agostiniana da *aversio a Deo*, nós partimos da originalidade de Pascal, na *Lettre*, ou seja, do vazio infinito do homem sem Deus.

4.6 – O vazio infinito e o fracasso de si

Aproximamos o vazio infinito e o conceito de *divertissement*, por conseguinte, a *Lettre* dos *Pensamentos*. Mas, o que encontramos? Em suma, o fracasso humano, que se manifesta na descrição esboçada no fragmento 136, de um ser que vive o tormento obsessivo de preencher um vazio infinito, presente na sua condição depois da queda, e a ausência do objeto que poderia preencher este vazio. Ora, a capacidade de amar infinitamente sem o objeto que lhe corresponde move o homem em direção às mais diversas formas de *divertissement*, mesmo porque, sendo a criatura passível à sedução, como dirá Carraud, o *divertissement* se tornaria o motor para suportar a vida sem Deus. O homem sem Deus é insuportável para si mesmo, pois, na nova ordem concupiscente, na qual a capacidade de amor infinito não se ajusta aos objetos amáveis disponíveis, o fracasso da vida centrada em si mesmo e nas criaturas é percebido como pesadelo, padecimento, inquietação, agonia, pesar, tortura, desolação, tristeza, tédio e sofrimento. O *divertissement* se faria necessário. Porém, o homem deveria viver toda sua vida alienada aos bens insuficientes e não conhecer a sua própria condição? Não, para Pascal. Portanto, será no Cristo que o homem poderá considerar a si mesmo, perceber seu vazio infinito que separa Deus da criatura e, por meio do Mediador, restabelecer a ordem primordial. Diante disso, passamos a investigar a relação do Cristo Mediador entre Deus e o homem.

---

[256] Cf. Philippe SELLIER, *Pascal et saint Augustin*, p. 167.

Capítulo 5

O Vazio Infinito e o Cristo Mediador

[7] – (...) e como Deus não considera os homens senão pelo Mediador Jesus Cristo, os homens também não deveriam olhar nem os outros, nem eles mesmos senão mediados por Jesus Cristo.[1]

O pecado foi capaz de gerar uma distância infinita entre Deus e os homens, um hiato infinito, mais precisamente, um vazio infinito do tamanho de Deus. Como vimos, o *divertissement* não é capaz de preencher este vazio infinito que se instala no homem com o abandono de Deus, pois as misérias do *divertissement* são finitas e nunca preencherão o infinito que lhe habita, já que seria necessário um objeto proporcional, um objeto infinito. Diante deste drama existencial, o homem estaria condenado a padecer eternamente de uma falta, de uma ausência incontornável? Pascal, na *Lettre*, afirmará que só o Cristo Mediador poderá preencher o vazio infinito do homem sem Deus,

---
[1] Blaise PASCAL, Lettre à M. et Mme Perier, à Clermont: à l`occasion de la mort de M. Pascal le Père. In: _____ Œuvres complètes, p. 276.

pois só ele é o objeto infinito que restabelece a ligação entre Deus e o homem. Por este motivo, buscaremos mostrar o papel capital que o Cristo Mediador exerceria na dinâmica da salvação cristã. Iniciaremos mostrando as possíveis convergências entre o vazio infinito e o Cristo como objeto infinito capaz de fazer a mediação entre Deus e os homens; em seguida, investigaremos a pertinência da associação contínua de Deus à cólera e à ira, estas que, em vez de serem direcionadas ao homem, desabam sobre os ombros de Cristo, estabelecendo aquilo que chamaremos de catarse de Deus, pois toda a cólera do Criador é direcionada ao Cristo que, por seu sofrimento e agonia, salva toda a humanidade, e assim, aqueles que reconhecem a Cristo descobrem a própria miséria sem cair no desespero, pois há a esperança de um Redentor; quase ao fim, trabalharemos os dois critérios de prova do Redentor, a saber, as Escrituras e o coração. É desta maneira que mostraremos como Pascal aproxima estes dois recursos de prova à filosofia, revelando como dar-se-ia a dinâmica entre fé e razão nos *Pensamentos*; por fim, deixando a teologia, veremos que o vazio infinito ganha outros contornos na dessubstancialização do *moi* no fragmento 688, pois não se trata mais de um vazio qualificado como infinito, mas do puro vazio de si. Portanto, veremos que, se relacionarmos a *Lettre* ao fragmento 688, nenhum amor por si mesmo, sendo ele finito ou infinito, justifica-se, pois o homem, isto é, *le moi* como substância, não pode ser encontrado para tornar-se objeto de amor.

5.1 – Vazio infinito e Cristo Mediador

Depois de conceber o homem como ser infectado pelo pecado, tendo a morte como pena, Pascal convida o cristão a imitar o sacrifício de Cristo, pois será a partir "desta regra que examinaremos a natureza da morte"[2]. A investigação que se segue, no parágrafo [7] da *Lettre*, está diretamente voltada para a morte, mas, para que seja realizada, leva-se

---

[2] Blaise PASCAL, Lettre à M. et Mme Perier, à Clermont: à l`occasion de la mort de M. Pascal le Père. In: _____ Œuvres complètes, p. 276.

em conta o sacrifício de Cristo. Pascal busca mostrar a relação entre Deus Pai e o homem. Este é o ponto que mais nos interessa para entender a funcionalidade do nome vazio infinito do homem sem Deus e o Cristo Mediador. Mas como tal relação é descrita? "Para esta consideração, é preciso recorrer à pessoa de Jesus Cristo".[3] Para considerar a morte, imediatamente a pessoa do Cristo é invocada enquanto paradigma sacrificial. O termo "considerar" precisaria ser matizado para entender a passagem. Na *Lettre*, usa-se deste verbo inúmeras vezes, no entanto, sempre com o intuito de fazer referência ao homem, criatura de Deus: nunca o homem considera a Deus. Nos *Pensamentos*, vemos isso claramente no fragmento 199: "Contemple pois o homem a natureza inteira em sua plena majestade, afaste o seu olhar dos objetos baixos que o cercam"[4]. O homem é convidado a contemplar a natureza para perceber o seu fracasso quando se dispõe a olhar, imaginar e conceber, de modo que, por mais que suas forças imaginativas se expandam, ele não consegue contemplar o universo na sua totalidade: "por mais que expandamos as nossas concepções para além dos espaços imagináveis, não geramos senão átomos em comparação com a realidade das coisas"[5]. Em um segundo momento, Pascal convida o homem a olhar para si: "tendo voltado a si, considere o homem aquilo que ele é em face do que existe, veja-se como perdido"[6]. Quando se trata de avaliar a si mesmo, Pascal usa o verbo considerar, ou seja, avalia-se a partir de outro referencial, que, no caso do fragmento 199, é a natureza. Desta maneira, vejamos o resultado da consideração de si mesmo em relação à natureza: "pois, afinal, o que é o homem na natureza? Um nada com relação ao infinito, um tudo com relação ao nada, um meio entre o nada e o tudo, infinitamente afastado de compreender os extremos"[7]. O homem, quando se considera diante da natureza, torna-se um ser

---

[3] BLAISE PASCAL, LETTRE À M. ET MME PERIER, À CLERMONT: À L'OCCASION DE LA MORT DE M. PASCAL LE PÈRE. IN: _____ ŒUVRES COMPLÈTES, P. 276.
[4] IDEM, *PENSÉES*, LAF. 199, BRU. 72.
[5] IBIDEM, LAF. 199, BRU. 72.
[6] IBIDEM, LAF. 199, BRU. 72.
[7] IBIDEM, LAF. 199, BRU. 72.

vacante em um universo infinito sem referência, uma espécie de pêndulo de relógio sem ponto fixo que vaga pelos espaços infinitos. Sendo incapaz de ocupar o meio, é um ser vacante em meio ao infinito. Será a partir desta ideia de que o termo considerar – esclarecido no fragmento 199 – é usado para fazer referência ao homem que continuaremos nossa análise do parágrafo [7] da *Lettre*.

Para considerar a própria morte, o homem deve ter como referencial Jesus Cristo, "porque tudo aquilo que está nos homens é abominável"[8]. Sendo o Cristo o sacrifício perfeito, qualquer outro sacrifício não é digno da grandeza de Deus. O homem, criatura abominável depois da queda, poderá oferecer-se como sacrifício para reparação do pecado, porém, tal oferenda é inadequada, pois não atende à ofensa causada, já que seria preciso um sacrifício de um objeto infinito que fizesse justiça à ofensa infinita. Como o homem é um ser finito, seu sacrifício não atende à demanda divina, dito de outro modo, a morte sem Jesus Cristo é marca do fracasso humano de se dirigir diretamente a Deus. É deste modo que o Cristo como Mediador tem seu papel capital para entender a condição humana. O homem precisa de redenção, mas ela não está em seu poder, nem nas criaturas. No horizonte pós-lapsário, a busca já está fadada à derrota: a criatura precisa de outro ser para garantir a sua redenção, mas neste mundo finito tudo se desmancha, só há cadáveres. Portanto, três pontos são capitais até o momento: 1) o homem deve considerar a morte; 2) mas na pessoa de Jesus Cristo; 3) porque tudo que há no homem é abominável. Será a partir destes três pilares que conheceremos outro aspecto original de Pascal: Deus e o homem estão em exílio.

"[...] E como Deus não considera os homens senão pelo Mediador Jesus Cristo, os homens também não deveriam olhar nem os outros, nem eles mesmos senão mediado por Jesus Cristo".[9] Pascal exclui a ideia de que o homem considere a si mesmo e aos outros sem a mediação de

---

[8] Blaise Pascal, Lettre à M. et Mme Perier, à Clermont: à l'occasion de la mort de M. Pascal le Père. In: _____ Œuvres complètes, p. 276.
[9] Ibidem, p. 276.

Jesus Cristo, paralelamente, se o exemplo de Cristo, enquanto modelo sacrificial, é enfatizado, o modelo de Deus, como sujeito do olhar, deve ser imitado. As palavras de Pascal são enfáticas: Deus não considera o homem sem Jesus Cristo, mas os homens fazem o que não deveriam, isto é, olham a si mesmos e aos outros sem o Cristo, rompendo a mediação. Pascal não veta a possibilidade de Deus olhar para si mesmo sem Jesus, nem afirma a possibilidade de Deus considerar diretamente o homem sem o Filho, o que veremos no próximo item. Porém, curiosamente, Pascal coloca Jesus entre Deus e o homem, como uma espécie de véu que esconde Deus Pai, como afirma Bremond:

> [...] nós constatamos que o "Jesus Cristo" de Pascal, no lugar de aplainar e dilatar todas as vias possíveis que levam a Deus, nos é, ao contrário, apresentado como um véu, um guarda-fogo, se ouso dizer, entre Deus e nós. Pascal exalta o "mediador", mas ele esconde, exila Deus.[10]

O exílio de Deus, que Bremond ressalta, é consequência da visão pascaliana do Cristo como Mediador entre os homens e Deus. A criatura não considera a Deus, não considera Jesus Cristo, mas toma como referencial o Filho para considerar a si mesmo e aos outros. Ainda poderíamos acrescentar, com Bremond, que não só Deus está no exílio, mas o próprio homem está no exílio de Deus. Ao exilar um, exila-se necessariamente o outro, se seguirmos o pensamento do intérprete. Desta maneira, perguntamos: como Deus poderia salvar o homem se não houvesse um sacrifício correspondente ao dano? E como o homem poderia ser salvo se o sacrifício do Cristo não fosse a peça-chave de ascensão do homem a Deus? Há um meio vasto e vacante que se estende entre Deus e o homem e é por este meio que Deus e homem se encontram: "porque se nós não passamos pelo meio, não encontramos em nós senão verdadeiras infelicidades, ou prazeres abomináveis"[11].

---

[10] HENRI BREMOND, *HISTORIE LITTÉRAIRE DU SENTIMENT RELIGIEUX EM FRANCE: DEPUIS LA FIN DES GUERRES DE RELIGION JUSQU'À NOS JOURS*, v. IV, p. 390-391.
[11] BLAISE PASCAL, LETTRE À M. ET MME PERIER, À CLERMONT: À L'OCCASION DE LA MORT DE M. PASCAL LE PÈRE. IN: _____ *ŒUVRES COMPLÈTES*, P. 276.

A necessidade de passar pelo meio é o que garantiria a possibilidade da salvação pelo sacrifício do Cristo, a redenção dos pecados e a contemplação de Deus através do Mediador. Sem tal mediação, o homem está condenado a viver e perecer na infelicidade de ser mortal, escoando e degradando-se no tempo, "mas se consideramos todas as coisas em Jesus Cristo, encontraremos toda consolação, toda satisfação, toda edificação"[12]. A consolação é a manifestação da "verdade que o Santo Espírito nos ensinou"[13], ou seja, é o espírito consolador que concederá a graça do consolo ao cristão e a todo homem, pois ninguém está isento da morte daqueles que ama e de si mesmo; a satisfação está ligada aos bens que não se pode perder, pois tudo que não é mediado por Jesus Cristo está condenado à destruição, não havendo satisfação que não possa ser maculada pela precariedade do mundo sem Deus; e, por fim, a edificação, pois é em Cristo que o homem deixa seu *status* de ser corrompido e vive a vida imortal, aquela que não pode ser perdida justamente pelo sacrifício universal do Cristo.

Portanto, quatro notas resumem, a princípio, nossa investigação entre a relação Deus e homem, na *Lettre*: 1) Deus está no exílio do homem, como dirá Bremond; 2) porém, o homem está no exílio de Deus, como acrescentamos; 3) Cristo é o Mediador entre Deus e o homem; 4) mas a Mediação de Pascal conduz a uma blindagem, na leitura de Bremond, pois Deus precisa do Cristo para salvar o homem e, por conseguinte, o homem também precisa do Cristo para ser salvo; 5) Pascal termina o parágrafo destacando a necessidade de passar pelo meio – Mediador –, pois, considerando a morte, é Nele que encontraremos toda consolação, satisfação e edificação; 6) nossa investigação nos levou a postular duas questões que encaminharão o nosso trabalho a considerar a possibilidade de que o Cristo seja a pedra angular que preenche o vazio infinito do homem sem Deus, a saber: Deus poderá salvar o homem se não houver um sacrifício

---

[12] BLAISE PASCAL, LETTRE À M. ET MME PERIER, À CLERMONT: À L'OCCASION DE LA MORT DE M. PASCAL LE PÈRE. IN: _____ ŒUVRES COMPLÈTES, P. 276.
[13] IBIDEM, P. 276.

correspondente ao dano? O homem poderá ser salvo sem o sacrifício do Cristo, ou seja, um sacrifício infinito que corresponda à ofensa direcionada ao Ser infinito? Sabendo da importância do Cristo na relação entre Deus e o homem, vejamos como o vazio infinito entra nesta dinâmica.

Como mostramos anteriormente, no parágrafo [18] da *Lettre*, há no homem um vazio infinito que o amor de Deus deixou, algo que o distancia infinitamente de Deus,[14] e, por este motivo, se o Criador quer salvar o homem e o homem quer ser salvo, então o Cristo seria o único objeto capaz de estabelecer a relação de equilíbrio primordial que fora perdido. Vimos, no capítulo 4, que o homem tenta preencher o vazio de si com o *divertissement*, no entanto, obviamente fracassa. As duas questões que fizemos antes poderiam ser sintetizadas em uma única: Deus e o homem necessitam do Cristo? Ousamos dizer que, para Pascal, sim, algo que passamos a justificar.

Se levarmos em consideração que existe um vazio infinito que separa o homem de Deus, e que não há nenhuma possibilidade de, no horizonte humano, existir qualquer objeto equivalente para ser oferecido a Deus como sacrifício, algo que estabeleceria a ligação entre Deus e o homem, então, só o Cristo encarnado poderia ser este objeto, atendendo tanto às necessidades da criatura quanto à necessidade do Criador. Todavia, o nome necessidade aqui é equívoco e precisa ser entendido de duas maneiras, porque a necessidade da criatura não é a mesma daquela do Criador. A criatura necessita de Cristo para considerar a si mesma e aos outros, como Pascal ressalta, na *Lettre*, mas Deus não precisa necessariamente do Cristo para considerar o homem. Dizer que o Criador precisa ter suas necessidades atendidas por um outro é fazê-lo dependente deste outro e, consequentemente, cercear sua absoluta condição de ser Necessário. No entanto, dizer que Pascal coloca Deus Pai como dependente do Cristo não seria macular esta Necessidade absoluta? Esta não é nossa leitura, pois a necessidade de

---

[14] Cf. Blaise PASCAL, Lettre à M. et Mme Perier, à Clermont: à l'occasion de la mort de M. Pascal le Père. In: _____ Œuvres complètes, p. 277.

Deus, quando se trata de Cristo, é a Necessidade de Deus em relação a Si mesmo e não a necessidade de um outro diferente de si.

Desta maneira, há duas necessidades em jogo: 1) a necessidade absoluta das criaturas em relação ao Mediador para a salvação; 2) a necessidade que Deus tem de si mesmo, na expressão do Cristo, para salvar a criatura. Bremond afirma que Pascal exila Deus do homem, hiperbolizando o papel do Cristo, mas em nenhum momento o filósofo estabelece um exílio absoluto do Criador, enquanto ser dependente do Cristo, para acessar o homem. É possível um acesso de Deus ao homem, porém, tal aproximação, em vez de ser amorosa, seria aquela do Deus irritado e colérico inúmeras vezes mencionado no decorrer dos textos de Pascal, o qual passamos a investigar.

5.2 – O Deus colérico e irritado de Pascal

Para a análise do Deus colérico de Pascal e a importância do Cristo Mediador usaremos a *Lettre*, o texto *Sobre a Conversão do Pecador*, o *Mistério de Jesus*, alguns fragmentos dos *Pensamentos* e a *Prece para Pedir a Deus o Bom Uso das Doenças*. Nosso objetivo é saber como Pascal concebe Deus Pai sem a Mediação do Cristo. Sabe-se que o Deus de Pascal é um Deus colérico e irritado, pronto para dilacerar toda criação com sua fúria, todavia, a cólera e a irritação nunca são vinculadas à pessoa de Jesus Cristo, sempre a Deus Pai. Este detalhe nos chama a atenção, pois, de fato, o Deus de Santo Agostinho é aquele que exprime a beleza da criação, que conduz o homem à interioridade e, do interior da criatura, ascende-se à superioridade em Deus, porém, não como Deus colérico, mas como Pai da beleza criada. Assim, Pascal afasta-se de seu mestre quando adjetiva a deidade.

Seu Deus é irado e a alma, quando em processo de conversão, volta-se ao Criador, percebe a própria vaidade[15] e, diante de seu

---

[15] "[...] A ALMA ENTRA EM PERTURBAÇÕES POR TER PREFERIDO TANTAS VAIDADES EM VEZ DESTE DIVINO MESTRE [...]". (BLAISE PASCAL, SUR LA CONVERSION DU PÉCHEUR. IN: _____ ŒUVRES COMPLÈTES, P. 291, GRIFO NOSSO).

estado precário, busca deter a cólera de Deus: "e dentro de um espírito de arrependimento e de penitência, tem o recurso para sua piedade, para deter sua cólera cujo efeito lhe parece terrível na visão de suas imensidades"[16]. A visão da imensidade de Deus figura sua cólera. A alma em estado de penitência percebe a si mesma, seu mal e corrupção. Mas qual é o recurso da criatura? É a piedade que se estabelece entre o Deus colérico e a vaidade humana. Mas o que seria a piedade? "A alma faz ardentes preces a Deus"[17]. A piedade manifesta-se nas preces. A etimologia da palavra prece, em Pascal, tem seu sentido na língua latina, que pode lançar luz no que tange à piedade da alma: *precarius*, algo que só se obtém com súplicas, mas de tal modo que estas súplicas revelem a própria precariedade. A criatura verdadeiramente piedosa é aquela que dirige uma prece a Deus confessando sua miséria em seu mais alto grau.

O texto de *Prece para Pedir a Deus o Bom Uso das Doenças* mostra este aspecto da prece: esta é a manifestação da própria miséria, como modo salutar de reconhecer a distância da grandeza ou imensidade de Deus e a pequenez e a vaidade da criatura. Eis a dinâmica da piedade, isto é, este reconhecimento enquanto distância. É pela piedade que o homem reconhece a precariedade e tenta apaziguar a cólera de Deus: "Enviai-me agora a doença para me corrigir: não permitais que eu use dela para vos irritar com minha impaciência"[18]. A aceitação do sofrimento pela doença é uma forma de revelar a própria piedade, pois o coração do homem é corrompido e todo sofrimento, merecido. O flagelo de Deus torna-se consolo.[19] A doença é vista como justiça de Deus sem a mediação do Cristo, e a piedade do homem, uma forma de aceitação e confissão da miséria de si. Desta maneira, cabe ao homem desligar-se do orgulho que tem de si e

---

[16] BLAISE PASCAL, SUR LA CONVERSION DU PÉCHEUR. IN: _____ ŒUVRES COMPLÈTES, P. 291.
[17] IBIDEM, P. 291.
[18] IDEM, PRIÈRE POUR DEMANDER À DIEU LE BON USAGE DES MALADIES. IN: _____ ŒUVRES COMPLÈTES, P. 362.
[19] "(...) QUE VOSSO FLAGELO ME CONSOLE (...)" (IBIDEM, P. 363).

manifestar-se enquanto criatura precária. Mas qual é o grau de precariedade que o homem é capaz de fazer manifesto para exaltar a grandeza de Deus?

O primeiro estágio é o novo olhar para si, ou seja, considerar a si mesmo tendo Deus como ponto de referência: "e nestas novas reflexões a alma entra na visão das grandezas de seu Criador, e em humilhações e adorações profundas"[20]. Os resultados deste exercício espiritual são três: 1) a criatura percebe a grandeza de Deus Pai Criador; 2) a alma se humilha diante de tal grandeza; 3) esta humilhação é um ato de adoração. Em seguida, a alma tenta aniquilar-se totalmente diante de Deus. "Aniquila-se em sua presença".[21] No francês, *s'anéantit* [aniquilar-se] é fazer-se um nada, *néant*. Como Deus é a plenitude do Ser, a criatura, ao aniquilar-se, adora a Deus mostrando a distância que convém entre o Ser por excelência e o nada de si. Pascal parece estar muito próximo à teoria aniquilacionista de Bérulle. Mas é impossível que a adoração pelo aniquilamento seja perfeita: "e não podendo formar de si mesma uma ideia suficientemente baixa, nem de conceber uma ideia muito elevada deste bem soberano"[22]. O aniquilamento total é o conhecimento absoluto do nada de si, isto é, a baixeza de si em relação a Deus. Tal ideia de si não é possível conhecer, pois seria uma forma de aniquilamento de si que, antes de revelar a precariedade humana enquanto aniquilamento, mostraria a suficiência da criatura de fazer de si um nada capaz de adorar a Deus sem o Mediador. É por este motivo que a baixeza do homem em um grau absoluto é vetada, assim como o conhecimento da grandeza de Deus. Em suma, nem o aniquilamento total é possível, nem a compreensão da grandeza de Deus, Soberano bem por excelência. Pascal coloca a criatura dentro da dinâmica do aniquilamento, mas é um processo que nunca se concretizará em absoluto, enquanto a criatura estiver viva: a alma "faz novos esforços para se rebaixar até os

---

[20] BLAISE PASCAL, SUR LA CONVERSION DU PÉCHEUR. IN: _____ ŒUVRES COMPLÈTES, P. 291.
[21] IBIDEM, P. 291.
[22] IBIDEM, P. 291.

últimos abismos do nada, considerando Deus nas imensidades que ela multiplica sem cessar"[23]. Dois abismos se abrem: o primeiro, o abismo do nada, ao qual a criatura tende sem cessar; o segundo, o abismo da grandeza de Deus, este que a criatura contempla sem o alcançar na sua totalidade. São dois movimentos diametralmente opostos, mas que revelam, no processo, a piedade. Ora, chamamos a atenção do leitor quanto aos dois abismos que afastam o homem de Deus e estabelecem um vazio infinito que ultrapassa a capacidade humana de conceber: "enfim, nesta concepção, que esgota suas forças, a alma adora-O em silêncio, considera-se sua vil e inútil criatura, e por seus respeitos reiterados O adora e O bendiz, e quereria para sempre bendizê-Lo e adorá-Lo"[24]. O homem perde sua força, percebe sua insuficiência, adora a Deus em silêncio, considera-se vil e inútil, pois sua adoração é vil, enquanto criatura precária, e inútil, pelo fato de não poder fazer de si um nada. Esta distância entre Deus e o homem possibilitaria figurar o vazio infinito que separa Deus e o homem, já que há dois infinitos que se abrem na vida de piedade, porém, ao mesmo tempo, há um Mediador que serve de liame entre Deus e o homem. O Cristo pode preencher este vazio e fazer a Mediação, mas para restabelecer a ligação com Deus é preciso que o próprio Deus venha socorrer a criatura, a qual está esgotada e consciente de sua inutilidade: em vez de direcionar toda sua fúria no homem, Deus volta-se para o Cristo, e sua impetuosidade funciona como uma catarse em prol da salvação do homem. Vejamos como tal passagem se faz manifesta no texto *Mistério de Jesus*, o qual, provavelmente, foi escrito no ano 1655.

> Jesus sofre na paixão os tormentos que lhe infligem os homens, mas na agonia sofre os tormentos que se inflige a si mesmo. *Turbare semetipsum.* É um suplício vindo de mão não humana mas todo-poderosa, e é necessário ser todo-poderoso para suportá-lo.[25]

---

[23] Blaise Pascal, Sur la conversion du pécheur. In: _____ Œuvres complètes, p. 291.
[24] Ibidem, p. 291.
[25] Idem, Pensées, Laf. 919, Bru. 553.

Jesus sofre os males que os homens deveriam sofrer. A passagem bíblica de João 11,33, *Turbare semetipsum*, mostra o Filho de Deus perturbado diante da agonia e dos tormentos, todavia, ao mesmo tempo que são tormentos que os homens infligem ao Cristo, poderíamos dizer que não o são, pois, como ressalta Pascal, é um suplício vindo de mão todo-poderosa, e, por este motivo, é preciso ser todo-poderoso para suportá-lo. É a catarse do Deus Pai Criador que cai com seu braço forte sobre seu Filho único para redenção dos homens. Deus e o Cristo encontram-se na onipotência que os caracterizam: Deus revela sua força colérica, que é despendida no Mediador, este, porém, manifesta sua onipotência, ao suportar a fúria da deidade por amor à humanidade. "E assim Jesus estava sozinho e abandonado à cólera de Deus".[26] Assim como o homem não pode atingir a grandeza de Deus, ele também não pode suportar a fúria divina, nem mesmo poderia atingir a miséria à qual Cristo humildemente se fez para o resgate humano. O intérprete brasileiro Franklin Leopoldo e Silva, comentando esta passagem, destaca a incompreensão da miséria em sua profundidade mais significativa, miséria esta que o Cristo encarna por meio do peso da mão de Deus:

> Jamais esgotaremos o significado da miséria em toda a sua profundidade: basta, para que se constate esta impossibilidade, observar que o resgate da miséria humana exigiu que Deus se fizesse mais miserável que o homem. Em que o Cristo se rebaixou mais que os homens? Não foi através de sofrimento físico, tortura e morte na cruz. Foi através do sofrimento moral: a angústia diante da morte, o sentimento de abandono, a distância dos homens e de Deus.[27]

Diante da impossibilidade de se fazer miserável, Cristo se faz miséria para resgatar o homem da miséria, contudo, não se trata de um rebaixamento exclusivamente físico – o que não descarta a dor física –, como sublinha o intérprete, mas moral. Foram elencadas três formas

---

[26] Blaise Pascal, *Pensées*, Laf. 919, Bru. 553.
[27] Franklin Leopoldo e Silva, *Revista Cult* 17, n. 64, dez. 2002. p. 45.

de sofrimento: a) a angústia diante da morte; b) o abandono; c) a distância entre os homens e Deus. Os três pontos são capitais, mas é o último que nos interessa. Foi preciso um sacrifício de um ser infinito para mediar a distância infinita entre Deus e o homem, e, por consequência, o resultado é que o Cristo passa a ocupar o lugar desta distância, ou seja, do vazio infinito do homem sem Deus. O homem está no exílio de Deus, e este no exílio do homem, já que estão separados por uma distância infinita, porém, o Cristo como Mediador aproxima Criador e criatura no mesmo instante em que ocupa a distância infinita que os separava. Em nenhum momento, Pascal descreve o Cristo colérico, mas sempre estraçalhado, já que seu sacrifício amortece a cólera de Deus, como mostra a *Lettre*: "tudo é doce em Jesus Cristo, até a morte; e isto é porque ele sofreu e morreu para santificar a morte e os sofrimentos"[28]. Vejamos a coerência no pensamento de Pascal quanto à cólera divina que realiza uma catarse por meio do Cristo Mediador.

O que encontramos nestes textos, a *Lettre*, escrita em 1651, o opúsculo *Sobre a Conversão do Pecador*, de 1653, o *Mistério de Jesus*, de 1655 e a *Prece para Fazer Bom Uso das Doenças*, escrita em meados de 1659/1660, que amplia a nossa compreensão da relação entre Deus e o homem? 1) na *Lettre*, evidentemente, o homem precisa do Cristo para encontrar-se com Deus, porém, Deus também necessita do Cristo para considerar o homem, mas a necessidade de Deus é a necessidade de si mesmo; 2) no texto *Sobre a Conversão do Pecador*, o homem se veria impotente para aniquilar-se, assim como para conceber a grandeza de Deus, abrindo dois infinitos, sempre em processo de crescimento, tanto da infinita grandeza de Deus quanto da infinita miséria humana, os quais figuram a distância infinitamente infinita entre Deus e o homem: o Cristo Mediador poderia ser a pedra angular que preenche este vazio infinito; 3) na *Prece para Fazer Bom Uso das Doenças*, a confissão da precariedade humana é uma forma de reconhecer o quanto a grandeza de Deus ultrapassa o ser do homem,

---

[28] BLAISE PASCAL, LETTRE À M. ET MME PERIER, À CLERMONT: À L'OCCASION DE LA MORT DE M. PASCAL LE PÈRE. IN: _____ *ŒUVRES COMPLÈTES*, P. 276.

o quão grande é a distância entre o Criador e a criatura; 4) por fim, no *Mistério de Jesus*, Cristo é o único capaz de suportar a cólera de Deus: cólera Onipotente direcionada ao Mediador Onipotente, isto é, cólera de Deus direcionada a si mesmo, mas este si mesmo enquanto expressão do Filho. Portanto, em nossa leitura, a relação entre Deus e o homem é expressa por um conceito de necessidade de Deus que é delicado, porém, não menos importante, mostrando-se razoavelmente presente na *Lettre* e no *Mistério de Jesus*.

O Deus colérico de Pascal não poderia ser concebido de outro modo, pois o olhar do Criador é destruidor quando ele se volta exclusivamente à criatura, sem o Mediador. Assim, Pascal desvia o olhar de Deus das criaturas, e redireciona ao Cristo, dilacerando-o: só assim a Mediação terá sentido, enquanto aniquilamento do objeto infinito, como dosimetria adequada para a redenção do homem. Sem o Cristo, Deus é expressão da cólera. Podemos ver isso em outros textos de Pascal.

Nos *Escritos sobre a Graça*, Pascal descreve o mau uso que a criatura fez de seu livre-arbítrio que ainda não estava corrompido, mas, com a degradação desta potência pelo pecado, a criatura é "objeto de cólera e de indignação de Deus"[29]. Toda humanidade está corrompida, os filhos de Adão recebem sua herança em partes iguais: "todos os homens estão dentro desta massa corrompida igualmente dignos de morte eterna e da cólera de Deus"[30]. Já trabalhamos a morte, porém, ainda como herança do pecado, a relação de amor com Deus vira de ponta-cabeça: o homem é digno de cólera.

Nos *Pensamentos*, o Deus colérico também se manifesta: "Noé viu a malícia dos homens no mais alto grau, e ele mereceu [evitar a cólera de Deus sobre todo o gênero humano] salvar o mundo e sua pessoa"[31]. A edição paleográfica de Tourneur ressalta um trecho em que Pascal risca a imagem do Deus colérico. O filósofo escreve que Noé viu a malícia do homem em seu mais alto grau, ou seja, a pre-

---

[29] BLAISE PASCAL, ÉCRITS SUR LA GRÂCE. IN: _____ ŒUVRES COMPLÈTES, P. 313.
[30] IBIDEM, P. 318.
[31] IDEM, *PENSÉES DE PASCAL*, V. I, TOUR. 24. O TRECHO ENTRE COLCHETES FOI RISCADO POR PASCAL.

cariedade humana, e por este motivo ele figura o salvador do mundo, Jesus Cristo, o qual concebeu e sofreu os danos provocados pela malícia do homem. É curioso que, neste fragmento, vemos que "a cólera de Deus" é riscada para dar lugar à salvação do mundo. A visão do Deus colérico é substituída pela salvação, isto porque Noé, como o Cristo no *Mistério de Jesus*, foi quem viu a malícia humana no mais alto grau, mas com uma diferença: Cristo encarna a miséria, mas sem o pecado. Ele padece a miséria de toda a humanidade, fazendo-se miséria pela criatura. Portanto, ver a malícia do homem é, ao mesmo tempo, compreender que a cólera de Deus se justifica e aceitar que a salvação do homem depende necessariamente desta catarse, na pessoa do Cristo, que abranda a ira de Deus. Noé, figura que expressa o Cristo no Antigo Testamento, é o único "homem justo" no mundo capaz de contemplar a miséria de todo gênero humano, e, desta forma, explica-se a sua humildade diante de Deus, assim como de outros profetas, aos quais Pascal é sensível, como Isaías. "É por isso que farei aparecer as marcas da minha cólera; cobrirei de trevas os céus e os esconderei sob véus".[32] Citando o profeta, Pascal dá voz ao próprio Deus e à manifestação da sua cólera enquanto marcas sensíveis da deidade: é o Deus colérico expresso nos acontecimentos da natureza. Seguindo o mesmo fragmento, a causa desta cólera é mencionada: "mas quanto a vós, não fazeis mais do que atrair a cólera de Deus, caminhais sobre os braseiros e entre as chamas que vós mesmos acendestes. Foi a minha mão que fez virem sobre vós estes males: perecereis em meio às dores"[33]. O homem atraiu a cólera de Deus, e a vida é um eterno caminhar sobre um braseiro, uma fornalha que fere justamente o homem como manifestação deste Deus irritado que deixa cair sobre os homens seu braço, mas não com o mesmo peso que no Cristo: a vida humana é um eterno padecimento em meio às dores. A cólera de Deus é uma resposta à desobediência humana, à desordem causada à criação primordial. É assim que Pascal justifica as paixões de Deus: "suas paixões

---

[32] Blaise Pascal, *Pensées*, Laf. 483, Bru. 726.
[33] Ibidem, Laf. 483, Bru. 726.

assim dominadas são virtudes; a avareza, o ciúme, a cólera, o próprio Deus as atribui a si"[34]. As paixões dos homens são promíscuas, mas aquelas de Deus são virtudes: Deus é Senhor de suas próprias paixões e as usa como lhe convém, mas o homem é escravo das paixões e modelado por elas. Deus é avarento ao reclamar os bens de si que lhe foram retirados pelo orgulho, ou seja, particularizados; Ele é ciumento com o seu povo, que não lhe presta culto, ou seja, povo injusto, pois só é digno de glória o Senhor e esplendor de toda glória; é colérico, e manifesta a sua cólera nos mais diferentes graus, desde as manifestações sensíveis, como a precariedade física dos seres, as terríveis tempestades e os ventos, até o sofrimento moral pelas paixões, que faz o homem perceber sua miséria. No entanto, o ápice da cólera divina é a destruição do Cristo. Sem esta referência, o homem estaria perdido com seu sofrimento e o mal-estar que lhe oprime, como atesta o fragmento 194: "como não sei de onde venho, também não sei para onde vou; só sei que, ao sair deste mundo, caio para sempre no nada, ou nas mãos de um Deus irritado, sem saber qual dessas duas condições deve ser eternamente meu quinhão"[35]. Perdido, não podendo expressar o nada de onde foi tirado, nem o sentido da existência sobre a terra, nem mesmo atestar se a vida tem algum sentido, a criatura sabe que morre, mas não conhece o lhe espera: ou o nada, ou um Deus irritado. O golpe apologético de Pascal é fazer o homem cambalear diante da dúvida e considerar o Cristo o ponto de referência, pois é por meio do Mediador que o povo santo, eleito e escolhido poderá adquirir a santidade para "salvá-lo da cólera de Deus"[36].

Portanto, a ênfase que demos ao Deus colérico e irado de Pascal nos mostra três aspectos centrais desta reflexão: 1) Deus faz uma catarse no Cristo; 2) o Cristo Redentor é a expressão da onipotência de Deus, enquanto capacidade de suportar o sofrimento de Deus direcionado a Deus; 3) é esta catarse que permite a Pascal estabelecer um

---

[34] BLAISE PASCAL, *PENSÉES*, LAF. 603, BRU. 502.
[35] IBIDEM, LAF. 427, BRU. 194.
[36] IBIDEM, LAF. 608, BRU. 766.

princípio de coerência para a redenção da criatura: ira todo-poderosa direcionada ao Mediador todo-poderoso. Passemos então do Mediador estraçalhado para o mistério da redenção.

5.3 – O Cristo Mediador nos *Pensamentos*: Miséria e Redenção

O Cristo assume um papel preponderante nos *Pensamentos* enquanto ser do meio ou Mediador entre Deus e o homem. Já discutimos como Deus considera os homens por Jesus Cristo, mas, para o momento, o que mais nos interessa é saber o que o homem conhece quando ele considera a si mesmo pelo Cristo. Nossa investigação migra da *Lettre* para os *Pensamentos*, obra em que procuraremos entender a ideia de consideração de si mesmo pela mediação de Jesus Cristo. Afirmamos que o conhecimento de Jesus Cristo conduz o homem a um conhecimento de si como ser decaído: a criatura reconhece sua miséria e que há um Redentor, de modo que um destes conhecimentos sem o outro conduz o homem ao desespero ou a soberba. Desta maneira, são os conceitos de miséria e redenção que estão no centro de nossa enquete.

O título do fragmento 189 é sugestivo: "Deus por Jesus Cristo"[37]. Ora, Pascal especifica o modo de se chegar a Deus, "por Jesus Cristo", algo que no decorrer do texto tornar-se-á só por Jesus Cristo. "Nós só conhecemos a Deus por Jesus Cristo. Sem esse Mediador é retirada qualquer comunicação com Deus. Por Jesus Cristo nós conhecemos a Deus".[38] É pelo Mediador que o homem conhece a Deus, sem o Mediador, Deus não se dá a conhecer. No contexto, Pascal tem em mente os deístas e ateus: os primeiros são aqueles que buscam provar a Deus pela suficiência da razão natural, sem o auxílio da revelação divina, e os outros são aqueles que atestam que a razão não prova a existência de Deus, já que não há nenhuma prova da revelação. Diante disso, deísmo e ateísmo estão conjuntamente afastados da religião

---

[37] Blaise PASCAL, *Pensées*, Laf. 189, Bru. 547.
[38] Ibidem, Laf. 189, Bru. 547.

cristã. Mas no que consiste a religião cristã? "Consiste propriamente no mistério do Redentor que, unindo nele duas naturezas, humana e divina, retirou os homens da corrupção do pecado para reconciliá-los com Deus em sua pessoa"[39]. A religião cristã não tem como princípio a racionalidade do deísmo para provar a existência de Deus, nem mesmo busca um esvaziamento das provas racionais, como fazem os ateus, mas o ponto lapidar da religião cristã é o "mistério do Redentor"[40]. É na luz deste mistério que a religião instrui o homem, já que "ela ensina, pois, conjuntamente, estas duas verdades: tanto que há um Deus de que os homens são capazes quanto que há uma corrupção na natureza que os torna indignos dele"[41]. Estes dois pontos que a religião nos ensina revelam que o homem é capaz de Deus pela pessoa do Cristo, o homem novo, o novo Adão, manifestação da primeira grandeza do homem, e é nisto que estaria a dignidade da criatura, mas, paradoxalmente, o homem é incapaz de Deus por sua miséria, sendo indigno de Deus. "Indignos por sua corrupção, capazes por sua primeira natureza".[42] O paradoxo só faz sentido na pessoa do Cristo, pois o mistério da redenção nos mostra que é em Cristo que o homem encontra toda sua dignidade, mas é pelo mesmo Cristo que ele conhece a sua miséria: "importa igualmente aos homens conhecer um e outro desses pontos; e é perigoso para o homem conhecer a Deus sem conhecer a própria miséria, e conhecer a própria miséria sem conhecer o Redentor que pode curá-lo dela"[43]. Compreender estes dois

---

[39] BLAISE PASCAL, *PENSÉES*, LAF. 449, BRU. 556.
[40] QUANTO À DEMARCAÇÃO QUE ESTABELECE AS FRONTEIRAS ENTRE A FÉ E A RAZÃO NOS *PENSAMENTOS*, INDICO A OBRA *LIMITES DA APOLOGIA CRISTÃ: A RAZÃO À PROCURA DE DEUS EM BLAISE PASCAL*, DE RICARDO MANTOVANI. NELA O AUTOR MOSTRA OS ECOS DO CETICISMO PASCALIANO NO PROJETO APOLOGÉTICO DE PASCAL: "UMA VEZ ESTIPULADO QUE É *POSSÍVEL* – AINDA QUE NÃO NECESSÁRIO – SE INTERPRETAR PASCAL COMO SENDO UM FILÓSOFO PERTENCENTE À TRADIÇÃO CÉTICA DO OCIDENTE, NOS DEDICAREMOS A ENTENDER OS MOTIVOS QUE FAZEM COM QUE NOSSO AUTOR NÃO TENHA INCLUÍDO EM SEU PROJETO APOLOGÉTICO QUALQUER *DEMONSTRAÇÃO METAFÍSICA DA EXISTÊNCIA DE DEUS*" (RICARDO MANTOVANI, *LIMITES DA APOLOGIA CRISTÃ: A RAZÃO À PROCURA DE DEUS EM BLAISE PASCAL*, P. 18).
[41] BLAISE PASCAL, *PENSÉES*, LAF. 449, BRU. 556.
[42] IBIDEM, LAF. 444, BRU. 557.
[43] IBIDEM, LAF. 449, BRU. 556.

pontos conjuntamente é necessário, pois o obscurecimento de um deles, seja qual for, é perigoso: conhecer a Deus sem conhecer a miséria eleva o homem a um estado de soberba, por outro lado, conhecer a miséria sem conhecer a Deus como Redentor conduz ao desespero. Esta foi a crítica de Pascal a Epicteto e a Montaigne: o primeiro conheceu a grandeza, conheceu a Deus, mas sem Jesus Cristo, o que faz dele uma referência filosófica da soberba: "tratou a natureza como sã sem necessidade de reparador, aquilo que o leva ao cúmulo da soberba".[44] O segundo, "experimentando a miséria presente e ignorando a primeira dignidade, trata a natureza como necessariamente enferma e irreparável, aquilo que o precipita no desespero"[45]. O fragmento 449 está em perfeita sintonia com o texto citado, pois, nos dois textos, o Cristo é o critério de avaliação: "um só destes conhecimentos faz a soberba dos filósofos, que conheceram a Deus e não [conheceram] a sua miséria, ou o desespero dos ateus, que conheceram a sua miséria sem [conhecer] o Redentor"[46]. Epicteto representa os filósofos dogmáticos deístas que conheceram a Deus sem a miséria, Montaigne, por sua vez, representa, com seu ceticismo quase hiperbólico – pois o cume do ceticismo está em Descartes –, o ateísmo, que conhece a miséria humana sem um Redentor, o que encaminha ao desespero. Mas qual é a posição universal e, sendo assim, filosófica? Esta é manifesta pelo cristianismo: "e assim como faz parte da necessidade do homem conhecer esses dois pontos, faz igualmente parte da misericórdia de Deus ter-nos feito conhecê-los. A religião cristã o fez, é nisso que ela consiste"[47]. Deus revela estes dois pontos da religião cristã expressos no mistério do Redentor, assim, é o mistério que concede sentido à obscuridade que é o homem enquanto ser paradoxal: no mundo da mortalidade e da infelicidade, o homem busca a imortalidade e a felicidade enquanto beatitude – felicidade absoluta. É o

---

[44] BLAISE PASCAL, ENTRETIEN AVEC M. DE SACY. IN: _____ ŒUVRES COMPLÈTES, P. 296.
[45] IBIDEM, P. 296.
[46] IDEM, PENSÉES, LAF. 449, BRU. 556.
[47] IBIDEM, LAF. 449, BRU. 556.

paradoxo cristológico que outorga sentido aos dois pontos capitais da religião cristã: o homem é mortal e não terá a felicidade enquanto beatitude, o que mostra a sua miséria no mundo, mas, pela revelação cristã, a criatura possui um Redentor, o qual retira-o do desespero. O argumento é circular: quem conhece o Redentor conhece a miséria de si, mas ao conhecê-la não entra em desespero, visto que há Redentor. Este é o mistério da religião que explica a condição humana em seu encontro com Deus: "examine-se a ordem do mundo a esse respeito, e veja-se se todas as coisas não tendem a estabelecer esses dois pontos capitais dessa religião: Jesus Cristo é o objeto de tudo e centro para o qual tudo tende"[48]. A ordem do mundo é composta pelo modo que as diversas condições, nas quais os homens estão contidos, expressam-se: tudo tende para o Cristo. Ora, o que significa esta centralidade que Pascal concede ao Redentor? Trata-se de uma centralidade de critério que permite avaliar toda a ordem do mundo, dito de outro modo, toda cadeia de causa e efeito que tece a existência depois da queda: "quem o conhece, conhece a razão de todas as coisas"[49]. Cristo é a razão de todas as coisas, ele é, portanto, o conceito-chave no qual a explicação de todos os efeitos está contida. Desta maneira, quando inspecionamos a soberba humana, é no Cristo que Pascal se apoiará como razão dos efeitos da soberba, já que o Cristo revela ao homem a sua miséria; do mesmo modo, quando se considera o desespero humano, ou seja, o conhecimento da miséria sem o reconhecimento do Redentor, é a exclusão do Cristo a causa do desespero daquele que anseia por salvação. Assim se explicaria o sofrimento do homem sobre a terra, como dirá Pascal no *Mistério de Jesus*: "Jesus ficará na agonia até o fim do mundo"[50]. E o homem participaria deste padecimento não na mesma intensidade do Cristo, pois o peso do braço da justiça onipotente de Deus só é suportável pela humildade onipotente de Cristo. "Jesus se retira de entre os discípulos para entrar em agonia; é preciso

---

[48] BLAISE PASCAL, *PENSÉES*, LAF. 449, BRU. 556.
[49] IBIDEM, LAF. 449, BRU. 556.
[50] IBIDEM, LAF. 919, BRU. 553.

retirar-se dos mais próximos e dos mais íntimos para imitá-lo".[51] O homem participa da redenção como imitador de Cristo, mais precisamente na agonia de Cristo, e, por este motivo, a agonia é o estado de espírito daquele que está mais próximo de Deus. "Tende [como] agradável meu corpo, não por ele mesmo, nem por tudo aquilo que ele contém, pois tudo nele é digno de vossa cólera, mas pelos males que ele suporta, que só podem ser dignos de vosso amor".[52] Pascal reconhece a indignidade de si, a justiça da cólera de Deus e a necessidade de seu sofrimento, suplicando que seu sofrimento seja agradável a Deus, pois se a alma não pode atingir a perfeição do Cristo enquanto o homem está vivo, que ao menos o corpo possa ser figura do padecimento do Deus encarnado. Assim, no diálogo com o Cristo, subscrito no texto *Mistério de Jesus*, Jesus se dirige ao homem e diz: "suporta as cadeias e a servidão corporal"[53]. A vida tem como marca o sofrimento. Na *Lettre*, a ideia do padecimento do homem como imitação do Cristo também aparece: "sabemos que aquilo que aconteceu com Jesus deve acontecer com todos os seus membros"[54]. Cristo é o corpo sofredor universal. Pascal não faz uma separação típica da doutrina da Igreja quanto ao corpo místico de Cristo, a saber, Cristo é a cabeça e os homens são os membros. Cristo, para Pascal, é a totalidade do corpo, esta composição de membros sofrendo; do mesmo modo, o homem, participante do corpo, faz parte do sofrimento do corpo de Cristo. Ele se manifesta em tudo, pois tudo no mundo é sofrimento, escoamento em degradação para a destruição, marca da corrupção da criatura. Assim, citaremos o fragmento 449 como um resumo dos conceitos de corrupção e redenção, marcando então o quantos eles instruem o homem decaído:

---

[51] BLAISE PASCAL, *PENSÉES*, LAF. 919, BRU. 553.
[52] IBIDEM, PRIÈRE POUR DEMANDER À DIEU LE BON USAGE DES MALADIES. IN: _____ *ŒUVRES COMPLÈTES*, P. 364.
[53] IDEM, *PENSÉES*, LAF. 919, BRU. 553.
[54] IDEM, LETTRE À M. ET MME PERIER, À CLERMONT: À L`OCCASION DE LA MORT DE M. PASCAL LE PÈRE. IN: _____ *ŒUVRES COMPLÈTES*, P. 276.

> Se o mundo subsistisse para instruir o homem sobre Deus, sua divindade reluziria nele por toda a parte de maneira incontestável; mas como ele só subsiste por Jesus Cristo e para Jesus Cristo, e para instruir os homens tanto de sua corrupção como de sua redenção, tudo nele manifesta uma explosão de provas destas duas verdades.[55]

Pascal reitera que os homens conhecem a própria corrupção, no entanto, Deus não deixa a criatura no desespero, pois o conhecimento do Redentor está intimamente ligado ao conhecimento da própria corrupção. O corolário desta passagem são estas duas verdades da religião cristã: somos corruptos e há um Redentor. O intérprete Sellier aprofunda o conceito de corrupção:

> Entregue às suas forças, o ser humano está desviado dentro de um mundo vertiginoso, perdido entre a gravitação dos astros que ele supõe com dificuldade e o redemoinho de partículas. Nada é estável. Tudo é areia e se desmorona nele e ao redor dele: inconstância e inconsistência! Sua razão flutua ao agrado das ideologias, das pulsões, das doenças, dos hábitos... Sua afetividade desregrada, narcísica, coloca-o sem cessar a se fazer "centro de tudo", ele tão próximo do nada. As sociedades só sobrevivem na medida em que o afrontamento dos milhões de *moi* antagonistas chegam a produzir um equilíbrio paradoxal e precário. Tudo isto, que fende os olhos, Pascal denuncia sob o termo "corrupção"; e ele contava construir sua *Apologie* sobre uma potente oposição: corrupção/redenção.[56]

Sellier mostra a abrangência da corrupção que se manifesta no homem entregue às suas forças, ou seja, desligado de Deus pela queda. Em um vasto universo, ele gravita sem ponto fixo, submetido às flutuações da razão que o pirronismo engendra, tomado pelos impulsos que o lançam avidamente sobre os objetos sem reflexão, atormentado pelas doenças que em algum momento hão de chegar, invadido por uma afetividade desregrada, ou seja, sobrepujado pelas paixões, das

---
[55] Blaise PASCAL, *Pensées*, Laf. 449, Bru. 556.
[56] Philippe SELLIER, Jésus-Christ chez Pascal. In: _____ *Port-Royal et la literature I: Pascal*, p. 272.

quais tornou-se escravo. O homem tenta fazer de si centro de tudo, quando tal centro deveria ser Deus. Desta maneira, a competitividade dos inúmeros *moi* que lutam conduz a um milagroso equilíbrio, estabelecido por um rei de concupiscência, capaz de gerenciar a libido dos povos, o que poderia ser chamado de equilíbrio precário. Por fim, a corrupção mostra-se ainda mais manifesta quando constatamos que a morte é o golpe final de toda comédia humana. Portanto, supor que a *Apologia* seria construída a partir dos conceitos corrupção e redenção, como afirma Sellier, é compatível com o que lemos nos *Pensamentos*, pois a ênfase ao homem corrompido e ao Cristo Redentor ainda aflora em inúmeros textos e fragmentos.[57]

Portanto, destacamos, em nossa investigação do Cristo Mediador, seis notas: 1) é só pelo Mediador que conhecemos a Deus; 2) a religião cristã consiste no mistério do Redentor, composto por duas verdades: o homem é miserável e há um Redentor; 3) pelo mistério da redenção a criatura conhece a própria miséria sem cair no desespero, por outro lado, reconhece que há um Redentor sem desviar-se pela soberba;[58] 4) o homem é um paradoxo, pois é indigno de Deus por sua miséria, mas digno de Deus pelo Redentor que se faz miséria para salvá-lo; 5) assim, o paradoxo que é o homem faz sentido pelo Cristo, de modo que o Mediador, sendo o objeto para onde tudo tende, torna-se causa e princípio explicativo universal de tudo; 6) por fim, pelo Cristo, a religião cristã possui uma visão universal tanto do homem quanto da ordem do mundo, realizando a tarefa que a filosofia, enquanto conhecimento parcial, não cumpre. Cabe agora avaliar como Pascal prova a existência de seu princípio: Jesus Cristo.

---

[57] Cf. Blaise PASCAL, *Pensées*, Laf. 417, Bru. 548; Laf. 378, Bru. 470; Laf. 919, Bru. 553; e Idem, Abrégé de la vie de Jésus-Christ. In: _____ *Œuvres complètes*, p. 298.

[58] "O conhecimento de Deus sem aquele da miséria faz o orgulho./ O conhecimento da miséria sem aquele de Deus faz o desespero./ O conhecimento de J.-C. faz o *meio* porque nele encontramos Deus e nossa miséria" (Idem, *Pensées*, Laf. 192, Bru. 549, grifo nosso). Prevenindo o homem do orgulho de conhecer a Deus sem a própria miséria e, da mesma forma, precavendo do desespero de conhecer a própria miséria sem conhecer a Deus, Jesus é o meio que se dá a conhecer, na medida em que o homem toma conta da própria miséria e da misericórdia de Deus por Jesus Cristo.

5.4 – Mediador como princípio: os dois critérios de prova e a relação fé e razão

Pascal estabelece dois critérios de prova de seu princípio, isto é, o Cristo Mediador: pelas Escrituras e pelo coração. Analisaremos estes dois critérios e, em seguida, veremos como a razão atua diante da fé.

A primeira trata da prova pela coerência das Escrituras. A verdade filosófica será sempre parcial: é neste sentido que a verdade está expressa em sua totalidade na religião cristã, que, pelo Mediador, conhece a única verdade. "Reconhecei então a verdade da religião na obscuridade mesma da religião, no pouco de luz que dela temos, na indiferença que temos em conhecê-la".[59] A obscuridade da religião cristã é o pressuposto para a indiferença do filósofo em relação a ela, mas é esta mesma obscuridade que a faz verdadeira, pois a própria religião afirma a sua obscuridade.[60] É neste sentido que Pascal afirmará: "a história da Igreja deve ser propriamente chamada de história da verdade"[61]. Se a religião cristã é obscura, mas afirma e reconhece tal obscuridade, então, ela é verdadeira por reconhecer e afirmar a

---

[59] BLAISE PASCAL, PENSÉES, LAF. 439, BRU. 565.
[60] "[...] INFORMEM-SE PELO MENOS SOBRE O QUE É A RELIGIÃO QUE COMBATEM ANTES DE COMBATÊ-LA. SE ESSA RELIGIÃO ALARDEASSE TER UMA VISTA CLARA SOBRE DEUS, E POSSUÍ-LO A DESCOBERTO E SEM VÉU, SERIA COMBATÊ-LA DIZER QUE NÃO SE VÊ NADA NO MUNDO QUE O MOSTRE COM ESTA EVIDÊNCIA. MAS VISTO QUE ELA DIZ, AO CONTRÁRIO, QUE OS HOMENS ESTÃO NAS TREVAS E NO AFASTAMENTO DE DEUS, QUE ESTE ESTÁ ESCONDIDO AO SEU CONHECIMENTO, QUE É ATÉ ESSE O NOME QUE ELE DÁ PARA SI NAS ESCRITURAS, DEUS ABSCONDITUS; E, FINALMENTE, SE ELA TRABALHA IGUALMENTE PARA ESTABELECER ESTAS DUAS COISAS: QUE DEUS COLOCOU MARCAS SENSÍVEIS NA IGREJA PARA FAZER RECONHECER POR AQUELES QUE O BUSCAM COM SINCERIDADE; E QUE ELE AS ENCOBRIU ENTRETANTO DE TAL MODO QUE SÓ SERÁ ENTREVISTO POR AQUELES QUE O BUSCAM DE TODO O CORAÇÃO, QUE VANTAGEM PODEM ELES TIRAR, QUANDO NA NEGLIGÊNCIA EM QUE FAZEM PROFISSÃO DE BUSCAR A VERDADE, GRITAM QUE NADA MOSTRAM A ELES, POIS QUE ESTA OBSCURIDADE EM QUE ESTÃO, E QUE OBJETAM À IGREJA, NÃO FAZ MAIS QUE ESTABELECER UMA DAS COISAS QUE ELA SUSTENTA, SEM TOCAR NA OUTRA, E ESTABELECE A SUA DOUTRINA, LONGE DE A ARRUINAR?" (IBIDEM, LAF. 427, BRU. 194). PELA CITAÇÃO VEMOS QUE NEGAR A EVIDÊNCIA DE DEUS É AFIRMAR O DEUS ABSCONDITUS, OU SEJA, A AFIRMAÇÃO DA NEGAÇÃO FAZ O LIBERTINO CONFESSAR O QUE AFIRMA A RELIGIÃO CRISTÃ. É POR ESTE MOTIVO QUE PASCAL INICIA O TEXTO CONVIDANDO O LEITOR A SE INFORMAR, DITO DE OUTRO MODO, A CONHECER MELHOR AQUILO QUE COMBATE. (VER TAMBÉM DENISE LEDUC-FAYETTE, PASCAL ET LE MYSTÈRE DU MAL, P. 43). SOBRE O DEUS ESCONDIDO VER BLAISE PASCAL, LETTRES AUX ROANNEZ. IN: _____ ŒUVRES COMPLÈTES, P. 267.
[61] IDEM, PENSÉES, LAF. 776, BRU. 858.

sua obscuridade. A coerência do discurso é prerrogativa capital para a adesão do filósofo: se o filósofo não crê na verdade, que ao menos reconheça o princípio de coerência que rege a religião cristã, e assim não permanecerá indiferente a ela. "Todos aqueles que pretendem conhecer a Deus e prová-lo sem Jesus Cristo não tinham mais que provas impotentes. Mas, para provar Jesus Cristo, temos as profecias que são provas sólidas e palpáveis".[62] O trabalho apologético de Pascal levará o libertino para outro grau de dúvida: percebendo as aporias da filosofia, ele colocará a própria potência da razão em questão como instrumento para conhecer a verdade. A razão não será descartada, porém, será usada de outra maneira. No debate da prova de Jesus Cristo como Mediador, o campo está aberto para considerarmos outras instâncias que levariam à verdade. "E sendo cumpridas essas profecias e provadas como verdadeiras pelo acontecimento, marcam a certeza dessas verdades e, portanto, a prova da divindade de Jesus Cristo".[63] O que fora previsto no antigo testamento cumpriu-se no novo testamento, desta maneira, realizando um trabalho de exegese, o filósofo poderá conhecer a coerência textual das Escrituras. Mas será no Cristo que as Escrituras serão cumpridas e Nele que se manifestará tal princípio de coerência, logo, o trabalho do exegeta será de partir do Cristo como figurado nas profecias e, nelas, encontrar o figurado. Não nos estenderemos sobre o tema do Cristo e suas figuras, neste trabalho, mas, para termos uma ideia deste procedimento, basta lembrar da análise que fizemos do fragmento 245 da edição paleográfica de Tourneur: Noé contemplou a malícia humana no seu mais alto grau, logo, ele possui o mérito de salvar o mundo em sua pessoa. Todavia, a pessoa de Noé é figura de Jesus, o figurado. Noé aponta a salvação que é Cristo e, pelo Mediador, vemos a Deus. "Nele e por ele conhecemos, pois, a Deus".[64] Cristo é a causa por meio da qual o ato salvífico figurado na arca está manifesto, assim

---

[62] Blaise PASCAL, *Pensées*, Laf. 189, Bru. 547.
[63] Ibidem, Laf. 189, Bru. 547.
[64] Ibidem, Laf. 189, Bru. 547.

como princípio de toda coerência cristã, pois a figura – a arca de Noé – só possui sentido quando ela aponta para seu princípio, isto é, o mistério do Redentor presente nas Escrituras. "Fora daí e sem as Escrituras, sem o pecado original, sem o Mediador necessário, prometido e vindo, não se pode absolutamente provar Deus, nem ensinar boa doutrina e boa moral".[65] As Escrituras relatam o pecado original, a necessidade de um Mediador, este que foi prometido e vindo: sem estes pressupostos não se pode provar Deus. Portanto, o critério de prova de Pascal é estabelecido enquanto coerência das Escrituras consigo mesma, o que convidaria todos a investigar, antes de desprezar, o que consiste os dois pontos capitais da religião cristã, ou seja, miséria e redenção, expressos na causa e no princípio capital para onde tudo tende, a saber, o Mediador.

A segunda instância de prova do Cristo Mediador é o coração, conceito capital na obra de Pascal e, por este motivo, caberia determo-nos um pouco mais. "Conhecemos a verdade não somente pela razão, mas também pelo coração."[66] São inúmeras as passagens em que Pascal usa o conceito de coração. Não se trata de realizar aqui um estudo profundo do conceito,[67] mas de aquilatar o âmago de seu sentido dando voz à tradição dos intérpretes.

Hervé Pasque analisa o fragmento 110 e diz que "seria um contrassenso compreender o coração dentro de uma dimensão estritamente emocional"[68]. Tal concepção é fruto do sentimentalismo e do romantismo que tomaram conta do conceito, depois do século XVII. Para não cairmos neste sentimentalismo, vejamos como Pascal concebe o coração no fragmento 424: "é o coração que sente a Deus e não a razão. Eis o que é a fé. Deus sensível ao coração, não à razão"[69].

---

[65] BLAISE PASCAL, *PENSÉES*, LAF. 189, BRU. 547.
[66] IBIDEM, LAF. 110, BRU. 282.
[67] PARA UM ESTUDO PROFUNDO DO CONCEITO, VER FÁBIO CRISTIANO MORAIS, *AS RAZÕES DO CORAÇÃO: UM ESTUDO SOBRE A CENTRALIDADE DO CORAÇÃO EM PASCAL*. 2016. 408P. TESE DE DOUTORADO EM FILOSOFIA. UNIVERSIDADE DE SÃO PAULO, SÃO PAULO, 2016.
[68] HERVÉ PASQUE, *BLAISE PASCAL: PENSEUR DE LA GRÂCE*, P. 98.
[69] BLAISE PASCAL, *PENSÉES*, LAF. 424, BRU. 278.

Os conceitos "sentir" e "sensível" têm uma significação espiritual.[70] O coração não nega a razão, mas ele coloca a razão no seu lugar, ultrapassa-a porque é superior.[71] Ele é o órgão dos primeiros princípios, que os raciocínios não podem alcançar. Até aqui, Pasque partilha da mesma interpretação de Phillippe Sellier,[72] entretanto, faz uma afirmação que compromete o sentido do conceito de coração, assim como o separa de Sellier, já que este não faz esta afirmação: "o coração se distingue da razão precisamente dentro da medida onde ele é intuitivo, pois então, esta aqui é discursiva"[73]. O intérprete cita o fragmento célebre de Pascal – fragmento 423 dos *Pensamentos* – para sustentar sua interpretação: "tal é o sentido do fragmento tornado proverbial 'o coração tem suas razões que a razão desconhece'"[74]. O erro de Pasque não está em atribuir a potência da intuição ao coração, mas eliminá-la da razão. Sustentamos que a razão também é intuitiva, pois o espírito de *finesse* é a manifestação da intuição na ordem da razão. Depois, na mesma obra, o autor confunde espírito de *finesse* e coração: "o coração [...] compreende os princípios imediatamente, sua atividade instantânea e intuitiva caracteriza os espíritos finos".[75] Não fica claro o que ele quer dizer com "caracteriza os espíritos finos", pois, em um primeiro momento, Pasque afirmou que é a intuição que distingue o coração e a razão, de modo que o coração é intuitivo; porém, em seguida, afirma que os espíritos finos – ordem da razão – é que se caracterizam como intuitivos. Logo, seria o espírito de *finesse* uma potência da ordem do coração para Pasque? É justamente isso que não fica claro, do mesmo

---

[70] Cf. Hervé PASQUE, *Blaise Pascal: Penseur de la Grâce*, p. 98.
[71] Cf. Ibidem, p. 101.
[72] Cf. Philippe SELLIER, *Pascal et saint Augustin*, p. 125-139.
[73] Hervé PASQUE, *Blaise Pascal: Penseur de la Grâce*, p. 98.
[74] Ibidem, p. 98. Vincent Carraud argumenta que esta frase não pode ser atribuída a Pascal, mas a Milton, um *honnête homme*, amigo do filósofo, na ocasião da discussão sobre o quanto o eu [le moi] é incômodo: "eu insisto no fato de que é o honnête homme que pronuncia esta frase, ainda que Pascal não a tivesse negado" (Vincent CARRAUD, *L'invention du moi*, p. 21).
[75] Ibidem, p. 103.

modo que não concordamos que a intuição é atributo somente do coração. Analisemos a relação entre coração e espírito de *finesse*.

"Mas, para os espíritos de finura, os princípios estão no uso comum e diante dos olhos de toda gente. Não adianta virar a cabeça, nem fazer violência; a questão resume-se em ter boa vista, mas é necessário tê-la boa"[76]. As definições dos princípios, por exemplo, como há tempo,[77] espaço, número, movimento, estão diante dos olhos, ou seja, elas são conhecidas sem uma investigação profunda sobre cada conceito, ainda que haja uma definição tácita entre aqueles que dialogam e as usam. A advertência de Pascal – é inócuo virar a cabeça ou fazer violência – significa a impotência de uma definição discursiva do conceito; desta maneira, basta ter uma vista boa para captar de um só golpe a definição, pois nas coisas de finura "os princípios não se deixam manusear"[78]. O espírito fino não manuseia os princípios, pois lhe falta as regras que permitiriam um discurso completo, que inclui as definições dos princípios. Assim, é preciso conceber os princípios e conduzir o raciocínio de outra maneira: "é preciso ver a coisa num único relance, num único olhar, e não em progresso de raciocínio, pelo menos até certo grau"[79]. O intérprete Carraud destaca que esta expressão de Pascal traduz o *intuitus* cartesiano, em oposição à *deductio*, enquanto progresso de raciocínio.[80] Portanto, a intuição é o modo pelo qual o espírito de *finesse* funciona e, deste modo, dizer que a diferença entre o coração e a razão, como faz Pasque, é que o primeiro é intuitivo, seria desconsiderar a intuição como potência racional. A posição de Carraud, ao relacionar a intuição ao espírito de *finesse*, é contrária à posição de Pasque: "'julgar pelo sentimento' retoma

---

[76] BLAISE PASCAL, *PENSÉES*, LAF. 512, BRU. 1.
[77] MESNARD ADVERTE QUE A EDIÇÃO LAFUMA OMITINDO "COMME QU'IL Y A" FALSEIA O SENTIDO DESTA PASSAGEM NO FRAGMENTO 110. OS PRINCÍPIOS SÃO AXIOMAS, OU SEJA, TRATA-SE DE DEFINIR PRINCÍPIO COMO ALGO AO QUAL UMA REALIDADE LHE CORRESPONDE, POR EXEMPLO, HÁ O TEMPO: A DEFINIÇÃO É REALIZADA A PARTIR DE DOIS CONCEITOS: SER E TEMPO (CF. JEAN MESNARD, *LES PENSÉES DE PASCAL*, P. 94).
[78] BLAISE PASCAL, *PENSÉES*, LAF. 512, BRU. 1.
[79] IBIDEM, LAF. 512, BRU. 1.
[80] CF. VINCENT CARRAUD, *PASCAL ET LA PHILOSOPHIE*, P. 245.

exatamente aquilo que caracteriza o ver constitutivo do espírito de *finesse*, 'penetrar de um só golpe', *uno intuitu*"[81]. O espírito de *finesse* julga pelo sentimento, ou seja, penetra de um só golpe, *uno intuitu*. Desta maneira, o modo de funcionamento do espírito de *finesse* é a intuição. O intérprete Mesnard também compara o espírito de *finesse* e o coração e destaca abertamente que a intuição é o modo pelo qual o espírito de *finesse* raciocina: "portanto, o espírito de *finesse* raciocina dentro de uma larga medida intuitivamente"[82]. Ele tem como marca a familiaridade dos princípios, assim como a sutilidade destes e, intuitivamente, ou seja, de um só golpe, faz-se uso deles: estão no uso comum, nas realidades ordinárias da vida, são dados do conhecimento do homem.[83] Um espírito de *finesse* não colocará a questão: o que é o tempo? Mas usará do conceito no seu cotidiano, dito de outro modo, como se todos o entendessem, como se todos os homens o concebessem como portador de uma mesma natureza. Guardam-se os princípios e deduzem-se as consequências, ou seja, a estrutura do espírito de *finesse* continua sendo geométrica.[84] O coração, dirá Mesnard, é a faculdade dos princípios,[85] ou seja, é o coração que fornece os princípios para, a partir deles, a razão funcionar. A razão não pode compreender a definição em si dos princípios, nem remontar a toda cadeia de causa e efeito que define o conceito, algo já apontado no *Do Espírito Geométrico e Da Arte de Persuadir*.[86] É deste modo que a razão cede ao sentimento, pois, como afirma Mesnard, "entendemos esta palavra em um sentido totalmente intelectual: designa uma forma de

---

[81] Vincent CARRAUD, *Pascal et la Philosophie*, p. 256.
[82] Jean MESNARD, *Les Pensées de Pascal*, p. 97.
[83] Cf. Ibidem, p. 97.
[84] Cf. Ibidem, p. 96.
[85] Cf. Ibidem, p. 94.
[86] "Não se pode propor definir o ser sem cair neste absurdo: pois, não se pode definir uma palavra sem começar por isto é, seja por exprimi-lo, seja por subentendê-lo. Portanto, para definir o ser, é preciso dizer isto é, empregando assim a palavra definida na definição" (Blaise PASCAL. De l` Esprit Géométrique et de l` Art de Persuader. In: _____ Œuvres complètes, p. 350). Ver também Luiz Felipe PONDÉ. Da negatividade em Ciências da Religião em Pascal: uma crítica da razão infeliz. In: _____ Do Pensamento no Deserto: ensaios de Filosofia, Teologia e Literatura, p. 53-67.

intuição imediata, oposta e prévia a um 'discurso' racional que se desenvolve no tempo e usa de mediações"[87]. O sentimento é ato inteligente enquanto intuição imediata, sentimento este ao qual a razão se rende para iniciar seu trabalho. O fragmento 530 mostra a submissão de todo raciocínio ao sentimento:"todo o nosso raciocínio se reduz a ceder ao sentimento"[88]. Ceder ao sentimento não é uma afirmação pejorativa de Pascal, ao contrário, "ela constata simplesmente que a razão tem necessidade de princípios que lhe são conhecidos pela intuição do coração"[89], e é assim que o filósofo submete todo discurso e todo raciocínio a um órgão teológico, ou seja, o coração. Este assenta os princípios que permitem o raciocínio – espírito geométrico e de *finesse* –, assim, o que Pascal mostra nos *Pensamentos* é que se investigarmos o modo pelo qual a razão procede, encontraremos então algo natural – os princípios – que nos ultrapassa, logo, o golpe apologético parece certeiro:"que se as coisas naturais a ultrapassam; que se dirá das sobrenaturais?"[90]. A ordem do coração, diferente daquela da razão, a qual compreende o espírito geométrico e o espírito de *finesse*, pode ser observada enquanto relação: o coração assenta os princípios pelo sentimento, a razão funciona a partir deles.[91] Mas a relação deve ser

---

[87] JEAN MESNARD, LES PENSÉES DE PASCAL, P. 94.
[88] BLAISE PASCAL, PENSÉES, LAF. 530, BRU. 274.
[89] JEAN MESNARD, LES PENSÉES DE PASCAL, P. 94.
[90] BLAISE PASCAL, PENSÉES, LAF. 188, BRU. 267.
[91] LAZZERI DESTACA QUE O SENTIMENTO E A RAZÃO SÃO DE ORDENS DISTINTAS E, POR ESTE MOTIVO, NÃO PODEM SER TOMADAS CONJUNTAMENTE:"*A SOLUÇÃO DE PASCAL CONSISTE EM DISSOCIAR O SUJEITO DE DOIS PREDICADOS OPOSTOS EM DOIS SUJEITOS DISTINTOS SOBRE OS QUAIS SÃO DISTRIBUÍDOS ESTES PREDICADOS CONFORME A CONVENIÊNCIA QUE ELES TÊM COM ELES*: DE MODO ALGUM O SENTIMENTO E A RAZÃO TOMADOS *CONJUNTAMENTE*, MAS O SENTIMENTO E A RAZÃO DEFINIDOS COMO ORDENS DISTINTAS E NÃO COMENSURÁVEIS CONFORME O MODO SOBRE OS QUAIS ELAS OPERAM SOBRE SEUS OBJETOS ESPECÍFICOS" (CHRISTIAN LAZZERI, *FORCE E JUSTICE DANS LA POLITIQUE DE PASCAL*, P. 121, GRIFO DO AUTOR). A RAZÃO E O SENTIMENTO, TOMADOS COMO UM SUJEITO ÚNICO, DÃO MARGEM À CRÍTICA PIRRÔNICA AO DOGMATISMO QUE TOMA O SENTIMENTO, QUE SUSTENTA OS PRINCÍPIOS, COMO UM VALOR OBJETIVO DE SUA FILOSOFIA, TODAVIA, OS PIRRÔNICOS, AO CRITICAREM O VALOR OBJETIVO DOS PRINCÍPIOS PELO ARGUMENTO DO *REGRESSUS AD INFINITUM*, CAEM NO ERRO CONTRÁRIO DE NÃO ACEITAR NENHUM PRINCÍPIO, DE MODO QUE TANTO OS DOGMÁTICOS QUANTO OS PIRRÔNICOS, SOB ESTE PRISMA, PARTILHARIAM DA MESMA LÓGICA DA DEMANDA DE COERÊNCIA DA RAZÃO DEMONSTRATIVA COMO ÚNICA FORMA DE CONHECIMENTO. ORA, LAZZERI, NA PASSAGEM ACIMA, ASSINALA QUE PASCAL DISSOCIA UM

bem observada para que não haja confusão: "é preciso abster-se em particular de confundir o espírito de finesse com o coração, faculdade que somente assenta os princípios"[92]. Assentar os princípios – atividade do coração pelo sentimento – é diferente de funcionar a partir deles. Ora, vemos que Mesnard, ao contrário de Pasque, também está de acordo que a intuição não pode ser o critério de discernimento entre o conceito de coração e o de razão, já que o espírito de *finesse* é da ordem da razão e também funciona intuitivamente. Entretanto, se o coração é intuitivo, assim como o espírito de *finesse*, como destaca Mesnard, qual a diferença entre o coração e o espírito de *finesse* naquilo que diz respeito à intuição? A diferença é que o espírito de *finesse* precisa dos princípios antes de começar a funcionar, depende deles, intui-os assentindo ao sentimento do coração e, a partir disso, compõe seus raciocínios: "mal se consegue vê-los, pode-se senti-los mais facilmente que vê-los, tem-se infinitas dificuldades para fazer com que aqueles que não os sentem por si mesmo passem a senti-los"[93]. O espírito de *finesse* é a faculdade que mais se aproxima do coração: é intuitivo e apreende pelo sentimento. É esta proximidade que permite Sellier afirmar: "o espírito de *finesse* não é o coração, mas ele consiste em uma atividade dominante do coração que se prolonga em esboços

---

SUJEITO – RAZÃO E SENTIMENTO – DE DOIS PREDICADOS OPOSTOS – AQUILO QUE PREDICAM OS DOGMÁTICOS E PIRRÔNICOS – EM DOIS SUJEITOS DISTINTOS – RAZÃO E SENTIMENTO – SOBRE OS QUAIS OS PREDICADOS CONVÊM CONFORME A ORDEM QUE LHE CORRESPONDE, NO CASO, PASCAL ATRIBUI O SENTIMENTO À ORDEM DO CORAÇÃO E A RAZÃO À ORDEM DO ESPÍRITO. O ERRO DOS DOGMÁTICOS ESTARIA EM PENSAR QUE O VALOR OBJETIVO DOS PRINCÍPIOS É CLARO O SUFICIENTE PARA SE ATER A ELES ENQUANTO ESSÊNCIAS CLARAS PARA A RAZÃO SUFICIENTE, EM CONTRAPARTIDA, OS PIRRÔNICOS, DESDENHANDO DE TODO SENTIMENTO, CAIRIAM EM OUTRAS APORIAS: "QUE FARÁ O HOMEM NESTE ESTADO? DUVIDARÁ DE TUDO, DUVIDARÁ DE QUE ESTÁ DESPERTO, DE QUE O BELISCAM, DE QUE O QUEIMAM, DUVIDARÁ DE QUE DUVIDA, DE QUE EXISTE" (BLAISE PASCAL, *PENSÉES*, LAF. 131, BRU. 434). PASCAL CRITICA O PIRRONISMO PELO FATO DE DESDENHAR DA RAZÃO AO SUBMETER TUDO A ELA: COMO PODE O HOMEM DUVIDAR QUE EXISTE, JÁ QUE A DÚVIDA PRESSUPÕE UM SENTIMENTO DA EXISTÊNCIA? QUEM DUVIDARÁ QUE DUVIDA? PROCEDENDO ASSIM TERÁ QUE ABDICAR DA PRÓPRIA DÚVIDA QUE É BASE PARA COLOCAR A DÚVIDA EM DÚVIDA. O SENTIMENTO NÃO DEIXA O HOMEM CAIR NUMA DESORDEM TAL NA QUAL TODO SENTIMENTO SE ESVAI. ENFIM, CONCLUI PASCAL: "NÃO SE PODE CHEGAR A ESTE PONTO, E CONSIDERO DE FATO QUE NUNCA HOUVE PIRRÔNICO EFETIVO PERFEITO" (IBIDEM, LAF. 131, BRU. 434).
[92] JEAN MESNARD, *LES PENSÉES DE PASCAL*, P. 96-97.
[93] BLAISE PASCAL, *PENSÉES*, LAF. 512, BRU. 1.

de raciocínios"[94]. O coração é o sentimento que assenta os princípios, ou seja, é intuitivo na medida em que o sentimento do coração assenta os princípios para que a razão – espírito de *finesse* – inicie seu trabalho. Porém, dizer que há uma proximidade de funcionamento não significa que se trata de uma mesma realidade: o espírito de *finesse* não assenta os princípios, para este domínio é o órgão definitivamente teológico, eis a diferença capital. Mas se o coração e o espírito de *finesse* são intuitivos, então não haveria erro, pois o espírito de *finesse* iria assentir ao sentimento do coração em toda sua pureza, simplicidade e objetividade? Não pensamos que Pascal conceba de modo tão simples este raciocínio. E onde estaria o erro, a falsidade? "Um diz que meu sentimento é fantasia, o outro, que sua fantasia é sentimento. Seria preciso ter uma regra. A razão se oferece, mas é flexível a todos os sentidos. E assim não oferece nenhuma".[95] O erro é a falta de critério para estabelecer a confusão entre sentimento e fantasia, ou melhor, entre o coração e a imaginação: "os homens muitas vezes tomam a imaginação pelo coração"[96]. O intérprete Pierre Magnard, sobre este ponto, afirma "que a imaginação se substitui ao coração na atual humanidade"[97]. Na segunda natureza, portanto, depois da queda, não subsiste o que competia à primeira: "isto é porque ela desenvolve uma imaginação que quer compensar este defeito de ser, mas que só engendra ilusão e incerteza"[98]. Na mesma linha de pensamento, encontramos o intérprete Oliva: o pecado original corrompeu de tal forma o homem que o sentimento pode ser confundido com a potência enganosa da imaginação.[99] Portanto, o erro e o falso estão nesta

---

[94] Philippe SELLIER, *Pascal et saint Augustin*, p. 130. Sellier afirma que é o espírito de *finesse* que guia em suas relações com seus semelhantes, por exemplo, as simpatias ou antipatias irracionais, mesmo que tais sentimentos tentam ser explicados; pressentimentos, faro, sentido dos negócios, amores e amizades (Cf. Ibidem, p. 130).
[95] Blaise PASCAL, *Pensées*, Laf. 530, Bru. 274.
[96] Ibidem, Laf. 975, Bru. 275.
[97] Pierre MAGNARD, *Nature et Histoire dans l'apologétique de Pascal*, p. 33.
[98] Ibidem, p. 33.
[99] Cf. Luís César OLIVA, *As marcas do sacrifício: um estudo sobre a possibilidade de História de Pascal*, p. 45.

transposição indiscernível entre o que é do coração e o que é da imaginação, confusão causada pela queda. Depois da crítica que fizemos à afirmação de Pasque, da investigação entre o espírito de *finesse* e o coração, na esteira de Carraud e Mesnard, e da análise de como dar-se-ia o erro em Pascal, com o auxílio de Magnard e Oliva, vejamos a concepção do conceito de coração de Hélène Michon.

Hélène Michon relaciona o coração ao conceito de infinito e à intuição:

> (...) o coração é a única faculdade suscetível de receber o divino: órgão de conhecimento, ele é uma faculdade de intuição que percebe sem desfazer e recebe sem deformar, fundo da vontade, é uma faculdade do claro-escuro, apto para assentar um verdadeiro ato de fé.[100]

Para Michon, o coração, além de ser um "órgão do conhecimento", é ponto de contato com o divino, é o órgão sensor de Deus que reconhece intuitivamente aquilo que recebe: não se trata de uma racionalização de Deus, de uma compreensão do ser de Deus em sua unidade, mas a inteligência de um assentimento à sua vontade sem deformar a vontade da criatura, refazendo-a e transformando-a. Receber o divino é assentir a Deus, o que implica um ato de fé, não necessariamente de uma racionalização deste ato. Em suma, para Michon, o coração é o órgão onde Deus toca, é o órgão do conhecimento intuitivo suscetível de receber o divino.[101] Passemos, enfim, à visão de Sellier.

Phillippe Sellier assinala a importância deste conceito em Pascal: "é impossível entrar no pensamento pascaliano sem ter percebido o conteúdo desta palavra central"[102]. Ele resgata a raiz bíblica e agostiniana do conceito para, depois disto, conferir o sentido postu-

---

[100] Hélène MICHON, *L'ordre du coeur: philosophie, théologie et mystique dans les Pensées de Pascal*, p. 289.
[101] Muito próximo a esta ideia do coração como órgão onde Deus toca está o intérprete Pugh: "Somente Jesus garante uma religião pessoal que se endereça ao coração do homem". (Anthony PUGH, *La disposition des matières*. In: Lane M. HELLER; Ian M. RICHMOND (orgs.), *Pascal: Thématique des Pensées*, p. 23).
[102] Phillippe SELLIER, *Pascal et saint Augustin*, p. 125.

lado por Pascal. As referências bíblicas não distinguem com precisão o espiritual do corporal,[103] assim – e esta é uma diferença importante entre o conceito de coração bíblico e aquele de Santo Agostinho –, a parte vegetativa está ligada ao coração bíblico,[104] algo que não está presente no bispo de Hipona.[105] Todavia, este último usa o conceito de coração como: 1) o campo onde Deus visita, o espaço interior onde se dá uma grande tempestade de ventos das paixões: o coração é um campo de batalha;[106] 2) ele é também sinônimo de movimento e palpitação da alma, de modo que seu adormecimento teria nos levado à morte;[107] 3) "o coração, diz ele, é o homem interior agindo"[108]; 4) portanto, conclui Sellier, "ele designa o dinamismo específico da alma racional, voltada em direção a um fim, com uma orientação boa ou má que julga o homem"[109]. O coração é o órgão da vontade e do juízo. Em Pascal, inicialmente, o coração pode ser entendido da mesma maneira que é usado na atmosfera bíblica, livre de toda significação fisiológica, ou seja, tal como Santo Agostinho a utilizou.[110] O conceito de coração está na pluma de Pascal pela leitura que o filósofo fazia da Bíblia, de maneira especial, o Salmo 118, de que ele tanto gostava. "Como o coração agostiniano, o coração pascaliano representa, muitas vezes, o dinamismo da alma".[111] Então não haveria diferenças entre as concepções agostiniana e pascaliana do conceito de coração? Trata-se de uma purificação simples das derivações fisiológicas da atmosfera bíblica? Não. A restrição da amplitude do conceito marca as fronteiras entre Pascal e o Doutor da Graça. Agostinho estabelece que o conhecimento encontra-se na inteligência, ou razão superior, (*intellectus* ou

---

[103] Cf. Antoine GUILLAUMONT, Les sens des noms du coeur dans l'antiquité. In: Swami Addev ANANDA et al., *Le coeur*, p. 41-81.
[104] Pr. 14,30. "Coração bondoso é vida para o corpo, enquanto a inveja é cárie nos ossos."
[105] Cf. Philippe SELLIER, *Pascal et saint Augustin*, p. 118-120.
[106] Cf. Ibidem, p. 122.
[107] Cf. Ibidem, p. 124.
[108] Ibidem, p. 124.
[109] Ibidem, p. 124.
[110] Cf. Ibidem, p. 125.
[111] Ibidem, p. 127.

intelligentia) e na razão (*ratio*). A razão é responsável pelo encadeamento dos pensamentos, ela associa, dissocia, induz, deduz;[112] além dela, encontra-se a inteligência: "a alma, em continuação à atividade da razão, eleva-se à contemplação das ideias e de Deus; ela é uma visão interior, uma intuição simples da verdade; é, portanto, a atividade mais elevada do espírito"[113].

A inteligência, em Agostinho, eleva-se da *ratio*, de modo que continua a atividade desta última, todavia, o homem só pode alcançar o conhecimento por uma influência divina e misteriosa de Deus, que "imprime em nós a representação das verdades eternas e causa assim nosso conhecimento"[114]. Esta é a teoria da iluminação de Santo Agostinho, a qual a obra de Pascal não apresenta nenhum traço, afirma Sellier,[115] já que ele a recusa pelo simples fato de que, para a lógica do sistema de Santo Agostinho, os primeiros princípios estão ligados à *ratio*, "já que toda a atividade racional os pressupõe"[116]. Ora, se, em Agostinho, os primeiros princípios só poderiam estar ligados à *ratio*, Pascal, divergindo do mestre, associa-os ao coração:

> Pois os conhecimentos dos primeiros princípios – há espaço, há tempo, há movimento, há números – são tão firmes quanto qualquer daqueles que os nossos raciocínios nos dão e é sobre estes conhecimentos do coração e do instinto que é necessário que a razão se apoie e fundamente todo o seu discurso.[117]

A passagem anterior ressalta que os primeiros princípios são firmes, não pelo raciocínio, mas pelo coração e o instinto: a razão precisa se apoiar naquilo que o coração sustenta para elaborar seu discurso. Curiosa é a relação assinalada entre coração e instinto: no fragmento 155 dos *Pensamentos*, Pascal associa os conceitos de coração, instinto

---

[112] PHILIPPE SELLIER, *PASCAL ET SAINT AUGUSTIN*, P. 108.
[113] IBIDEM, P. 108.
[114] IBIDEM, P. 108-109.
[115] CF. IBIDEM, P. 109.
[116] IBIDEM, P. 109.
[117] BLAISE PASCAL, *PENSÉES*, LAF. 110, BRU. 282.

e princípio.[118] Para o intérprete Mesnard, "o melhor sinônimo da palavra coração é 'instinto'"[119]. O coração, ou instinto, em Pascal, não inclui a *ratio* agostiniana, "porém, Pascal nos constrange a recusar esta bela simplicidade, pois ele não cessa (...) de opor coração ao espírito, à razão e ao raciocínio"[120]. Para Pascal, os primeiros princípios não pertencem ao *intellectus* e à *ratio*, mas ao coração, ou instinto, como às vezes se refere: eis a diferença central entre o conceito de coração em Santo Agostinho e Pascal. Mas tal distinção não implica dizer que no coração não há conhecimento. Há conhecimento do coração, no entanto, é um conhecimento de outra ordem: "não é preciso mais do que isso para persuadir homens que têm essa disposição no coração e que têm esse conhecimento de seu dever e de sua incapacidade"[121]. Pascal fala da necessidade de amar a Deus e de odiar a si mesmo, e que os homens que têm esta disposição no coração e este conhecimento reconhecem a própria incapacidade de o fazer com as próprias forças. Ora, resta no coração uma forma de conhecimento, enquanto sentimento imediato e não demonstrável, que orienta a vida, que desvela o próprio estado, que compreende o próprio destino, que percebe o amor de Deus, que reconhece a distância da criatura do Criador e, essencialmente, que identifica o toque da graça. Os desdobramentos do toque da graça no coração implicam uma nova forma de ver o mundo e agir nele. A ação é impelida pela vontade. O intérprete Sellier destaca, no intuito de matizar ainda mais o conceito, que a vontade em Pascal é parte do coração.[122] Assim, o conceito de coração, além de ser considerado a faculdade dos conhecimentos imediatos,[123] não se

---

[118] Cf. Blaise PASCAL, *Pensées*, Laf. 155, Bru. 281.
[119] Jean MESNARD, *Les Pensées de Pascal*, p. 94.
[120] Philippe SELLIER, *Pascal et saint Augustin*, p. 128.
[121] Blaise PASCAL, *Pensées*, Laf. 381, Bru. 286.
[122] Cf. Philippe SELLIER, *Pascal et saint Augustin*, p. 128.
[123] Cf. Andrei Venturini MARTINS, *Contingência e Imaginação em Blaise Pascal*. 2006. Dissertação de Mestrado apresentada ao Departamento de Ciência da Religião da PUC-SP, item 1.2 do segundo capítulo. Nesta ocasião apresentamos toda a discussão que concerne a relação entre o coração e os primeiros princípios, presente tanto no *Do Espírito Geométrico e da Arte de Persuadir* quanto nos *Pensamentos*.

restringe à vontade, mas inclui a vontade.[124] Ora, se as disposições do coração são uma forma de conhecimento, como já vimos, concordamos com Sellier quando este confere ao coração uma função dentro do conhecimento religioso[125] – e isso queremos enfatizar – e que, por este motivo, não poderíamos restringi-lo à vontade. Esta não pode conhecer: "se o coração conhece, a vontade não conhecerá jamais"[126], dirá o intérprete, comentando o fragmento 424[127] dos *Pensamentos* há pouco citado. Portanto, a visão de Michon do coração, como órgão do conhecimento intuitivo suscetível a receber o divino, não está distante da interpretação de Sellier, que concebe o coração como órgão do conhecimento religioso, assim como os dois estão de acordo que o coração não é parte da esfera estritamente racional.

Vê-se, então, diante das inúmeras passagens que encontramos tanto na obra de Pascal como na de seus intérpretes, que o coração pode ser definido como: 1) sede da memória;[128] 2) órgão que sente Deus (Pasque); 3) órgão dos primeiros princípios (Mesnard); 4) o campo onde Deus visita, o espaço interior onde se dá uma grande tempestade de ventos das paixões (Santo Agostinho); 5) sinônimo de movimento e palpitação da alma, de modo que seu adormecimento teria nos levado à morte (Santo Agostinho); 6) homem interior agindo (Santo Agostinho); 7) ponto de contato com o divino, órgão onde Deus toca, órgão do conhecimento intuitivo suscetível a receber o divino; ato de fé (Michon); 8) órgão do conhecimento religioso (Sellier).

---

[124] PHILIPPE SELLIER, *PASCAL ET SAINT AUGUSTIN*, P. 131.

[125] CF. IBIDEM, P. 131.

[126] IBIDEM, P. 131.

[127] "É O CORAÇÃO QUE SENTE A DEUS E NÃO A RAZÃO. EIS O QUE É A FÉ. DEUS SENSÍVEL AO CORAÇÃO, NÃO À RAZÃO" (BLAISE PASCAL, *PENSÉES*, LAF. 424, BRU. 278).

[128] "NÃO SEI MAIS ONDE ACABOU A PRIMEIRA CARTA. MINHA IRMÃ A ENVIOU SEM PERCEBER QUE ELA NÃO ESTAVA TERMINADA. PARECE-ME QUE ELA CONTINHA, SUBSTANCIALMENTE, SOMENTE ALGUMAS PARTICULARIDADES DA CONDUTA DE DEUS ACERCA DA VIDA E DA DOENÇA, QUE EU QUERERIA VOS REPETIR AQUI, ENQUANTO AS TENHO *GRAVADAS NO MEU CORAÇÃO*" (IDEM, LETTRE À M. ET MME PERIER, À CLERMONT: À L'OCCASION DE LA MORT DE M. PASCAL LE PÈRE. IN: _____ŒUVRES COMPLÈTES, P. 275, GRIFO NOSSO). PASCAL AFIRMA QUE A CONSOLAÇÃO QUE AINDA LHE RESTA, PARA QUE A CARTA FOSSE ESCRITA, ESTÁ *GRAVADA NO CORAÇÃO*. PORTANTO, PELA *LETTRE*, O CORAÇÃO PODERIA SER CONSIDERADO COMO SEDE DA MEMÓRIA.

Portanto, depois de analisarmos os dois princípios de prova do Mediador, as Escrituras e o Deus sensível ao coração, vejamos como a razão atua diante da fé; assim, poderemos terminar nosso trabalho investigando a relação entre o *moi* e o vazio infinito.

★ ★ ★

Sabemos que a distinção entre fé e razão é sublinhada por Descartes, autor lapidar do racionalismo moderno.[129] Já no prefácio de sua obra *Meditações Metafísicas*,[130] destinada aos doutores da Sagrada Faculdade de Teologia de Paris, o filósofo formado em La Flèche destaca a cisão entre fé e razão que, como sabemos, prevaleceu no espírito da modernidade:

> E, na verdade, tomei guarda que vós outros, Senhores, com todos os teólogos, não somente assegurais que a existência de Deus *pode ser provada pela razão natural*, mas também se infere da Santa Escritura que o seu conhecimento é muito mais claro do que se tem de muitas coisas criadas, e que, com efeito, esse conhecimento é tão fácil que aqueles que não possuem são culpados.[131]

---

[129] "No que se refere a Descartes, ele propõe uma concepção de autonomia total da fé e da razão, [...] pois, se o entendimento e a vontade determinam o que é próprio de cada um, agora a fé deve ser incluída no âmbito da vontade e não no do entendimento (o da razão), já que estas são duas ordens distintas de conhecimento. Para afirmá-lo, Descartes fundamenta-se no dualismo que pretende estabelecer a autonomia do sujeito e que, no limite, acaba por implicar a questão da própria possibilidade do conhecimento" (Juvenal Savian Filho, *Fé e Razão: uma questão atual?*, p. 103). Sobre a modernidade e a distinção entre filosofia e teologia, cf. ibidem, p. 31-35; sobre a relação fé e razão, cf. Manfredo de Araújo de Oliveira, *Diálogos entre Razão e Fé*; ver também Joseph Ratzinger; Paolo Flores D'Arcais, *Deus existe?*, João Paulo II, *Fides et Ratio* e Urbano Zilles, *Filosofia da Religião*, p. 21-43.

[130] René Descartes, *Meditations Metaphysiques*. Observamos que a citação das obras de Descartes da edição Charles Adan et Paul Tannery será feita de seguinte maneira: tomo da obra na coleção completa do ano 1996, parte da obra e a página.

[131] Ibidem, IX p. 5 (grifo nosso). Inserimos na citação acima somente o tomo da edição e a página da citação, pois trata-se da epístola inicial destinada aos doutores da Sagrada Faculdade de Teologia. Encontramos outras passagens em outro texto, no *Discours de la Méthode*, que mostram esta distinção dos campos do saber em Descartes, mais especificamente, que destaca a teologia como ciência separada da filosofia: "que a Teologia ensina a ganhar o céu; e que a Filosofia concede o meio de falar com

Descartes, ao afirmar que "a existência de Deus pode ser provada pela razão natural", ilustra a dissociação moderna entre fé e razão. A fé não é um pressuposto básico para afirmar a existência de Deus, sendo que a razão é uma potência suficientemente capaz de demonstrá-la; por outro lado, a fé nas Sagradas Escrituras não necessitaria da força da razão, pois a fé concede um tipo de conhecimento suficientemente "mais claro do que se tem de muitas coisas criadas"[132]. A razão, portanto, tem sua suficiência, assim como a fé.[133] Desta maneira, a cisão entre fé e razão é, entre os modernos, uma herança de Descartes, todavia, esta seria objeto de crítica por Pascal.

Pascal é um moderno e cabe agora destacar seu posicionamento crítico quanto à cisão fé e razão. No fragmento 3 dos *Pensamentos*, encontra-se uma crítica ao deísmo: "mas quê, não dizeis vós mesmo que o céu e os passarinhos são provas de Deus? Não. E a sua religião não o diz? Não. Pois, ainda que isso seja verdadeiro em certo sentido para algumas almas que Deus deu esta luz, é entretanto falso para a maioria"[134]. Pascal não inviabiliza a dedução da existência de Deus pela natureza, todavia, inviabiliza o deísmo, pois este exclui a fé. A crítica de Pascal, neste fragmento, é contra os deístas de seu tempo. Os céus e os passarinhos podem até mostrar que a existência de Deus é verdadeira, mas tal indução só poderá ser feita por "algumas almas a

---

VEROSSIMILHANÇA DE TODAS AS COISAS, E DE SE FAZER ADMIRAR DOS MENOS SÁBIOS" (RENÉ DESCARTES, *DISCOURS DE LA MÉTHODE*, VI-I, P. 6). "RECEBI NOSSA TEOLOGIA; E PRETENDIA, TANTO QUANTO QUALQUER OUTRO, GANHAR O CÉU; MAS TENDO APRENDIDO, COMO COISA SUFICIENTEMENTE CERTA, QUE O CAMINHO DELA NÃO É MENOS ABERTO AOS MAIS IGNORANTES QUE AOS DOUTOS, E QUE AS VERDADES REVELADAS, QUE A ELA CONDUZEM, ESTÃO ACIMA DA NOSSA INTELIGÊNCIA, EU NÃO OUSEI SUBMETÊ-LA À FRAQUEZA DE MEUS RACIOCÍNIOS, E PENSAVA QUE, PARA EMPREENDER DE EXAMINÁ-LA E ISTO CONSEGUIR, ERA NECESSÁRIO TER QUALQUER ASSISTÊNCIA EXTRAORDINÁRIA, E DE SER MAIS QUE HOMEM" (IBIDEM, VI-I, P. 8).

[132] IDEM, *MEDITATIONS METAPHYSIQUES*, IX P. 5.

[133] "DEPOIS DE ME ASSEGURAR DESTAS MÁXIMAS, *E TÊ-LAS COLOCADO À PARTE, COM AS VERDADES DA FÉ*, QUE SEMPRE FORAM AS PRIMEIRAS EM MINHA CRENÇA, JULGUEI QUE, DE TODAS AS OPINIÕES QUE ME RESTARAM, EU PODIA LIVREMENTE EMPREENDER DE DELAS MA DESFAZER" (IDEM, *DISCOURS DE LA MÉTHODE*, VI-III, P. 28, GRIFO NOSSO). DEPOIS DE DESCREVER O MÉTODO COM SUAS QUATRO REGRAS, ASSIM COMO SUA MORAL *PAR PROVISION*, DESCARTES COLOCA-O À PARTE, ASSIM COMO AS VERDADES DA FÉ, CINDINDO AS VERDADES DA FÉ E SUA INVESTIGAÇÃO FILOSÓFICA.

[134] BLAISE PASCAL, *PENSÉES*, LAF. 3, BRU. 244.

quem Deus deu esta luz", ou seja, só a fé como dádiva de Deus poderá iluminar a razão de modo que o filósofo veja na criação o Criador.[135] Desta forma, entra na economia da passagem a fé, como dádiva de Deus, e a razão, como potência natural capaz de entender os dados revelados. Neste fragmento não se exclui nem a fé, nem a razão: o filósofo segue a tradição da Igreja católica e sabe o que poderia ocasionar com a separação entre fé e razão, ou seja, a fé seria condenada à irracionalidade. Portanto, como apologista e filósofo, Pascal mostra em outros fragmentos a harmonia entre fé e razão, os quais passamos a investigar.

Pascal é alguém preocupado com a verdade: "conhecemos a verdade não apenas com a razão, mas também pelo coração"[136]. O conhecimento da verdade depende da interação entre razão e coração. Pascal sustenta que razão e coração são duas ordens distintas presentes no homem, todavia, não se trata de ordens contrárias: "a verdade está tão obscurecida nos tempos atuais e a mentira tão estabelecida que, a menos que se ame a verdade, não se consegue conhecê-la"[137]. O que é a verdade? Assim dirá Pascal sobre a possibilidade da verdade: "é uma doença natural para o homem acreditar que possui a verdade diretamente"[138]. Para Pascal, a verdade, na segunda ordem, aquela da razão, é só um nome,[139] de modo que o homem adâmico, manchado pelo pecado, não conhece a Verdade *per si*. A verdade, na ordem da razão, é a arte eficaz de resolver problemas formais. No sentido forte do conceito, ela possui significado teológico, é o lugar do homem em sua relação com Deus, é o reconhecimento da

---

[135] Pascal não deixa de mencionar em uma de suas cartas a passagem paulina fundamental neste debate: "[...] porque como nós dizemos muitas vezes entre nós, as coisas corporais só são uma imagem das espirituais, e Deus representou as coisas invisíveis nas visíveis [Rm 1,20]" (Blaise PASCAL, Lettre de Pascal et de sa sœur Jacqueline à Mme Perier, leur soeur, ce 1º avril 1648. In: _____ Œuvres complètes, p. 273).
[136] Blaise PASCAL, Pensées, Laf. 110, Bru. 282.
[137] Ibidem, Laf. 739, Bru. 864.
[138] Idem, De l`Esprit Géométrique et de l`Arte de Persuader. In: _____ Œuvres complètes, p. 352.
[139] "Porém, não é a natureza destas coisas que digo ser conhecida por todos: é simplesmente a relação entre o nome e a coisa [...] pois as definições são feitas somente para designar as coisas que são nomeadas, e não para mostrar-lhes a natureza" (Ibidem, p. 350).

miséria do homem e a distância infinitamente infinita entre a criatura e o Criador. A miséria pode ser conhecida pela razão, de modo que a morte e a pequenez diante do cosmos figuram a condição do homem; no entanto, não é contrária à razão a fé na existência de um Ser Necessário e Onipotente que seria ponto de referência para afirmarmos a precariedade do homem. É neste sentido que a verdade deve ser amada, pois amar a verdade é reconhecer, pela luz da fé, inserida no coração pela graça, a dependência e a precariedade do homem enquanto criatura. A verdade torna-se um conceito apreendido pela razão, esta, porém, iluminada pela fé, como bem sublinhou Pascal: "sei que Deus quis que elas [as verdades divinas] entrassem do coração para o espírito e não do espírito para o coração, para humilhar esta soberba potência do poder do raciocínio"[140]. Pascal defende a verdade como princípio da fé e o esclarecimento da fé como ação do raciocínio. Tal procedimento tem uma função pedagógica: humilhar a razão que quer fazer de si uma potência suficiente para alcançar a verdade, desconsiderando a fé. Assim, retomamos o fragmento 427, mas agora para analisá-lo sob o prisma da relação fé e razão: "é o coração que sente a Deus e não a razão. Eis o que é a fé. Deus sensível ao coração e não à razão"[141]. Seria um erro gravíssimo dizer que Pascal exclui a razão pelo fato de conceder primazia à fé. O filósofo francês sabe que, ao monopolizar a razão, a fé poderia ser apagada, assim como ao polarizar a fé, a fé seria destituída de razão. Será no fragmento 173 que o nó, proveniente de uma possível polarização tanto da fé quanto da razão, será esclarecido: "se submetermos tudo à razão, a nossa religião não terá nada de misterioso e sobrenatural. Se violentarmos os princípios da razão, a nossa religião será ridícula e absurda"[142]. Portanto, ao polarizar a razão, excluímos o mistério e o sobrenatural da religião,

---

[140] BLAISE PASCAL, DE L´ESPRIT GEOMÉTRIQUE ET DE L´ARTE DE PERSUADER. IN: _____
ŒUVRES COMPLÈTES, P. 355.
[141] IDEM, PENSÉES, LAF. 427, BRU. 194.
[142] IBIDEM, LAF. 173, BRU. 273.

por outro lado, se excluímos a razão, a religião torna-se ridícula e absurda. Negando a polarização de ambas as partes, Pascal inicia seu trabalho contra a corrente moderna que, como já mencionei, separa a fé e a razão. Vejamos: "os homens têm desprezo pela religião. Têm ódio dela e medo de que ela seja verdadeira. Para curar isso, é preciso começar por mostrar que a religião não é contrária à razão"[143]. É evidente, nesta passagem, que a religião e, por conseguinte, a fé, não são contrárias à razão. Mas onde estaria o erro da razão na sua relação com a fé? Responde-se esta questão pelo fragmento 183 dos *Pensamentos*: "dois excessos: excluir a razão, só admitir a razão"[144]. O erro está em postular a absoluta impotência da razão e, por este motivo, excluí-la, ou mesmo a absoluta insuficiência da fé, concebendo a razão como uma potência superpotente, fonte autônoma de todo saber acerca das coisas divinas. Cabe portanto indagar: qual seria a tarefa da razão em sua relação com a fé para Blaise Pascal? "Submissão e uso da razão: em que consiste o verdadeiro cristianismo".[145] A razão, auxiliada pela fé, saberá o momento de submeter-se para iniciar outra lógica: a lógica do coração. Perceber que a lógica da razão – relação de nome e coisa – é distinta da lógica do coração é reconhecer os limites da razão e, frente aos limites, submeter a razão à nova lógica. A razão demonstrativa desconhece a natureza da lógica do coração: ela é cega quanto à ordem que está acima dela. A lógica do coração ultrapassa os limites da razão natural, assim, quando Pascal afirma a supremacia da lógica do coração, não significa que tal ordem é irracional, pois, na verdade, a lógica do coração está acima da razão, e, por conseguinte, a atitude mais racional, diante da lógica do coração, é submeter-se.

Pascal sabe que a fé, sem a razão, torna-se um pietismo supersticioso, sabe também que a razão, sem a fé, deságua em um ceticismo

---

[143] BLAISE PASCAL, *Pensées*, LAF. 12, BRU. 187.
[144] IBIDEM, LAF. 183, BRU. 253. LAZZERI NÃO INTERPRETA ESTA PASSAGEM COMO UMA DISCUSSÃO ENTRE FÉ E RAZÃO, COMO FIZEMOS ACIMA, MAS COMO UM DEBATE ENTRE PIRRÔNICOS E DOGMÁTICOS (CF. CHRISTIAN LAZZERI, *FORCE ET JUSTICE DANS LA POLITIQUE DE PASCAL*, P. 122).
[145] BLAISE PASCAL, *Pensées*, LAF. 167, BRU. 269.

pirrônico; portanto, fé e razão mantêm uma relação tênue que não pode ser desconsiderada pelo leitor do filósofo francês:"o último passo da razão é reconhecer que há uma infinidade de coisas que a ultrapassam. Ela é apenas fraca se não vai até reconhecer isso"[146]. Percebendo que a verdade a ultrapassa, a razão deve se submeter: o raciocínio deve conduzir o filósofo a perceber os limites da investigação filosófica. Todavia, ressalta Sellier: "nenhuma submissão sem os mais rigorosos exames críticos!"[147]. A razão deve ser ultrapassada para ascender à verdade, de modo que a verdade em Pascal teria um sentido teológico.

Assim, depois de analisado o conceito de coração, órgão do conhecimento religioso e da fé, em sua relação com a razão, a qual percebe os limites de si mesmo e se submete à lógica do coração, despojaremos o homem de qualquer inferência teológica e, seguindo os passos de Pascal, perguntaremos "o que é o homem", traçando um caminho estritamente filosófico, mas encontrando o vazio que trabalhamos na *Lettre*.

5.5 – *Le moi caché*: o vazio de si

Carraud, em seu exame do fragmento 688, irá analisar o conceito de *moi*, em Pascal. Este último inicia o fragmento perguntando:"O que é o eu [*moi*]?"[148]. [*Qu'est-ce que le moi?*]. Pascal transforma o *je* [ego][149]

---

[146] BLAISE PASCAL, *Pensées*, LAF. 188, BRU. 267.
[147] PHILIPPE SELLIER, *PASCAL ET SAINT AUGUSTIN*, P. 533. PARA SABER MAIS SOBRE O EXAME CRÍTICO QUE A RAZÃO É CAPAZ DE FAZER QUANTO AOS FIGURATIVOS, O MILAGRE SUBSISTENTE DO POVO JUDEU, AS PROFECIAS, A IGREJA, SEU ESTABELECIMENTO E SUA PERPETUIDADE, ASSIM COMO OS MILAGRES, VER IBIDEM, P. 573-618.
[148] BLAISE PASCAL, *Pensées*, LAF. 688, BRU. 323.
[149] RENÉ DESCARTES, *MÉDITATIONS MÉTAPHYSIQUES*, IX-II, 19. ACRESCENTAMOS O QUE ESTÁ ENTRE PARÊNTESES NA CITAÇÃO PARA DAR SENTIDO À FRASE. NO FRANCÊS, A PASSAGEM EM ITÁLICO ESTÁ DA SEGUINTE MANEIRA: "JE SUIS, J'EXISTE". NO LATIM, "EGO SUM, EGO EXISTO". NO TEXTO *DISCOURS DE LA MÉTHODE*, DESCARTES EXPLICA ESTA PASSAGEM: "E NOTANDO QUE ESTA VERDADE: *JE PENSE, DONC JE SUIS*, ERA TÃO FIRME E TÃO SEGURA, QUE TODAS AS MAIS EXTRAVAGANTES SUPOSIÇÕES DOS CÉTICOS NÃO ERAM CAPAZES DE A ABALAR, EU JULGAVA QUE PODIA RECEBÊ-LA SEM ESCRÚPULOS, COMO O PRIMEIRO PRINCÍPIO DA FILOSOFIA QUE EU BUSCAVA" (IDEM, *DISCOURS DE LA MÉTHODE*, VI-IV, P. 32, GRIFO DO AUTOR). VER TAMBÉM IBIDEM, VI-IV, P. 33.

cartesiano em *moi*,[150] transformando o sujeito do pensamento em predicado substancializado, solapando qualquer identidade do *moi*, e, em seguida, esvaziando o conceito de qualquer substancialidade, como dirá Carraud: "todo projeto de Pascal é de alterar a identidade do *moi*, até o seu desaparecimento: a análise do fragmento 688 confirmou que o olhar, no lugar de confortar o *moi* na sua presença, proíbe o discurso da egologia, desfaz o *moi*, até o esvaziamento da substância mesma do ego"[151]. O intérprete salienta a importância do trabalho de Pascal: dispersar tanto a substancialidade do *moi* como a substancialidade do *je*. A crítica de Pascal, dirá Carraud, além de Descartes, é mais ampla. "Montaigne e Descartes são filósofos que dizem muito *je*".[152] Descartes faz do ego fundamento de sua filosofia e Montaigne, nos *Ensaios*, dirá Pascal, "falava excessivamente de si"[153]. Ora, os dois autores são criticados por

---

[150] Cf. Christian MEURILLON, Um concept problématique dans les Pensées: « le moi ». In: Jean MESNARD et al., *Méthodes chez Pascal. Actes du Colloque tenu à Clermont-Ferrand*, p. 269-383. O autor sublinha não só o problema do conceito *le moi* nos *Pensamentos*, mas suas especificidades na relação com o amor-próprio. Em uma primeira abordagem, mostra-se a supressão do conceito nos dicionários do século XVII. "Ora, seríamos tentados a ver nisto um efeito de censura lexical conforme a moral da humildade: os dicionários são jansenistas: eles aniquilam *le moi*" (Ibidem, p. 271, grifo nosso). Assim, depois de uma análise dos dicionários da época, o problema do conceito é encaminhado para os gramáticos, que "classificam sempre e unicamente '*moi*' dentro daquela parte do discurso chamada 'pronome': ele nisto perde, enquanto tal, toda a autonomia em benefício do '*je*', pronome primitivo, nominativo da declinação a qual '*moi*' é nominativo forte e caso oblíquo" (Ibidem, p. 272, grifo nosso). Desta maneira, *le moi* é colocado à margem, e o "*je*", como pronome primitivo, ganha sua definição gramatical como aquele que fala, que tem a palavra, de modo que "*le moi*", a partir dos gramáticos da época, está expresso pela palavra daquele que fala. Um último ponto que nos interessa destacar desta enquete de Meurillon é o conceito *le moi* na economia dos *Pensamentos*: "portanto, é o texto pascaliano propriamente que é preciso examinar a relação entre *moi* e *amour-propre*, o *moi* implicando justamente a ruptura entre *moi* e *je*" (Ibidem, p. 272, grifo nosso). Ora, a distinção entre o "*je*" e o "*moi*", que Pascal irá operar no fragmento 688, é figura da distinção entre o *moi* e o *amour-propre*. "Assim, '*moi*' e '*amour-propre*' não são comutáveis" (Ibidem, p. 273). É uma característica do *moi* direcionar o amor para si mesmo, dito de outro modo, o *amour-propre* é o amor direcionado ao *moi*, mas não é o *moi*. O *moi* permanece paradoxalmente *introuvable*!

[151] Vincent CARRAUD, *Pascal et la Philosophie*, p. 400.

[152] Ibidem, p. 300. E Carraud acrescenta: "é porque o *ego* de Montaigne é tão universal quanto o *ego* cartesiano: todo leitor pode dizer e pensar *eu* [...] lendo os *Essais* como as *Méditations*" (Ibidem, p. 302).

[153] Blaise PASCAL, *Pensées*, Laf. 649, Bru. 65.

fazerem do ego centro, porém, tal conceito, quando se torna objeto do pensamento, mostrar-se-á inencontrável. É neste sentido que Carraud argumenta o fato de que Pascal proíbe um discurso sobre o ego: o *moi* e o *je* são dispersão, uma ausência de substância. Substância é "aquilo que continua sob as qualidades sucessivas, aquilo que é permanente"[154]. É concebendo o conceito desta forma que Pascal critica Montaigne e Descartes: o *moi* de Montaigne subsiste às mudanças históricas, o *je* de Descartes subsiste às mudanças gnosiológicas. Ora, para Pascal, nada subsiste na ordem histórica e gnosiológica.[155] Assim, o modo pelo qual o filósofo francês coloca a questão "O que é o eu [*moi*]?" – *Qu'est-ce que le moi?* –, no fragmento 688, opera uma transformação na análise. O *moi* torna-se objeto. O artigo *le*, que precede o *moi*, é que permite esta mudança. Diante disso, substancializa-se o *je* cartesiano como objeto, não como sujeito: o *je* cartesiano torna-se *le moi* substancializado como objeto. Não é possível, como afirma Descartes, realizar qualquer raciocínio sem supor um *je* que pensa, que quer, etc. A própria linguagem substantiva o *je*. Carraud detecta este aspecto: "o *moi* é inicialmente investigado como objeto, *le moi* (pronome reflexivo substantivado)"[156]. Não há dúvida de que o pronome *je* tenha uma função privilegiada como sujeito de toda afirmação e que o *cogito* garante a certeza.[157] Todavia, o *je* como sujeito não é *o je* enquanto substância permanente. A questão de Pascal, no início do fragmento, faz do *je* objeto de observação e retira a sua função de sujeito. A dispersão do *moi* deve dissolver todo tipo de substancialidade da metafísica do ego de Montaigne e Descartes. Assim, seguimos nossa análise do fragmento 688, na esteira de Carraud.

Sabendo que Pascal cumpre com a questão *Qu'est-ce que le moi?* a substancialização do *moi* como objeto, cabe agora colher os frutos desta mudança enquanto dessusbstancialização do objeto – *le moi* –,

---

[154] Vincent CARRAUD, *Pascal et la Philosophie*, p. 323.

[155] Carraud diz que supor uma substância gnosiologicamente determinada não implica inferir necessariamente que tal substância seja ontologicamente determinada (cf. Ibidem, p. 323).

[156] Ibidem, p. 318.

[157] Cf. Ibidem, p. 318.

este que fora substancializado como objeto, diferente de Descartes e Montaigne. O trabalho de Pascal foi elaborado em cinco etapas: a primeira é de fazer do *moi* objeto da visão; a segunda, o *moi* como objeto de amor; a terceira, verificar se a alma pode se configurar com o princípio que identifica o *moi*; a quarta, o *moi* parece não se encontrar em um lugar; a quinta e última, constatar que nada permanece senão um conjunto de qualidades sucessivas e possivelmente passageiras, ao qual damos o nome de eu [*moi*].

1) "Um homem que se põe na janela para ver as pessoas que passam; se passo por ali, posso dizer que ele se pôs na janela para me ver? Não; porque ele não pensa em mim particularmente"[158]. Carraud diz que, nesta passagem, o *moi*, antes de ser "objeto de uma definição, ou de um conhecimento, o *moi* é substituído como objeto do olhar"[159]. Quando um ego vê um transeunte que passa, um *moi*, ele não consegue pensá-lo com toda a sua particularidade, ele não pode inferir clara e distintamente a singularidade que identifica aquele *moi*, de modo que o olhar do ego só poderá inferir que o próprio ego existe como realidade pensante; dito de outro modo, o ego, que vê e que pensa, é

---

[158] BLAISE PASCAL, *PENSÉES*, LAF. 688, BRU. 323
[159] VINCENT CARRAUD, *PASCAL ET LA PHILOSOPHIE*, P. 321. O INTÉRPRETE DESTACA QUE A *DEUXIÈME MÉDITATION* NOS AUTORIZA DIZER QUE A DEMANDA DE UMA QUALIFICAÇÃO METAFÍSICA DO *MOI* COMO OBJETO DA VISÃO TEM COMO INSPIRAÇÃO DESCARTES: "[...] DE ONDE EU QUASE GOSTARIA DE CONCLUIR QUE CONHECEMOS A CERA PELA VISÃO DOS OLHOS, E NÃO PELA INSPEÇÃO DO ESPÍRITO, SE POR ACASO NÃO OLHASSE DE UMA JANELA OS HOMENS QUE PASSAM, A VISÃO DOS QUAIS NÃO FALTA DIZER QUE VEJO HOMENS, DO MESMO MODO QUE DIGO QUE EU VEJO A CERA; E, ENTRETANTO, QUE EU VEJO DESTA JANELA, SENÃO CHAPÉUS E MANTOS, QUE PODEM COBRIR ESPECTROS OU HOMENS DISSIMULADOS QUE SÓ SE MOVEM POR SOBRESSALTOS" (RENÉ DESCARTES, *MÉDITATIONS MÉTAPHYSIQUES*, IX-II, P. 25). O TRECHO QUE DEIXAMOS EM ITÁLICO FOI CORRIGIDO POR "*COUVRIR DES AUTOMATES*" (CF. IBIDEM, IX-II, 25). A EDIÇÃO DE EMMANUEL MARTINEAU NOS AUTORIZA, COM MAIS FORÇA, A DIZER QUE PASCAL É UM CRÍTICO DE DESCARTES NOS FRAGMENTOS 688 DOS *PENSAMENTOS*, CITANDO A PASSAGEM ACIMA DAS *MÉDITATIONS MÉTAPHYSIQUES* (CF. BLAISE PASCAL, *DISCOURS SUR LA RELIGION ET SUR QUELQUE OUTRES SUJETS*, P. 39). OUTRO INTÉRPRETE, HERVÉ PASQUE, DESTACA, NA ESTEIRA DE CARRAUD, QUE PASCAL É O *MOI* QUE PASSA NA RUA, O *MOI* ENCARNADO, CONCRETO, DESCARTES É O *MOI* QUE OLHA DA JANELA, OU SEJA, ABSTRATO (CF. HERVÉ PASQUE, *BLAISE PASCAL: PENSEUR DE LA GRÂCE*, P. 106). PORTANTO, DESCARTES SERIA O FILÓSOFO INQUIETO, NA BUSCA DE UM PRINCÍPIO DE VERDADE GNOSIOLÓGICA, JÁ PASCAL, TAMBÉM PODE SER CONSIDERADO UM FILÓSOFO INQUIETO, MAS NÃO PELO MESMO MOTIVO, POIS SUA INQUIETUDE SE TRADUZ PELA BUSCA DE UM PRINCÍPIO PARA ENTENDER O DRAMA DA CONDIÇÃO HUMANA SOBRE A TERRA.

incapaz de conceber uma identidade para o *moi*, objeto do seu olhar, portanto, inferindo assim a sua própria existência como ser pensante. "A inversão da situação pascaliana permite, ao contrário, investigar o eu [le moi] como objeto, e como objeto singular, antes de terminar essa investigação mesma: pois o pensamento daquele que me mira como a um transeunte não é o pensamento sobre mim, em particular. A identidade singular, sempre já atribuída ao ego que imagina, que sente, que vê, quer dizer, que pensa, tal identidade se perdeu".[160] A impossibilidade gnosiológica de conceber clara e distintamente a singularidade do *moi* leva Pascal a uma mudança de abordagem: o *moi* torna-se objeto de amor.[161]

2) "Mas quem ama alguém por causa de sua beleza, ama-o? Não: pois a bexiga, que matará a beleza sem matar a pessoa [*personne*], fará que ele não a ame mais".[162] Enquanto objeto de amor, Pascal mergulha este *moi* na transitoriedade da beleza, de modo que, se amar a beleza é amar o *moi*, então, poderíamos afirmar que tanto a beleza como o *moi* são acidentais. Curiosa passagem, pois o autor insiste na ideia de que a beleza passará, será morta, mas a *personne* (pessoa) permanecerá. O conceito de *personne* está ligado ao *moi*, pois poderíamos dizer que a beleza será morta, desaparecerá como tudo aquilo que é acidental, sem matar o *moi*. Conclui-se então que o *moi* não é a beleza. Passemos então para a terceira etapa. O *moi* é a alma, sede do pensamento?

3) "E se me amam pelo meu juízo, por minha memória, amam-me? A mim [*moi*]? Não, porque posso perder estas qualidades sem perder a mim mesmo".[163] Mais uma vez, Pascal usa o recurso do amor pela beleza, todavia, é um amor que prende em direção a outro objeto: o pensamento. Este, expresso pelo juízo e pela memória, também pode se perder, de modo que a *personne* permanece. Carraud destaca que há uma diferença capital entre o ego cartesiano e o *moi* de Pascal:

---

[160] Vincent CARRAUD, *L'invention du moi*, p. 30.
[161] Cf. Ibidem, p. 30.
[162] Blaise PASCAL, *Pensées*, Laf. 688, Bru. 323.
[163] Ibidem, Laf. 688, Bru. 323.

"Pascal viu perfeitamente, portanto, que o eu das *Méditations* não era o eu, enquanto pessoa individual, com o conjunto de suas qualidades e de sua história própria, senão que era um 'eu puro'"[164]. O *je* cartesiano é uma substância pensante universal e, por meio dela, não posso reconhecer a singularidade do *moi* enquanto objeto investigado, pois a substancialidade universal do ego só poderá predicar a substancialidade universal do *moi*, e não sua particularidade identitária. Reconhecida a transitoriedade de cada juízo, assim como da memória, voltamos a estaca zero: se o *moi* não é o corpo (beleza), nem a alma (juízo e memória), onde ele estaria, qual é o seu lugar?

4) "Portanto, onde está este eu [*moi*] se não está no corpo, nem na alma?"[165]. O *moi* não está em um lugar. Todas as tentativas de vincular o *moi* às características do corpo ou da alma se autodestruíram: ele não é objeto do olhar, não é objeto de amor do corpo, nem da alma, logo, não está em nenhum lugar. Assim dirá Carraud: "portanto, o *moi* é *inencontrável*, sua impossível definição repousa de início sobre sua ausência de todo lugar"[166]. E acrescenta, em outra obra: "Insituável e, por conseguinte, inencontrável".[167] A substância é postulada, porém, não foi encontrada.[168] Deste modo, analisaremos o que restou daquilo que chamamos de *moi*: o eu é alguém? [o *moi* é *personne*?]

5) "E como amar o corpo ou a alma, senão por estas qualidades, que não são de modo algum aquilo que faz o eu [*moi*], já que elas são perecíveis?"[169] O *moi*, para se constituir como tal, deveria ser substância, ou seja, ser o estofo das qualidades que nele se encontram enquanto possibilidade. Tais qualidades seriam os acidentes de um *moi* substancializado. Mas Pascal salienta que se identificarmos o *moi* com os acidentes e as qualidades, esvaziamo-lo de qualquer identidade particular. Ao final do fragmento 688, o filósofo aproxi-

---

[164] Cf. Vincent CARRAUD, L'INVENTION DU MOI, P. 64.
[165] BLAISE PASCAL, PENSÉES, LAF. 688, BRU. 323.
[166] VINCENT CARRAUD, PASCAL ET LA PHILOSOPHIE, P. 322.
[167] IBIDEM, L'INVENTION DU MOI, P. 30-31.
[168] IBIDEM, P. 30-31.
[169] BLAISE PASCAL, PENSÉES, LAF. 688, BRU. 323.

ma os conceitos de *moi* e *personne*: "pois amaríamos a substância da alma de uma pessoa [*personne*], abstratamente, e algumas qualidades nela existentes?"[170]. Nesta frase, afirma-se a substancialidade da alma de uma *personne*, no que poderíamos supor que todos os acidentes teriam o conceito de *personne* como substrato. Mas é justamente a definição de *personne* que o desliga do conceito de substância: "isto não se pode e seria injusto. Portanto, jamais amamos ninguém [*personne*], mas somente qualidades"[171]. É filosoficamente injusto dizer que amamos a substância da alma de uma *personne* porque a *personne* mostrou-se inencontrável, dessubstancializada, um nada de substância, um "ninguém". Se, no início do fragmento, o *moi* poderia ser um sujeito que passa, agora ele é reduzido a um ninguém. "O *moi* é inencontrável. Talvez nem sequer exista".[172] O detalhe da reflexão de Pascal só pode ser visto com mais clareza quando a frase é acompanhada no francês: "*On n'aime pas donc jamais personne, mais seulement des qualités*". Pascal tritura o conceito de *moi*, associa-o à *personne*, para depois usar este conceito em uma forma gramatical que esvazia o conceito de *moi*. Assim dirá Carraud: "tudo aquilo que esta expressão comporta, precisamente, de substância se esvazia: a *personne* não significa *personne*, [...] de onde o deslizamento: não amar a pessoa [*personne*] é não amar ninguém [*personne*]"[173]. Diante desta análise, não há sentido em falar de uma alma como substância, nem de uma imortalidade da alma, de modo que a própria alma, assim como o corpo e o *moi*,[174] é reduzida a um conjunto de qualidades perecíveis,[175] ou mesmo a um vazio. Ora, quando se afirma que é injusto amar o *moi*, esta injustiça é filosófica, pois como podemos dizer que conhecemos ou amamos aquilo que se

---

[170] BLAISE PASCAL, *PENSÉES*, LAF. 688, BRU. 323.

[171] IBIDEM, LAF. 688, BRU. 323.

[172] VINCENT CARRAUD, *L'INVENTION DU MOI*, P. 35.

[173] IDEM, *PASCAL ET LA PHILOSOPHIE*, P. 322.

[174] MESNARD ANALISA O FRAGMENTO E DESTACA QUE O *MOI*, EM SEU SENTIDO ETIMOLÓGICO, SIGNIFICA VAIDADE (CF. JEAN MESNARD, PASCAL ET LE « MOI HAÏSSABLE ». IN: _____ *LA CULTURE DU XVIIe SIÈCLE*, P. 409).

[175] CF. VINCENT CARRAUD, *PASCAL ET LA PHILOSOPHIE*, P. 323.

mostrou inencontrável? Seria justo, portanto, diante da aporia de um *moi* que não se pode encontrar, suspender o juízo.

O vazio do *moi* enquanto objeto teria implicações quanto ao estatuto do amável, ao aproximarmos o fragmento em questão à *Lettre*. Como vimos, na *Lettre*, o homem tem dois amores, um infinito e outro finito, no entanto, o objeto infinito desaparece com o abandono de Deus; porém, nos *Pensamentos*, é o *moi* que desaparece enquanto objeto de amor finito. Em suma, Deus e o *moi* são inencontráveis e, desta maneira, a dupla potência de amar perderia seus respectivos objetos: a potência infinita, na *Lettre*, perde Deus, e, nos *Pensamentos*, a potência finita perde o *moi*. É desta maneira que o *moi* é apresentado como um vazio de um *moi* que não se pode encontrar: *le moi caché*. Basta que a razão tente perscrutar *le moi* para que ela perceba a necessidade de suspender o juízo.

Portanto, é o amor-próprio, aquele amor infinito que se volta para si, que não se justifica, isto é, amar *le moi* é amar aquilo que não se pode objetivar enquanto substância, somente como qualidades transitórias e perecíveis, as quais não são *le moi*, de modo que este amor direcionado a si mesmo é uma amor tão perecível quanto os objetos que estão aliados a este amor. O vazio de si figura o homem exilado de Deus: a pergunta "*Qu'est-ce que le moi?*" só pode ser respondida teologicamente pelo Cristo Mediador, centro para o qual tudo tende, pois a filosofia mostra a aporia que o homem é para si mesmo. Para Pascal, a resposta quanto à verdade substancial sobre o homem estaria em Deus, e em Deus somente:

> Portanto, conheceis, soberbo, que paradoxo sois para vós mesmos. Humilhai-vos, razão impotente! Calai-vos, natureza imbecil, aprendei que o homem ultrapassa infinitamente o homem e escutai de vosso Mestre vossa condição verdadeira, que ignorais.
> Escutai Deus.[176]

---

[176] BLAISE PASCAL, *Pensées*, LAF. 131, BRU. 434.

O homem é um paradoxo para si mesmo: é potência de amor, pensa amar a si, mas não concebe – ver claramente – o que é o *moi*, o que ele ama quando ama a si mesmo. A razão inventa um ser para si a fim de vincular seu amor perdido no vazio de seu *moi* inencontrável, pois, não podendo determinar *le moi* como objeto, muda o conhecimento que tem dele, de modo que constrói um ser para si e para os outros, porém, inventa o ser que mais lhe agrada, uma máscara.[177] A razão, persuadida de impotência, em vez de assoberbar-se, deveria humilhar-se diante da aporia que é este mesmo *moi* que a abriga e que ela não conhece. O *moi* do homem apresenta-se como um labirinto, uma confusão, vagando no reino nefasto do amor-próprio, buscando construir um rosto para não contemplar o vazio infinito que lhe habita. "Assim, a vida humana não passa de uma ilusão perpétua; não se faz mais do que se entre-enganar e se entreadular".[178]

---

[177] Sobre a invenção do *moi*, cf. Vincent CARRAUD, *L'invention du moi*, p. 15-41.
[178] Blaise PASCAL, *Pensées*, Laf. 978, Bru. 100.

Conclusão

No início deste trabalho, levantamos a hipótese de que o homem tenta desviar-se de si e preencher o vazio infinito através do *divertissement*, mas só o Cristo Mediador pode ocupar o vazio que Deus deixou. Para cumpri-la, elaboramos cinco capítulos, sendo o primeiro de caráter histórico, o segundo, com o intuito de saber qual é a fonte de todos os vícios e todos os males, o terceiro, em que buscou-se uma ligação subjetiva entre dois textos, a *Lettre* e os *Escritos sobre a Graça*, para completar o quadro das misérias do homem. Diante disso, uma destas qualidades miseráveis, que expressa a condição do homem depois da queda, é o vazio infinito que resta no homem quando ele perde seu objeto de amor infinito, isto é, Deus. O conceito de vazio infinito foi capital para a construção de outros dois capítulos que gravitaram ao seu redor: no quarto capítulo, o *divertissement* foi analisado como mergulho do homem em busca de misérias para preencher a própria miséria, esta porém, representada por um amor infinito em um mundo no qual o objeto deste amor desapareceu. Mas foi no quinto e último capítulo que mostramos que tal vazio infinito poderia ser preenchido pelo Cristo

Mediador e restabelecer as relações primordiais perdidas. Portanto, cabe agora ressaltar os pontos que consideramos de grande relevância para os estudos da *Lettre*, texto que, para nossa pesquisa, não é marginal para o estudo da filosofia de Blaise Pascal, porque seus ecos foram vistos em inúmeros outros textos do autor, revelando assim as suas fontes de leitura e o modo pelo qual foram articuladas.

No primeiro capítulo, sublinhamos que o intérprete Mesnard destaca a relação entre as cartas VII e XIV das *Lettres Chrestiennes et Spirituelles* de Saint-Cyran, mas não a tal aproximação, entretanto, nosso trabalho procurou sublinhar a afirmação de Mesnard, e para tanto fizemos a leitura das duas cartas, postulando uma estrutura que se repetia, a saber: a compaixão do diretor com o dirigido; o fundamento da consolação na imagem do sacrifício de Cristo; e a ação da Providência. Em seguida, aplicamos esta mesma estrutura à *Lettre*, e assim vimos com clareza que a afirmação de Mesnard se justifica: encontramos a mesma estrutura das duas cartas de Saint-Cyran, na *Lettre* de Pascal. No que tange ao último aspecto, enfatizamos o conceito de transposição de significado para entender a Providência de Deus em Pascal. Vimos que o conceito oferece ao leitor um critério de avaliação dos acontecimentos que, tendo como ponto fixo a Providência, sempre mostrará como a ação de Deus penetra na vida cotidiana do cristão, transpondo o significado mundano a um sentido sobrenatural que ordena o caos de sentido da existência depois da queda provocada pelo primeiro pecado.

No segundo capítulo, vimos que é o orgulho a causa de todos os vícios e de todos os males para Santo Agostinho e para Jansenius, todavia, para Pascal, é o amor-próprio, seguido do desejo de dominação e da preguiça. Assim, afirmamos que o discípulo não segue seus mestres quanto ao primeiro pecado, porém em outros também, como vimos em nossa análise a partir do parágrafo [16] da *Lettre*. Percebemos que homem antes da queda possuía dois amores: um que era infinito e direcionado ao objeto infinito, ou seja, Deus; e outro finito, direcionado a si mesmo, mas sempre relacionado a Deus, o que não permitia que o homem fosse um bem para si, mas um bem para Deus. Com a queda, o homem perdeu o objeto de seu amor infinito – Deus –, mas permaneceu com a capacidade de amar infinitamente. Desde então, ele redirecionou o amor infinito que tinha pelo objeto infinito a si mesmo, e este direcionamento é o que chamamos de amor-próprio. O amor-próprio é justamente o amor infinito presente no homem sem o seu respectivo objeto, de forma que o próprio homem faz de si um objeto de amor que avança no vazio infinito que Deus deixou. Este vazio infinito que resta no homem faz do funcionamento da vida humana regrada pelo amor-próprio – enquanto amor direcionado a si mesmo e às criaturas para satisfazer a si – o lugar da precariedade e da insuficiência, pois nenhum objeto que o homem poderia possuir preencheria o vazio infinito que Deus deixou. Ora, não há no mundo um objeto proporcional a Deus que poderia preencher a capacidade humana de amar infinitamente. Portanto, a transição do estado pré-lapsário e pós-lapsário nos traz luz a dois conceitos que são encontrados na *Lettre*: o amor-próprio e o vazio infinito. Mas nos questionamos qual seria a originalidade de Pascal na realização desta reflexão, presente na *Lettre*, e o que encontramos foi aquilo que chamamos de dois movimentos.

O primeiro, denominado *movimento de aproximação*: Pascal aproxima-se da ideia dos dois amores que constam na obra *La Cité de Dieu* (XIV, 28). Nesta obra, o amor de si funda a cidade terrestre e o amor de Deus a cidade Celeste. Pascal toma esta ideia dos dois amores e, a partir dela, realiza outro movimento, a saber, o *movimento de distanciamento*: interioriza-se a relação de amor com seus respectivos objetos em um mesmo homem, o que distancia Pascal de Santo Agostinho. O filósofo francês mostra a sua originalidade ao quantificar as potências de amor e travar as relações de proporção com seus respectivos objetos. Assim, os dois amores, que no bispo de Hipona fundam as duas cidades depois da queda, em Pascal estão na estrutura do homem preordenada por Deus antes da queda, ou seja, no Seu ato Criador. Em suma, temos um primeiro quadro da gênese da teoria do pecado original: amor-próprio, vazio infinito, desejo de dominação e preguiça. Desta maneira, iniciamos nosso diálogo crítico com os intérpretes.

O intérprete Adorno deixa entender que antes da queda havia uma hierarquia entre caridade e concupiscência em Pascal. Nossa objeção foi que tal leitura não está na *Lettre*, pois em Pascal não há concupiscência antes da queda. Sellier destacou que, na *Lettre*, consta da definição de pecado enquanto ruptura da ordem de amor estabelecida por Deus, mas não contextualiza a reflexão do filósofo que pretende, com a descrição do pecado original, na *Lettre*, mostrar a fonte de todos os vícios e de todos os pecados, para depois, enfim, compreender o horror que o homem tem da morte. Contudo, usando de outros textos, como o *Colóquio com o Senhor de Sacy*, o intérprete afirma que a fonte de todos os males em Pascal é dual: *orgulho* e *preguiça*. Cita também o fragmento 774 dos *Pensamentos* para justificar estas duas fontes. Enfim, como vimos, Sellier reduz o orgulho e a preguiça ao conceito de orgulho, afirmando categoricamente que a preguiça em Pascal é uma forma fatigada do orgulho. Para Sellier, a fonte de todos os vícios e de todos os males em Pascal é agostiniana, ou seja, o orgulho. Foi a partir destas afirmações do intérprete que fizemos duas objeções ao tema que nos interessa na *Lettre*, ou seja, a origem de todos os vícios e de todos os pecados. Na primeira objeção, Pascal não menciona o conceito de orgulho na *Lettre*, pois procura saber a origem de todos os vícios e de todos os pecados para explicar o horror da morte. O que encontramos foi o amor-próprio, não o orgulho. Na segunda objeção, Sellier sutiliza para aproximar Pascal de Santo Agostinho pelo conceito de orgulho sem verificar a sinuosidade dos textos que foram investigados: *Lettre*, *Colóquio com o Senhor de Sacy* e os *Pensamentos*. Para nós, a raiz do orgulho e da preguiça está no amor-próprio. Depois, trabalhamos a intérprete Cagnat, que realiza, na esteira de Sellier, algumas aproximações entre a passagem da obra *La Cité de Dieu* (XIV, 28) e o *Augustinus* de Jansenius. Tais aproximações foram importantes para entendermos como Pascal realizou aquilo que chamamos de dois movimentos. Pascal lê Santo Agostinho pela lupa de Jansenius. Na obra *Augustinus*, *De Statu Naturae Lapse* (II, 25), há duas citações que Jansenius faz de Agostinho: *La Cité de Dieu* (XIV, 28) e o *Sermão 96*. Neste último texto, Santo Agostinho afirma que a origem do pecado é o amor de si. A partir disso, sustentamos que Pascal usou destas duas citações para tomar para si a ideia dos dois amores – movimento de aproximação – e usou da segunda citação para interiorizar estes dois amores. Desta maneira, podemos concluir que Pascal foi inspirado por Jansenius, no entanto, é o filósofo francês que, como já dissemos, quantifica os amores na interioridade do sujeito e realiza o trabalho de proporção com seus respectivos objetos. Portanto, este é um aspecto original de Pascal, na *Lettre*, que não toma a citação da obra *La Cité de Dieu* (XIV, 28) diretamente, mas lê o bispo de Hipona através de Jansenius, que serve como grande fonte de inspiração para seu trabalho teológico na *Lettre*. Apesar de Cagnat ter nos ajudado a realizar a nossa interpretação quanto ao que chamamos de dois movimentos de Pascal, na *Lettre*, não deixamos de objetá-la quanto à ideia de um vazio infinito que, para nós, é original de Pascal, e não de Jansenius, como a intérprete afirma. Deus é o objeto infinito que o homem perdeu com a queda, e o que restou na criatura foi um vazio infinito do homem sem Deus, algo que Pascal deduz como consequência do seu trabalho original de proporcionalidade das potências de amor no homem e seus respectivos objetos depois da queda. Cagnat, como vimos, afirma que esta ideia de vazio Pascal toma de Jansenius, algo de que discordamos, visto que o bispo de Ypres fala de um "*incomprehensibilem vacuitatem*", o que não corresponde ao vazio do homem sem Deus em Pascal. A penúltima intérprete com que dialogamos foi Delamarre, a qual destaca que, na *Lettre*, a alma possuía antes da queda uma capacidade de amor infinito e um objeto de amor – Deus – que corresponde à sua potência de amar, traçando assim uma diferença entre a potência de amar e o Objeto amado: quanto a estes aspectos de sua leitura estamos plenamente de acordo. Todavia, não poderíamos deixar de objetá-la quando a intérprete descreve a passagem do estado pré-lapsário ao estado pós-lapsário. Afirma que o homem corrompido é desviado de Deus, o que concordamos, mas discordamos quando postula que tal desvio subtraiu também a capacidade de amar infinitamente que estava presente no homem. Nossa crítica justifica-se da seguinte maneira: quando Delamarre sustenta que, com a queda, o amor infinito é perdido tanto como o Objeto deste amor, ela confunde sujeito que ama e objeto amado. O último intérprete com que trabalhamos foi Lazzeri, o qual afirma haver dois pontos originais em Pascal quanto à política: a) o homem não pode ser conhecido fazendo abstração das premissas antropológicas da religião, entre elas a dupla natureza, antes e depois da queda; b) Pascal rompe com as teses do direito político clássico, desembocando seu pensamento em uma crítica do direito natural. Quanto à *Lettre*, o que mais nos interessou foi sua leitura tendo como pano de fundo a política. Para Lazzeri, o homem torna-se um nada diante do vazio infinito que restou por causa do abandono de Deus, fruto da queda. Diante disso, ele afirma que se o homem não pode mudar a si mesmo em relação ao abismo infinito, o que a criatura faz é mudar a ideia que ela faz de si, fazendo de si – *le moi* – algo. Foi isso que o intérprete chamou de vaidade. Um segundo aspecto de sua reflexão foi a afirmação de que, já que as representações do *moi* não podem satisfazer, pois o *moi* não pode preencher o vazio infinito sem seu objeto correspondente, o homem busca fora do *moi* a satisfação que o *mesmo* não pôde conceder. Assim, cada objeto aparece como um nada diante do desejo infinito de satisfação. Portanto, terminado o diálogo com os intérpretes, perguntamo-nos se haveria a possibilidade de uma ligação subjetiva entre as consequências da queda, expressas na *Lettre* e a descrição da queda, nos *Escritos sobre a Graça*, o que nos lançou para o terceiro capítulo de nosso estudo.

Nele, encontramos aquilo que chamamos de "colagem subjetiva" entre a *Lettre* e os *Escritos sobre a Graça*, que se apresentou da seguinte maneira: amor-próprio, vazio infinito, desejo de dominação, preguiça, ignorância, concupiscência, culpa e morte eterna. Terminamos assim a primeira parte de nosso trabalho.

Na segunda parte, de todas as consequências da queda, tomamos o conceito de vazio infinito e aplicamos a outros dois temas. No capítulo 4, relacionamos o conceito de vazio infinito ao tema do *divertissement*. Iniciamos nossa investigação deste conceito por Camus, que concebe-o como uma forma de esquive. Ele constata uma contradição entre o corpo que se degrada e o pensamento que se direciona para o eterno: o esquive, no sentido pascaliano salientado pelo literato, é justamente o desvio desta contradição, isto é, divertir-se é esquivar o pensamento da morte e do aniquilamento. Ainda na tentativa de matizar o conceito, o intérprete Carraud fala do *divertissement* como um conceito sem-par, diferente daquele como grandeza/miséria. Assim, o *divertissement* é a descrição das misérias do homem e a "única coisa que nos consola de nossas misérias".[1] Desta maneira, quanto mais *divertissement*, mais misérias, impedindo o homem de pensar em si, em sua condição. Afirmamos que o homem tenta desviar o olhar do seu próprio vazio infinito através das misérias do *divertissement*. A criatura que vive o drama do vazio infinito sem Deus tenta preenchê-lo com as atividades ou objetos do *divertissement*, entretanto, esta tentativa é vã por dois motivos: 1) sempre podemos perder os objetos do *divertissement* que fazem a satisfação dos homens; 2) a morte iminente, da qual Pascal aproxima seu leitor, poderá solapar a eficácia dos desvios produzidos pelo *divertissement*, e assim fazer irromper a consciência do vazio infinito no homem, algo que o mergulhará no tédio. O tédio é mais uma miséria entre outras, no entanto, é uma miséria sem paixão, o que não permite o desvio. O homem no tédio é aquele que contempla o vazio infinito de sua própria condição.

Diante das inúmeras condições dos homens, analisamos como Pascal concebe o rei, ou seja, "a mais bela posição do mundo".[2] Vimos que, mesmo sendo alguém privilegiado no campo social, na esfera da existência ele pode ser mais infeliz que o menor de seus súditos e, a partir desta análise, iniciamos uma lista das ocupações dos homens comuns, que Pascal denomina *divertissement*, a saber: os jogos, o entretenimento com as mulheres, as guerras, as profissões, os doutos – *savants* – e os homens plenos de perturbações do cotidiano. Todos estes buscam a felicidade no repouso, mas buscam o repouso pelo tumulto. Pascal dirá que há traços do primeiro estado de natureza que movimentam

---

[1] BLAISE PASCAL, *PENSÉES*, LAF. 414, BRU. 171.
[2] IBIDEM, LAF. 136, BRU. 139.

o homem no *divertissement*. A busca da felicidade é o instinto secreto que serve de mola mestra na via sacra do *divertissement*. No entanto, há outros traços do estado pré-lapsário: nos *Pensamentos*, catalogamo-los da seguinte maneira: 1) a felicidade como "instinto secreto que restou da grandeza de nossa natureza primeira",[3] o que faz o homem associar a felicidade ao repouso; 2) "houve outrora no homem uma felicidade verdadeira, da qual só lhe resta um vestígio totalmente vazio que ele inutilmente tenta preencher com tudo aquilo que o cerca";[4] 3) "luz confusa de seu autor";[5] 4) "vago instinto impotente da felicidade da sua primeira natureza";[6] 5) "marcas divinas em mim".[7] Na *Lettre*, encontramos outros traços: 1) "vazio que o amor de Deus deixou";[8] 2) "chegando o pecado, o homem perdeu o primeiro de seus amores",[9] ou seja Deus, mas a capacidade de amar infinitamente não foi perdida e este é mais um traço do primeiro estado de natureza; 3) o horror da morte; 4) o amor à vida. Terminamos a nossa análise da *Lettre* mostrando um quadro das justificativas do horror da morte pela dissensão existente entre corpo e alma, antes e depois da queda, e justificando o caráter ilegítimo do horror da morte depois da queda. Estabelecemos um diálogo com três intérpretes. Como vimos, Carraud lê o *divertissement* como uma maneira do *moi* esquecer-se de si; Pondé mostra a insuficiência humana, escrava de suas concupiscências, no ato de se divertir; para Sellier, o *divertissement* é uma espécie de *aversio a Deo*. Por fim, terminamos o capítulo destacando o fracasso do homem, pois a obsessão de preencher o vazio infinito por meio dos objetos finitos é sentida como sofrimento em suas inúmeras formas de manifestações, como, a tristeza, a inquietação, o tédio e o medo da morte.

---

[3] Blaise PASCAL, *Pensées*, Laf. 136, Bru. 139.
[4] Ibidem, Laf. 148, Bru. 425.
[5] Ibidem, Laf. 149, Bru. 430.
[6] Ibidem, Laf. 149, Bru. 430.
[7] Ibidem, Laf. 149, Bru. 430.
[8] Idem, Lettre à M. et Mme Perier, à Clermont: à l`occasion de la mort de M. Pascal le Père. In: _____ *Œuvres complètes*, p. 277.
[9] Ibidem, p. 277.

No quinto e último capítulo, afirmamos que somente o Cristo Mediador seria capaz de preencher o vazio infinito que restou no homem depois da queda. Mostramos a originalidade de Pascal, na *Lettre*, quando o Cristo é pensado como Mediador entre Deus e o homem. Há um vazio infinito entre Deus e o homem e só o Cristo pode preencher. Vimos a originalidade de Pascal, quando é afirmado que será a partir de Jesus Cristo que o homem pode considerar a Deus, assim como é por Jesus Cristo que Deus pode considerar o homem. Do mesmo modo que o homem não acessa Deus diretamente sem o Mediador, Deus não acessa o homem, ou seja, Ele só o faz por Jesus Cristo. Tratamos o verbo *considerar* com a importância que ele merece para a avaliação da *Lettre*. Vimos que considerar é usado para fazer referência a si mesmo, nunca a Deus. O homem, para Pascal, não considera a Deus, mas considera a si mesmo. Assim, considerar significaria avaliar-se a partir de outro referencial. No caso da *Lettre*, a referência é Jesus Cristo, o Mediador entre Deus e o homem. Desta maneira, o homem deve considerar a própria morte, desde que tenha como referência Jesus Cristo, e a própria vida, considerando o sacrifício do Cristo sobre a terra. Cristo é o modelo sacrificial que Pascal convida o cristão a seguir. Se o homem considera sua morte sem ter o Cristo como referência, o que ele encontrará, para Pascal, serão "verdadeiras infelicidades".[10] Em contrapartida, Deus, quando considera o homem sem o Mediador, manifesta-se como um Deus pleno de cólera e irritado. É esta a imagem que Pascal nos traz de Deus, mas será sob o Cristo que a cólera de Deus cairá e, frente a este sacrifício perfeito e universal, todos os homens poderão ser salvos, todavia, sem deixar de lado a predestinação agostiniana-jansenista, em que só alguns serão eleitos de uma massa corrompida. As criaturas têm uma necessidade absoluta do Cristo Mediador para a salvação, em contrapartida, Deus tem "necessidade" do Cristo, mas de modo diferente das criaturas: trata-se de uma necessidade de Deus em relação a si mesmo. Sem Jesus Cristo, Deus faria uma catarse de toda sua fúria sobre os

---

[10] BLAISE PASCAL, LETTRE À M. ET MME PERIER, À CLERMONT: À L'OCCASION DE LA MORT DE M. PASCAL LE PÈRE. IN: _____ *ŒUVRES COMPLÈTES*, P. 276.

homens, mas será no Cristo Mediador que ela será efetivamente realizada. Cristo é o sacrifício que salva a humanidade pelo seu sofrimento, que só poderia ser suportado por um Deus. Na verdade, é o braço furioso de Deus Pai que cai sobre os ombros do Deus Filho, reconciliando toda a humanidade por sua morte na Cruz. Desta maneira, vimos que o reconhecimento do Cristo como Redentor está intimamente ligado ao conhecimento da própria miséria. Cristo se tornaria o princípio interpretativo tanto da ordem precária do mundo quanto da situação do homem enquanto criatura depois da queda. A prova deste princípio, como vimos, dar-se-ia pelas Escrituras e pelo coração. Trabalhamos estes dois conceitos, os quais nos impeliram à discussão entre a fé e a razão em Pascal. O resultado é que, nesta relação, a posição mais coerente da razão é reconhecer que há uma ordem que a ultrapassa – ordem do coração – e que o ato racional é submeter-se a esta ordem. Por fim, desligamo-nos totalmente da relação entre a fé e a razão para voltar nosso olhar à filosofia, de maneira especial, à análise do fragmento 688 dos *Pensamentos*. Vimos que Pascal dessubstancializa o *moi*, o que faz o amor-próprio ser considerado filosoficamente injusto. O amor-próprio se tornaria um amor de nada, pois amar a si mesmo demandaria conhecer a substância daquilo que se ama, porém, o *moi* permanece inencontrável.

Portanto, afirmamos que não só o amor infinito que o homem possui não é alcançado em sua plenitude, mas o amor finito é injustificado, pois *le moi* é justamente o que não se pode encontrar. O homem, entregue às suas próprias forças depois da queda, vive o drama do amor-próprio injustificado, na busca de preencher, pelas misérias do *divertissement*, o vazio infinito deixado por Deus, todavia, tal tarefa mostra o fracasso da criatura. Só o Cristo Mediador pode restabelecer a ligação entre Deus e o homem, mas, para que o homem liberte-se do amor-próprio e se reconcilie com Deus, é preciso seguir o caminho de Cristo, isto é, viver uma vida na Cruz e morrer, "a fim de que a grandeza da fé brilhe muito mais quando tendemos à imortalidade pelas sombras da morte"[11].

---

[11] Blaise PASCAL, Lettre à M. et Mme Perier, à Clermont: à l'occasion de la mort de M. Pascal le Père. In: _____ Œuvres complètes, p. 278.

BIBLIOGRAFIA

ADORNO, Francesco Paolo. *Pascal*. Trad. Mário Laranjeira. São Paulo: Estação Liberdade, 2008.

AGOSTINHO DE HIPONA. *Confissões*. 2. ed., bilíngue português/latim. Trad. Arnaldo do Espírito Santo, João Beato e Maria Cristina de Castro-Maia de Sousa Pimentel. Int. Manuel Barbosa da Costa Freitas. Lisboa: Imprensa Nacional-Casa da Moeda, 2004.

AGOSTINHO, Santo. *Confissões*. Trad. J. Oliveira Santos e A. Ambrósio de Pina. São Paulo: Abril Cultural, 1984.

_____. *Carta 188 a Juliana*. 2. ed., Trad. Nair de Assis Oliveira. São Paulo: Paulus, 1987.

_____. *O Espírito e a Letra*. 2. ed., v. I. Trad. Agustinho Belmonte. São Paulo: Paulus, 1998a.

_____. *A Natureza e a Graça*. 2. ed., v. I. Trad. Agustinho Belmonte. São Paulo: Paulus, 1998b.

_____. *A Graça de Cristo e o Pecado Original*. 2. ed., v. I. Trad. Agustinho Belmonte. São Paulo: Paulus, 1998c.

_____. *A Graça e a Liberdade*. 2. ed., v. II. Trad. Agustinho Belmonte. São Paulo: Paulus, 2002a.

AGOSTINHO, Santo. *A Predestinação dos Santos*. 2. ed., v. II. Trad. Agustinho Belmonte. São Paulo: Paulus, 2002b.

_____. *O Dom da Perseverança*. 2. ed., v. II. Trad. Agustinho Belmonte. São Paulo: Paulus, 2002c.

_____. *A Correção e a Graça*. 2. ed., v. II. Trad. Agustinho Belmonte. São Paulo: Paulus, 2002d.

AQUINO, Santo Tomás de. *O Ente e a Essência*. Trad. Carlos Arthur do Nascimento. Petrópolis: Ed., Vozes, 1995.

ATTALI, Jacques. *Blaise Pascal ou o Gênio Francês*. Trad. Ivone Castilho Benedetti. Bauru: EDUSC, 2003.

AUGUSTIN, Saint. *La Cité de Dieu*. XI-XIV. Trad. G. Combès. Burges/Paris: Desclée de Brouwer, 1959. (Edição bilíngue.)

_____. *Les Confessions*. V. I. Trad. Joseph Trabucco. Paris: Éditions Garnier Frères, 1960. (Edição bilíngue.)

_____. *De Dono Perseverantiae*. Trad. Jean Chéné e Jacques Pintard. Paris: Desclée de Brouwer, 1962a. (Edição bilíngue).

_____. *De Correptione et Gratie*. Trad. Jean Chéné e Jacques Pintard. Paris: Desclée de Brouwer, 1962b. (Edição bilíngue.)

_____. *La Genèse au sens Littéral*. I-VII. Trad. P. Agaësse e A. Solignac. Paris: Desclée De Brouwer, 1972. (Edição bilíngue.)

_____. *Le Libre Arbitre*. 3. ed., Trad. Goulvem Madec. Paris: Desclée de Brouwer, 1976, p. I, 14, 33. (Dialogues Philosophiques III – Edição bilíngue.)

_____. *La Trinité*. VIII-XV. Trad. P. Agaësse, sj. G. Combès. Burges/Paris: Études Augustiniennes, 1991. (Edição bilíngue.)

BECKER, Ernest. *A Negação da Morte*. Rio de Janeiro: Record, 2007.

BEUGNOT, Bernard. Apologétique et Mythe Moral: la Meditation Pasca-Lienne sur le Repos. In: HELLER, Lane M. & RICHMOND, Ian M. (orgs.). *Pascal*: Thématique des Pensées. Paris: J. Vrin, 1998, p. 57-78.

BÍBLIA. Português. *Bíblia: Tradução Ecumênica (TEB)*. Edições Loyola, 1994.

BÍBLIA. Português. 8. ed., *Bíblia Sagrada: Tradução da CNBB*. Edições CNBB, 2008.

BRAS, G. & CLÉRO, J. P. *Pascal – Figures de l'Imagination*. Paris: PUF, 1994.

BREMOND, Henri. *Historie Littéraire du Sentiment Religieux em France: Depuis la Fin des Guerres de Religion jusqu'à Nos Jours*, v. IV. Paris, 1920.

BROWN, Peter. *Santo Agostinho: Uma Biografia*. 2. ed., Trad. Vera Ribeiro. Rio de Janeiro/São Paulo, 2005.

CAGNAT, Constance. *La Mort Classique: Ecrire la Mort dans la Littérature Française en Prose de la Seconde Moitié du XVIIe Siècle*. Paris: Honoré Champion Éditeur, 1995.

CAMUS, Albert. *Le Mythe de Sisyphe: Essai sur l'Absurde.* Paris: Gallimard, 1942.

CARRAUD, Vincent. Pascal et les Passions de l'Âme. In: MOLIGNIÈ, Georges (org.). *XIIème Siècle: Pascal et la Question de l'Homme*. Revue publiée par la Société d'Étude du XVII avec le concours du C.N.L., du C.N.R.S. de la vile de Paris. Paris: Librairie d'Argences, n. 185, out-dez. 1994, p. 669-94.

_____. *Pascal et la Philosophie.* Paris: Presses Universitaires de France, 2007a.

_____. *Pascal: des Connaissances Naturelles à l'Étude de l'Homme.* Paris: J. Vrin, 2007b.

_____. De da Destruction. Métaphysique et Idée du Sacrifice selon Condren. *Il Sacrificio.* Archivio di filisofia, LXXVI, 2008, 1-2, p. 331-48.

_____. *L'Invention du Moi.* Paris: Presses Universitaire de France, 2011. (Collection de Métaphysique Chaire Étienne Gilson.)

CHEVALLEY, Catherine. *Pascal, Contingence et Probabilités.* Paris: PUF, 1995.

CHIRISTODOULOU, Kyriaki. Le Stoïcisme dans la Dialectique Apologétique des *Pensées.* In: MESNARD, Jean et al. *Méthodes chez Pascal.* Actes du Colloque tenu à Clermont-Ferrand. Paris: Presse Universitaire de France, 1979, p. 419-25.

COGNET, Le. *Le Jansénisme.* Paris: PUF, 1995.

CONDREN, R. P. de. *Idée du Sacerdoce et du Sacrifice de Jesus-Christ.* 3. ed., Paris: Librairie Ordinaire du Roy, 1697.

COSTA, Marcos Roberto Nunes. *O Problema do Mal na Polêmica Antimaniqueia de Santo Agostinho.* Porto Alegre: EDIPUCRS/UNICAP, 2002.

_____. *Maniqueísmo – História, Filosofia e Religião.* Rio de Janeiro: Vozes, 2003.

DAVIDSON, Hugh. Le Concept de l'Infini dans les Pensées de Pascal. In: HELLER, Lane M. & RICHMOND, Ian M. (orgs.). *Pascal: Thématique des Pensées*. Paris: J.Vrin, 1998, p. 79-91.

DAVIDSON, Hugh M. & DUBÉ, Pierre H. (orgs.). *A Concordance to Pascal's Pensées*. London: Cornell University Press.

DELAMARRE, Bernadette Marie. *Pascal et la Cité des Hommes*. Paris: Ellipses Édition, 2001.

DESCARTES, René. *Discurso do Método*. São Paulo: Abril Cultural, 1979a. (Col. Os Pensadores.)

_____. *Méditations Métaphysiques*. Paris: Flammarion, 1979b. (Edição bilíngue.)

_____. *Discours de la Méthode*. VI. Edição Charles Adan et Paul Tannery. Paris, 1996a.

_____. *Méditations Métaphysiques*. IX. Edição Charles Adan et Paul Tannery. Paris, 1996b.

DIAS, Maria Luiza. *Suicídio: Testemunhos de Adeus*. São Paulo: Editora Brasiliense, 1991.

DUPAS, Gilberto. *O Mito do Progresso*. 2. ed., São Paulo: UNESP, 2006.

ELIAS, Norbert. *A Solidão dos Moribundos*. Trad. Plínio Dentzien. Rio de Janeiro: Jorge Zahar, 2001.

ÉPICTÈTE. *Entretiens*. Trad. Joseph Souilhé. Paris: Les Belles Lettres, 1943. (Edição bilíngue.)

_____. *Entretiens*. Trad. Émile Bréhier. Paris: Gallimard, 1997a. (Les Stoïciens II.)

_____. *Manuel*. Trad. Emmanuel Cattin. Paris: Flammarion, 1997b.

FERREYROLLES, Gérard. *Les Reines du Monde: l'Imagination et la Coutume chez Pasca*. Paris: Honoré Champion Éditeur, 1995.

FERRY, Luc. *L'Homme-Dieu ou le Sens de la Vie*. Paris: Grasset, 2009.

FILHO, Juvenal Savian. *Fé e Razão: Uma Questão Atual?* São Paulo: Edições Loyola, 2005.

GAZOLLA, Rachel. *O Ofício do Filósofo Estoico: O Duplo Registro do Discurso da Stoa*. São Paulo: Edições Loyola, 1999.

GOUHIER, Henri. Introduction. In: PASCAL, Blaise. *Pensées*. Edição de Louis Lafuma. Paris: Seuil, 1963, p. 493-94.

GOUHIER, Henri. *Blaise Pascal: Commentaires*. Paris: Vrin, 1971.

_____. *Pascal et les Humanistes Chrétiens l'Affaire Saint-Ange*. Paris: Librairie Philosophique J. Vrin, 1974.

_____. *Blaise Pascal: Conversão e Apologética*. Trad. Éricka Marie Itokazu e Homero Santiago. São Paulo: Paulus, 2006.

GOURINAT, Jean-Batiste & BARNES, Jonathan (orgs.). *Lire les Stoïciens*. Paris: PUF, 2009.

GUILLAUMONT, Antoine. Les Sens des Noms du Coeur dans l'Antiquité. In: ANANDA et al. *Le Coeur*. Bélgica: Société Saint Augustin, 1950, p. 41-81.

GUTHRIE, W. K. C. *Os Sofistas*. Trad. João Rezende Costa. São Paulo: Paulus, 1995.

HADOT, Pierre. *Le Voile d'Isis: Essai sur l'Histoire de l'Idée de Nature*. Paris: Éditions Gallimard, 2004.

HELLER, Lane M. & RICHMOND, Ian M. (orgs.). *Pascal: Thématique des Pensées*. Paris: J. Vrin, 1998.

HELLER, Lane. La Perfection Chrétienne dans la Spitualité de Pascal. In: HELLER, Lane M. & RICHMOND, Ian M. (orgs.). *Pascal: Thématique des Pensées*. Paris: J. Vrin, 1998, p. 93-104.

HUGO, Victor. *O Último Dia de um Condenado à Morte*. Trad. Annie Paulette Maria Cambe. Rio de Janeiro: Newton Compon Brasil, 1997.

HUME, David. *Diálogos sobre a Religião Natural*. São Paulo: Martins Fontes, 1992.

JANSENIUS, Cornelius. *Discours de la Réformation de l'Homme Intérieur*. Paris, 1642.

_____. *Augustinus*. Frankfurt/Main: Minerva G.m. b. H, 1964.

_____. *Discurso da Reforma do Homem Interior*. Trad. Andrei Venturini Martins. São Paulo: Editora Filocalia, 2016.

KAWAMATA, Koji. Pascal et Saint-Cyran. In: MESNARD, Jean et al. *Méthodes chez Pascal*. Actes du Colloque tenu à Clermont-Ferrand. Paris: Presse Universitaire de France, 1979, p. 433-42.

KEMPIS, Tomás de. *A Imitação de Cristo*. 48. ed., Trad. Frei Tomás Borgmeier. Petrópolis: Vozes.

KOYRÉ, Alexandre. *Do Mundo Fechado ao Universo Infinito*. 2. ed., Trad. Donaldson M. Garschagen. Rio de Janeiro: Forense Universitária, 1986.

LAMBEIGTS, Mathijs. O Pelagianismo: Um Movimento Ético-Religioso que se Tornou uma Heresia e Vice-versa. In: *Concililium. Revista Internacional de Teologia*. 2003/3. Petrópolis: Vozes.

LAZZERI, Christian. *Force et Justice dans la Politique de Pascal*. Paris: PUF, 1993.

LEDUC-FAYETTE, Denise. *Pascal et le Mystère du Mal: la Clef de Job*. Paris: Clerf, 1996.

LESSA, Renato. *Veneno Pirrônico: Ensaios sobre Ceticismo*. Rio de Janeiro: Livraria Francisco Alves, 1995.

MAGNARD, Pierre. *Nature et Histoire dans l'Apologétique de Pascal*. Paris: Société les Belles Lettres, 1975.

_____. Pascal Cenceur de Montaigne. In: MOLIGNIÈ, Georges (org.). *XIIème Siècle: Pascal et la Question de l'Homme*. Revue publiée par la Société d'Étude du XVII avec le concours du C.N.L., du C.N.R.S. de la vile de Paris. Paris: Librairie d'Argences, n. 185, out-dez. 1994, p. 615-38.

MANTOVANI, Ricardo. *Limites da Apologia Cristã: a Razão à Procura de Deus em Blaise Pascal*. São Paulo: Garimpo, 2016.

MARTINS, Andrei Venturini. *Contingência e Imaginação em Blaise Pascal*. 2006. Dissertação de Mestrado apresentada ao Departamento de Ciências da Religião da PUC-SP. São Paulo.

MESNARD, Jean. *La Culture du XVIIe Siècle*. Paris: Presses Universitaires de France, 1992a.

_____. Pascal et la Contestation. In: _____. *La Culture du XVIIe Siècle*. Paris: Presses Universitaires de France, 1992b, p. 393-404.

_____. Science et Foi selon Pascal. In: _____. *La Culture du XVIIe Siècle*. Paris: Presses Universitaires de France, 1992c, p. 346-54.

_____. Voltaire et Pascal. In: _____. *La Culture du XVIIe Siècle*. Paris: Presses Universitaires de France, 1992d, p. 591-99.

_____. Pascal et le "Moi Haïssable". In: _____. *La Culture du XVIIe Siècle*. Paris: Presses Universitaires de France, 1992e, p. 405-13.

MESNARD, Jean. Pascal et le Problème Moral. In: _____. *La Culture du XVIIe Siècle*. Paris: Presses Universitaires de France, 1992f, p. 355-62.

_____."Honnête homme" et "Honnête Femme". In: _____. *La Culture du XVIIe Siècle*. Paris: Presses Universitaires de France, 1992g, p. 142-59.

MESNARD, Jean. Lettre sur la Mort de son Père. In: PASCAL, Blaise. *Œuvres Complètes*. v. II. Edição de Jean Mesnard. Paris: DDB, 1991a, p. 845-51.

_____. Essai sur la Signification des Écrits. In: PASCAL, Blaise. *Œuvres Complètes*, v. III. Edição de Jean Mesnard. Paris: DDB, 1991b, p. 593-641.

_____. *Les Pensées de Pascal*. Paris: Ed., Sedes, 1993.

_____. Thème des Trois Orders dans l'Organisation des Pensées. In: HELLER, Lane M. & RICHMOND, Ian M. (orgs.). *Pascal: Thématique des Pensées*. Paris: J.Vrin, 1998, p. 29-55.

MESNARD, Jean et al. *Méthodes chez Pascal*. Actes du Colloque tenu à Clermont-Ferrand. Paris: Presse Universitaire de France, 1979, p. 269-383.

MEURILLON, Christian. Um Concept Problématique dans les Pensées: « le moi ». In:

MICHON, Hélène. *L'Ordre du Coeur: Philosophie, Théologie et Mystique dans les Pensées de Pascal*. Paris: Editions Champion, 1996.

MONTAIGNE, Michel de. *Ensaios*, v. II. Trad. Rosemary Costhek Abílio. São Paulo: Martins Fontes, 2006a.

_____. *Ensaios*, v. III. Trad. Rosemary Costhek Abílio. São Paulo: Martins Fontes, 2006b.

_____. *Ensaios*. (Livro I.) Trad. Sérgio Milliet. São Paulo: Abril Cultural (Coleção Os Pensadores.)

MORAIS, Fábio Cristiano. *As Razões do Coração: um Estudo sobre a Centralidade do Coração em Pascal*. 2016. 408p. Tese de doutorado em Filosofia. Universidade de São Paulo, São Paulo, 2016.

NADAÏ, Jean-Christophe de. *Jésus selon Pascal*. Paris: Desclée, 2008.

OLIVA, Luís César. *As Marcas do Sacrifício: um Estudo sobre a Possibilidade de História de Pascal*. São Paulo: Associação Editorial Humanitas, 2004.

OLIVEIRA, Manfredo de Araújo de. *Diálogos entre Razão e Fé*. São Paulo: Paulinas, 2000.

ORCIBAL, Jean. *Saint-Cyran et le Jansénisme.*

ONFRAY, Michel. *Tratado de Ateologia: Física de Metafísica.* Trad. Monica Stanhel. São Paulo: Martins Fontes, 2007.

PASCAL, Blaise. *Pensées de Pascal,* v. I. Édition Critique: Établie, Annotée et Précedée d'une Introduction par Zacharie Tourneur. Paris: Éditions de Cluny, 1941a.

_____. *Pensées de Pascal,* v. II. Édition Critique: Établie, Annotée et Précedée d'une Introduction par Zacharie Tourneur. Paris: Éditions de Cluny, 1941b.

_____. *Œuvres Complètes.* Edição de Louis Lafuma. Paris: Seuil, 1963a.

_____. Prière pour Demander à Dieu le Bon Usage des Maladies. In: _____. *Œuvres Complètes.* Edição de Louis Lafuma. Paris: Seuil, 1963b, p. 362-65.

_____. Sur la Conversion du Pécheur. In: _____. *Œuvres Complètes.* Edição de Louis Lafuma. Paris: Seuil, 1963c, p. 290-91.

_____. Trois Discours sur la Condition des Grands. In: _____. *Œuvres Complètes.* Edição de Louis Lafuma. Paris: Seuil, 1963d, p. 366-68.

_____. De l'Esprit Geométrique et de l'Art de Persuader. In: _____. *Œuvres Complètes.* Edição de Louis Lafuma. Paris: Seuil, 1963e, p. 348-59.

_____. Écrits sur la Grâce. In: _____. *Œuvres Complètes.* Edição de Louis Lafuma. Paris: Seuil, 1963f, p. 310-48.

_____. Lettre de Pascal et de Sa Sœur Jacqueline à Mme Perier, Leur Sœur, ce 1° avril 1648. In: _____. *Œuvres Complètes.* Edição de Louis Lafuma. Paris: Seuil, 1963g, p. 272-73.

_____. Lettre à Sa Sœur Mme Perier, ce 26 janvier 1648. In: _____. *Œuvres Complètes.* Edição de Louis Lafuma. Paris: Seuil, 1963h, p. 271-72.

_____. Lettre a M. et Mme Perier, A Clemont: A l'Occasion de la Mort de M. Pascal le Père, Décédé a Paris le 24 septembre 1651. Paris, du 17 octobre 1651. In: _____. *Œuvres Complètes.* Edição de Louis Lafuma. Paris: Seuil, 1963i, p. 275-79.

_____. Lettres aux Roannez. In: _____. *Œuvres Complètes.* Edição de Louis Lafuma. Paris: Seuil, 1963j, p. 265-70.

PASCAL, Blaise. Pensées. In: _____. *Œuvres Complètes*. Edição de Louis Lafuma. Paris: Seuil, 1963k, p. 493-641.

_____. Les Provinciales. In: ___. *Œuvres Complètes*. Edição de Louis Lafuma. Paris: Seuil, 1963l, p. 371-469.

_____. Entretien avec M. de Sacy. In: _____. *Œuvres Complètes*. Edição de Louis Lafuma. Paris: Seuil, 1963m, p. 291-97.

_____. Sommation des Puissances Numériques. In: _____. *Œuvres Complètes*. Edição de Louis Lafuma. Paris: Seuil, 1963n, p. 90-94.

_____. Préface sur le Traité sur le Vide. In: _____. *Œuvres Complètes*. Edição de Louis Lafuma. Paris: Seuil, 1963o, p. 230-32.

_____. Abrégé de la Vie de Jésus-Christ. In: _____. *Œuvres Complètes*. Edição de Louis Lafuma. Paris: Seuil, 1963p, p. 297-310.

_____. Discours sur la Religion et sur Quelque Outres Sujets. Edição de Emmanuel Martineau. Paris: Fayard/Armand Colin, 1992.

_____. *Pensées: Opuscules et Lettres*. Édition de Philipe Sellier. Paris: Classiques Garnier, 2010.

PASQUE, Hervé. *Blaise Pascal: Penseur de la Grâc*. Paris, 2000.

PAULO II, João. *Fides et Ratio*. 10. ed., São Paulo: Paulinas, 2008.

PONDÉ, Luiz Felipe. *O Homem Insuficiente: Comentários de Antropologia Pascaliana*. São Paulo: Edusp, 2001.

_____. *Conhecimento na Desgraça: Ensaio sobre Epistemologia Pascaliana*. São Paulo: Edusp, 2004.

_____. Da Negatividade em Ciências da Religião em Pascal. Uma Crítica da Razão Infeliz. In: _____. *Do Pensamento no Deserto: Ensaios de Filosofia, Teologia e Literatura*. São Paulo: Edusp, 2009, p. 53-67.

PUGH, Anthony. La Disposition des Matières. In: HELLER, Lane M. & RICHMOND, Ian M. (orgs.). *Pascal: Thématique des Pensées*. Paris: J.Vrin, 1998, p. 9-28.

RATZINGER, Joseph & D'ARCAIS, Paolo Flores. *Deus Existe?* Trad. Sandra Marta Dolinsk. São Paulo: Editora Planeta do Brasil, 2009.

REIS, Maria Cecília L. Gomes dos. A Morte e o Sentido da Vida em Certos Mitos Gregos Antigos. In: OLIVEIRA, Marcos Fleury de. & CALLIA, Marcos H. P. (orgs.). *Reflexões sobre a Morte no Brasil*. São Paulo: Paulus, 2005.

RICOEUR, Paul. *O Mal: um Desafio à Filosofia e à Teologia*. Trad. Maria da Piedade Eça de Almeida. Campinas: Papirus, 1988.

ROGERS, Bem. *Pascal: Elogio do Efêmero*. Trad. Luiz Felipe Pondé. São Paulo: Editora Unesp, 2001.

ROSSET, Clément. *Lógica do Pior*. Trad. Fernando J. Fagundes Ribeiro e Ivana Bentes. Rio de Janeiro: Espaço e Tempo, 1989.

SAFRANSKI, Rüdiger. *Le Mal ou Le Théâtre de la Liberté*. Trad. Valérie Sabathier. Paris: Éditions Grasset & Fasquelle, 1999.

SAINT-CYRAN, Abbe de. *Lettres Chrestiennes et Spirituelles*. Paris, 1645.

_____. A Soeur Emmanuel de Chazé: vendredi Saint de 1641. In: ORCIBAL, Jean. *Saint-Cyran et le Jansénisme*. Paris: Éditions du Seuil, 1961a, p. 135-36.

_____. A Soeur Emmanuel de Chazé: Du 25 septembre [1642]. In: ORCIBAL, Jean. *Saint-Cyran et le Jansénisme*. Paris: Éditions du Seuil, 1961b, p. 137-39.

_____. De la Grâce de Jesus-Christ, de la Liberté Chrétienne et de la Justification. In: ORCIBAL, Jean. *Saint-Cyran et le Jansénisme*. Paris: Éditions du Seuil, 1961c, p. 119-29.

SALES, São Francisco de. *Filoteia ou Introdução à Vida Devota*. Trad. Frei João José P. de Castro. Ria o de Janeiro: 1996.

SARAMAGO, José. *Ensaio sobre a Cegueira*. São Paulo: Companhia das Letras, 1995.

SEDLEY, David. Les Dieux et les Hommes. In: GOURINAT, Jean-Batiste & BARNES, Jonathan (orgs.). *Lire les Stoïciens*. Paris: PUF, 2009, p. 79-97.

SELLIER, Philippe. *Pascal et Saint Augustin*. Paris: Albin Michel, 1995a.

_____. Pascal Sacrifiant. In:_____. *Port-Royal et la Literature I: Pascal*. Paris: Honoré Champion Éditeur, 1995b, p. 303-07.

_____. Jésus-Christ Chez Pascal. In: _____. *Port-Royal et la Literature I: Pascal*. Paris: Honoré Champion Éditeur, 1995c, p. 271-90.

_____. Imaginaire et Rhétorique. In: HELLER, Lane M. & RICHMOND, Ian M. (orgs.). *Pascal: Thématique des Pensées*. Paris: J. Vrin, 1998, p. 115-35.

SELLIER, Philippe. Introduction et Notes. In: PASCAL, Blaise. *Pensées: Opuscules et Lettres*. Édition de Philipe Sellier. Paris: Classiques Garnier, 2010, p. 721-23.

SÊNECA. *Consolação a Minha Mãe Hélvia*. São Paulo: Abril Cultural, 1973. (Col. Os Pensadores.)

_____. *Sobre a Brevidade da Vida*. Trad. Willian Li. São Paulo: Nova Alexandria, 1993.

_____. *De la Vie Heureuse*. Trad. Émile Bréhier. Paris: Gallimard, 1997. (Les Stoïciens II.)

SILVA, Franklin Leopoldo e. A História e o Mal. *Síntese Nova Fase*. Belo Horizonte. v. 24, n. 79, 1997, p. 453-68.

_____. O Mediador e a Solidão. *Revista Cult*. São Paulo: Editora 17, n. 64, dez. 2002, p. 44-56.

_____. Condição Trágica e Liberdade. In: NOVAES, Adauto (org.). *O Avesso da Liberdade*. São Paulo: Companhia das Letras, 2002, p. 99-113.

SILVA, Franklin Leopoldo e; et al. *Filosofia Primeira: Aspectos da História da Filosofia*. 10. ed., São Paulo: Brasiliense, 1992.

SOARES, Afonso M. A. & VILHENA, Maria Angela. *O Mal: Como Explicá-lo?* São Paulo: Paulus, 2003.

SVENDSEN, Lars. *Filosofia do Tédio*. Trad. Mari Luiza X. A. Borges. Rio de Janeiro: Jorge Zahar, 2006.

THIROUIN, Laurent. *Le Hasard et les Règles, le Modele du Jeu dans la Pensée de Pascal*. Paris: J. Vrin, 1991.

TÜCHLE, Germano. *Reforma e Contrarreforma*. Trad. Waldomiro Pires Martins. Rio de Janeiro: Vozes, 1971.

VOLTAIRE. *Cândido. Cartas Inglesas ou Cartas Filosóficas*. Trad. Marilena de Souza Chaui. São Paulo: Nova Cultural, 1988. (Coleção Os Pensadores.)

_____. *Cândido*. Trad. Maria Ermantina Galvão. São Paulo: Martins Fontes, 2003.

ZILLES, Urbano. *Filosofia da Religião*. São Paulo: Paulinas, 1991.

Conheça mais títulos da Editora Filocalia:

As Provinciais
Blaise Pascal

Escritas em meio ao pesado clima religioso do século XVII, entre janeiro de 1656 e maio de 1657, *As Provinciais* são uma série de dezoito cartas anônimas vendidas clandestinamente em Paris e posteriormente publicadas sob o pseudônimo de Louis de Montalte. Redigidas em defesa do jansenista Antoine Arnauld, que era amigo de Pascal e estava sob julgamento dos teólogos de Paris por se opor aos jesuítas, são conhecidas por sua lógica implacável e sua ironia sutil, mas demolidora, que causaram feridas incuráveis no prestígio da Companhia de Jesus.

Os livros da Editora Filocalia são comercializados e distribuídos pela É Realizações

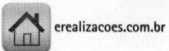

facebook.com/erealizacoeseditora
twitter.com/erealizacoes
instagram.com/erealizacoes
youtube.com/editorae
issuu.com/editora_e
erealizacoes.com.br
atendimento@erealizacoes.com.br